本书为国家社会科学基金重大项目
“中国特色网络内容治理体系及监管模式研究”
（项目编号：18ZD317）阶段性成果之一

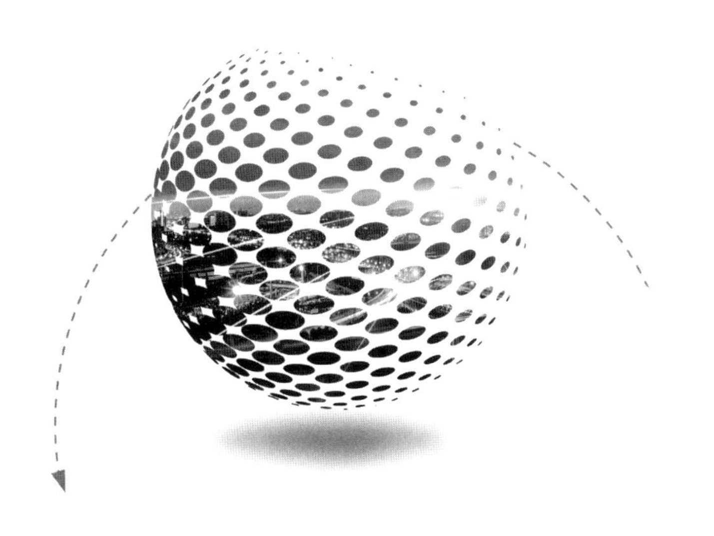

连线与断网

俄罗斯互联网国家治理研究

Включение И Отключение

Государственное Регулирование Интернета В России

陈春彦 著

图书在版编目(CIP)数据

连线与断网：俄罗斯互联网国家治理研究/陈春彦著.—北京：北京大学出版社,2022.8

(传播学论丛)

ISBN 978-7-301-33264-1

Ⅰ.①连… Ⅱ.①陈… Ⅲ.①互联网络—传播媒介—管理—研究—俄罗斯 Ⅳ.①G219.512

中国版本图书馆CIP数据核字(2022)第151676号

书　　名　连线与断网：俄罗斯互联网国家治理研究
LIANXIAN YU DUANWANG: ELUOSI HULIANWANG GUOJIA ZHILI YANJIU

著作责任者　陈春彦　著

责任编辑　梁　路　胡利国

标准书号　ISBN 978-7-301-33264-1

出版发行　北京大学出版社

地　　址　北京市海淀区成府路205号　100871

网　　址　http://www.pup.cn

新浪微博　@北京大学出版社　@未名社科-北大图书

微信公众号　ss_book

电子信箱　ss@pup.pku.edu.cn

电　　话　邮购部010-62752015　发行部010-62750672
编辑部010-62765016

印刷者　天津中印联印务有限公司

经销者　新华书店

650毫米×980毫米　16开本　31.5印张　416千字

2022年8月第1版　2022年8月第1次印刷

定　　价　108.00元

序

随着互联网技术的飞速发展和普及，虚拟空间与现实世界正深度融合，人类在日益享受互联网创造的更为便捷高效的生产、生活和交往方式的同时，也深刻体会到互联网对世界政治、经济和社会管理构成的挑战。加强互联网治理业已成为全球共识。作为中国最大的邻国，俄罗斯既是世界领土面积最大的传统政治大国，也是全球互联网基础设施分布最广、网络普及率较高的互联网大国，其治理互联网的诸多经验与探索，值得深入研究。

本书体现了作者浓郁的俄罗斯情结和高度的社会责任感。春彦是我指导的2013级北京大学新媒体研究院博士研究生，具有丰富的媒体从业经验，曾任法制晚报社副社长等职。多年来，他致力于媒体经营与管理研究，跟踪分析国际互联网治理前沿理论与实践。同时，缘于本科学习俄罗斯语言文学专业及其早期相关研究经历，春彦对俄罗斯情有独钟，一直希望在俄罗斯互联网研究方面有所突破。为此，他持续通过多种渠道广泛收集相关数据、报告和文献，并曾专门前往莫斯科拜访俄罗斯电子传播协会、俄罗斯互联网发展研究所等机构的负责人，获得大量一手资料，以此为基础完成的博士毕业论文曾获答辩老师充分肯定，后参加由我主持的国家社会科学基金重大项目“中国特色网络内容治理体系及监管模式研究”，持续深入地研究俄罗斯互联网治理体系和特色。

作者通过比较研究发现，俄罗斯的历史、文化和地缘政治环境，增加了其互联网治理的复杂性和独特性，并影响治理的优先顺序。例如，西方基于地缘政治因素对俄罗斯持续多年的制裁，导致其互联网发展与管理呈现出危机型特征，同时也极大地加强了俄罗斯互联网自主性和网络主权意识，加速推进了其互联网技术和基础设施“进口替代”进程。20 世纪美苏争霸期间形成的技术自主精神开始激励俄罗斯加大国家人才培养的投资、挖掘开源资源潜力、开发国产软件和设备等，以期建立“自己的互联网”。无疑，俄罗斯寻求互联网技术自主的道路不会平坦，其相继出台的“网络反盗版法”、《个人数据法》、“俄罗斯互联网主权法”等均曾引起国内外广泛争议，其行政治理的手段和效果亦有待完善，但俄罗斯主动立法、快速立法并根据互联网空间新问题不断修订法律的法治理念，对数字经济、通信、大众传播等实施一体化管理的思路，以及以儿童保护和反恐为切入口建立并不断完善网络“黑名单”制度等治理实践，不仅影响了其本国互联网的运营与管理，而且必然会对国际互联网信息流量和流向产生影响，具有重要的研究价值。

本书重点研究二十一世纪普京执政后的俄罗斯互联网治理，同时向前延伸至叶利钦时代和苏联时代，向后展望未来可能存在的多种发展路径与治理模式，既突出治理主线，又兼顾关键节点，形象勾勒出俄罗斯互联网发展与管理的时间轴。沿着此轴，作者从不同维度揭示了俄罗斯互联网步入“单极型”“均衡型”和“危机型”三大“发展—管理”关系阶段的时代特征，借助具体生动的历史事件解释了俄罗斯互联网治理面临的复杂的地缘政治环境、独特的网络基础设施构成、鲜明的国家领导人个性等，历史地分析了国家从

“期待俄罗斯互联网成年”的放任阶段到主动开展“断网演习”的重大转折，全景式描绘出俄罗斯以“信息社会发展”为主线，以“安全”与“发展”为两翼，以“数字经济”为驱动的互联网治理体系，帮助读者理解俄罗斯互联网国家治理的路径选择与治理模式不断演进的内在逻辑，从而呈现出一个别致的“国际互联网俄罗斯分支”（Runet，俄文为 Рунет）。

作者在研究方法和内容方面均进行了创新和探索：一是构建了以“发展—管理”关系为基础的治理研究范式，探讨不同关系模式下国家治理的角色、路径和方法，为互联网治理的国别研究提供了新思路；二是全面分析了俄罗斯互联网发展和治理的特殊生态与构成，如历史遗产、政治联姻、黑客攻击、数字经济、网络主权等，向读者和研究者提供了一个别致的国际互联网“俄罗斯样本”；三是客观阐述了俄罗斯实践对全球互联网治理的借鉴意义，并展望中俄协作构建网络空间命运共同体的未来图景。

“以史为镜，可以知兴替；以人为镜，可以明得失。”我希望本书能够打开一扇窗，让更多的人了解俄罗斯互联网，进而汇入中俄互联网治理合作及其研究的历史大潮，共同促进网络空间命运共同体的构建。同时，期待春彦能够有更多更好的研究成果问世。

谢新洲

北京大学新媒体研究院院长、教授、博士生导师

2021 年 8 月 31 日于北大燕东园

目 录
CONTENTS

绪　论

2019年11月1日，被外界称为俄罗斯宣示互联网空间主权与自主化标志的法律文件“俄罗斯互联网主权法”[①] 正式生效，关于俄罗斯即将“另起炉灶”，与国际互联网“断网”的消息引起国际社会广泛关注。而早在该法草案提交俄国家杜马一读后，俄罗斯国内多所城市便爆发市民游行，抗议政府干涉互联网自由；俄罗斯文化界和艺术界的知名人士在该法生效前亦联名上书普京，请求其拒颁此法；西方舆论则视之为俄罗斯互联网“铁幕”开启，宣称2020年将是俄互联网独立之年，进而一如既往地批评俄“限制言论自由”，搞“新闻审查”。

面对宪法修订在即、西方制裁持续和来势汹涌的批评与抗议，普京为何并未“顺从民意”？俄罗斯果真要“另起炉灶”重建自己的互联网吗？抑或俄罗斯能够与世界互联网绝缘而“独善其身”？答案或许非常简单——“是”或“否”，但要理解其中是非曲直，需

① “俄罗斯互联网主权法”（简称“互联网主权法”）是该法多种别名中使用较为广泛的一种，该法还被称为“互联网自主法”“互联网隔离法”等。本书第七章第四节将详细分析。

对俄罗斯主权国家成立后，俄互联网发展与管理的历史与特征予以梳理，并基于其所面临的复杂的地缘政治形势，评估俄社会对互联网的依赖度以及互联网在国家未来发展中的地位，进而理解俄互联网国家治理的立场、目标与路径选择。

对于从未去过俄罗斯的人而言，普京的形象或许代表着想象中的俄罗斯；对于中国普通网民来说，“黑客”可能是他们关于俄罗斯互联网最主要的谈资。受历史和语言等多种因素的影响，中国学者除了关注本国互联网外，更多放眼美国，兼顾西欧，关于俄罗斯互联网的研究，属于国内学术界的研究“冷门”。相形之下，西方国家对俄互联网的研究更为积极，只不过它们更偏向于批判视角和制度框架。这一现状与中俄政治和经济交往的水平并不匹配，不利于促进网络空间命运共同体伟大构想的实现。研究发现，俄罗斯既面临着全球互联网治理的诸多共性问题，也具有独特的互联网生态，尤其是其特殊的历史文化背景和复杂的地缘政治，为世界提供了一个不一样的互联网国家治理研究样本。换言之，我们既要研究普京，也要研究黑客，但远不止于此。

今天的俄罗斯官方将 1994 年 4 月 7 日 ru 域名注册日作为国际互联网俄罗斯分支成立日。据此，到 2022 年俄互联网已经走过 28 个春秋，但俄罗斯人拥有互联网的时代要追溯到苏联时代。苏联国家域名 su 早在 1990 年 9 月 19 日便通过芬兰赫尔辛基大学注册成功。除了 ru 和 su 外，2008 年俄罗斯成功申请了第一个俄罗斯基里尔字母国家域名 рф（俄罗斯联邦的俄语缩写），因此成为世界上少有的同时拥有三个国家顶级域名的地区。2011 年底，俄罗斯开始超过德国，成为欧洲网民最多的国家[①]，此后互联网不断向老年群体和乡村

① “Россия лидирует по числу пользователей Интернета,”(2016-02-08)[2016-04-05], http://minsvyaz.ru/ru/events/34658/.

渗透，截至2021年10月，俄网民数量达1.24亿人，占居民总数的85%，互联网行业各类运营商达6500家。[①] 因此，作为国际互联网中独具特色的重要分支，俄互联网国家治理实践既具独特性，也对全球互联网治理具有一定的借鉴性。

一、俄互联网治理特征

单纯研究互联网治理实践容易陷入就事论事的困境，本书将互联网治理置于政治（P）、经济（E）、社会（S）和技术（T）四个外部变量（PEST）中，以互联网“发展—管理”关系为内部变量，以国家治理为因变量，研究不同关系类型下互联网国家治理的模式、路径和手段，并由此构建了“发展—管理—治理”研究模型。研究表明，1994年后俄罗斯互联网“发展—管理”关系历经单极型、均衡型和危机型三种关系模式，俄互联网国家治理的对象、机制、手段以及治理的力度相应调整，并表现出以下特征。

（一）构建信息社会成为治理主线

2003年12月10日，在“数字团结”的口号之下，第一届信息社会世界峰会（WSIS）在瑞士日内瓦举行，通过了《原则宣言》（Declaration of Principles）和《行动计划》（Plan of Action）。世界各国的领导人在题为《构造信息社会——新千年的一个全球性挑战》的《原则宣言》中提出，“我们深信不疑，我们正在共同迈入一个极具潜力的、扩展人类交流的信息社会”，从而正式向世界确认信息社会的来临。

构建信息社会是俄罗斯互联网治理历史中最为清晰的一条主线。2008年俄罗斯通过第一版《信息社会发展战略》，加速建设通信基

---

① “Число пользователей интернета в России достигло 124 млн,”（2021-10-19）[2022-06-06]，https：//tass. ru/obschestvo/12698757.

础设施，为其互联网追赶式发展奠定了基础。此间，无论是互联网内容、基础设施还是技术领域的发展与管理皆紧紧围绕构建信息社会这条主线展开。俄政府根据内外部条件的变化，动态完善信息社会发展的战略与规划，不断丰富和调整俄互联网国家治理的目标、任务和手段，有效提升了该国信息社会各项指标。2016 年底，根据全球网络空间发展的最新变化，俄发布《信息社会发展战略（2017—2030）》替代 2008 年的版本，充分考虑当前该国互联网治理面临的各种挑战，将发展战略的重点由基础设施建设向关键信息基础设施的安全保障转移，反映了互联网国家治理的路径转向。

（二）安全与经济成为治理的“两翼”

在地缘政治、金融危机、社交媒体等诸多因素的共同刺激与作用下，2014 年后俄互联网“发展—管理”关系转入危机型，安全与经济成为影响其治理的“两翼”。

据俄罗斯计算机事故协调中心的计算机攻击侦测、警报和消除系统报告，2018 年共计发现 40 亿次针对俄罗斯关键信息基础设施的攻击，仅莫斯科足球世界杯期间，俄罗斯的信息基础设施受到干扰的次数便达 2500 万次。[①] 危机型关系中，安全逐步上升为俄罗斯互联网国家治理的第一优先考虑因素，它不仅指网络技术和应用技术的安全，还包括政治安全、经济安全和军事安全，成为国家安全的重要组成部分。2016 年后俄罗斯密集出台了最新版《信息安全学说》《信息社会发展战略（2017—2030）》《关键信息基础设施安全法》等法律法规和顶层制度，无不突显“安全”在互联网国家治理中的首要地位。日渐增强的安全治理力度也引起国际国内对俄境内

---

① К. Р. Казарян, *Интернет в России в 2018 году: Состояние, тенденции и перспективы развития*, Москва: Федеральное агентство по печати и массовым коммуникациям, 2019, стр. 59.

互联网未来发展与管理的担忧，关于“断网”“封锁”“新闻审查”“限制言论自由”的指责与批评持续不断。

与此同时，俄互联网在国民经济中的地位直线上升，互联网经济及其相关经济占国内生产总值（GDP）的比重持续攀高，传统的互联网经济逐渐被最新的数字经济概念所替代。2018 年普京总统签署命令，将通信部变更为数字发展部，加速推进以《俄罗斯联邦数字经济国家规划》（Национальная программа“Цифровая экономика Российской Федерации”）为核心的俄罗斯版“互联网+”战略。

面对国家安全与数字经济两大变量的要求，选择何种互联网发展与治理的“脚本”，不仅决定了国际互联网俄罗斯分支自身的走向，还会影响俄国家经济发展趋势。在不断加强安全侧治理时，作为治理主体的国家已经意识到单纯的“抓与禁”是最简单也是最有害的社会管理方式。国家明确要求，不能把互联网管死，需要给予网络空间适度的创新自由，刺激数字经济持续发展，促进互联网“发展—管理”关系重归正常，发挥行业自律功能，恢复市场自我调节机制。

（三）地缘政治上升为最大的外部变量

从外部因素看，除了经济变量，政治变量对俄罗斯互联网治理的影响尤其明显。早在苏联末期，刚刚兴起的互联网便不经意间涉足“国家政变”[①]，与叶利钦政治集团早早结缘，国家领导人的个性特征长期显著影响俄互联网发展。如今，地缘政治则直接导致俄互联网发展与管理偏向“危机型”。历史与现实都时刻提示研究者，不

① 1991 年 8 月 19 日苏联副总统亚纳耶夫宣布总统戈尔巴乔夫无法履职，国家进入“紧急状态”，后因军队拒绝执行紧急状态委员会的命令，8 月 21 日紧急状态被取消，戈尔巴乔夫从疗养地回到莫斯科，叶利钦作为与紧急状态委员会斗争的主要领导人赢得了新的政治生命，此次事件成为苏联解体的导火索。

可低估政治对俄互联网发展与管理的作用，这样才能增强对互联网国家治理的难度与不确定性的判断。

除了内部政治体制与国家领导人政治价值取向的影响，复杂的地缘政治构成俄罗斯互联网治理面临的最重要的外部变量。俄罗斯横跨亚欧两大洲，领土面积居世界第一，北约东扩、独联体纷争、中东问题、朝鲜问题、中国崛起等几乎所有世界热点事件和重要历史进程都在一定程度上映射着俄罗斯国家利益。特殊的地缘政治环境长期影响其互联网发展与管理，并在当前阶段显著作用于其互联网国家治理的路径选择。尤其是 2014 年后美国和其他西方国家因乌克兰危机对俄实施长期制裁，引发卢布大幅贬值，导致俄政府对互联网基础设施的投资拉动效果减弱，直接造成俄互联网国家治理一定程度偏向安全侧，呈现出“限制—禁止”的治理特征。

俄互联网何时及如何走出“危机型”状态，不仅影响其国家治理的态度和方法，同时也是对俄国家治理成果的检验，地缘政治的不确定性成为此间重要的影响因素。当然，特殊而复杂的地缘政治因素并非仅仅增加了俄国家治理的难度，同时也为俄互联网的发展创造了不一样的空间和生态环境。原苏联及东欧地区大量的俄语用户成为俄互联网发展的巨大潜在市场，并且已经事实上构成俄互联网搜索引擎、社交网站和电子邮箱系统等平台与应用的区位竞争优势，俄互联网公司不仅控制着本国的大部分市场，而且在上述地区与西方国家展开激烈竞争。但地缘政治影响的不确定性成为俄互联网治理的重要变量。

（四）治理体系初步形成

俄互联网国家治理主体呈现多元性，国家、社会和企业三大类主体间建立了一定的对话和互动机制，各类主体又可细分为若干组织，并相互作用。比如，国家主体可分为立法、行政和司法三大类，且可进一步分成若干具体对象。其中，杜马是立法基本主体，总统的权力远高于同类国家。俄总统既是立法草案的提议者之一，也是法律文件批准生效者，同时作为最高行政长官，可以运用立法手段和行政手段（总统令）实施国家治理。社会主体力量日渐壮大，并借助俄罗斯总统的授权机制或国家采购机制直接参与互联网国家治理的重要决策。授权机制是俄罗斯除了命令、对话和自律机制以外的第四种机制，也是本研究的意外发现，它对既有研究模型是一种补充，对其他国家的治理实践亦具有参考价值。

法律、行政和技术构成了俄互联网国家治理的主要路径。立法治理经历了视同大众传媒和以互联网自身为对象两个发展阶段。其中，视同大众传媒指在前期用大众传媒的治理手段直接治理互联网，并未考虑其特殊性；而以互联网自身为对象的立法治理行为则既考虑互联网的传播功能，也重视其对政治、经济、社会的影响，特别是互联网的平台属性、技术特征等。相对而言，俄罗斯互联网专门立法起步较晚，但立法速度快，已初步形成互联网治理法律体系。行政治理方面则始终贯串“信息一体化”思路，互联网被逐渐纳入其中的过程反映了其影响力的变化。无论是立法治理还是行政治理，始终离不开技术因素。一方面，俄充分利用技术手段加强对互联网数据流量的监控与管理；另一方面，通过立法和行政手段消除技术给企业与个人数据应用带来的安全威胁，以及互联网新技术给国家政权、社会安全和政治、经济等领域的稳定带来的挑战。

俄互联网国家治理体系是一个动态发展的过程。它需要结合互联网发展与管理两大变量的客体特征，以“问题”为导向，灵活发挥命令、对话、自律和授权机制的功能，激活国家、企业和社会各个主体的积极性，综合运用立法、行政和技术路径，有针对性地展开治理活动。同时，治理体系本身也需要适时进行动态调整，以创新迎接挑战。

（五）治理实践的实用主义

综观俄罗斯互联网国家治理实践，具有鲜明的实用主义色彩。国家主体在发挥主导作用的同时，能够重视其他主体的态度与意见。比如，早在1999年12月28日，普京总理与互联网界进行第一次历史性会面时，通信部部长曾提议将俄罗斯互联网转交国家管理，当即遭到互联网业界反对，结果政府尊重业界意见，并未通过该建议。2000年1月12日，俄罗斯新闻部起草了政府决议草案，试图规定凡在互联网上传播信息的网站，均应申请大众传媒许可证，没有许可证的网站应予关闭，但时任代总统兼总理的普京并未签署该决议。类似的情形较多。2014年前后，域名管理国家化的想法招致互联网界的强烈批评后，域名社会管理的自治现状得以维持，但政府和互联网界双方妥协，采取了折中方案，同意通信部派代表参加域名管理的理事会，并享有否决权。

实用主义同时表现在立法过程中。俄互联网的立法工作以修订现有法律为主。如，《大众传媒法》从1991年生效到2020年初已修订近50次，《通信法》《信息、信息技术与信息保护法》也频繁修订，以适应信息空间一体化管理的需要。即使是新法，无论其是否正式实施，均可修订，以便根据社会反馈平衡不同利益主体之间的关系，促进法律实施。比如，著名的“网络反盗版法”意在改善网络内容传播与使用混乱的状况，先后得到梅德韦杰夫和普京两任总统的亲自推动，但立法草案反复修订并经国家杜马通过后，仍然引发了网络企业罢工。为此，总统普京亲自与行业代表对话，寻找多方共同接受的修订方案。结果，该法正式通过但尚未实施前便启动了两次修订。边立边改的做法虽然一定程度上可能会伤及立法机构的声誉，但增强了法律的可操作性。

相对于立法，政策的制定与实施更容易、更及时，也更具有针对性和实用性。因此，俄罗斯经常通过发布总统令、政府令等形式实施互联网治理。无论是“断网”演习，还是实施互联网通信数据备份和流量监控，均属于此。但基于实用主义思想实施的各种治理行为，仍然需要立法支持，行政手段实施一段时间后往往要通过立法加以巩固和完善。备受争议的“俄罗斯互联网主权法”的出台便是多年“断网”演习取得技术上的突破后的立法成果。实践表明，如果缺乏法律基础，行政治理容易出现“偏向”，难免出现选择性管理行为，这也是俄罗斯互联网治理面临的一大挑战。总体上，考虑到互联网本身是一个日新月异的技术集成平台，各种意想不到的问题与挑战随时可能出现，及时对现有法律进行修订不失为一种实用且有效的治理手段。

俄罗斯互联网治理的实用主义思想决定其不可能像西方某些评论家所担忧的那样，主动切断与世界互联网的联系，实行自我封锁。这显然有悖于俄罗斯国家利益，与其实用主义治理思想格格不入。相形之下，西方国家主动封锁俄互联网的可能性确实存在。自2014年乌克兰危机爆发后，一些西方互联网供应商在美欧制裁俄罗斯的大潮中陆续停止对俄供货，导致其无法更新电脑软件或采购备件。2022年，俄罗斯宣布在乌克兰采取特别军事行动后，俄罗斯互联网面临更为突出的“断供”威胁。国际商用机器公司（IBM）、英特尔公司（Intel）、诺基亚公司（Nokia）、爱立信（Ericsson）等相继宣布停止为俄罗斯市场提供服务，谷歌宣布中止在俄执行“谷歌全球缓存服务”相关协议，一些国际通信线路服务商也暂停对俄业务。俄罗斯互联网所面对的外部风险进一步促使俄采取更多措施，加强网络自主性和可控性。因此，处于“危机型”关系阶段的俄互联网国家治理的当务之急是平衡好安全与经济的“两翼”关系，而非两者的此消彼长。

二、中俄互联网治理互鉴性

俄罗斯是世界上领土面积最大的国家，也是中国最大的邻国和地缘政治中不可或缺的全面战略协作伙伴。中俄两国在经济上同属发展中国家，在政治上同为联合国安理会常任理事国，同为金砖国家和上海合作组织等国际组织的核心力量，拥有多层次共商互联网全球治理的国际对话平台。在社会发展上，中俄同处转型期，互联网在各自的政治、经济和文化发展中扮演着特别重要的角色，两国互联网发展与管理具有更强的可交流性。

中国作为世界上互联网用户最多的国家，正在向互联网强国迈进，需要加强与包括俄罗斯在内的世界各国间的网络空间治理合作。中国关于构建网络空间命运共同体的重大倡议得到了俄罗斯总统、总理和互联网实业界人士的高度认同，为两国互联网治理深化务实合作奠定了基础。2015 年至今，两国间相继签署的多项关于网络空间合作的公报和声明等文件，进一步细化了两国间开展互联网治理合作的目标与任务。而且，俄罗斯联邦是中国实施“一带一路”倡议最直接最重要的战略合作伙伴。同时，俄罗斯业界和学界对中国政府与互联网企业内的伙伴关系、中国处理进口替代的模式等充满兴趣。因此，在追踪美国和欧洲主要国家互联网发展与管理进程的同时，深入研究俄互联网发展的历史、现状与趋势，有助于找准两国在信息网络空间协同发展的着力点，有利于构建网络空间命运共同体。

尽管中俄两国互联网治理的态度、方法和路径有所差别，但两国间的对话与合作具有建设性。从市场发展看，俄罗斯互联网用户数虽远不及中国，但其网络渗透率高于中国，其基础设施发展速度较快，城乡“数字鸿沟”正在变小，互联网市场开放程度较高，竞争较为充分，世界主要互联网企业均已进入该市场，互联网对俄罗斯社会的全方位影响正不断深入。从管理角度看，俄互联网正在实现从“追赶”到强调“以我为主”的“替代式发展”模式转变，强调的是“可控式民主”和可控式的互联网发展与管理模式，明确反对以美国为中心的互联网管理体制，努力实现互联网“去美国化”。[①] 因此，相对于美国，中俄两国在互联网发展与管理中面临诸多相似的问题或共同的挑战，两国间没有相互指责与干预，而是根据各自的国情分别创新和探索，因而更便于开展平等、友好、坦诚的合作。

从全球治理角度看，承认网络空间主权和支持联合国治理是中俄两国在互联网空间国际合作中形成的重要共识。从网络主权概念发展的历史看，2000年前后，俄罗斯已经开始在法理上探讨网络空间主权；2010年6月《中国互联网状况》白皮书较早提及网络主权，而美国学者克里斯直到2012年才从理论上提出“网络主权”概念[②]；2014年网络主权概念再次引起俄罗斯社会关注，成为中俄两国合作开展互联网治理学术研究的重要对象。2018年12月5日，俄罗斯向联合国大会提交的关于网络空间安全的决议体现了中俄两国的诸多共识，赢得了世界上30余国联署，使得网络空间安全第一次被列入联合国安理会议程。[③] 此前多年，中俄两国已经联合提出互联

---

① Julien Nocetti, “Contest and Conquest: Russia and Global Internet Governance”, *International Affairs*, Vol. 91, No. 1, 2015, pp. 111-130.

② 王春晖：《互联网治理四项原则基于国际法理应成全球准则——“领网权”是国家主权在网络空间的继承与延伸》，《南京邮电大学学报（自然科学版）》2016年第1期，第8—15页。

③ К. Р. Казарян, *Интернет в России в 2018 году: Состояние, тенденции и перспективы развития*, Москва: Федеральное агентство по печати и массовым коммуникациям, 2019, стр. 51.

网交由联合国所属国际电信联盟（ITU）管理的方案，但因美国阻拦未获通过。而且，从军事上看，北约发布的《塔林手册》表明，当前已经商用的国际互联网络非军事化已不可能，美国2011年发布的《网络空间国际战略》更是直接宣称“网络攻击就是战争”[①]，许多国家相继成立专业网络部队。中国需要加强与俄罗斯等国的密切协调，最大限度地凝聚共识，围绕网络安全术语的界定、行为规范、争端处理等环节，形成言之有理、言之有据的国际准则。[②]

三、本书的探索

无论是国家互联网治理，还是全球互联网治理，至今都没有完全成功的经验，每个国家和地区的实践因此皆具探索意义，值得予以关注。本书基于作者在北京大学新媒体研究院的博士学位论文和参与国家社科重大项目“中国特色网络内容治理体系及监管模式研究”之国别研究取得的成果，结合全球互联网发展最新趋势和俄罗斯互联网治理实践的历史与现状，重新谋篇布局和进行再创作。

文献研究表明，国内关于俄罗斯互联网国家治理的研究成果相对较少，现有文献大多散见于通信、传播、新闻等领域的学术期刊中，且以互联网应用、立法和重大事件为主要研究客体，缺乏对俄罗斯互联网发展与管理的系统研究。西方关于俄罗斯互联网治理的文章则大多将其置于大众传媒或政治学框架下，其视角有别于中国学者。中国学者侧重于描述性研究，西方学者更倾向于批判性分析。两者为本研究提供了不同的观照，开阔了本研究的思路。俄罗斯本国的研究资料相对丰富，观点也更多元，多属个案或主题性研究，

---

① 张笑容：《第五空间战略：大国间的网络博弈》，机械工业出版社2014年版，第67页。

② 崔文波：《〈塔林手册〉对我国网络安全利益的影响》，《江南社会学院学报》2013年第3期，第22—26页。

为本研究提供了重要的资料线索。

为了完成本研究，作者主要通过以下方法搜集必要的研究资料。一是通过互联网收集《俄罗斯互联网年度报告》（简称《互联网年度报告》）等权威资料（主要是俄文版）；二是请国外访学者收集西方国家研究俄罗斯互联网的资料（主要是英文版）；三是作者赴俄罗斯进行深度访谈，实地收集一手资料或购买相关图书与期刊。由此形成的文献资料可概括为五类：（1）2004年至2020年俄罗斯通信与大众传播部[①]关于互联网发展的年度报告（俄文电子版）及不同时期俄罗斯国内外的相关调查数据；（2）俄罗斯颁布的《信息社会发展战略》《互联网中长期发展规划》等政策文本及俄罗斯建设“公开政府”的重大措施与报告；（3）俄罗斯总统、总理等领导人在不同时期发表的相关讲话及其直接参与互联网的实践（个人博客、与互联网界和网民的对话等）；（4）俄罗斯及美国、英国、德国等国学者关于俄罗斯互联网发展与管理及国家治理等方面的论文、介绍与评论；（5）俄罗斯《大众传媒法》、《通信法》、《个人数据法》、“网络反盗版法”、《保护儿童健康成长免遭信息伤害法》等相关法律、总统令、政府决议和重要条例的文本、修订版文本以及大量与之相关的新闻报道和评论。其中，作者通过多方联系，最终得以成功前往俄罗斯，访问俄罗斯电子传播协会、互联网发展研究所和俄罗斯互联网活跃用户联合会相关工作人员，进行深度访谈，直接了解或者当面求证俄互联网发展与管理的现状和趋势，实地收集一手资料，亲身体验俄互联网最新应用，对完成本书具有重要意义。

通过以上努力，作者借助文献研究法、深度访谈法、内容分析

① “通信与大众传播部”组建于2008年；此前“通信部”与“新闻部”并存，2000年前曾经存在“出版印刷广播电视与大众传播部”；2018年“通信与大众传播部”重组为“数字发展、通信与大众传播部”，简称“数字发展部”。由于本书时间跨度较大，书中涉及的部门和人物在不同章节中的身份可能不同。

法、统计分析法等研究方法，围绕“俄罗斯如何治理互联网”这一核心问题，构建了一个基本的研究框架，最终形成国际互联网治理趋势、互联网“发展—管理”关系模型、俄罗斯互联网的历史特征、俄罗斯互联网国家治理演进、俄罗斯互联网治理的生态特征、俄罗斯互联网治理的机制与路径、俄罗斯互联网国家治理实践、俄罗斯互联网国家治理面临的挑战、俄罗斯互联网国家治理转向、借鉴与合作等内容模块，相对完整地展示了俄罗斯互联网“发展—管理”关系图景，构建了互联网“发展—管理—治理”的研究模型，实证了互联网“发展—管理”关系的三种类型及一种可能，发现了俄国家治理中的授权机制、“政治基因”、安全优先、经济制约、技术自主等特点。最后，作者探讨了俄罗斯互联网治理实践对全球互联网治理的借鉴意义，分析了新时代中俄两国加强互联网治理合作的优势与短板。

在研究与写作的过程中，作者从构建网络空间命运共同体的视角出发，试图弥补当前中国学者对俄罗斯互联网研究的不足，力图揭示世界上领土面积最大的国家的网络空间管理内涵，让中国受众不仅知道普京和黑客，而且了解俄互联网治理中普京、黑客及其他主客体之间的关系，对中国最大邻邦的网络空间有更深入的理解。

同时，本书将国家治理作为互联网“发展—管理”关系的调节机制之一加以研究，重新定位国家治理，明确国家治理并非对日常管理的替代，而是通过国家参与，消除影响“发展—管理”关系正常化的不利因素，恢复市场的自我调节功能。本书认为，国家治理以问题为导向，以善治为目标，它并非在互联网诞生之日起即存在，而是随着互联网“发展—管理”关系的不断变化而逐步显现并不断加强。当国家治理的使命结束后，其作为外部干预者的角色或许会弱化，并逐步让位于其他主体，即通常所说的“看得见的手”让位于“看不见的手”，以便互联网发展与管理两大变量继续借助市场机制自主运营。在互联网治理中，不同主体角色的消长取决于互联网“发展—管理”关系的变化。但上述假设目前只证实了一半，即国家治理的出现是有条件的，尚未能证实另一半，即国家治理的力度在其使命结束后将趋于弱化。这需要在今后的研究中不断予以证实。

放眼世界，国际互联网治理的路径难以统一，各国的实践和探索都具有一定的研究价值。作为世界上网民最多的国家，中国正加速由“网络大国”迈向“网络强国”，持续加强与美欧等发达国家和地区的交流必不可少，充分研究和借鉴俄罗斯等新兴国家的经验和教训同样大有裨益。希望本书不仅有助于人们理解俄互联网是否要“隔离”，是否要“断网”，而且能够促进更多的研究者从构建网络空间命运共同体的视角，探索中俄加强互联网治理合作的新思路。相互了解是合作的基础，本书愿为之铺路。

第一章　国际互联网治理趋势

2016年12月，俄罗斯联邦政府向国家杜马提交的《关键信息基础设施安全法》的法律草案附函指出，“综合多种评估方法发现，全球最近几年来有害程序导致的损失在3000亿美元到10 000亿美元之间，占全球年国民生产总值的0.4%左右，且呈不断增加之势。在各类事件发生和恶化的过程中，计算机攻击能够导致国家关键基础设施的完全瘫痪，引发社会、金融和生态灾难”①。一语道破当前世界互联网治理面临的严峻形势。

显然，并非只有俄罗斯面临此类挑战。2010年9月伊朗核电站遭遇StuxNet病毒攻击导致离心机中止运行以及2013年3月韩国一些大型金融机构无法运营，皆属互联网基础设施遭遇攻击的典型案例。中国国家主席习近平指出，“没有网络安全就没有国家安全，没有信息化就没有现代化”②。目前，互联网治理已成为全球

---

① Правительство Российской Федерации, “О внесении проектов федеральных законов ‘О безопасности критической информационной инфраструктуры Российской Федерации’,” (2016-12-06) [2016-12-30], https://d-russia.ru/wp-content/uploads/2016/12/cyberataki_proekt_dec2016.pdf.

② 《中央网络安全和信息化领导小组第一次会议召开》，(2014-02-27) [2014-04-27], http://www.gov.cn/xinwen/2014-02/27/content_2625112.htm。

共同课题，传统理论面临挑战，网络安全成为重点，国际协作尤显必要。

第一节　传统理论面临挑战

目前，人类社会正在从工业社会向信息社会转型，互联网成为重要的转型助推器，其综合性和整体性影响日益彰显。人们在享受互联网带来的各种便捷与惊喜的同时，也面临互联网空间泥沙俱下、鱼龙混杂的困扰。类似的困扰是所有新型媒介手段都曾经面对或可能伴生的现象，完全符合辩证法——利弊相生。但互联网自身的特点决定了其对人类社会的贡献与困扰令人震撼，其影响之广、之深，史无前例。面对互联网新型技术与应用带来的挑战，传统的管理理论与实践亟须转型和创新。

在互联网的诸多影响中，人们通常首先感受到其信息传播的威力。在信息技术的强力支撑下，经历了 Web 1.0 向 Web 2.0 的升级换代后，互联网发展成为具有快速、便捷、多媒体、全方位、互动式传播特征的新型媒介，兼具此前所有大众传媒的各类传播功能，同时又超越了它们。历史地看，任何一种媒介的更新或革命都会给既有社会生产、管理带来重大影响，而互联网产生的影响更为深远。它早已超越信息传播的单一层面，涉及人类社会生活的方方面面，并且不同程度地动摇了既有的社会、经济和政治生活的理论基础，对成熟的国家、社会和个人关系进行重构，对传统的主权、民族、文化和思想道德等构成挑战。相应地，过去行之有效的法律调节、行政管理和自我控制的手段在解决互联网空间的新问题时，往往显得力不从心。

一、理解现代治理理论

面对互联网发展中出现的各种问题和挑战，政治学、管理学和传播学等不同学科的研究者提出诸多理论和方法，传统管理向现代治理转型成为学者们的共识。但在社会治理的实践中，无论是俄罗斯还是中国，都存在着混淆管理与治理概念的现象，导致一些治理措施并未发挥应有作用，甚至引发社会公众的反感。因此，有必要首先厘清传统管理与现代治理各自的内涵与外延，进而思考互联网治理与发展的关系。

（一）互联网管理的基本内涵

管理是一个涉及范围极为广泛的概念，本书所关注的管理属于社会管理学范畴。社会管理学将管理分为两类。广义的社会管理指对整个社会系统的管理，即对整个社会活动、社会生活、社会关系的调控。狭义的社会管理指对社会某一特定的子系统的管理，即对社会生活、社会服务等方面的管理。[①] 根据管理主体不同，社会管理又分为国家管理和社会组织管理。其中，国家管理常被称为社会行政管理，社会组织管理亦称社会自治管理。互联网管理属于社会管理的一个子系统，同时包含经济管理、政治管理、思想管理和狭义的社会管理等多方面内容。

管理的目标是秩序与效率的统一。管理的主体因客体和目标而异。以互联网为例，它既可以是国际组织，比如互联网名称与数字地址分配机构（ICANN），也可以是某个具体的主权国家或者地区行政机构，更包括不计其数的社会组织和企业，甚至网民个体。

因此，本书将互联网管理定义为互联网空间资源的合理配置与

---

① 风笑天、张小山、周清平编著：《社会管理学概论》，华中理工大学出版社 1999 年版，第 9 页。

互联空间秩序的构建过程。参与资源配置和秩序构建的主体包括国家、社会和企业。信息时代与传统工业社会不同，管理方式也会发生变化。正如管理学家彼得·德鲁克所说，“要在这种新型的网络社会中进行管理，我们需要不同的行为、技巧和态度”[①]。互联网管理中出现问题往往正是因为管理者因循守旧，缺乏在“行为”“技巧”和“态度”上有所变化的内在动力或者行为能力，即管理创新不足，难以适应互联网发展的需要。因此，本书将对俄罗斯互联网治理的创新予以充分关注。

（二）治理与国家治理的目标

定义国家治理的概念之前，首先要明确什么是治理，治理与一般的管理有何区别。“治理”的英文表述为governance，源于拉丁文和希腊语，原意指控制、引导和操纵，并且长期与“统治”一词交叉使用。但是自20世纪90年代后，西方学术界，特别是经济学、政治学和管理学领域，赋予了“治理”一词新的含义，以反映“人类政治过程的重心的变化，从政府的统治走向没有政府的治理，从民族国家的政府统治走向全球治理”[②]。此后，关于治理的表述非常多，其中全球治理委员会的定义具有一定的代表性和权威性，它认为“治理是各种公共的或私人的个人和机构管理其共同事务的诸多方式的总和”[③]，一般有四个特征：治理不是一整套规则，也不是一种活动，而是一个过程；治理过程的基础不是控制，而是协调；治理既涉及公共部门，又包括私人部门；治理不是一种正式制度，而是持续的互动。

---

① 〔美〕彼得·德鲁克：《巨变时代的管理》，朱雁斌译，机械工业出版社2009年版，第48页。

② 俞可平：《论国家治理现代化》，社会科学文献出版社2014年版，第15页。

③ 同上书，第20—21页。

学者王绍光分析了“治理”一词在中国社会的意义演变。他指出，在20世纪80年代的出版物中，“治理”这个词出现时都不是用于人，而是用于物，比如治理黄河、治理“三废”，是处理的意思。今天所说的“governance”出现在1990年初，到1996—1997年才被真正广泛使用，意思是不要什么事都由政府管，也要让其他力量来管。政府不能大包大揽，经济让市场来管，所有制要多元，不要仅仅是国有和集体，还要有私有和外资。[①]

政治学家俞可平将“治理”定义为“一种公共管理活动和公共管理过程，它包括必要的公共权威、管理规则、治理机制和治理方式”。它由官方或民间的公共管理组织在一个既定的范围内运用公共权威维持秩序，满足公众的需要，其目的是在各种不同的制度关系中运用权力去引导、控制和规范公民的各种活动，以最大限度地增进公共利益。[②]

可见，治理本身属于广义管理的一种，但它是以问题为导向，以协调为主要手段，以不同主体间的互动为表现特征。它追求秩序与效率，但有时为了达到治理目标，可能会暂时牺牲秩序与效率，寻找某种新的平衡，以实现公共利益的最大化。而管理追求的并不一定是公共利益的最大化。

既然治理的目的是最大限度地增进公共利益，那么作为公共利益的代表，国家自然应该是治理的主体之一。国家治理即指由国家主导的治理活动与治理过程。相对管理而言，国家治理外延更小，内涵更丰富。在此，将国家治理定义为由国家主体主导的，以问题为导向，以“善治”为目标，协调其他社会主体共同实施的管理行为。其管理客体是各种各样的“问题”。互联网国家治理客体即特指

① 王绍光：《国家治理》，中国人民大学出版社2014年版，第100页。

② 俞可平：《论国家治理现代化》，社会科学文献出版社2014年版，第20—21页。

互联网基础设施、内容、技术及其发展与管理中存在的问题和面临的挑战。

如何理解治理的“善治”目标？俞可平综合诸家观点，归纳了善治的 10 个基本要素：合法性、法治、透明性、责任性、回应、有效、参与、稳定、廉洁、公正。[①] 它既反映了人们对治理方法和路径的要求，即合法性和法治，也体现了人们对治理成果的理想追求，比如有效、稳定、廉洁、公正等，同时包含对治理过程的要求，比如透明性、回应、参与等。善治实际上是国家权力向社会的回归，善治的过程就是还政于民的过程，它表示国家与社会或者说政府与公民之间的良好合作。从全社会的范围看，善治离不开政府，更离不开公民；没有公民的积极参与和合作，至多只有善政，而不会有善治。

不过，尽管治理主体不断多元化，国家无疑仍然是诸多主体中最有力量最为重要的一部分，发挥着社会治理的主导作用。互联网国家治理即以国家为主体、以互联网为客体、以互联网发展与管理面临的重大问题为对象的治理行为与治理过程。

针对互联网的特殊性，除了国家治理外，还有一个重要的治理层面即全球治理。国家治理和全球治理之间的协调同样不可忽视。全球治理概念的普及同时也提示人们，要重视任何一个国家和地区的治理实践，从中发现具有普遍意义的启示，它也是本研究的出发点之一。

（三）治理与发展的关系

互联网治理以“善治”为目标，不能以牺牲互联网发展为代价，否则便失去了治理的意义。何为发展？互联网早期的野蛮生长是否

---

① 俞可平：《论国家治理现代化》，社会科学文献出版社 2014 年版，第 59—60 页。

属于发展？今天世界各国给互联网制定的各种规划是否属于发展？对互联网内容与传播的规制是否属于发展？只有正确理解发展的概念，才能判断治理行为是否正当与适度，最终评价治理措施存在的意义。

发展的概念从某种意义上讲，是由增长的概念演化而来。在古典经济学家眼里，增长即意味着发展。人们对发展内涵的反思在很大程度上始于第二次世界大战之后对发展中国家经济增长的研究。二战以后，循着单纯经济增长的发展模式，一些发展中国家经历了单纯依赖外援、片面发展经济、试图以外贸手段来获得经济迅速增长、希望通过引进先进的科学技术来消除或缩小与发达国家的差距等发展阶段，并取得了一定的经济增长成效，但由于缺乏必要的结构变革和制度变化，国家经济增长的结构效应不明显。此后，人们逐步认识到“经济增长并非最终目标，最终目标是发展”[①]。

1961 年第 16 届联合国大会首次提出“联合国发展十年”的概念，明确发展中国家在 1960—1970 年即第一个发展十年中的国民生产总值年均增长率要达到 5%的目标。正是在制定联合国第一个发展十年的目标期间，联合国首次提出了“发展=经济增长+社会变革”，标志着人类对自身进步的认识有了质的飞跃，即从单纯注重数量增长转变到经济社会的全方位变革。[②] 可持续发展的概念由此逐渐普及，环境、经济和社会成为发展的系统组成部分。根据国际社会对经济发展的最新理解，本书认为，互联网发展并非简单的用户数量的增长或者渠道的增加，也包括公平使用、消除数字鸿沟、促进代际沟通、实现社会和谐等诸多指标。

借用联合国对经济发展的定义，本书将互联网发展定义为“互

① 毛传新:《可持续发展：制度、政策与管理》，光明日报出版社 2013 年版，第 2 页。
② 同上书，第 1—4 页。

联网市场的增长+信息社会变革”。具体而言，互联网发展指互联网在特定地区（比如俄罗斯）的出现、扩散和不断渗透到社会生活各个领域的过程及其对社会变革的影响，既表现为数量的增加，也体现为社会结构的变化。互联网发展的大部分指标可以量化，比如市场规模、产品、服务内容及用户的变化等，但也有一些难以量化，比如社会变革。此处互联网特指以TCP/IP协议为基础的互联互通的计算机网络，即Internet。它既包括国际社会信息流通的整个网络体系，也包括在特定地区或国家内流通的网络分支；它包含不同技术标准下的网络及其应用，覆盖台式计算机、笔记本电脑、平板电脑、智能手机等一切能够接入互联网的终端。

因此，我们评价全球互联网治理或国别互联网治理的法律、政策与具体措施时，均应以是否促进互联网发展为准绳。我们既要考虑到互联网在全球或特定地区的扩散与渗透的能力是否有提升，也要充分认识互联网对社会结构的深刻影响；既要关注可以量化的各项指标，也要观察潜移默化的社会变革进程，并将其置于特定的社会、政治、经济和文化环境中，构建具体的研究模型。

二、突破传统国家主权理论

作为信息社会的重要产物，互联网不仅成功地构建出一个无所不包的虚拟空间，而且逐步渗透到现实社会的各个角落，对全球的社会、政治、经济和文化产生了极为重要的影响。它改变了人们交流和传播信息的方式，成为人类从工业社会向信息社会，继而向网络社会加速转型的助推器。以互联网为中心的网络空间被称为人类社会继领土、领海、领空、太空等四大空间之外的“第五大空间”[①]，对传统的国家主权和国家管理的概念提出现实的挑战。

---

① 《第五空间战略诞生》，《中国教育网络》2011年第10期，第39—40页。

国家主权能否以及如何投射到互联网空间，一直存在着较大争议。但研究俄罗斯互联网管理，无可回避地要涉及主权理论。主权理论是国家学说的重要理论，主权是国家的基石，是捍卫国家安全的屏障，它包括一般意义上的主权理论、国家主权理论以及文化主权理论等多个派生理论。

历史地分析国家主权，可以发现它始终是一个发展中的概念，具有理论创新的较大空间。国家主权概念起源于近代欧洲，在布丹、孟德斯鸠等启蒙学者那里发展成为系统的政治理论。主权是与国家不可分离的概念。主权国家的现代概念是完全自治的，因而是独立的、不服从任何其他国家的法律秩序的国家或社会。1648 年，法国、西班牙、德意志诸侯邦国签署的《威斯特伐利亚和约》第一次确认了国家主权原则。经过三个半多世纪的发展和强化，国家主权成为当代国际关系理论和实践中最基本的概念之一。几乎所有的国际关系理论都建立在国家主权基础之上，以国家主权为出发点和归属。

在经济全球化时代，尽管世界经济与政治正在发生着深刻的变化，但一个不容置疑的基本事实是：国家关系仍然建立在主权国家基础之上，以主权国家为最基本的行为主体。而且，国家只要存在，就不会放弃自己的主权；只要国家依然是世界经济和国际关系中最基本的行为主体，国家主权原则就是不可超越的基本准则，并且是经济全球化时代不可超越的国际关系准则。当然，国家主权既然不是从来就有的，也不会永远存在，它最终会随着国家的消亡而消亡。只是今天，谈论国家主权的消失为时尚早。

对主权理论的挑战时有发生。20 世纪 80 年代，“人权”高于“主权”的观点甚嚣尘上；21 世纪初，“信息自由权”超越“国家主权”的声音时有所闻。网络“乌托邦”者认为，互联网空间不存在国家主权，因为无法用现有的海、陆、空三种物理边界对信息空间进行权力划分。作为一种新型权力，信息主权到底能否纳入国家主权的范畴始终存在争议，因为它涉及现实国家与虚拟国家的关系。

互联网时代，传统的国家主权的行使范围和传统作用对象观念将发生新的变化。国家主权的对外独立性和对内权威性面临着侵蚀与挑战。互联网的出现不仅使传统的国家主权的外延扩大到无形的"信息边疆"，使之更加相对化，而且通过向内外部扩张，加剧了主权的不平等现象。主权向内扩张主要指国家主权在国内从现实物理空间向虚拟世界的拓展，向外扩张主要表现为国家主权随着信息跨境流动而扩张，比如域名的境外解析权等。主权的内外扩张都可能引发观念上的冲突，或者实体间的权力争夺。国家主权外延的不断扩大，实质是人类技术手段及其影响范围不断扩大的过程。网络的跨国性和开放性使得传统的有形边界在所谓的网络空间中消失，并因此对国家信息主权的行使提出了前所未有的挑战。

要苛求三个世纪以前的主权理论家高瞻远瞩地将当今的信息主权明确纳入国家主权，那是天方夜谭。但这并不意味着主权理论无法接纳信息主权的这一新属性。实际上，主权理论本身是具有开放性的，具有进一步丰富和发展的空间。国家主权亦如此。

更何况，互联网商业化发展史已经证明，互联网本质上并未超越传统国家资源的特征。比如，从表面上看，互联网为全世界人民所共建、共有和共享，并没有谁对其进行领导，所有国家在网上都是平等的。但实际情况是，那些在信息技术方面领先一步的国家，凭借其技术优势可在网上恣意妄为，干涉别国内政；而信息技术发展较为落后的国家，却可能因此陷入国家主权被横加干涉、国家安全遭受威胁、国家信息疆域受侵犯、国家尊严和利益受损害、国家对内控制和对外国际关系主体地位被弱化等境地，在全球信息争夺战中处于劣势。斯诺登事件、"颜色革命"等已经让人们对互联网空间的自由与平等有了新的认识，很大程度上粉碎了人们对虚拟世界“去中心”“去主权”“去意识形态”等的幻想，真正的“虚拟国家”的崛起或许尚需时日。

进一步分析可以发现，国家主权并不构成国家参与信息化和信息全球化的障碍，反而是现有的主权国家对信息化和信息全球化的全力支持才使得所谓的网络社会得以快速构建。无论是传统的互联网还是今天的移动互联网，无论是基础设施的建设还是通信规则的实施，无论是市场的开发还是信息的流动，缺乏主权国家的积极参与，前述任何一方面都无法实现。毕竟在理论上，主权国家有选择不参与信息全球化的权力和自由。既然主权国家选择参与信息全球化的建设，那么从权利—义务关系看，它们也不会因为信息全球化而放弃对信息的管理权。因此，当务之急是从理论上进行创新，解决传统主权国家理论在网络空间的适用性问题。

三、发展信息主权理论

信息时代，信息就是资源，谁掌握了信息，谁就能控制世界，谁就拥有未来。信息战争悄无声息，却无处不在，无时不在，对信息的争夺是一种兵不血刃的博弈。在信息社会里，传统国家所谓的经济发展、政治命脉、军力强弱等关键因素，如果失去信息控制权的支撑，将变得相当脆弱。无论是从理论上看还是从实践上看，当前的国际社会实际上难以接受信息主权游离于国家主权之外的“乌托邦”思想。

那么，理论上信息主权到底包含哪些内涵呢？

信息主权是一个政治和法律范畴，也是一个历史范畴。它是在信息革命和全球化趋势背景下，在以 Internet 和全球电子通信网络为代表的信息社会与新信息观形成的过程中，由政治主权、经济主权和文化主权派生出来并与新信息观结合而产生的，是现代国家主权的一部分，也是信息世界国家观念的表现形式。[①]

与国家主权的内涵一样，信息主权也体现为对内和对外两个方面：对内体现为国家对其领域内任何信息的制造、传播和交易活动拥有最高权利；对外体现为国家有权决定采取何种方式，以什么样的程序参与国际信息活动，并且有权在信息利益受到他国侵犯时采取措施进行保护。具体来说，信息主权包括信息控制权、信息管理权和信息共享权。[②]

所谓信息控制权，是指主权国家对跨境数据交流的内容和方式的有效控制权；信息管理权则表现为一国对本国信息输出和输入的权利，以及在信息领域发生争端，该国所具有的司法管辖权；信息共享权是指在国际合作的基础上实现全人类信息资源共享的一种权利。第三种权利突出了信息社会资源的共享特征。

研究互联网管理，很重要的部分是研究互联网信息的控制权、管理权和共享权。其中，控制权尤为重要。在网络环境下，信息控制权包括两个方面的内容：一是具有独立的信息技术和信息生产体系；二是拥有确保网络中的本国信息资源不被窃取、污染、篡改、毁坏以及抵御有害信息侵蚀、破坏的权利。在网络时代，信息控制权是一个主权国家在网络社会中取得立足之地，并不断发展壮大的保证，一个国家若失去了信息控制权，则该国的政治、经济命脉就会在无形之中被他国或若干强国所控制。[③]

信息控制权是信息管理权行使的前提条件，无力控制，自然难

---

① 孔笑微：《全球化进程中的信息主权》，《国际论坛》2000年第5期，第13页。

② 任明艳：《互联网背景下国家信息主权问题研究》，《河北法学》2007年第6期，第71—74页。

③ 彭前卫：《面向信息网络空间的国家主权探析》，《情报杂志》2002年第5期，第99页。

谈管理。而要实现信息控制的效果，就必须行使好信息管理权。它包括以下基本内容：一是制定信息领域的法律、法规；二是确定国家信息发展战略，对本国信息资源进行有效的生产、加工、储存、流通和传播；三是建立国内信息市场的监督机制，对本国信息输出和外国信息输入的内容和流动方式进行管理和监控；四是依据一定的准则，对信息领域发生的纠纷行使管辖权。其中，第一项是国家立法权在信息领域的体现，第三项直接涉及信息的跨境传播，其功能主要是保护国家信息安全以及排除危及国家主权的有害信息。

需要注意的是，任何一个主权国家在行使信息控制权和管理权时均不能违背互联网信息传播的本质特征即资源共享性。正如爱尔兰剧作家萧伯纳所说：你有一个苹果，我有一个苹果，彼此交换一下，我们仍然是各有一个苹果；你有一种思想，我有一种思想，彼此交换一下，我们就都有了两种思想甚至更多。互联网深受人们喜爱的一个重要原因是，它能让人们充分体验分享的快乐。因此，正确行使信息共享权是互联网管理须臾不可忘记的权利，在某种程度上也是一种义务。当然，信息共享权本身的内涵也是很丰富的。它主要体现为：一是主权国家拥有相对独立的信息产业市场和较高的信息资源利润。信息共享权不仅体现在对网络上流动的信息本身的分享，更重要的是对信息市场、信息产业所带来的信息经济利益的平等分享。二是维护主权国家在网络空间的话语权和平等的参与权。能够平等地参与全球网络规则的制定，这也是国家主权平等原则在互联网背景下的重要体现。三是维护国家在网络世界的民族性，即网络上有相当数量的反映本民族传统文化、价值取向、社会意识的资源信息。信息主权是国家主权在互联网和全球化背景下新的表现形式，它给国家主权的概念赋予了更深刻的内涵，也是各国在信息时代维护国家主权和独立、反对信息殖民主义和霸权主义的必然要求。传统的国家主权概念偏重政治、经济和外交，强调对内的最高权和对外的独立权，而信息主权使国家主权的范围从现实的疆域拓展至虚拟空间。

不过，即使从理论上认可信息主权是国家主权的一部分，要真正维护国家信息主权仍然面临许多挑战。它涉及国家信息管理能力、司法管辖权、现有法律制度的适用性、信息霸权主义、信息殖民主义等诸多方面。当前，由信息主权概念衍生出数字主权概念，后者的外延更为广泛，受到了俄罗斯政治家和学者的重视，并被视作互联网国家治理的一个重要的战略目标。

综上，国际互联网治理对传统管理理论构成挑战，亟须结合各国的治理实践，及时加以总结，促进理论创新和突破。其中，国家治理、国家主权和信息主权是理论创新的三大方向，但并非理论创新的全部。本书认为，互联网国家治理即主权国家通过相应的机制和手段，部分或全部地行使自己的信息控制权、信息管理权和信息分享权的过程。诚然，无论是在理论上还是在实践上，互联网管理中的信息主权问题都有待完善和丰富。在理论趋向成熟的过程中，类似美国、俄罗斯、中国等传统意义上的主权大国的实践，更具研究价值。

第二节　治理重点转向安全

互联网治理的重要性并非一成不变，而是经历了逐步上升的过程。早期的互联网，对于知识传播和信息交流的意义更大，人们乐见其快速成长，并未因其负面影响而将其扼杀于“摇篮”。世界各国政府和管理者对互联网的包容是促进其爆炸式成长的重要因素。但随着互联网影响力的日益扩散，互联网应用层出不穷，互联网管理逐步被纳入世界各国的国家安全框架。

2015年1月30日，俄罗斯通信与大众传播部部长尼古拉耶·尼基伏罗夫（Николай Никифоров）发表声明，称克里米亚地区公民收到美国通知，该地区因为美国制裁将出现无网络状态。[①] 为何克里米亚申请加入俄罗斯联邦便暂时失去了网络空间？这进一步表明，互联网安全早已不再限于技术问题，而是逐步上升到国家安全层面。因为遭受网络攻击威胁，乌克兰在2022年2月24日即俄罗斯宣布在顿巴斯采取特别军事行动的当天曾暂时关闭本国互联网。[②] 但很快，乌克兰网络恢复正常，通过社交媒体展开的俄乌舆论战吸引了全球的关注。

一、美欧率先转入互联网进攻战略

最早关注互联网对国家安全的影响的，正是美国等西方国家。如今，它们已从战略防御走向战略进攻，不仅对本国互联网信息实施管理，而且有意通过互联网实施国际控制战略，在维护本国安全的同时，有意或无意地对其他国家的安全构成威胁，促使更多国家加强互联网管理。网络空间已演变成“大国博弈的无形战场”[③]。

美国自2003年以来相继推出《网络空间安全国家战略》《网络空间国际战略》和《网络空间行动战略》作为行动指南和国际宣言，对未来网络空间的战略格局产生了深远的影响。一方面，美国承诺要保障公民的言论自由、个人隐私和信息自由流动，提出支持

---

① 崔翀编译：《俄罗斯要求将全球网络管理权利移交国际组织》，《保密科学技术》2015年第2期，第67页。

② 《外媒：乌克兰已经临时切断互联网》，(2022-02-24) [2022-02-24]，http：//k. sina. com. cn/article_1893801487_70e11e0f04001c1qz. html。

③ 谢新洲：《网络空间治理须加强顶层设计》，(2014-06-05) [2014-06-05]，http：//theory. people. com. cn/n/2014/0605/c40531-25105733. html。

基本自由、防范打击犯罪、行使自卫权、多方利益攸关者共治等互联网管理规范性原则；另一方面，美国将现有关于武装冲突和战争的法律适用于网络空间，并明确把针对美国的网络攻击视同战争行为，同时抛出了所谓网络空间“负责任的国家行为”和“可接受行为”等理念，为其借助网络插手和干预他国内政的行为寻找依据。

相应地，美国在互联网管理结构上进行了调整。通过制定网络空间战略，美国明确了网络空间事务涵盖政治、经济、安全、军事、外交等领域，将政府所有涉网政策和机构纳入统一框架，在国家战略层面统一部署，整合力量，全面提升美国的行动能力和控制能力。通过相继任命白宫网络安全协调员、国防部网军司令和国务院网络事务协调官，逐步完成了对政府、军队、外交三大领域网络安全工作体制的重大调整。“9·11”事件和“占领华尔街”运动都进一步推动了美国对互联网的管理与控制。美国先后出台了“爱国者法案”① 和《外国情报监听法》，扩大了执法部门对网络信息的监管权范围。目前，美国的网络空间战略已经从防御走向进攻，时刻准备着对互联网上的可疑对象采取行动，以国家安全的名义，达成先发制人的效果。

美国的西方盟友紧随其后，相继出台了类似的网络空间战略，将互联网管理上升到国家安全的高度。欧盟发布《欧盟网络安全战略》，明确了欧盟未来网络空间优先发展领域、具体行动计划以及各成员国在网络信息安全领域的职责。德国制定了首部《网络安全战略》，在国家安全层面突出威胁，明确战略目标和战略措施，并于

---

① “爱国者法案”于2001年10月26日颁布，其正式名称是《使用适当手段阻止或避免恐怖主义以团结并加强美国的法》（Uniting and Strengthening America by Providing Appropriate Tools Required to Intercept and Obstruct Terrorism Act of 2001）。

2005年提出《国家信息基础设施防御计划》。日本发布了《网络安全战略》草案和《网络安全合作国际战略》，建立“信息安全政策会议”等机制，增设“内阁信息政策专员”，负责统筹网络安全事宜。英国推出新版网络战略，与美国保持一致，强调“自由、公正、透明及法制”的网络空间核心价值观。

更值得关注的是，美国等西方国家在加强自身的网络安全和互联网管理的同时，利用其网络发展优势，主动进攻他国，并积极利用网络开展意识形态渗透和颠覆，对他国的网络安全和国家安全构成了威胁。据美联社披露，美国政府曾经在2009年建立秘密海外公司，创办“古巴版推特”——ZunZuneo（蜂鸟之歌），以图削弱古巴政府的统治力，推动“古巴之春”，结果以失败告终。[①] 据美国《纽约时报》报道，美国曾在阿富汗、巴基斯坦和肯尼亚等十余个国家建立类似的社交媒体项目，鼓励当地民众公开讨论政治问题。[②] 这些项目由美国国际开发署和国务院等机构运营。从项目的名义看，美国在推行民主和自由，然而其实质是利用网络进行意识形态渗透和颠覆。在21世纪第一个十五年中，发生在北非和中东阿拉伯国家的所谓“阿拉伯之春”“颜色革命”和“广场运动”等，包括利比亚卡扎菲政权更迭、突尼斯事件、埃及政权和社会的持续大规模动荡与反复、伊拉克战争、伊朗核电站事件等[③]，以及持续发酵的乌克兰危机、俄罗斯与格鲁吉亚的军事冲突等若干重大事件背后，都隐约可见一支操纵互联网实施信息战的政治和军事力量。

---

① “Пентагон исследовал способы воздействия на пользователей Twitter,”（2014-07-10）[2016-10-10]，https：//total. kz/ru/news/biznes/pentagon_issledoval_sposoby_vozdeystviya_na.

② 张笑容：《第五空间战略：大国间的网络博弈》，机械工业出版社2014年版，第67页。

③ 洪鼎芝：《信息时代：正在变革的世界》，世界知识出版社2015年版，第93页。

二、新兴国家不断加强网络安全战略

在网络空间战略竞争中，俄罗斯也不甘落后。早在 2009 年 5 月 13 日，俄罗斯便公布了《2020 年前俄罗斯联邦国家安全战略》，取代 1997 年和 2000 年两版《俄罗斯联邦国家安全构想》，将恐怖主义、环境恶化、违法犯罪、资源匮乏等列入国家安全范畴。国家安全的概念外延因此扩展至外交、经济、社会等非军事领域。[①] 2016 年 12 月 6 日，俄罗斯联邦总统批准了《信息安全学说》[②]，责成政府制定行业规划加以实施，俄罗斯联邦国家安全会议秘书每年就该学说的执行情况向总统提交书面报告。该学说从国家、社会和个人三个方面分析了俄罗斯面临的信息安全威胁，并明确信息安全由总统负责。2017 年俄罗斯联邦《关键信息基础设施安全法》的正式公布和 2019 年“俄罗斯互联网主权法”的问世，反映了俄通过立法宣示网络空间主权的决心。

除日俄外，中国另两个重要邻国韩国和印度也相继出台了网络安全战略。韩国发布了《国家网络安保综合对策》，以加强对国家信息安全的领导与协调，并在总统府新设网络安全秘书，直接向总统负责，统筹协调国家网络安全事务。印度在国家安全委员会内设立国家网络安全协调员，统筹各部门应对网络空间的威胁与挑战。截至 2014 年初，全球已有 56 个国家发布了网络空间安全战略。上述政策文件均从战略和政治的高度，对网络空间及安全发展进行了全方位谋划和总体布局。

2017 年 6 月 1 日《中华人民共和国网络安全法》正式生效。它

---

① 田甲方：《俄罗斯对国家安全威胁认知的转变》，《国际关系学院学报》2010 年第 6 期，第 109 页。

② “Указ Президента Российской Федерации от 05. 12. 2016 г. № 646,”（2016-12-06）[2016-12-06]，http：//www. kremlin. ru/acts/bank/41460.

由7章、79条组成，涵盖范围极为广泛。它包含一个全局性的框架，旨在监管网络安全、保护个人隐私和敏感信息，以及维护国家网络空间主权和安全。它和国际上的相关立法具有许多相似之处，并在一定程度上吸收了其他国家已经制定的关于关键信息基础设施保护和个人数据保护的专门法的内容，但更加强调网络空间的主权和国家安全。

三、棱镜门事件加剧全球网络安全焦虑

以美国情报部门在世界范围内的监听与监控为核心内容的“棱镜门”事件席卷全球后，世界各国不仅进一步认识到网络安全的重要性，而且开始意识到美国对他国网络安全的威胁。更多的国家和地区将网络安全纳入国家安全框架，并积极反思国际互联网现有的管理结构。

一方面，包括美国盟友在内的一些国家试图加大对美国IT企业的限制。2017年6月欧盟委员会针对“谷歌购物”网络平台做出反垄断裁决，处罚谷歌24.2亿欧元。谷歌不服，上诉至欧盟常设法院。2021年11月，法院驳回谷歌撤销处罚裁决的请求。[①] 德国发布政策呼吁尽可能使用欧洲研发的技术和开源软件；巴西讨论通过立法要求企业将相关数据存储在本国境内，德国、法国、加拿大等国也提出了类似要求。俄罗斯已经通过修订《个人数据法》，明确要求俄罗斯公民的网络数据必须保存在本国境内，并因此与谷歌、脸书等公司展开谈判。2019年由于拒绝执行俄罗斯相关规定，Telegram公司在俄的服务一度被中断。越来越多的国家计划加强对IT服务供应商的审查力度，并寻求更多的本国服务或自建数据中心。同时，

① 林浩、李骥志：《谷歌上诉遭驳回 仍面临欧盟巨额罚款》，（2021-11-11）[2022-07-05]，https：//tech. gmw. cn/2021-11/11/content_35303990. htm。

美国也利用自己的互联网资源优势地位，打压竞争对手。近年来，美国及其盟友对中国华为公司的封锁与打压便是典型的互联网霸权表现。

另一方面，各国开始强调 IT 技术和服务的自主性。德国与法国提议，在欧洲建立一个独立于美国超级服务器的泛欧洲统一互联网络，避免欧洲的电子邮件和数据“绕道美国”，被美国国家安全局监听；推动成立双边工作小组，就数据处理与存储、个人数据保护等推动欧洲国家间合作，在协调欧洲各互联网运营商方面共同发挥作用，以保护欧洲国家信息安全。欧洲安全与合作会议主席和巴西总统宣布共同建设一条连接拉美和欧洲的海底光缆，以保护巴西和欧洲之间的互联网数据免遭美国监控。俄罗斯已通过立法，建立境内互联网备份，以保障在遭遇外部“断网”威胁时，俄境内互联网能够正常运营。此间，全球互联网治理和美国移交 ICANN 管理权成为各国瞩目的焦点，各方均欲取得更多互联网治理的话语权，但此类目标实现难度较大，需要加强主权国家间和相关利益主体间的协调。

在对内管理方面，许多国家和美国一样，加强了对互联网信息的监控。深受“伦敦骚乱”之害的英国，已经深刻体会到网络自由是把“双刃剑”，对社会稳定具有强大的影响力。英国立法要求电信公司及互联网服务商储存通信数据长达 1 年，并有责任向执法部门提供用户上网记录和日志信息。澳大利亚通过立法允许执法机关收集、监控网络犯罪嫌疑人的互联网记录；政府拟开发互联网过滤器，屏蔽政府认为有争议或有损国家安全的网页。加拿大拟推出新法案，授权警方和情报机构可不必事先获得许可或通知用户而直接调取电子通信记录。

第三节 国际协作日益重要

原子能的开发原本可以为人类带来清洁安全的新能源，造福于人类，但如果使用不当也会变成核威胁，酿成悲剧。同样，互联网的开发虽然最初源于军事需求，但若其民用化改造后变成了罪犯的乐园，甚至是国家安全的威胁，便与科学研究和技术发展的初衷背道而驰。为了避免“原子能变成核武器”的悲剧模式在互联网空间的演绎，世界各国必须在互联网管理方面凝聚共识，同向而行，共同打造清朗的国际网络空间。正如中国国家主席习近平所倡议的，“国际社会要本着相互尊重和相互信任的原则，建立多边、民主、透明的国际互联网治理体系”[①]，共同应对互联网发展给社会管理带来的挑战。

如何在保持互联网发展活力、充分发挥互联网在经济发展中的重要作用的同时，有效克服互联网野蛮生长带来的负面影响，妥善处理虚拟空间出现的新现象、新问题和新矛盾，妥善处理虚拟空间与现实生活的关系，妥善处理网络文化与传统文化的冲突，妥善处理互联网互联互通的无限性与国家主权管理的有限性之间的关系，妥善处理网络自由与权利保护的关系等，正是互联网对传统国家管理提出的一系列重要挑战。单纯依靠某一个国家或地区的力量，难以有效回应上述挑战。世界各国在互联网治理上所面对问题的相似性，奠定了国际合作的基础；各国治理路径的多样性，则增强了国际合作的必要性。

① 全宇虹：《习近平巴西演讲 提出建立多边民主互联网治理体系》，（2014-07-17）[2014-07-18]，http：//gb. cri. cn/42071/2014/07/17/6891s4619383. htm。

一、问题的相似性与路径的多样性

美国决定将互联网商用并开启其社会化历程不足30年，互联网成长的速度已大大超出传统管理者的认识水平。尽管世界各国在互联网治理方面各有千秋，但并没有一个成熟的、放之四海而皆准的治理模式，彼此分享互联网治理经验和体会在当前具有非常重要的意义。

针对互联网带来的新问题和新挑战，传统的国家管理开始向新型的国家治理发展，后者是一种“以问题为导向”的管理行为。互联网空间出现的问题有很多相似性，世界各国人民对互联网分享经济的便利性颇有同感，对互联网存在的问题多有认同，但对互联网治理的路径与方法存在认知差异。

从世界范围来看，美国利用其互联网技术源发地的先得优势，在互联网开发、利用和管理方面掌握了相当多的话语权，因此，分享美国经验理所当然地具有优先选择性。事实上，许多发展中国家都不同程度地吸收了美国互联网治理的理念和方法，但并非所有国家都能够真正予以吸收和消化。毕竟，没有一个国家完全具备美国的条件。分析美国在互联网空间的众多优势时，除了要始终清醒地认识到美国是世界最发达国家这一事实之外，最不容忽视的是，全球互联网的“根”在美国。互联网发展至今，全球有13个根服务器，其中有10个在美国。世界各国人民的互联网信息交流绝大多数要经过一次“美国游”才能到达目的地，即使是中关村同一办公室的两位比肩交流者，如果上网说事，也可能要舍近求远地将电子邮件信息发到美国，绕一圈后再回来。对于大量解析服务器设在美国的.com和.net域名来说，其大部分解析仍需绕道美国才能完成。只不过，现代通信技术的发达水平早已让信息“美国游”变得神不知鬼不觉，一般网民并不会因此产生信息传播的明显时滞感，以至于人们一直在津津乐道互联网消除了时空差距，让世界变成了“地球村”。实际上，如果从管理角度看，美国管理的不仅是美国的互联网，而且是整个世界的互联网。仅此便足以让其他国家的互联网管理面临从属地位的尴尬。

诚然，如果美国乐于服务全球，为世界各国人民管理好互联网世界，大家坐享其成似乎并非坏事。互联网问世之初，很多人持有这种朴素的思想。遗憾的是，“山姆大叔”管理世界互联网的方式并非人们想象的那样单纯。2013 年，美国前国家安全人员斯诺登首次深度披露美国对世界各国实施监控的绝密文件后，世界各国更加担心美国在互联网管理方面是不是真的如其所表白的那样“中立”，互联网会不会成为美国维持其单极世界绝对领导权的新型武器。“棱镜计划”证明，世界其他国家及其人民对美国控制互联网之根的担忧并非空穴来风，甚至美国的盟友，如英国、法国、德国、日本等也因为网络监听的问题要求美国做出解释。2009 年伊朗大选后发生骚乱，一名美国前情报官员说：“中央情报局突然觉得，通过互联网输送美国价值观，远比派特工到目标国家或培养认同美国价值观的当地代理人更容易。”①

美国国内同样面临如何治理互联网的困扰。2016 年，苹果公司与美国联邦调查局之间就是否解锁犯罪嫌疑人的 iPhone 手机后门的问题争得不可开交，并进一步引发公众激烈辩论——如何在防范网络恐怖分子、极端主义者、网络色情、网络犯罪的同时，避免全民监控对个人隐私构成侵害。② 网络犯罪和个人隐私都属于互联网安

① 张笑容：《第五空间战略：大国间的网络博弈》，机械工业出版社 2014 年版，第 83 页。

② 韩莎莎：《苹果与 FBI 解锁之争还要持续多久?》，（2016-03-22）[2016-12-01]，http：//world. people. com. cn/n1/2016/0322/c1002-28218389. html。

全的范畴，此类话题几乎自互联网诞生之日起便成为该领域永恒的辩论主题，至今，道理早已显而易见，但能够平衡各方权利的解决方案却始终难寻。

退一步讲，即使人们完全自愿地将互联网交由美国管理，或者完全服从、单纯地跟随美国，也未必能很好地解决互联网管理的问题，因为毕竟会出现“水土不服”或其他“不适症”。历史表明，无论在发达国家还是在发展中国家，互联网管理都是不可回避的话题，由某一个国家或某一些国家来制定统一的管理方法显然是不现实的。它需要世界各国和地区依据各自的互联网发展条件和阶段，结合当地的政治、经济、文化等多种因素，有针对性地提出适宜本国、本地区的管理方法。当然，考虑到互联网的互联互通的本质属性，不同国家和地区在管理互联网时必须与其他国家和地区进行充分沟通和协调，确保世界信息流通的正常化、多元化和多样性。

归根结底，共同的挑战需要共同的努力，各个主权国家和地区都具有参与互联网治理的必要性和合法性，彼此间相互协作，共同迎接互联网新技术新应用带来的挑战，才能促进互联网向着“善治”的方向发展。各自为政或单极化管理皆不符合互联网全球治理的趋势。

二、中俄互联网治理的协作基础

1989 年中苏关系正常化，两年后苏联解体，俄罗斯作为法定继承者延续了中苏关系正常化的成果，两国关系在短暂冷却后持续升温。1992 年两国相互视为友好国家；1994 年两国间确立了建设性伙伴关系；1996 年则提升为战略协作伙伴关系；2019 年两国建交 70 周年之际，习近平主席访问俄罗斯，与普京总统共同宣布建设两国间新时代全面战略协作伙伴关系。

进入21世纪以后，中俄两国之间的合作关系空前密切。2001年两国签署《睦邻友好合作条约》；2004年两国元首的北京会晤最终解决了边界问题，两国关系沿着持续、稳定、日臻成熟的轨道不断向前发展，进入了历史上双边交往的最好时期。双方是伙伴关系，而非盟友，因此能够将两国关系置于更现实的基础之上，两国间相互的心理要求和预期更为适度，两国关系的稳定也具有更大的弹性空间，合作领域不断拓展。中国国家元首出席俄罗斯纪念世界反法西斯战争胜利60周年和70周年活动、国际奥委会在莫斯科宣布中国成为2008年奥运会的主办国、普京出席2008年北京夏季奥运会和2022年北京冬季奥运会开幕式、习近平参加2014年索契冬奥会开幕式，以及中俄两国互派部队参加对方国家庆祝反法西斯战争胜利阅兵式等成为两国关系在特定的历史条件下日益亲密的强烈信号。

政治领域的友好关系为两国在互联网领域的合作奠定了基础。中俄两国作为联合国安理会常任理事国，多年来都坚持将互联网域名管理权移交联合国，并建议具体交由国际电信联盟管理，两国曾经联袂向联合国提交了《信息安全国际行为准则草案》。[①]

中俄两国都致力于建立一个多边的互联网治理体系。俄罗斯作为苏联政治和军事遗产的主要继承者，始终是美国各类战略进攻的假想敌之一。俄罗斯对美国在互联网管理方面的“双重标准”常感愤怒，并力图通过“去美国化”“联合国模式”等方法来平衡世界互联网管理格局。中国政府关于互联网管理的“多边”思想在赢得世界掌声的同时，也收获了俄罗斯的“赞”。

2015年5月8日，习近平主席访问俄罗斯期间，中俄外长在两国元首见证下签署了《中华人民共和国政府和俄罗斯联邦政府关于

① 张晓君：《网络空间国际治理的困境与出路——基于全球混合场域治理机制之构建》，《法学评论》2015年第4期，第50—61页。

在保障国际信息安全领域合作协定》。[①] 该协定强调信息通信技术应用于促进社会和经济发展及人类福祉，促进国际和平、安全与稳定，国家主权原则适用于信息空间。它指出中俄将致力于构建和平、安全、开放、合作的国际信息环境，建设多边、民主、透明的国际互联网治理体系，保障各国参与国际互联网治理的平等权利。它体现了习近平主席致乌镇首届世界互联网大会贺信的基本精神，同时将利用信息通信技术侵犯他国主权和安全，破坏信息基础设施，恐怖和违法犯罪活动，干涉他国内政，煽动民族、种族、教派间仇恨等列为国际信息安全领域的主要威胁。它还规划了中俄开展合作的主要方向，包括建立共同应对国际信息安全威胁的交流和沟通渠道，在打击恐怖主义和犯罪活动、人才培养与科研、计算机应急响应等领域开展合作，加强在联合国、国际电信联盟、上海合作组织、金砖国家、东盟地区论坛等框架下的合作等。该协定的签署，体现了中俄在国际信息安全领域的高水平互信与合作，为两国在国际信息安全领域深化合作提供了法律和机制保障。

2016 年 6 月，普京总统访问中国，与习近平主席共同签署了两国《关于协作推进信息网络空间发展的联合声明》[②]，达成“七点共识”：（1）共同倡导推动尊重各国网络主权，反对侵犯他国网络主权的行为；（2）共同倡导推动尊重各国文化传统和社会习惯，反对通过信息网络空间干涉他国内政，破坏公共秩序，煽动民族间、种族间、教派间敌对情绪，破坏国家治理的行为；（3）加强信息网络空间领域的科技合作，联合开展信息通信技术研究开发，加大

① 《中俄签署国际信息安全合作协定》，（2015-05-12）［2016-07-01］，http：//www.china.com.cn/news/world/2015-05/12/content_35549969.htm。

② 《关于协作推进信息网络空间发展的联合声明》（全文），（2016-06-25）［2016-07-01］，http：//www.xinhuanet.com/politics/2016-06/26/c_1119111901.htm。

双方信息交流与人才培训；（4）加强信息网络空间领域的经济合作，促进两国产业间交往并推动多边合作，向发展中国家提供技术协助，弥合数字鸿沟；（5）切实维护两国公民在互联网的合法权利，共同致力于构建和平、安全、开放、合作的信息网络空间新秩序；（6）加大工作力度，预防和打击利用网络进行恐怖及犯罪活动，倡议在联合国框架下研究建立应对合作机制，包括研究制定全球性法律文书；（7）开展网络安全应急合作与网络安全威胁信息共享，加强跨境网络安全威胁治理。“七点共识”为中俄两国在全面战略协作伙伴关系的框架下，进一步开展信息网络空间协作提供了法律支持，进一步推动了2015年两国签署的《中华人民共和国政府和俄罗斯联邦政府关于在保障国际信息安全领域合作协定》的落实，并明确了各自的责任主体。

从“多边治理”到“七点共识”，中俄两国领导人就互联网治理展开的深入交流与积极行动，为两国在该领域的合作奠定了政治基础，建立了合作机制。中国互联网管理者、研究者和互联网企业，有必要不断加强对俄罗斯互联网的了解与研究，促进中俄互联网治理合作，共同打造网络空间命运共同体的合作典范。

第二章　互联网“发展—管理”关系模型

互联网全球范围内商用后，无论是在中国还是在俄罗斯，互联网的功能与影响皆不断渗入社会各阶层和各个角落。因此，对互联网管理的研究也早已突破单纯的信息科学或新闻与传播学的理论边界，日益凸显向管理学、社会学、政治学、经济学、法学等多学科延展的趋势，呈现出显著的跨学科研究特征。该特征决定了互联网国家治理的研究难以依靠某种单一理论支撑，需以综合研究和整体思维观开展理论创新。本章借鉴相关理论，尝试以影响互联网国家治理的“发展—管理”关系为基础，构建“发展—管理—治理”的基本研究模型，探讨互联网国家治理的变量构成、关系和作用机制。

第一节　理论基础

国家主权和信息主权理论的创新，旨在解决互联网国家治理合法性及其主要任务的问题。要完成从传统国家管理向现代治理转型，构建多边、民主、透明的全球互联网治理新秩序，需要吸收更多基础理论的精华，并创造性地加以应用。本节重点借鉴信息社会理论、社会控制理论、对话理论和互动战略理论，为建立本书的研究模型打基础，帮助读者更好地理解当前互联网治理面临的挑战、路径选择和治理实践。

一、网络社会理论

信息社会和网络社会是经常被混用却存在明显区别的两个概念。

20世纪60年代，信息社会的概念相继出现在日本和美国。2006年3月举行的第六十届联合国大会通过了60/252号决议，宣布每年的5月17日为“世界信息社会日”。信息社会由此进入国际政治领域，信息社会的建设水平成为世界各国信息通信技术发展的一个重要指标。

网络社会理论通常要追溯到美国城市社会学家、信息社会科学家和网络社会学家曼纽尔·卡斯特（Manuel Castells）。该理论被视为卡斯特后期理论研究的主要成果，其信息时代“三部曲”——《网络社会的崛起》《认同的力量》和《千年终结》构成其关于网络社会的基本理论体系。“三部曲”的问世距离信息社会概念的出现已经过去30余年。可见，信息社会理论早于网络社会理论。前者强调信息是资源，谁掌握了它就掌握了主动权和控制权，后者侧重社会结构研究。

究竟何为网络社会？卡斯特在《网络社会的崛起》一书中专列一节予以阐述。他认为，“网络建构了我们社会的新形态，而网络化逻辑的扩散实质地改变了生产、经验、权力与文化过程中的操作和结果”①。事实上，卡斯特更多地使用了信息社会的概念，认为信息

---

① 〔美〕曼纽尔·卡斯特：《网络社会的崛起》，夏铸九等译，社会科学文献出版社2006年版，第612页。

技术是网络社会的物质基础。荷兰学者简·梵·迪克（J. V. Dijk）指出，“当代社会的社会和媒介网络不断制造出小世界和类似的聚焦体，任何个体或者组织都能通过很短的媒介连接相互联系在一起……我们生活在一个互相联系的世界里，世界从未如此联系在一起。简而言之，这是一个网络社会”[①]。它强调的是信息传递的形式和结构，预示着社会和媒体的深层网状结构。与网络相连的个体是网络社会的基本单位，网络社会的内部结构是分层的，没有单一的中心。

因此，信息社会包含网络社会，网络社会可被视作信息社会的一种形式。信息社会理论“强调的是社会基础和活动的变化”，网络社会关注的对象则是“社会的（外部）结构和组织类型的变化”[②]。据此判断，当今社会无疑进入了信息时代，且同时具备信息社会和网络社会的某些特征。相应地，本书作者研究发现，俄罗斯的《信息社会发展战略》正是该国21世纪社会发展的纲领性文件，其目标与任务是对信息社会理论和网络社会理论的具体化，该国网络国家治理实践也始终以信息社会发展战略为主线，并根据不同发展阶段调整治理思路与重点。

二、社会控制理论

尽管“治理”概念对“控制”持谨慎态度，但是，不得不承认，当前人类社会在发展与管理中仍然不能放弃社会控制。因为单纯地运用“对话调节”的方式并非总能奏效，仍需借助一定的强制措施来维护某种秩序。比如被各国广泛运用的法律手段，它本身就是一种社会控制。因此，研究互联网治理，需要关注社会控制理论。

---

① 〔荷〕简·梵·迪克：《网络社会——新媒体的社会层面（第二版）》，蔡静译，清华大学出版社2014年版，第32页。

② 同上。

社会控制理论最早是社会学研究的成果。早在19世纪末期，社会学便首先开始关注社会控制研究，奠定了社会控制理论的基本知识体系。后来，法学、控制论、社会哲学等也渐次介入社会控制研究，进一步丰富和发展了社会控制理论。这些研究都带有明显的学科背景特征和阶段性特征，呈现出各具特色的理论形态，即社会学的社会控制理论以及法学的社会控制理论、控制论的社会控制理论以及社会哲学的社会控制理论等。[①] 目前人们关注较多的是以庞德[②]为代表的法学社会控制理论，其他社会控制理论虽从不同角度拓展了社会控制理论的研究视野，但其成熟度皆逊于法学社会控制理论。

何为社会控制？按照美国社会学家、社会心理学家罗斯（E. A. Ross）的解释，社会控制是社会对人的动物本性的控制，其目的是维持社会秩序。在论证社会控制的必要性时，他指出，“如果社会戒除所有对其成员的控制，一种自然秩序便会出现。但是，这样的秩序同人工秩序比较，粗糙而不完善，而容忍这种自然秩序……必定招致非常惨重、明显的普遍灾难”[③]。社会控制手段包括舆论、法律、信仰、社会暗示、宗教、个人理想、礼仪、艺术、人格、启蒙、社会价值观、伦理法则等。在众多社会控制手段中，罗斯强调了国家控制的巨大作用。

为什么要对人类进行社会控制呢？庞德以人性论为根据，认为人有合作和个人主义的双重性，合作的本能使他们组成社会，而个人主义的本性又使他们互相争夺，只顾自己的欲望或要求，而不惜

---

① 寇祥强：《社会控制理论的主要形态》，《大理学院学报（综合版）》2009年第1期，第29—31页。

② 庞德（R. Pound），美国法学家，对社会控制理论的研究影响最为深远。1942年出版了《通过法律的社会控制》一书，随后又出版了《法律的任务》。两者后来合二为一，以《通过法律的社会控制、法律的任务》为名出版，影响了整整一代美国法学家。

③ 〔美〕爱德华·罗斯：《社会控制》，秦志勇、毛永政等译，华夏出版社1989年版，第44页。

牺牲别人来满足自己，并且这种本性在每个人身上都存在，因此，要使社会存续下去，就必须对人的这种扩张性进行控制。同时，庞德还论述了法律与文明的关系，这也是他阐述社会控制论的视角。在庞德看来，人类生活在这个世界上，是在发展一种文明，即在实现对外在自然界和内在的人类本性的最大限度的控制。而法律与文明密不可分：从过去看，法律是文明的产物；从现在看，法律是维护文明的手段；而在将来，法律是促进文明的手段。在人类文明之初，这三种手段是浑然一体的（因为他认为社会控制手段是道德、法律和宗教）；在随后的很长一段历史中，有组织的宗教负担了大部分的社会控制（比如欧洲中世纪）；而“在近代世界，法律成了社会控制的主要手段”。可见，法律在人类文明进程中的作用是不断强化的。它既是现代文明的维护者，又参与文明的创新和发展。要发挥此作用，法律就必须既注重“实然”的问题，又注重“应然”的问题，将现实层面和理想层面统一起来。唯此方能达到维护、传递和促进文明的目的。在庞德看来，法律的作用不是创造利益，而是承认、确定、实现和保障利益，使得各种利益之间有一个适当的比例。这个比例能使大家通过尽可能少的付出而得到满足。能够达到这一标准的法律便是正义的法律。此外，庞德还从法律的任务、法律的价值选择等方面论述了法律在社会控制方面的作用。他认为，人类所能利用的资源是十分有限的，只有合理地安排一种秩序，才能使更多的人利用更多的资源，而法律的任务就是安排这种秩序。

庞德的社会控制论将利益分为三类：个人利益、公共利益和社会利益，而法律所要优先考虑的是社会利益，社会利益是最重要的利益。从这个角度看，法律和治理不谋而合，虽然治理不鼓励强制，但是以公共利益作为其追求的目标。此处，庞德特意强调，“我们不要把法学家所使用的作为权利要求的利益和经济学家所使用的作为有利的利益二者加以混淆”[1]，法学家所指的利益是“这样一些要求、愿望或需要，即：如果要维护并促进文明，法律一定要为这些要求、愿望或需要做出某种规定，但是它们并不由于这一原因全部都是个人的利益”[2]。正是在这个意义上，庞德才区分出三种利益，并强调社会利益优先。这与西方近代以来形成的个人主义和中国、俄罗斯等国家长期存在的国家主义的价值取向有较大的不同。个人本位与国家本位两个极端经过冲突和碰撞后，最终趋向社会本位。对社会利益的关注，现在显然已经成为时代潮流，而历史正在实现庞德的伟大预言。[3]

社会控制理论直接回答了为什么要进行社会治理的问题，它所提供的方法未必完全适用于互联网社会，但为互联网社会治理提供了理论参考。实际上，庞德以法律为手段的社会控制法学理论至今仍然是社会治理领域难得的共识。社会控制理论中主体与客体内在一致性的观点对于理解互联网发展与管理中的两个变量及主客体之间的关系极具启发性。

在庞德看来，社会控制的主体经历了由血亲组织向宗教组织扩大，最后演变成以社会政治组织为主的现代社会控制主体。[4] 如今，研究互联网社会时，需要考虑网络对市民社会构建的促进作用，网络可能是继血亲组织、宗教组织、社会政治组织之后的又一个社会控制主体。

---

① 〔美〕庞德：《通过法律的社会控制》，沈宗灵译，商务印书馆 2013 年版，第 34 页。

② 同上。

③ 刘莉：《论庞德的社会控制理论》，《贵州工业大学学报（社会科学版）》2005 年第 3 期，第 79—81 页。

④ 〔美〕庞德：《通过法律的社会控制》，沈宗灵译，商务印书馆 2013 版，第 23—24 页。

三、对话理论

关于对话理念，有许多版本。它们从不角度阐释了对话在特定场域中的作用和意义。戴维·伯姆（David Bohm）被誉为20世纪最伟大的物理学家和最重要的思想家，他通过自身实践提出的对话理论在西方学术界和社会组织生活领域产生了深刻影响，因而被称为“伯姆对话”（Bohmian Dialogue）。[①] 按照伯姆的观点，在合作共同体的建构和组织过程中，各参与者若能搁置自身的思维假定，悬置冲动行为，形成共同意识，群体间就会生成一种共享性意识，即达到一种“参与其中”，又“分享彼此”的状态[②]，继而共同体生长与发展所需的价值取向、隐性内聚力、协商对话、集体智慧等旨趣也会应运而生。在伯姆看来，共享性思维，是一种人们倾向于将事物作为一个整体来看的思维，它关注人们对事物的共同感和一体感，强调参与、分享与承担。[③] 它与我们今天所说的构建人类命运共同体具有内在一致性。

安东尼·吉登斯（Anthony Giddens）在《超越左与右——激进政治的未来》一书中所提出的对话民主理论，则可以被视作对话理论在政治领域的拓展，“是对全球性政治共同体所提出的一种民主设想，是对全球民主理论的一种可贵探索”[④]。实际上，吉登斯所说的对话是针对民主这个关键命题展开的，他指出，“对话民主指的是这样一种情况：那里有发达的交往自主权，这种交往构成对话，并通

① 〔英〕戴维·伯姆著，李·尼科编：《论对话》，王松涛译，教育科学出版社2004年版，第9页。

② 同上书，第32—33页。

③ 同上书，第102页。

④ 郑少东：《全球政治中的对话：吉登斯的对话民主理论探析》，《教学与研究》2013年第10期，第100—106页。

过对话形成政策和行为”[1]。在任何社会情境中，解决不同价值和不同生活方式之间冲突的最佳方法非对话莫属。对话民主强调在信任和自主的基础上，通过对话，以一种和平的方式解决各种问题和分歧。个人、集体、组织或国家之间的关系都可以通过对话而非以前存在于它们中间的权力进行调节，依靠一种积极信任、讨论和交流的方式来维系相互间的亲密关系。凭借这种机制，个人、集体、组织或国家（地区）之间的冲突与分歧都可以在对话平台上得以妥善处理，最终确立起一个超越地区与国界限制的全球性政治舞台。依靠对话而非权力来调节不同主体间的关系，正是互联网虚拟社区令人向往之处，它进而被学者概括为网络的“去中心化”特征。

在不断发展和丰富的对话理论中，尽管不同的理论家立足不同时代和不同领域而各有侧重，但比较他们的研究目的和研究逻辑，我们可以发现，无论是从语言学、传播学、政治学还是从哲学角度谈对话理论，它们都有一个共同点，即对话是构建某种共同体的有效途径。

互联网治理的目的不正是要重新构建一个与互联网发展相适应的新的人类社会共同体吗？因此，构建对话平台、确立对话机制成为许多国家互联网治理的重要路径，俄罗斯在此方面的探索同样值得关注。俄罗斯总统普京是对话理论的重要实践者，他所奉行的“与人打交道”的行为模式影响着俄罗斯互联网国家治理的方式。对话已经成为俄罗斯互联网治理的一种有效调节机制。

---

① 〔英〕安东尼·吉登斯：《超越左与右——激进政治的未来》，李惠斌、杨雪冬译，社会科学文献出版社 2000 年版，第 109 页。

四、互动战略理论

根据罗素·哈丁（Russell Hardin）的观点，谈论“战略结构，就要关注由多个行为者选择的互动以何种方式来决定结果，每一个行为者都试图达成特定的结果，这些结果可能与他们互动之后的结果有相当大的不同”[①]。哈丁区分出三种类别的战略互动，即冲突互动、协调互动与合作互动。在一个纯粹的冲突互动中，只有一方有所失，另一方才能有所得。协调互动实质上恰好相反。在协调互动中，只有在他人也有所得的情况下，己方才能有所得。合作互动包含了冲突互动和协调互动这两个因素。正如哈丁解释的：“我有你想要的东西，你也有我想要的东西，我更想要你所拥有的东西，而不是我自己所拥有的东西，并且你也想要我所拥有的东西。通过交换，我们都可以获益。有冲突是因为，每一方都必须放弃一些东西，以使得对方有所得。有协调是因为，通过交换，双方都能够立马变得更好。”[②] 与互动相对应的是行为方式。根据艾伯特·赫希曼（Albert Hirschman）的分析，人们的行动，包括网络行动，可以分为三个主要类别，即“退出”（exit）、“呼吁”（voice）和“忠诚”（loyalty）。[③]

互动理论对于互联网治理过程中处理不同主体间的利益以及协调发展与管理的关系均具有重要的启发性。通过分析互动战略与

---

① Russell Hardin, “The Social Evolution of Cooperation,” in Karen Schweers Cook and Margaret Levi, eds., *The Limits of Rationality*, Chicago: The University of Chicago Press, 1990, p. 359. 转引自〔新加坡〕郑永年：《技术赋权：中国的互联网、国家与社会》，邱道隆译，东方出版社 2014 年版，第 147 页。

② 同上。

③ Albert O. Hirschman, *Exit, Voice, and Loyalty: Response to Decline in Firms, Organizations, and States*, Cambridge, M. A.: Harvard University Press, 1970. 转引自〔新加坡〕郑永年：《技术赋权：中国的互联网、国家与社会》，邱道隆译，东方出版社 2014 年版，第 143—146 页。

行为方式的关系，可以构建互联网不同利益主体之间的行为互动模式，特别是政府与社会互动的模式、政府与行业互动的模式，以及其他不同市场主体之间的互动模式。而互动最为有效的手段便是对话。因此，互动战略是互联网治理中不可忽视的战略选择，不同的互动战略选择直接影响治理的结果及互联网发展与管理关系的走向。

综上所述，国家主权和信息主权理论与信息社会和网络社会理论共同构成了互联网治理的基础理论，为互联网治理的必要性和合法性研究提供了理论支撑。社会控制理论、对话理论和互动战略理论事实上影响着当前互联网国家治理实践的路径选择。全面、系统地研究俄罗斯互联网国家治理需要吸收多种理论的精华，并根据研究成果不断丰富相关理论。

第二节　模型构建

互联网国家治理是为应对互联网发展与管理过程中出现的各种自身难以克服的挑战而产生的一种调节机制，其治理强度、力度、方式、方法等皆受制于互联网发展与管理的历史、现状和趋势。为此，本书借鉴信息社会、网络社会等基础理论，构建了一个基于互联网“发展—管理”关系的国家治理研究模型，以便将互联网置于社会发展的大背景下，系统地研究互联网国家治理行为产生、发展与发挥作用的过程与规律。

一、基本假设与关键变量

在信息社会，互联网已经成为不可回避的技术应用，其对整个人类社会的影响难以逆转，迎接因此产生的各种挑战是人类社会必须面对的现实。挑战主要来源于互联网发展与管理两大变量及其相互关系。

（一）“发展—管理—治理”研究模型的基本假设

如何将互联网的发展、管理和国家治理有机结合起来，当前并无完全适用于本研究的理论和方法。本书借鉴前述相关理论，尝试建立一个新的研究模型，即以互联网发展和管理两大变量为基础，构建“发展—管理—治理”研究模型，据此界定互联网国家治理的主客体、变量属性、治理机制和手段。其中“发展—管理”关系是本研究模型的基础，它影响国家治理路径选择，也体现国家治理效果。

该模型的基本假设是，互联网发展与管理中存在一些问题，无法依靠发展或管理自身的力量或两者的相互作用而得以解决，需要引入“治理”变量。国家治理是变量之一。治理变量何时介入、如何介入以及介入的程度，都与“发展—管理”密切相关。

（二）关键变量间的动态关系

在“发展—管理—治理”研究模型中，随着变量之间相互作用的变化，其关系会呈现动态调整。最初，互联网发展与管理是两大自变量，国家治理是因变量，即国家治理受制于“发展—管理”关系的变化。但在发展与管理各自或共同影响国家治理的同时，国家治理也会反作用于它们，当此类作用积累到一定程度就可能导致变量间的关系发生质的变化。

通常，发展是主旋律，是自变量，尤其是在互联网兴起和扩散的早期，管理仅以微观的技术安全和用户注册登记等事务性活动为主，处于从属地位，服从和服务于发展，属于因变量。随着发展的不断深入，更加科学高效的管理应运而生，与发展不断磨合，两者趋于匹配，出现哈丁所谓的“协调互动”或者“合作互动”，共同促进整个市场的繁荣。此时，市场总量不断增加，市场活力日益增强，市场参与者越发多元，消费选择更加丰富，市场空间井然有序。发展与管理两大变量在良性互动的过程中相互促进，互为自变量和因变量，呈现共同成长、并行上升态势。

但是，随着市场的扩大和市场格局的动态调整，发展与管理的变量属性日益丰富，不确定性也在增加。一方面，发展在表现为数量增长的同时，还会促进社会结构的变化，结果往往超越互联网自身所能控制的范围。另一方面，管理具有资源分配与协调功能。随着互联网市场的不断扩大，管理所涉及的资源也不再仅限于互联网自身的资源，更多的外部资源介入改变了既有的管理属性，管理的外部性增加。如此相互作用到一定阶段后，由于两种行为与结果的外部性越来越强，外部因素的不断渗入可能打破原有的平衡，两大变量相互促进的关系会发生变化，甚至出现不协调、不匹配的现象。一旦出现此类现象，如果凭借发展与管理自身的力量不能协调各种关系，则外部干预会因为资本的私利或社会的公益而强力介入。

无论是外部因素还是内部因素发挥作用，只要两大因素出现力量消长，变量关系便可能发生转化，导致某一变量由自变量变成因变量或者相反。一方力量变得过强或过弱均会打破既有平衡，引发变量关系的失衡或极化现象。此时即可能出现哈丁所说的“冲突互动”，维持互联网“发展—管理”关系的不同主体因此会采取相应的行动。国家是主体之一，国家治理则是众多关系调节机制中的一种。由于国家地位过于强大，其所采取的行动对互联网的“发展—管理”关系的影响显得尤为重要和突出，其治理的程度视互联网“发展—管理”关系的状况而定。

（三）国家治理以问题为导向

理论上，互联网发展与管理相关问题大部分可以借助两大变量自身的力量或相互作用的机制加以解决，即发展中的问题需要通过发展加以解决，管理中的问题应该由管理创新解决，或者通过发展与管理共同作用加以克服。但受诸多内外因素的影响，互联网发展与管理会面临一些自身难以解决的问题，需要通过外部治理的方式加以干预。外部治理的主体包括国家、社会和企业等，国家治理是众多治理机制中的一种。

国家治理是以问题为导向、以善治为目标的一种管理行为，其所需解决的问题主要源于互联网发展与管理的过程以及两者相互作用的结果。比如，数字鸿沟问题主要属于发展中的问题，需要通过加强基础设施建设、促进互联网普及加以解决，但在一些特别偏远的地区，市场主体因无利可图而缺乏基础设施建设动力时，就需要国家力量的介入，如通过税收政策或财政支持等多种方式，鼓励市场主体参与消除地区间的数字鸿沟，让公民平等享有互联网接入权。其他如网络著作权保护问题主要属于管理问题，需要通过立法、修法等管理手段调整法律关系；个人数据安全问题中的数据加工、开发和应用属于发展问题，数据安全则更多属于管理问题。解决这些问题既需要互联网的发展与管理两大变量发挥正常功能，也需要国家主体适时适度地参与，形成多主体共同协作的治理格局。主体多元化是现代国家治理概念的题中应有之义。

因此，国家治理是适应发展与管理之需的一种干预机制与行为，其治理力度和手段应该与问题的严重程度和任务的艰巨程度相匹配。如果问题消失，国家治理作为一种调节机制，应该停止或弱化对互联网“发展—管理”关系的干预，让市场自我运行，自我调节，让“发展”与“管理”两大变量恢复正常作用机制。但国家治理究竟能否完成使命并弱化治理角色，以便其他主体发挥更大的作用，尚缺乏可以量化的标准。

二、治理的主客体

研究治理概念的沿革可以发现，治理与统治的最大区别就在于，治理需要权威，但这个权威不一定是政府；治理的主体可以是政府，也可以是公共机构或者私人机构，它借由政治国家与市民社会的合作、政府与非政府组织的合作、公共机构与私人机构的合作、强制与自愿的合作进行。而统治则不同，其权威必然来自政府。治理强调双向互动，主要通过合作、协商、伙伴关系、确立认同和共同的目标等方式实施对公共事务的管理。①

（一）互联网国家治理的主体

借鉴社会管理理论、网络社会理论和互动战略理论，本书将互联网治理的主体分为国家（地区）、企业（用户）和社会（组织）三个层面。其中，国家发挥主导作用，企业与社会的参与程度越来越多地影响网络社会治理的深度、广度和效度，越发成为不可或缺的重要主体力量。无论是互联网的发展还是管理，都离不开国家、企业和社会三大主体的共同作用，国家治理亦如此。

（二）互联网国家治理的客体

本模型以互联网“发展—管理”关系为基础，因此互联网发展与管理的客体也就构成了国家治理的客体。为便于研究，在此沿用卡斯特、梵·迪克等人研究网络社会的思路，从基础设施（Infrastructure）、内容（Content）和技术（Technology）三个层面加以分析，简称“ICT”。无论是互联网的发展还是管理，均可从 ICT 三方面予以细分（如图 2.1），以便准确界定国家治理的研究外延，避免重复研究或者挂一漏万。

① 俞可平：《论国家治理现代化》，社会科学文献出版社 2014 年版，第 15 页。

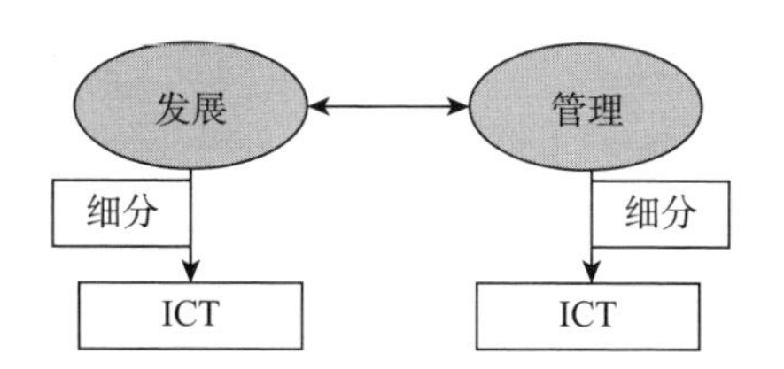

图 2.1　互联网国家治理之“发展—管理”变量

构成 ICT 的细分属性繁多，但并非每个时期每个属性都能产生关键影响，而且，只有 ICT 中的重大问题才是国家治理真正的对象。因此，在应用本模型时，需要通过细化客体属性，发现国家治理的真正对象。本书以俄罗斯联邦政府 2011—2020 年间发布的《互联网年度报告》为样本，通过内容分析法，确定具体客体及其属性，最后锁定国家治理研究的具体对象。

三、外部因素

仅关注“发展”和“管理”两大变量及其 ICT 属性，仍不足以开展深入研究。ICT 属于互联网“发展—管理”关系中的内部因素，而影响两者关系的还有大量的外部因素。后者可简单划分为宏观、中观和微观三个层次。

从国家治理的角度分析，影响互联网“发展—管理”关系的宏观因素更为重要；如果从产业管理和企业管理的角度加以研究，则需要对中观和微观的因素予以更多关注。鉴于本研究立足于国家治理，故在此借鉴媒体战略宏观研究的 PEST 模型①，分析影响互联网“发展—管理”关系的外部因素（如图 2.2），即从政治的（Political）、经济的（Economical）、社会的（Social）和技术的（Technological）因素着手研究。实际上，PEST 的内涵非常丰富，也需要根据研究对象的不同，发现关键因素。

① 屠忠俊主编:《现代传媒经营管理》，华中科技大学出版社 2011 年版，第 100 页。

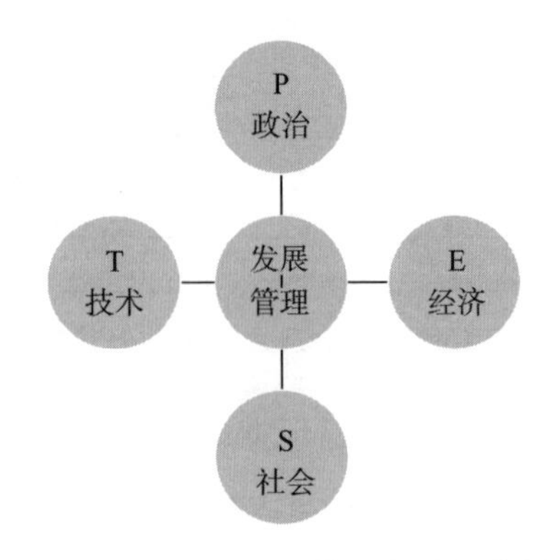

图 2.2 互联网“发展—管理”外部变量构成

至此，我们基本确定了互联网国家治理研究模型中关键变量构成（图 2.3）。其中，三大主体与三大客体之间并非简单的一对一的作用方式，而是一对多的关系，即国家主体可能作用于 ICT 中的任意一个或全部，其他主体亦如此。三大客体实际上是一个集合体，只不过为了便于研究，分别予以表述。PEST 作为外部因素随时可能作用于任一主体与客体，进而影响国家治理行为与效果。

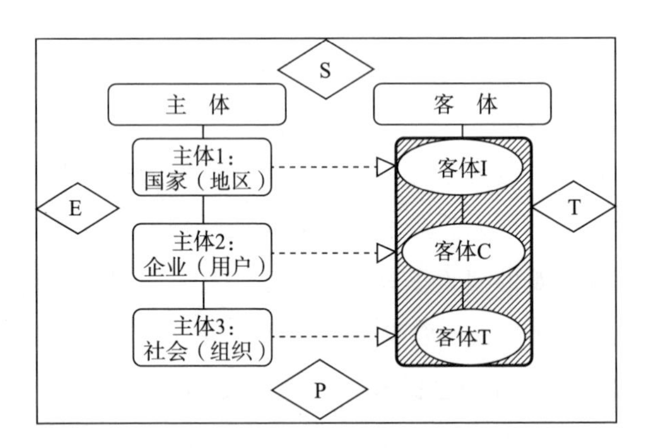

图 2.3 互联网国家治理研究模型的关键变量构成

四、治理机制

在市场经济条件下，互联网的发展与管理关系主要通过市场进行调节，但市场这只“看不见的手”也有失灵之时，这时就需要通过国家这只“看得见的手”予以干预。国家治理作为互联网治理的重要组成部分，有其自身的作用机制。

国家治理以问题为导向，既要解决发展中的问题，也不回避管理中的问题，通过解决两大变量面临的问题、挑战和威胁，引导其向着有利于社会进步的方向变化，以求人类的文明与进步的最优化。但是，治理本身往往牵涉利益的调整，且属于发展和管理两大因素自身力量无法化解的重大利益冲突。因此，互联网国家治理机制中最重要的一条就是命令机制，即通过制定和颁布法律法规，强制调节。

强调国家治理并非排除其他治理主体的参与，主体多元化是互联网国家治理的题中应有之义。国家作为治理主体同样会存在治理不当或乱治理的问题，需要纠错机制及时发现治理中存在的不足或者不合理因素，借助其他治理主体的力量，共同纠正或避免可能产生的不良后果。因此，对话机制不可或缺。

对话的意义不仅在于发现错误，更重要的是强化不同主体的角色意识，帮助不同主体了解其在互联网发展与管理关系中的地位、作用和影响，通过运用法律法规、行政管理和经济激励等多种手段激活各个主体的自我管理能力，将外部治理的行为和制度内化为行业、企业和个体自我发展与管理的自律行为。此即国家治理中的自律机制，比如各种各样的网络协会组织等。

命令机制、对话机制和自律机制作为国家治理中的三种基本机制（图 2.4）正常运行后，国家治理便可以较好地发挥内在潜能，协调内外部各种因素，促进互联网“发展—管理”关系的良性循环。

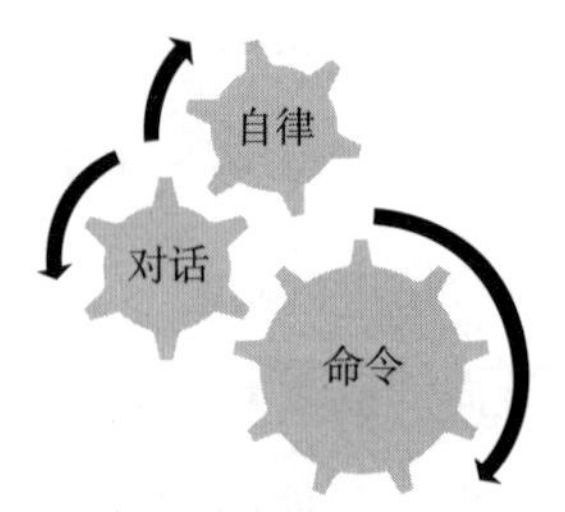

图 2.4　国家治理的三种基本机制

五、治理路径

不同于一般的社会治理，互联网国家治理要充分考虑互联网的技术特点和用户特征，比如虚拟性以及网民长期形成的免费使用网络资源的习惯等。正所谓“恺撒的归恺撒”，互联网技术产生的问题，有时候还需要回到技术上，利用技术手段加以解决。因此，互联网治理首要的路径便是技术路径。比如许多国家正在实施的有害内容过滤措施，大多基于技术力量完成，通过关键词设置等手段，对危害青少年健康成长或其他违反法律法规或公序良俗的内容予以限制。只不过，技术本身是中性的，旧的技术手段或规范随时可能被新的技术手段和规范突破，因此技术治理经常会面对“道高一尺，魔高一丈”的尴尬。

与技术路径相比较，行政路径往往更为灵活，它可以及时针对新出现的问题采取行动。但行政路径如果没有法律约束就可能出现“越界”现象，即管得过多过宽，甚至错管或乱管，对互联网“发展—管理”关系产生破坏作用或者消极影响。所以，行政路径最终仍然要借助法律路径加以调节（如图 2.5）。

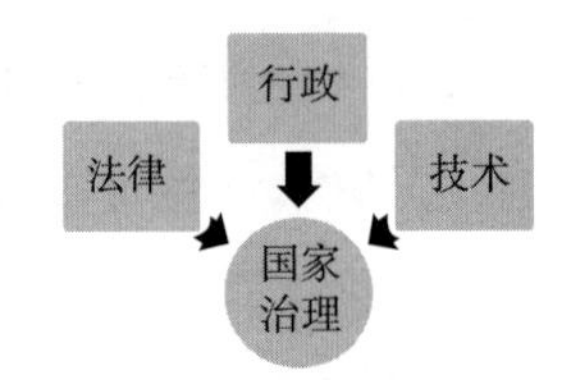

图 2.5　国家治理的基本路径

法律路径包括立法和执法两个层面。立法的水平和质量是基础。只有基础夯实了，牢靠了，治理才会产生可预期的效果。同样，执法能力的高低也影响着治理的效果。所谓“歪嘴和尚念错经”就生动地反映了一些执法部门未能正确把握和理解立法宗旨和原则，片面或错误地理解法律条文，导致治理效果适得其反。有了明确的立法就可以为更多的社会主体参与治理、纠正治理偏差提供共同的行为准则和讨论的依据，因此当前许多国家都在立法上投入了大量的精力，希望通过有效的立法不断规范互联网市场，尽量减少无法可依造成的无序状态或者主观性决策可能导致的不良后果。

众所周知，立法无论如何积极主动也总会滞后于现实，单纯依赖法律手段同样难以形成高效的治理。以技术、行政和法律三种路径为基础的综合治理体系才有望最大限度地发挥国家治理的应有效能，它们与上述主客体和 PEST 共同构成完整的互联网“发展—管理—治理”研究模型。其中，技术（T）既存在于治理客体中，也存在于外部变量中，同时还是一种路径选择，但其内涵并不完全一致，而是各有侧重。

第三节　四种关系

借鉴对话理论和互动战略理论，互联网发展与管理两大变量的协作与消长在理论上可能形成四种关系模型，即“单极型”“均衡型”“冲突型”和“危机型”。在不同的关系类型阶段，国家治理角色应有所调整。

一、单极型

单极型指发展与管理两大因素的力量处于极度不平衡状态，一方力量远远强于另一方，两者的关系向单极偏向。俄罗斯互联网初期的发展显现出向发展变量偏向的特征，世界其他国家和地区在互联网发展初期也具有此类特征，只不过“单极型”关系持续的时间各异，因为它还与互联网发展面临的PEST构成密切相关。

总体上，在互联网发展初期，由于人们对其认知不足，只有少数人对其青睐有加，互联网成为一种纯粹的技术“秀”，无论是国家、社会还是个体，对于互联网的管理都未予重视。此阶段属于发展变量极度强盛时期，虽然互联网从一开始即已显露出某些缺陷或不足，但是人们在“技术痴迷”和互联网“烧钱”的疯狂中对此没有重视，任其“野蛮生长”，即使有少数反对与抗议的声音，也很快变成“沉默的大多数”。此即典型的偏向“发展”的单极型关系。

理论上，也可能出现偏向“管理”的单极型状态。尤其是随着互联网与现实生活的关系越发密切，其发展过程中出现的缺陷、导致的社会危害和不良影响以及线上线下共同作用产生的新现象和新问题，都对管理提出了更高的要求，管理变量将变得更加警觉，更加主动。因此，不排除在特定的情况下，在特定的地区和时间里，会出现“管理”单极型关系，甚至可以说，出现“发展—管理”关系向管理倾斜的趋势难以阻挡。比如在1996—2002年间，中国早期网吧兴起时，曾经有许多未成年人沉迷于此，家长为此愤怒地声讨网吧，要求对其加以严格管束。2002年，“蓝极速网吧事件”[①] 发

① 2002年6月16日凌晨2时40分许，北京市海淀区学院路20号院内发生了一起恶意报复纵火事件，致使25人死亡、12人不同程度受伤。4名纵火者均为未成年人，因与网吧服务员起纠纷而进行报复。尽管火灾的直接原因是人为放火，但其中暴露出网吧管理的很多问题。消防部门指出，这家网吧老板未经任何审批私自开业经营，无任何消防措施，建筑物外窗均安装了防盗护栏并焊死，致使被困人员无法逃生，同时也给消防队员营救被困人员和灭火行动带来了极大困难。事后，北京市政府宣布全市网吧全部停业整顿，随后网吧整治工作在全国范围内展开。当年底，《互联网上网服务营业场所管理条例》及相关规定出台。

生，国家有关部门全面整治公共上网场所，关闭了大量网吧和游戏厅，并对其经营者和经营场所提出更为严格的要求。此时一度出现了偏向管理的单极型关系，甚至不惜牺牲网吧的发展。清理整顿中，当时北京最大的飞宇网吧不得不停业一年。毕竟，在人的生命安全与健康面前，互联网的发展属于次要利益。同样，在大国博弈过程中，当互联网安全遭遇威胁时，也可能出现更大程度的向管理变量的偏向。俄罗斯最近几年一直在进行的“断网”演习便是在研究遭遇外部威胁时，如何实施互联网的中央控制。在此情形下，可能会牺牲部分网络功能或弱化网络体验以维持网络整体运营。

总之，单极型意味着向一个方向的极度倾斜，它是多种因素共同作用的结果，往往出现在特定的时期，但显然不是最佳的关系模型。任何一种偏向都只能是暂时的，长期的关系失衡会导致互联网生态的根本性破坏。

二、均衡型

理论上，均衡型关系乃最佳状态。当互联网的发展达到一定阶段，管理应运而生，管理力量因需而增。当两者相互匹配时，力量均衡，变量间相互促进，相得益彰，互为自变量和因变量，形成互联网治理的良性态势。打破均衡状态的往往是外源性力量。一旦在某一个时间节点，某个人、某件事或某种技术的出现打破了既有均衡态势，“发展—管理”关系便要重新平衡。重新平衡失败将导致两种后果：一种是向某一方向倾斜，即单极型关系形成；另一种是更为强大的外部变量介入，比如国家治理的加强。以俄罗斯互联网为例，当其进入发展与管理的第二个十年后基本处于均衡型发展阶段，互联网资源的数量不仅快速增加，而且对社会结构产生了巨大影响，完全符合本文对“互联网发展”概念的定义。但俄罗斯互联网“发展—管理”的“均衡型”关系在进入第三个十年后很快因为地缘政治因素的干扰不得不转向“危机型”关系模式。

是否所有的均衡型关系都会被危机所打断呢？此间会不会出现其他关系模型呢？通过对变量关系的推演，笔者认为，在形成新一轮单极型关系模式之前，理论上会出现一个过渡型关系模式，即冲突型。

三、冲突型

互动战略理论学者哈丁将互动分为“冲突互动”“协调互动”与“合作互动”三种关系模式。互联网发展与管理两大变量在互动过程中，也存在着形成冲突型关系的可能。此处所谓冲突型关系，主要指互联网发展与管理变量在对话过程中，需要牺牲某一方的利益以实现另一方的利益或者达成新的平衡，但由于两大变量势均力敌，均希望牺牲对方利益以保存己方力量时出现的一种冲突状态。

冲突型关系并不一定意味着互联网产业和服务的负向变化，仍然存在向上的可能，即在博弈过程中，双方同时提升，发展与管理各自的创新动力被激发出来，共同做大平台，改善服务质量，提高管理水平。比如，当管理者通过行政手段淘汰落后技术和产能时，企业可以通过技术创新回避冲突，提升战略竞争力，甚至改变市场格局。同样，创新生产方式和改造生产流程也会为管理提供新的空间和平台。

由此看来，冲突型关系对于整个产业发展与管理的影响需要结合实际做出具体分析，不可简单做出肯定或否定的判断。冲突型模式下，变量间可能会出现一定的内耗。当一方无力抗衡时，会让步或者退出，导致关系向另一方适度倾斜；如果两方都消耗过大，则外部治理机制将介入，协调两大变量，促进妥协，寻求公共利益最大化。

四、危机型

危机型关系大多是外部因素作用的结果。它破坏了两大变量的正常生态环境，给其带来意外干扰。在危机型关系模式下，生存是“发展—管理”关系的首要选择，内部变量间需要同舟共济，克服危机。危机的到来往往不可预料，它可能出现在前述任一种关系类型阶段，即无论是处在“单极型”“均衡型”还是“冲突型”关系阶段，都可能随时被“危机型”关系中断并取代，它是互联网“发展—管理”关系模型中不确定性最大的一种关系模型。同样，危机型关系何时结束、将向何方转向皆难以预料。这在很大程度上取决于治理的水平，尤其是国家治理的效果。其中，是否会出现其他关系模型，亦需不断探求。2014 年乌克兰危机引发的美欧对俄制裁将俄罗斯互联网的“发展—管理”关系从均衡型直接引入危机型，俄罗斯互联网国家治理力度因此迅速加大。而何时能够退出危机型阶段不仅与本国互联网治理水平相关，而且受到地缘政治等外部因素的影响，存在许多不确定性。

借助研究模型可以进一步发现，互联网国家治理的主要对象是互联网“发展—管理”关系中存在的挑战与问题，它涉及互联网基础设施、内容和技术三个基础层面。它是一种基于信息社会、社会控制、信息主权、对话、互动战略等理论（见表 2.1），以问题为导向、以善治为目标的互联网管理过程。其区别于一般管理与统治的关键之处在于，它以国家主体为主导，社会与企业主体为补充，通过命令、对话、自律三种机制以及法律、行政和技术三种基本路径，最终实现公共利益最大化。

表 2.1 相关理论对研究模型的启发

理论	对研究模型的启发
信息社会/网络社会理论	互联网治理顺应了时代需求，具有现实合理性；互联网发展潮流不可逆转；奠定了本研究三个基础层面（ICT）
社会控制理论	互联网治理路径，三种利益的平衡
国家主权理论	国家在治理中的主体地位
信息主权理论	主权国家在互联网治理中的选择权，治理的客体
对话理论	参与、分享的治理思想，共同体概念
互动战略理论	三种互动方式与行为对治理机制与手段的启发
国家治理理论	治理的多元化与协调性，公共利益最大化原则

诚然，作为全球共同面对的新挑战，互联网治理没有完整和系统有效的理论作指导，需要在实践中通过对既有理论的修正、完善与创新，不断予以探索。如表 2.1 所示，本书构建“发展—管理—治理”研究模型，得益于多种理论的启发，但它本身亦属一种创新尝试，能否成立将在后面的章节中以俄罗斯互联网治理实践为例进行检验。

第三章　俄罗斯互联网的历史特征

俄罗斯互联网概念的演进不同于其他国家和地区，它具有一段“史前史”，即苏联时期的互联网（相应的国家域名为 su）。很多研究者对此忽视或未予重视，但它对于俄罗斯互联网而言是一笔重要的遗产，并成为影响俄罗斯互联网“发展—管理”关系演进不可或缺的历史因素。苏联域名 su 几经周折得以保存并不断发展，强化了俄罗斯互联网的“遗产”特色。

作为苏联的“法定继承者”，俄罗斯对苏联时期互联网的发展成果照单全收。研究俄罗斯互联网需要回溯至苏联时期，后者对于今天俄罗斯互联网的影响依然可见，特别是面对美国及其欧洲盟友的制裁，正在俄罗斯人心中重新燃起的技术自信，与苏联时期强大的科技竞争力和斗争史不无关系。

第一节　独特的“史前史”

如今人们广泛使用的国际互联网本身便是美苏两个超级大国进行军事竞争的产物，它产生的初衷是研究如何在核战争状态下保障军事单位之间的去中心化通信顺畅。互联网成功地实现“军转民”或许可以称得上“冷战”给人们带来的最大的意外收获。因此，在美国人进行阿帕网（Advanced Research Projects Agency Network，ARPANET）研究的同时，苏联的军事科学家也在关注战争中的通信保障问题，只是他们未能构建出同样的通信网络。当阿帕网华丽转身开启商业化征程后，苏联的技术精英终于可以通过第三方正式接入其中，成为国际互联网的一个用户。此举一度引起美国等西方国家媒体的热议，它们担心苏联科学家将借此大量盗取西方的技术和情报。显然，互联网商业化之初并非像今天所宣称的那样“中立”，而是充满了各种偏见，苏联接入互联网之路和中国一样远非一帆风顺。

数十年来，中国学者研究俄罗斯互联网时，鲜有关注苏联时期的互联网探索。那么，俄罗斯所继承的苏联互联网遗产究竟是怎样的？

从 1984 年 Unix 操作系统在苏联的悄然流行，到 1990 年 su 域名正式注册成功，苏联时期的网络技术开发与研究以及互联网的正式接入，为后来的俄罗斯互联网发展与管理培养了第一代网络精英，在公众中播下了互联网的种子。直到 1994 年象征着俄罗斯联邦主权国家域名的 ru 正式启用后，su 域名才结束其十余年的国家象征的历史。此间，相继出现的 Unix、ДЕМОС、RELCOM、.SU 等标志性符号，构成了俄罗斯互联网独特的史前史。

一、“我们的”操作程序

1985 年最后一任苏联共产党中央委员会总书记、苏联第一位也是最后一位总统戈尔巴乔夫执政之前，关于苏联的通信进步和成果外界鲜有所闻。苏联人虽然偶尔可以通过媒体了解到西方计算机犯罪的新闻，但对本国计算机的发展却知之甚少。

（一）苏联时期的计算机网络

随着戈尔巴乔夫倡导的“公开性”“改革”和“新思维”的推进，人们渐渐发现，计算机作为一种生活方式事实上并没有在苏联缺席，只不过它集中出现在特定的社会阶层和精英人群中。1952 年苏联学者在建立反导弹防御自动化系统的框架内研制了最早的计算机网络[①]，此后四年在哈萨克斯坦东南部军用靶场内进行了苏联反导弹防御试验。当时美国的计算机网络尚未超越苏联，但苏联领导人并不打算马上建立互联网。1972 年，苏联的计算机网络开始进入民用领域，铁路系统启动了售票自动化综合系统“快车”（Экспресс），民航运输系统也正式运行航空票务预订系统“警笛”（Сирена）[②]。当时的这两个系统都要保障全国专用数据传输与加工，数据相对庞大。1974 年确立的俄语字母符号编码国家标准 KOI-8 等方案至今仍然在使用。尽管先后两任苏共中央总书记勃列日涅夫和契尔年科都对计算机网络毫无兴趣，但他们并没有阻止研究人员的探索。特别是在莫斯科大学、库尔恰托夫原子能研究所以及其他著名的研究院所和汽车工业部、中型机械部等所属的工业联合体里，有一些计算机科学家使用 A 语言和 F 语言编程，工作平台则使用 IMB 的模仿机和苏联第二代大型计算机 БЭСМ-6。当时的应用程序并不多，大部分引自非洲并很快被本土化。[③] 总体上，与美国的计算机发展水平相

① Михаил Фомичев, “История развития Рунета. Справка,” (2009-09-30) [2016-01-01], https://ria.ru/20090930/186873799.html. 该文献为俄新社发布的俄罗斯互联网发展史（2009 年前），本节中关于 2009 年前俄罗斯互联网重大历史节点事件如无特别说明，均参考此文献。

② Алексей Востров, “История создания Рунета,” (2011-04-07) [2016-01-01], http://www.seoded.ru/istoriya/internet-history/runet.html.

③ Mindw0rk, “История развития Рунета,” (2014-04-01) [2016-01-01], http://security.h12.ru/docs/internet/istoriya_razvitiya_runeta.htm. 由于当时西方对苏联进行技术封锁，苏联只能通过非洲等地间接获得相关技术和设备。

比，20 世纪 80 年代初的苏联电子计算机处于模仿阶段。但是，基于美苏争霸的“冷战”需要，苏联程序员始终没有放弃研制自己的计算机操作系统的努力。Unix 的诞生引起了当时苏联科学家的浓厚兴趣，并成为他们创新的机遇。

（二）Unix 系统的改造与推广

Unix 操作系统是一个强大的多用户、多任务操作系统，支持多种处理器架构，属于分时操作系统。它最早由肯·汤普森（Ken Thompson）、丹尼斯·里奇（Dennis Ritchie）和道格拉斯·麦基尔罗伊（Douglas Mcilroy）于 1969 年在美国电话电报公司（AT&T）的贝尔实验室开发。该系统正式进入苏联始于 1983 年。由于该操作系统的弹性和便捷性皆优于当时的苏联产品，苏联程序员们决定借鉴并推广这种新系统。奇迹很快出现了。当年，苏联著名的科学家拉林（А. Ларин）成功创立了本国第一个时间分发系统①，将两台主机接通到 24 台显示器，允许 24 个用户无限制地同时工作，主机总储存量为 256KB，每个终端的存储量则为 5MB。

在苏联的 Unix 研发队伍中，最重要的研发力量来自库尔恰托夫原子能研究所②。库尔恰托夫原子能研究所坐落于莫斯科北部原炮兵靶场，是苏联原子弹的诞生地。当时国家对于原子能项目毫不吝啬，划给研究所 100 公顷土地。在众多建筑中有一座两层小楼，是 20 世

① Mindw0rk，“История развития рунета，”（2014-04-01）［2016-01-01］，http：//security. h12. ru/docs/internet/istoriya_razvitiya_runeta. htm.

② “Как в СССР появился интернет и почему программисты не боялись цензуры”，（2016-10-22）［2016-11-02］，http：//weekend. rambler. ru/read/kak-v-sssr-poiavilsia-intierniet-i-pochiemu-proghrammisty-nie-boialis-tsienzury-2016-10-22/？utm_campaign=brain&utm_medium=mrecom&utm_source=mhead&utm_content=weekend. 本节中关于库尔恰托夫原子能研究所参与苏联互联网开发与建设的资料均以此为据。

纪40年代末专门为伊戈尔·库尔恰托夫[①]建造的。距此不远的一个类似简易棚的一层建筑里，1946年12月启动了苏联第一个核反应堆Φ-1。作为一家保密单位，此处守卫森严，进出需要出示证件并且接受军事人员检查。所有这一切都给该研究所披上了神秘的面纱，也暗示着当年的库尔恰托夫原子能研究所的特殊地位。实际上，此处的工作人员都是研制苏联国防项目的尖端人才，他们不仅研究原子弹，而且在核潜艇和激光武器等其他研究项目上也皆毫不逊色。苏联的互联网研究也悄然兴起于此。如今看来，该研究所在苏联及其继承者俄罗斯推广互联网的意义即使不能与其研制出苏联的第一颗原子弹等同视之，至少是不可忽视的。

当时研究所领导组建了一支程序员队伍，主要任务便是研究Unix操作系统的适配器。苏联时代爱国主义盛行，资本主义国家的程序优点刺激着苏联的程序员，他们中许多人因此成为“工作狂”。苏联程序员改造的第一版Unix系统于1984年秋季公开亮相，名为“我们的”（УНАС），以此区别于西方的操作程序。为了推广该系统，库尔恰托夫原子能研究所在自己的高墙内组织了一个讲习班，展示“我们的”系统。来自全苏联各地的用户聚集于此，给予新操作系统高度评价并如愿以偿从研究所获得了一份复制品，带回自己的单位。从此，Unix操作系统在苏联各地迅速扩散。

有趣的是，和今天的互联网创新一样，在苏联第一个操作系统问世的过程中，年轻人发挥了显著作用。1984年，库尔恰托夫原子能研究所Unix科研团队的负责人年仅30岁，名叫瓦列里·巴尔金

---

① 伊戈尔·库尔恰托夫（Игорь Курчатов），苏联物理学家，苏联核科学技术研究的组织者和领导者，苏联科学院院士。主持建造了苏联第一台回旋加速器、欧洲第一座原子反应堆和世界上第一座原子能发电站，主持制造了苏联的第一颗原子弹、第一颗氢弹，曾三次获得苏联“社会主义劳动英雄”称号。

（Валерий Бардин），后来荣获 1988 年的苏联部长理事会奖，其获奖理由便是编写出“我们的”操作程序。但由于工作具有保密性，本次颁奖当时未予公开报道。此人后来成为协助叶利钦在“八一九”事件期间在互联网上发布信息的关键人物。

（三）国产操作系统“德莫思”的商用

1989 年 7 月，库尔恰托夫原子能研究所的程序员基于 Unix 操作系统，开发了自己的操作系统德莫思（ДЕМОС）[①]，并使用通信协议 UUCP[②] 构建了第一个局域网，开始了俄罗斯早期的网络传播尝试。当时网络主机由位于莫斯科的 3 个服务器组成，其支持的最大速率为 2400 字节/秒。

随着戈尔巴乔夫改革的推进，享有特殊地位和相对行动自由的库尔恰托夫原子能研究所的物理学家和程序员不想错过改革的良机，决定从戒备森严的炮兵靶场撤离，成立一家企业，专门销售德莫思操作系统。于是，他们将团队分成两组。一组搬到位于莫斯科河奥夫琴尼科夫岸边的一幢两层建筑的二楼，并于 1989 年注册成立了与系统同名的股份制企业“德莫思”（Демос），它成为苏联的第一家网络供应商，由巴尔金负责。另一组则在所长索尔达托夫（А. Солдатов）领导下继续坚守原地从事研究。其实两个组仍然在一起工作，只不过网络由一变二，研究所和企业的专家们经常相互走动，共享研究成果。

正是库尔恰托夫原子能研究所的程序员和物理学家的敢作敢为，为苏联连接国际互联网创造了条件。在此诞生了苏联也是俄

① Диалоговая единая мобильная операционная система 的缩写，意为“统一移动对话操作系统”，音译“德莫思”，参与设计者都是苏联最优秀的程序设计者。

② UUCP 即 Unix to Unix Copy，是 Unix 系统的一项功能，允许计算机之间以存储—转发方式交换 e-mail 和消息，在 Internet 兴起之前是 Unix 系统之间联网的主要方式。

罗斯第一个局域网，完成了第一次全苏计算机联网，创办了第一家网络供应商，并注册了互联网空间第一个苏联域名 su（Soviet Union 的缩写，即苏联之意）。

二、第一次国际联网

苏联接入国际互联网与一个新名称密切相关——“雷尔康姆”（Relcom）。该词由 Unix 年轻的程序员瓦吉姆·安东诺夫（Вадим Антонов）设计的英语单词生成器自动生成，安东诺夫建议将其解释为“可靠通信”之意（取自英文 reliable communications）。[①]

1990 年 8 月 1 日，雷尔康姆公司将苏联国内的数家网络平台连接起来，形成一个大网：莫斯科库尔恰托夫原子能研究所—列宁格勒信息化和自动化研究所—杜布纳研究中心—谢尔布霍夫研究中心—新西伯利亚研究中心。当时参与德莫思系统开发的一位名叫列奥·托姆贝尔格（Лео Томберг）的程序员有一位熟人在芬兰，能够接入国际网络和新闻组 Usenet，且愿意帮助俄罗斯朋友尝试联网。结果，一切进展顺利。

1990 年 8 月 27—28 日，苏联第一次接入国际互联网。当时，位于莫斯科河奥夫琴尼科夫岸边的德莫思公司的程序员与芬兰赫尔辛基大学的同行交换了电子邮件。选择芬兰并非偶然：1980 年莫斯科奥运会以后，芬兰是当时唯一与苏联保持自动电话通信的国家。从此，位于芬兰的国际网络服务器上出现了一个新账号，苏联的科学家和程序员开始在国际网络上通信，阅读新闻组里的消息。虽然当

① “Как в СССР появился интернет и почему программисты не боялись цензуры,”（2016-10-22）［2016-11-02］，http：//weekend. rambler. ru/read/kak-v-sssr-poiavilsia-intierniet-i-pochiemu-proghrammisty-nie-boialis-tsienzury-2016-10-22/？ utm_campaign = brain&utm_medium = mrecom&utm_source = mhead&utm_content = weekend. 本节中关于苏联雷尔康姆、德莫思系统的内容均依据该文献。

年使用SmartLink2400调制解调器发一封到美国的邮件需要一小时，但相对彼时的航空邮件或者海运邮件少则数天多则数周的旅程，电子邮件的速度之快已然属于奇迹。最初，因为没有任何域名，信件似乎是由苏联发出，回信却只能中转芬兰再回到苏联。

很快，雷尔康姆开通了接入欧洲网络EUnet的功能。1990年9月19日，程序员安东诺夫以Unix苏联用户协会（Soviet UNIX User's Group，SUUG）的名义注册了域名su，由此诞生了互联网上一个新分支——苏联互联网。SUUG没有在国家主管部门正式注册，参加协会的网民为数不多。但它从最初就为俄罗斯互联网创造了一种非官方的网民自治模式。早期德莫思公司免费为自愿参与者接入互联网。这些人主要是计算机发烧友，他们努力追踪技术发展进程。后来开始出现城市间账号，接入服务就不得不遵循商业原则了，入网费用为20卢布。

当时通过普通电话线连接互联网，线路通行能力极差，学者们只能以此来交换电子邮件，但他们并没有放弃接入全球网络的努力。他们的梦想得到了研究所领导的支持，全所唯一的直拨电话被允许接上调制解调器后连网。截至1990年底，雷尔康姆公司连接了国内30家研究机构。1991年夏季开通芬兰赫尔辛基专线后，国内网络用户超过400家，70个城市的大学、研究所、科学院和国家机构都与雷尔康姆连接起来。很快，第一家传媒用户——新闻通讯社“国际文传”（Интер. Факс）问世。

1991年12月25日，戈尔巴乔夫辞职，苏联解体，德莫思公司的程序员团队开始考虑更长远的规划。为了生存，他们决定改变过去的免费赠送、免费安装软件并提供上网服务的公益模式，转而销售自己开发的软件。为此，公司负责人达维多夫到莫斯科市执行委员会正式注册了一家软件设计合作社，成功地使用了克里姆林宫的图标，开始走上俄罗斯国产软件商业化之路。

早期，德莫思操作系统每套售价为2500卢布，虽然价格较高，但顾客仍然很多，公司的生意步步攀升。除了销售已有的软件外，公司还负责安装局域网，做计算机配件生意。借此，公司的程序员们能够经常接触到新的硬件。一旦他们接触到某种调制解调器，便马上推动德莫思的设计师进行新的实验，促进新的配套软件的开发。

关于苏联时期程序员所进行的软件开发的成果评价或许需要假以时日。因为在俄罗斯政治经济转型期间，西方大量先进和便捷的互联网应用迅速占领俄罗斯市场，很少有人再关注苏联程序员早期的探索。但是，苏联解体30年后，当俄罗斯提出对计算机核心系统实施“进口替代”战略时，曾经被苏联程序员关注的Unix及其升级版Linux操作系统再次成为俄罗斯社会关注的焦点，并被视作对windows等美国控制的操作系统的候选替代品，苏联时代的技术自主意识在俄罗斯IT界逐渐增强。

三、SU域名的诞生与重生

苏联解体后，原苏联境内的互联网依然存在，并主要分布在俄罗斯境内，尤其集中于莫斯科和圣彼得堡两地。但苏联国家顶级域名su的命运跌宕起伏，从一个侧面反映了俄罗斯社会对互联网认知的变化。

如前所述，苏联国家域名su注册于1990年9月19日。此时，距苏联解体还有1年多，距俄罗斯国家域名.ru注册还有3.5年。在俄罗斯国家域名ru注册前，su域名下已经注册了数千个各种级别的域名。1992年俄罗斯联邦成立后，其公共网络发展科学研究所（PocHИИPOC）作为苏联域名的行政管理受让单位中止了苏联域名中二级域名的申请，但是顶级域名仍然获准无限期保留。此后，su域名成为用户自由选择的域名。

类似的情况曾出现在捷克斯洛伐克，当该国一分为二时，出现了两个新的国家域名，原来的域名cs很快被取消。不过，su不仅没有走向消亡，其三级域名数量还获得了持续增长。到1995年，早已解体的苏联域名中注册的主机数量翻了一番，达到1万户，到1998年则达到3万户。此后，这一数字曾经减少了近三分之一。到2001年中期，域名注册用户逐步恢复并稳定在2.5万户。[①]

2001年，俄罗斯成立了互联网发展基金会，负责苏联域名行政事务。随后，基金会试图恢复开放注册苏联域名su。对此，赞成者与反对者各执一词，并展开了一场大讨论。双方争论的焦点是域名“无限期”保留的规定。反对者提出了一个明确的保留期限，支持者则要求不作限制。双方皆列举了大量的理由，同时又都仅限于感情用事。持续多年的讨论故事和话题如今依然存放在save.nsk.su网站上。基金会的专家小组形成的讨论成果体现为专题报告《su域名的保护与发展：问题与办法》。

此时，俄罗斯互联网主权象征ru域名抢注正酣，域名的价值显现，基金会希望通过恢复苏联域名注册，从抢注者手中拿回su域名，并保护合法域名拥有者。2002年1月根据俄罗斯联邦通信部的要求，su域名注册再次中止，理由是相关的法律手续不完备。

此间，有关部门曾试图强制关闭su域名。俄罗斯网络服务供应商公开致函ICANN，指责su域名管理员企图拥有域名所有权并从事商业活动，建议认定该域名“私有化”，并明确期限。作为回应，俄互联网发展基金会组织开展了一场保护su域名完整性的公众大讨

① “История доменной зоны SU,”(2015-09-26)[2016-01-01], https://sm.su/blog/domain/7514/. 本节关于su域名发展史均依据该文献。

论，以及一系列在线调查，并确信超过一半的受访者支持保留并发展 su 域名，反对者不足 25%。结果，2002 年 12 月 15 日，su 域名注册恢复，最初只针对商标拥有者开放注册，到 2003 年春季优先注册程序不断简化，并于 6 月 27 日莫斯科时间零时起恢复 su 二级域名公开注册，苏联域名 su 获得重生。

2007 年 11 月 19 日，俄罗斯公共网络发展科学研究所与互联网发展基金会签署协议，支持 su 域名发展，优化其发展条件。2007 年互联网发展基金会提出与 ICANN 开展建设性协作，固化了支持和发展 su 域名的原则。此前，互联网发展基金会于 2006 年底开展的关于 su 域名命运的公众讨论对 ICANN 产生了巨大的影响。后者支持发展 su 域名的一个重要依据是，在该域名中存在大量的科学、教育和非政府组织，以及商业机构。苏联解体后，原域名使用者天然成为一个国际化的组织，并且事实上不仅“隐藏”在不同地理和文化“领土”中，而且分布在国际互联网社会中。换言之，su 域名是俄罗斯国内域名中最具国际化特色的组成部分，因为其用户大量分布在苏联解体前的各个加盟共和国境内。

2007 年 12 月 3 日可谓是苏联域名 su 继 2002 年 12 月 15 日恢复注册后的第二次重生日。随着域名注册费用大幅下降（最低降为含税 600 卢布，无限期使用），用户数量再次大涨。根据俄互联网发展基金会的决定，从 2008 年 4 月 28 日开始，取消注册域名时对基里尔字母的限制，允许任何人使用俄语注册，再次降低了域名注册的门槛。从 1994 年到 2002 年，su 域名注册总量增加了近 10 倍，2002 年 5 月域名用户为 2.8 万，开放二级域名注册后，2015 年二级域名用户达到 12 万。①

---

① “История доменной зоны SU,”（2015-09-26）［2016-01-01］，https：//sm. su/blog/domain/7514/.

如今，在俄罗斯已经没有人怀疑 su 域名存在的必要性，它已成为俄语互联网空间的有机组成部分。人们对互联网域名的认知已经脱离早期苏联与俄罗斯二元选择的政治逻辑，不再纠缠于新旧时代的象征意义，而是视之为一份不可多得的历史遗产和宝贵的网络资源。

第二节　多义的“Runet”

俄罗斯互联网究竟始于何时，一度成为俄罗斯社会的一个争议性话题。今天的俄罗斯有多个有关互联网的庆祝日：1969 年世界上第一次计算机联网、1990 年苏联境内计算机首次组成统一的局域网和苏联国家域名 su 注册成功、1991 年 HTML（超文本链接）和 WWW（全球网络）标准诞生、1994 年俄罗斯国家域名 ru 注册成功、2010 年俄语字母国家域名 РФ 正式启用等，都曾经被当作互联网诞生的重要时间节点予以纪念。俄罗斯互联网的概念也在各种不同的庆祝与纪念中被不断赋予新的含义。[1]

一、一个新词的诞生

尽管互联网乌托邦者总是宣称互联网是无国界的、中性的，但一个国家和地区的互联网发展的标志往往与其主权国家的域名的注册紧密联系。以俄罗斯为例，虽然苏联时代俄罗斯人即已接入互联网，但目前俄官方仍然将其顶级国家域名 ru 的注册日 1994 年 4 月 7 日作为俄罗斯互联网诞生日，并在此日举行官方总结和庆祝活动。由此诞生了一个新单词——“俄罗斯互联网”，其英文为 Runet，俄

① “Алексей Востров. История создания Рунета,”（2011-04-07）［2016-01-01］, http://www.seoded.ru/istoriya/internet-history/runet.html.

文为 Рунст。无论英文还是俄文，该词均属组合词，即将代表俄罗斯的“Ru”加一个表示网络之意的“net”（俄文音译为 нет）简单合成。

英文 Runet 一词由语言学家、以色列人拉菲·阿斯兰别科夫（Раффи Асланбеков）于 1997 年首先引入口语。这个看似简单的词的内涵此后不断被俄罗斯互联网界、网民和政府予以丰富和补充，由一个单纯的仅具地域属性的单词演变成具有特殊的政治、文化和社会意义的符号，代表着国际互联网上别具一格的俄罗斯分支。

二、四种主要解释

概括而言，今天的俄罗斯社会对“俄罗斯互联网”一词存在以下四种理解。

第一种，借指国际互联网俄罗斯分支。这是一个最纯粹的解释，与具体的域名无关。俄罗斯联邦政府机关通常如此使用该概念，它源自俄罗斯《自然科学字典》。该解释的外延比较宽泛，唯一的限定即“俄罗斯”，凡属俄国家管辖的（或者部分管辖的）互联网资源皆可纳入其中，包括国外互联网公司在俄的分支机构。

第二种，专指俄罗斯国家域名 ru 内的互联网。该引申意义始自 2004 年“俄罗斯互联网奖”的设立。该奖的设立者俄罗斯联邦新闻与大众传播局在 2004 年首次颁奖仪式上宣称将此奖“献给俄罗斯互联网 10 年”。此处所指 10 年即从 ru 域名诞生之日（1994 年 4 月 7 日）算起。如此将俄罗斯互联网与俄罗斯国家域名直接关联，亦属国家机关认可的一种理解。

第三种，泛指一切俄语域名下的互联网。俄罗斯最大的互联网企业、拥有强大的搜索引擎的杨德克斯公司（Yandex）在自己的搜索应用中将“俄罗斯互联网”理解成“俄语互联网”，它包括俄罗斯及后苏联时代独联体国家、波罗的海沿岸各国的俄语网站，涉及的域名包含 РФ、su、ru、am、az、by、ge、kg、kz、md、ua、укр 和 uz 等。

俄语是互联网上使用较多的语言之一。根据全球网络技术调查公司 W3Thecs[①] 的调查，到 2013 年 12 月，世界上有 6%的网站使用俄语，89.8%的俄罗斯网站使用俄语，另外，79%的乌克兰网站、86.9%的白俄罗斯网站、84%的哈萨克斯坦网站使用俄语[②]。在域名方面，ru 占全部域名的 4%，只有 com（52.6%）和 net（5.5%）高于它。但俄语在世界上最受欢迎的网站中使用率相当低，不仅不如英语，也不如汉语、法语、德语和日语。俄语用户占互联网用户总量的 3%左右。[③] 当然，此类数据始终在变化。2019 年 4 月 W3Thecs 的统计表明，互联网空间最受欢迎的前五种语言是英语（54.1%）、俄语（6%）、德语（5.9%）、西班牙语（5.6%）和法语（3.9%）。[④] 但从用户数量看，则是另一番景观。据 Statista[⑤] 统计表明，互联网上用户数量最多的语言是英语（25.3%），此后依次为汉语（19.8%）、西班牙语（8%）、阿拉伯语（4.1%）、葡萄牙语和印尼语（各 4.1%）、日语（3%）、俄语和法语（各 2.8%）以及德语（2.2%）。还有 23.1%的用户使用其他语言。[⑥]

① W3Thecs 公司全称为 World Wide Web Technology Survey，它提供互联网上不同技术的应用调查服务。

② Н. М. Гущина, *Интернет в России: Состояние, тенденции и перспективы развития*, Москва: Федеральное агентство по печати и массовым коммуникациям, 2014, стр. 116.

③ Ibid., p. 83.

④ "Usage of Content Languages for Websites", (2019-05-07) [2020-04-05], https://w3techs.com/technologies/overview/content_language/all.

⑤ Statista 是一家德国公司，专门从事市场和消费者数据统计业务，是世界上主要的统计机构。

⑥ "Top 10 Languages Used on the Internet Today," (2019-05-07) [2020-04-05], http://www.internetworldstats.com/stats7.htm.

第四种，以俄语为标志的网络资源。2001年出版的《互联网俄语会话词典》更进一步将“俄罗斯互联网”引申为整个网络空间所有域名中使用俄语和（或）面向俄语用户的网络资源。按照这种理解，中国的俄语教学网站也属于俄罗斯互联网范畴。此类界定看起来不可思议，但它比较符合网络上以语言为标准进行分类的做法。已经有学者提出，互联网虽然没有物理边界，但是语言边界不可忽视。更为现实的是，以语言为界给一种语言的网络应用提供了更广泛的空间，比如俄罗斯最著名的社交应用“联系”（ВКонтакте）、“同学”（одноклассники）不仅在俄罗斯拥有最广泛的应用，而且跨过物理边界，开拓了乌克兰、白俄罗斯等国家的俄语用户市场，直接与美国的推特（Twitter）和优图比（YouTube）竞争原苏联的网络空间。

2016年6月底，俄罗斯电子传播协会会长谢尔盖·普鲁戈塔年科[①]在莫斯科接受笔者访谈时解释道：“‘俄罗斯互联网’这个词确切的概念并不存在，但它通常被用作俄语网络资源的总称，包括俄罗斯域名和全球域名（不包括原苏联加盟共和国的域名）下的网络资源。它更多地是一种文化概念，不受网站的直接地点的影响。”显然，在谢尔盖的理解中，该词包含三个核心要素：俄语网络、文化代表、不受域名和资源所在地的限制。

---

① 谢尔盖·普鲁戈塔年科（Сергей Плуготаренко）生于1976年4月8日。1996年毕业于莫斯科物理技术学院物理和量子电子学系，1999年毕业于莫斯科物理技术学院管理和应用数字系。2002年到2004年担任联合国教科文组织信息技术学院信息与计算机技术领域高级专家；2004年到2006年任“俄罗斯互联网奖”评选执行经理，从2007年开始任总经理；2005年到2010年担任俄罗斯电子传播协会第一副会长，2010年起任会长；2011年到2013年，任ru/РФ互联网国家域名协调中心理事会成员。曾经获评2009年俄罗斯互联网业界联盟最高专业奖项РОТОР“年度人物”，2016年获“俄罗斯互联网奖”。为撰写本书，作者曾于2016年6月底专门对其进行了一次深度访谈，随后又通过电子邮件就一些重要问题进一步交流。

有鉴于此，为了便于研究，本书将“俄罗斯互联网”界定为俄罗斯主权国家管辖内的全部互联网络资源，包括在俄罗斯境内的国外网络。如此界定既符合当前俄罗斯社会对该概念的总体认识，也有助于理解俄罗斯互联网治理对象的构成与对其的法律管辖。

第三节　早期的“政治联姻”

从功能上看，互联网最早的属性是通信工具。早期的新闻组和电子邮件等应用都是人们交流的手段。但俄罗斯互联网无意间在一场国家政变中早早地与政治联姻了。1991 年 8 月 19 日，俄罗斯联邦的缔造者、政治家鲍利斯·叶利钦在决定自己政治前途和命运的“八一九”事件中，正是得到了当时苏联程序员们的帮助，利用互联网上的新闻组（Usenet）向国际社会传递信息，获得了外界的支持，塑造了其“民主斗士”的形象，开启了崭新的政治生涯。[①]

对此，叶利钦曾在自己的传记中简单提及。他表示只是听说，并没有直接与程序员接触过。这一表述至少证实此事的确存在。2016 年 10 月，库尔恰托夫原子能研究所原负责人阿历克谢·索尔达托夫（Алексея Солдатов）之子安德烈·索尔达托夫（Андрей Солдатов）和伊林那·勃罗冈（Ирины Бороган）共同撰写的《捍卫俄罗斯互联网战役》[②] 一书，在前言中首次披露了俄罗斯互联网与政治联姻的细节。本节以叶利钦的回忆录《总统马拉松》和前文

① 岳明：《面对政变，叶利钦通过互联网报信》，《领导文萃》2013 年第 10 期，第 83—86 页。

② “Как в СССР появился интернет и почему программисты не боялись цензуры,”（2016-10-22）［2016-11-02］，http：//weekend. rambler. ru/read/kak-v-sssr-poiavilsia-intierniet-i-pochiemu-proghrammisty-nie-boialis-tsienzury-2016-10-22/？ utm_campaign = brain&utm_medium = mrecom& utm_source = mhead&utm_content = weekend.

所提《捍卫俄罗斯互联网战役》等为参考，对俄互联网早期与政治的“亲密接触”予以介绍，回顾这段历史有助于理解俄罗斯互联网的早期发展环境。

一、互联网代替传单

如前所述，俄罗斯程序员助力叶利钦执政所涉及的库尔恰托夫原子能研究所拥有特殊的政治地位，其研究人员享有更多对外交往的自由，远胜于普通苏联公民。例如，1966 年 11 月，该所曾邀请当时有争议的作家索尔仁尼琴[①]与该所 600 多名科学家见面。此次会面为该作家创造了第一次公开发表演讲的机会。他借此讲述了自己在集中营里的遭遇，还朗读了自己尚未发表的长篇小说片段。由此可见，该研究所具有不同凡响的社会资源动员力。

1991 年“八一九”事件前，库尔恰托夫原子能研究所的互联网已经连接了苏联国内 400 余所大学、研究所、科学院和国家机构，涉及苏联 70 座城市。“八一九”事件发生时，叶利钦刚刚结束对当时的加盟共和国哈萨克斯坦首都阿拉木图的访问，准备飞回莫斯科家中休息。闻听苏联进入紧急状态的消息后，他马上回到自己的大本营——当时俄罗斯共和国政府所在地“白宫”[②]。面对随时有可能被捕的危险，叶利钦和他的支持者唯有躲在“白宫”等待救援。但此时对外通信被紧急状态委员会控制，叶利钦的手下只好四处发传

---

① 索尔仁尼琴（Александр Исаевич Солженицын），俄罗斯著名作家，1970 年获诺贝尔文学奖，1974 年被剥夺苏联国籍，流亡西方，1994 年回到俄罗斯，2008 年去世。他的第一部公开出版的作品《伊凡·杰尼索维奇的一天》于 1962 年在《新世界》杂志发表后，因讲述苏联集中营里的个人命运而轰动一时。

② 此“白宫”现在为俄罗斯联邦政府办公楼，当时叫联盟宫，曾经是俄罗斯苏维埃会议（人民代表大会）办公大楼。因其外观为白色，故被外界称为“白宫”。1993 年叶利钦与苏维埃会议政治对决时，曾炮轰该楼，之后该楼被重新装修成为俄罗斯联邦政府大楼。

单，呼吁公民走上街头，保护“白宫”，保护叶利钦。

正是一名发传单者敲开了雷尔康姆公司的大门，让未满周岁的苏联互联网不经意间与叶利钦政治集团结盟。当时，有 14 名程序员负责维护“德莫思”系统运营，公司拥有一台备用服务器和辅助调制解调器，速率为 9.6KB/秒。但政变之日正逢莫斯科国际计算机技术展览会开幕，雷尔康姆公司所有的程序员都去参加了展会。公司负责人巴尔金立即打电话要求他的同事带着设备返回公司，并迅速恢复了已经中断的网络通信。正在外高加索出差的该研究所负责人阿历克谢·索尔达托夫获知政变消息后，分别给研究所和雷尔康姆公司打了电话，叮嘱他们：邮局应该工作。显然，此处“邮局”暗指互联网。

实际上，“白宫”的工作人员敲门而入并非为了上网，而是想借用公司的复印机，复制叶利钦的《告人民书》。但索尔达托夫明确要求，必须集中保障通信。对他而言，印制传单并不重要，最重要的是与苏联其他城市以及世界保持联系。因此，程序员巴尔金告诉“白宫”的敲门者，快忘了传单，他们能够与全苏所有大城市进行通信，甚至连接整个西方。闻听此言，“白宫”的第一位敲门者离开不久便来了另一位。后者交给巴尔金一份叶利钦的控诉书，请他上网发布。随后，程序员们帮助“白宫”与列宁格勒[1]政府建立了直线联系，对方表达了对叶利钦的支持。由此，俄罗斯互联网与政治的第一次“亲密接触”实现了。

二、早期的 UGC 尝试

借助互联网，叶利钦及其支持者的声明得以在苏联国内各大城市和国外传播。Usenet 新闻组中的 talk. politics. soviet 成为“八一九”

---

① 即现在的圣彼得堡。

事件中叶利钦与外界沟通的最主要的新闻渠道。程序员将网络讨论建立在几个服务器上，以保障其稳定性和可靠性。随后，支持叶利钦的消息源源不断地从西方传回来，为叶利钦与紧急状态委员会对峙提供了强大的外部激励。到了莫斯科的夜间，新闻组中充满了美国人，因为此时正是美国的白天。由于访问量骤增，网络一度瘫痪。研究所要求程序员不惜代价恢复网络。著名程序员、su 域名的管理者安东诺夫为此向网友呼吁，暂停向这个俄罗斯与国外联系的唯一电子渠道发送任何笑话和愚蠢的问题，也不要在此开玩笑，或进行私人交流，以保障叶利钦支持者的通信能力，组织舆论反击。他们利用网络向全世界发布来自亲叶利钦的新闻机构如国际文传电讯、莫斯科回声、俄新社、西北通讯社和波罗的海传真的消息。此类消息正是紧急状态委员会所禁止的，无法通过正常渠道传播。此后，上述媒体也得到了叶利钦的保护。

正在雅尔塔休假的俄罗斯苏维埃联邦社会主义共和国通信部部长布尔加克（Владимир Булгак）在事发后也奉命回到了莫斯科，接受叶利钦的指示，试图控制无线电中波通信。但当时的加盟共和国并不掌握苏联的通信密码，要绕过苏联政府设置的密码发射无线电中波信号并非易事。所幸，经过努力，两天后布尔加克取得了成功，中波发射站开始工作。当叶利钦手持麦克风，走下“白宫”台阶时，他的声音终于被整个俄罗斯听到。此举震惊了当时的苏联通信部工作人员，因为布尔加克做到了理论上不可能成功的事情——破译密码。紧急状态委员会的组织者深感失望。8 月 21 日，政变幕后主使、时任克格勃主席克留奇科夫（Владимир Крючков）命令取消对叶利钦的监听，并立即销毁一切录音，随后紧急状态被解除。

与布尔加克助力叶利钦声扬全国不同，雷尔康姆公司不仅发布了叶利钦的声明，还鼓励网民将自己看到的“窗外情景”通过网络向世界传播。从政变当天起，程序员们便要求苏联国内所有网络用户朝窗外看，然后将他们的所见所闻记录下来，传递上网，但明确要求只讲事实，不带情绪。雷尔康姆公司的程序员们将大众传媒上的新闻与目击者的观察结合在一起，构建了互联网诞生之前人们从未看到过的社会图景。此时的网络用户不仅传播信息，而且收集和发布信息，或许可以被视为早期的 UGC（user generated content，用户生产内容）的一种探索，他们也因此成为俄罗斯公民中最早的网络政治参与者。

三、政治属性初显

早期互联网的政治属性远非今天表现得如此清晰。尽管西方一些政治人物始终将其视作推动特定国家的人民推翻现政权的重要工具，但大多数国家和地区的互联网发展并非如网络乌托邦者所期望的那样，成为人们通往自由民主之路的助力者；而借助技术革命改革现行的社会制度，也鲜见成功案例。俄罗斯互联网与政治联姻后，一度赢得了长达 20 年的自由生长期，从表面上看似乎与政治无关，但它的政治基因始终存在，并日益活跃。

俄罗斯互联网独特的“史前史”展示了其强大的通信能力，让俄首任总统直接感受到互联网的重要性。虽然叶利钦任期内并未对互联网发展做出特别明确的规划，但一个显而易见的事实是，作为互联网的直接受益者，叶利钦在执政期间对互联网发展持高度包容的态度，任其自由发展。当传统媒体被当局牢牢把控时，互联网就成了俄罗斯各党派竞争的舞台。普京执政后虽然重拳整治金融寡头，从他们手里夺回了对大众传媒的控制权，并使之按照俄罗斯“国家利益至上”的原则运营，但仍然给互联网保存了一份“自留地”。与政府加强互联网建设几乎同步的是，俄罗斯国内政治反对派的网络资源不断增加。除了国际知名社交网络品牌推特、脸书外，俄罗斯最著名的博客网站直播杂志（livejournal），社交媒体“联系”“同学”等都成为政治角逐的重要空间。

从1992年叶利钦担任总统到普京的两个任期，再到梅德韦杰夫2012年结束第一个任期，这整整20年中俄罗斯对于互联网的发展始终较为包容。即使是注册为互联网大众传媒的网站也仍然享有比电视媒体自由得多的信息生产与传播空间。对此，英国格拉斯哥大学的研究者称之为俄罗斯传媒的“双层制”。[①] 所谓双层制，即一部分传播渠道，特别是电视媒体，受到严密控制，与此同时，包括互联网在内的其他渠道被允许拥有较为充分的自由，借此保持俄罗斯媒体适度的多元化，满足非执政党派的传播需求，发挥信息流动“安全阀”的功能，塑造俄罗斯民主的形象。

伴随着社交媒体的大规模应用，所谓“颜色革命”开始向俄罗斯渗透，俄反对派开始广泛利用互联网的社会动员功能，表达更加多元的诉求。从2011年底议会大选到2012年总统大选期间，从西伯利亚到莫斯科，俄罗斯多座城市爆发游行，抗议选举结果，反对普京连任，最多时聚集的游行者达10万人，成为1991年苏联解体后俄罗斯境内最大规模的反政府游行，而此前的各类游行人数最多的为200人。[②] 此间，社交媒体强大的社会动员能力深深地刺痛了俄当局。在此情势下，互联网曾经给俄联邦创始人带来的政治利益以及此后产生的政治红利开始让位于现任领导人对“国家安全”的担忧，一度沉默的俄互联网政治基因再次被激活，并出现了互联网管

① John A. Dunn, “Lottizzazione Russian Style: Russia's Two-tier Media System,” *Europe-Asia Studies*, Vol. 66, No. 9, 2014, pp. 1425-1451.

② Alissa De Carbonnel, “Insight: Social Media Makes Anti-Putin Protests Snowball,” (2011-12-07) [2016-01-01], http://www.reuters.com/article/2011/12/07/us-russia-protests-social-media-idUSTRE7B60R720111207.

理“政治化”倾向。[①]

所谓政治化倾向表现为三方面：一是俄罗斯和许多国家一样，开始努力在互联网空间行使类似于物理空间的国家主权。二是俄罗斯政府和其他各国政府一样，加速立法，不断改变立法落后于技术发展的现状。互联网立法与现实间的差距已经使人们质疑基于传统的“威斯特伐利亚体系”建立的民族国家的本质及其适应当前挑战的能力，而这些挑战正导致政府与政府、政府与公民的关系走向重构。三是随着互联网用户构成的变化，人们越来越清晰地意识到，互联网环境正在迅速变得更加国际化，而不再以西方为中心。未来，互联网的重心将转移到东部和南部，越来越多的政府将不再满足于当前的互联网治理制度，会不断试图挑战美国在网络领域的历史主导地位。在西方学者眼里，21 世纪最初的十余年，俄罗斯的外交政策中充满了对现行互联网管理制度的挑战，他们力图改变长期占据主导地位的互联网治理体系中的西方叙事模式，而后者正是以美国为中心。换言之，从 21 世纪第二个十年开始，俄罗斯互联网治理开始发生变化，加强互联网主权控制和“去美国化”的政治倾向表现明显。[②]

中国学者杨成认为，2012 年俄罗斯总统选举的结果标志着俄罗斯梅普组合“双头政治”格局的结束，以及始于 2000 年并可能持续至 2024 年的“长普京时代”新阶段的开始。[③] 以强国、威权为主要特征的“普京主义”或将继续左右俄罗斯的政治生态。然而，新中产阶级的兴起、选民结构的代际变化，以及互联网和社交网络的勃

---

① Julien Nocetti, “Contest and Conquest: Russia and Global Internet Governance,” *International Affairs*, Vol. 91, No. 1, 2015, pp. 111-130.

② Ibid.

③ 杨成：《“普京主义”的社会基础与 2012 年总统选举之后的俄罗斯政治生态发展趋势》，《俄罗斯研究》2012 年第 2 期，第 166—190 页。

兴，可能会消解“普京主义”的正当性。如何应对新型媒介生态下出现的各种治理挑战成为普京进入第三个任期后不得不面对的现实。因此，随着互联网对俄罗斯社会结构的改变，其早期形成的政治属性将更加彰显，国家治理互联网的路径、措施和力度也将不断演进。

第四章　俄罗斯互联网国家治理演进

虽然在俄罗斯这一主权国家成立之初，互联网便早早地与政治联姻，但国家并未立即成为互联网治理的主体。在相当长一段时间内，俄罗斯互联网处于自由成长阶段。正如2014年俄通信与大众传播部副部长阿历克谢·沃林（Алексей Волин）在庆祝俄罗斯互联网成立20周年庆祝大会上所称，在过去的20年中，国家没有干预互联网事务，“期待其成年”[①]。此时，行业组织和企业自身是互联网发展和管理的主体。只有当“发展—管理”关系中出现冲突，且传统管理手段难以协调时，方需向治理转型。而且，最初的治理仍然是行业组织和企业内部治理，并以中观和微观层面的治理为主。国家变成主要治理主体更多地意味着宏观协调的开始，其前提是影响国家治理的变量相继形成，国家的角色越发强大。

第一节　国家治理变量研究

发展与管理是互联网国家治理研究模型中的两大变量，其属性

① Алексей Волин, “Вопросы безопасности и надежности интернета сейчас ключевые,” (2014-04-07) [2016-11-20], https: //www. iemag. ru/news/detail. php? ID = 30705.

并非一成不变，需结合研究对象的历史与现状确定，否则便难以反映俄罗斯互联网自身的特征。究竟哪些具体变量影响着俄罗斯互联网国家治理的选择？在不同历史阶段，变量角色发生了怎样的变化？本章以俄罗斯联邦通信与大众传播部 2011—2020 年间发布的《互联网年度报告》为样本，分析影响俄罗斯互联网国家治理的关键变量。

一、样本选择

之所以选择 2011—2020 年间的俄罗斯互联网行业的年度报告为样本，是因为它们是此间俄罗斯以国家名义发布的最完整和最权威的互联网统计与分析报告。俄罗斯联邦通信与大众传播部自 2005 年起开始发布行业年度报告，最初只发布期刊市场报告，对报纸、杂志、图书等市场进行整体分析，直到 2011 年才开始按照报刊、广播、电视、互联网、图书、印刷等细分市场分别发布年度报告，从而为本研究提供了连续且翔实、权威的研究资料。研究发现，从 2011 年开始发布《俄罗斯互联网年度报告》并非偶然，因为正是从 2010 年开始，俄罗斯使用互联网购物和支付的用户数量占居民总数的 12%。[①] 从互联网的创新扩散过程看，当早期少数创新使用者迈过目标对象总体的 10%的门槛时，该创新便具备了大众化的特征。对于俄罗斯互联网而言，2010 年互联网大众化的一个显著亮点即互联网购物更加活跃，与之相应的是互联网贸易的物流业加速发展。在各类交易商品中，衣服已经取代了在电子贸易初期图书一统天下的地位，成为俄互联网购物中最活跃的交易物，它表明俄互联网与大众的日常生活的联系更加紧密。

本章以各年度的报告为对象，统计互联网“发展—管理”关系

① “Парламентские Слушания—Плуготаренко. ver7. ppt,”(2011-05-11)[2016-06-30], http: //duma2011. rocid. ru/files/presentations/s. plugotarenko. pdf.

的变量在相关章节出现的先后顺序及其变化、报告内容的长度（页数）、变量属性的调整等，研究国家、受众、互联网经济、基础设施、数字内容、技术、管理等变量在报告中的变化，揭示不同时期影响俄罗斯互联网“发展—管理”关系和国家治理的关键变量及其自身属性的演变过程，确定本研究的具体对象。

需要说明的是，《俄罗斯互联网年度报告》发布的时间通常为每年3—5月份，相关调查数据最晚截至当年3月。当年发布的年度报告主要反映上一年度俄罗斯互联网发展与管理的基本情况，报告的基本名称固定为“俄罗斯互联网：现状、趋势和发展前景”，报告的具体结构则根据当年互联网产业的特征、发展重点和管理创新等进行调整。本书主要统计数据截至2020年3月，其他资料更新至2022年7月，如法律法规等。

二、变量统计

本研究的具体统计方法是，首先将各年度报告的目录进行汇总，按照2011年到2020年的顺序，汇总章节的名称（包括前言、结语、附录等），删去重复的，列于表格左侧第二列，共获得22项。然后在相应年度列出实际章节序号。比如，2011—2015年的报告始终以“前言”始，统计该项时就将其“位置”标为“1”，但2016年一反常态，报告首次未设“前言”，则当年该位置被标为“0”，依此类推，形成相应的统计表（见表4.1），反映相关变量的产生顺序、出现频次、持续时间、位置变化等，以进一步确定影响国家治理的关键变量。关键变量提取后，再根据不同年度报告的内容，对报告中描述的变量属性分别予以统计，研究其内涵与外延的变化，为后续研究俄罗斯互联网国家治理的实践与面对的挑战提供取舍依据，以发现俄罗斯互联网治理样本的独特性。

三、变量消长

表 4.1 反映了 2011—2020 年间《互联网年度报告》结构的变化，从中可以看出俄罗斯互联网研究中的不同变量在不同时期受关注的程度，它从另一个角度体现了俄罗斯互联网“发展—管理”关系的变化。

（一）从“0”看俄罗斯互联网的完整性

表 4.1 中有一个显著的特征，即“0”的次数在增加。一方面，它表明年度报告之间的差异性整体上在扩大；另一方面，它反映出俄罗斯互联网不断渗入政治、经济、社会等各个领域，其年度报告的关注对象逐渐从最初互联网自身发展的技术性和功能性的一般性总结向互联网与社会、互联网与国家、互联网与教育的关系转变，并不断使用更为宽泛的概念，如互联网基础设施等，将互联网自身发展的一般性、技术性和内部性因素融入其中。

例如，2011 年报告正文的第一部分为“一般特征”（在报告中居“前言”之后，故表中依序标为“2”），属当年报告的第一象限内容，也是当年研究者和社会最为关注的方向。它从地区分布、使用目的、宽带用户数、移动用户数、广告组成、全球地位等多个角度概括了 2010 年俄罗斯互联网发展的基本情况，但此后的年度报告却再未专设此章节（表中对应栏标注均为“0”）。该变化意味着，互联网完成基础性建设后，开始与更多的社会分支发生关系，其影响力已经超出互联网行业本身，报告的关注点因而随之增加和调整，互联网发展的基础性数据则被分散到其他章节中。正如表 4.1 所示，自 2017 年起，年度报告正文基本上由五大部分组成，即互联网与国家、互联网与社会、基础设施、互联网与经济、教育与人才等，互联网的一般特征不再属于报告研究的重点。

（二）从变量进退观察网络发展的阶段性特征

统计发现，有些章节的设置出现反复的情况，即可能在消失几年后再次被关注。如 2011 年报告设“受众”章，正文中用近 17%的篇幅研究受众（总报告 81 页，受众研究占 14 页），详细分析了 2003 年到 2011 年间俄罗斯受众的变化，揭示了 18 岁以上网民从 2003 年冬季占居民总量的 3%增长到 2010 年冬季的 31%（活跃用户达到 3600 万）① 的重大变化过程及受众的上网兴趣和行为特征。如此重要的内容在 2012—2014 年连续三年的报告中均未单独设章加以研究，而是变成“统计”或其他章节中的一小部分。这或许并不能说明受众因此变得不重要，但至少表明此后几年中，报告发布者关注的重点发生了变化。

表 4.1　2011—2020 年《互联网年度报告》目录结构的内容统计

序列	章节（按出现顺序）	2011年	2012年	2013年	2014年	2015年	2016年	2017年	2018年	2019年	2020年	生命力（次）
1	前言	1	1	1	1	1	0	1	1	1	1	9
2	一般特征	2	0	0	0	0	0	0	0	0	0	1
3	受众	3	0	0	0	5	5	0	0	0	0	3
4	经济与社会活动	4	0	0	0	0	0	0	0	0	0	1
5	结语	5	10	10	12	0	0	7	7	7	8	8
6	技术与工艺基础	0	2	2	2	0	0	0	0	0	0	3
7	基础性和辅助性服务	0	3	4	3	0	0	0	0	0	0	3

① К. Р. Казарьян, *Интернет в России 2010: Состояние, тенденции и перспективы развития*, Москва: Федеральное агентство по печати и массовым коммуникациям, 2011, стр. 9-11.

（续表）

序列	章节（按出现顺序）	2011年	2012年	2013年	2014年	2015年	2016年	2017年	2018年	2019年	2020年	生命力（次）
8	互联网与社会	0	4	5	6	0	0	3	3	3	3	7
9	互联网与企业	0	5	6	7	0	0	0	0	0	0	3
10	互联网与国家	0	6	7	8	2	1	2	2	2	2	9
11	数字内容	0	7	8	9	6	6	0	0	0	0	5
12	法规基础	0	8	9	11	0	0	0	0	0	0	3
13	统计	0	9	0	10	0	0	0	0	0	0	2
14	基础设施	0	0	3	4	3	2	4	4	4	4	8
15	互联网缩写词	0	0	11	13	0	0	0	0	0	0	2
16	互联网活动	0	0	0	5	0	0	0	0	0	0	1
17	互联网与经济	0	0	0	0	4	3	5	5	5	6	6
18	教育与人才	0	0	0	0	7	7	6	6	6	7	6
19	危机与互联网	0	0	0	0	0	4	0	0	0	0	1
20	信源名单	0	0	0	0	0	0	0	0	8	9	2
21	网络安全	0	0	0	0	0	0	0	0	0	5	1
22	报告长度（页）	81	139	95	132	110	91	115	93	105	123	—

注：表中“0”表示该变量未出现在相应年度报告的目录中，“1”“2”……表示该变量在相应年度报告目录中的顺序。左侧第二列变量的顺序按照2011—2020年报告发布的先后顺序自然生成，不重复统计。最右侧的“生命力”指相关变量在历年报告中单列成章的次数，表中最后一行中的“报告长度”指当年报告的正文页数。

有趣的是，2015 年和 2016 年“受众”再次单独成章。仔细阅读报告正文可以发现，经年的积累已使得俄罗斯网民的数量和比例均出现显著增长。2014 年底，俄罗斯每天上网人数超过居民总数的 52%，达到 6080 万①；2015 年网民数量突破 8000 万，在 2002 年到 2015 年的 13 年内增长了 8 倍，每天上网人数占居民总量的 57%②。由此可见，报告构成的变化能够反映特定变量影响力的消长。

又如，2016 年的年度报告中突然出现“危机与互联网”，反映了 2014 年乌克兰危机升级后，克里米亚地区全民公决加入俄罗斯联邦，在美国及其盟友不断升级对俄制裁的大背景下，俄罗斯互联网发展面临的挑战。此后，该内容再未以单独章节出现，但“危机”背景始终存在，并体现在“互联网与国家”“互联网与经济”等章节中。

同样，2020 年的报告中，首次将“网络安全”单列一章，反映了安全在俄罗斯互联网治理中的重要性更加突出。

（三）从报告篇幅与构成看国家关注的重点

在 2011—2020 年的年度报告中，长度最短的是 2011 年，共计 81 页，最长的是 2012 年，其次为 2014 年，两者均超过 130 页。2011 年的报告只有 5 章，即前言、一般特征、受众、经济与社会活动和结语。如果不考虑前言与结语，则实质性内容为一般特征、受众和经济与社会活动。显然，从国家层面看，当时俄罗斯关注的只是互联网本身。或许这样的报告并不能完全反映俄罗斯互联网发展

---

① К. Р. Казарян, *Интернетв России 2014*: *Состояние*, *тенденции и перспективы развития*, Москва: Федеральное агентство по печатии массовым коммуникациям, 2015, стр. 49.

② К. Р. Казарян, *Интернетв России в 2015 году*: *Состояние*, *тенденции и перспективы развития*, Москва: Федеральное агентство по печатии массовым коммуникациям, 2016, стр. 54.

与管理的全貌，因此，2012年的报告变成至今最长的一份报告，达139页。报告的篇幅构成也不断丰富和优化，从最初的5章增加到2012年的10章和2014年的13章。正是在这三年，俄罗斯互联网进入跨越式发展阶段，并在2011年底开始成为欧洲网民人数第一，月度活跃用户达5290万人，占俄罗斯18岁以上公民总数的46%，周活跃用户和日活跃用户则分别占18岁以上公民总数的42%和33%。[①]

2015年后，国家关注的重点从互联网行业的中观和微观发展，转向互联网与国家、社会、经济等领域的宏观关系，因此“互联网与国家”首次位居报告正文之首，并一直持续至2020年。2021年和2022年俄罗斯未以《互联网年度报告》形式总结行业发展状况。相应地，2011—2014年间始终没有被提及的“教育与人才”成为此后多年报告中的“常客”，反映了俄罗斯互联网的快速发展已经对教育和人才提出了更高的和更多的要求。任何一项技术或发明，如果对它的需求被实质性地传导到教育层面，则表明其影响力已非常强大，它在社会发展中的地位已非同一般。

四、变量梯队

哪些变量属于互联网国家治理的关键因素？通过对变量的自然排序、生命力排序和报告的期末排序这三种排序结果的对比，可以发现互联网发展与管理的优先变量，然后根据变量的属性分析，确定国家治理的关键客体。按照表4.1中不同变量出现的时间和位置顺序可得出变量的自然序列，即被俄联邦政府纳入报告的顺序；根据各个变量在10年中出现的总次数（其出现在不同年度报告目录中

① “Доклад «РУНЕТ СЕГОДНЯ: исследование российского интернета»”，(2012-09-25)[2016-06-30]，http://civilfund.ru/mat/1.

的次数，出现次数最多者位居表 4.2 生命力排序栏中的“1”位，相同次数者再考虑其被引入报告的顺序，依此类推，但只取出现三次及以上的变量）可排出生命力排序；各变量在 2020 年度报告中的位置即为期末排序，因 2021 年俄罗斯未发布独立的《互联网年度报告》，因此变量统计截至 2020 年。三种排序中均不包含前言、结语、缩略语、信源名单等辅助内容，结果形成表 4.2。

表 4.2　不同变量的三种排序列表

排序	1	2	3	4	5	6	7	8	9	10	11	12	13
自然排序	受众	技术与工艺基础	基础性和辅助性服务	互联网与社会	互联网与企业	互联网与国家	数字内容	法规基础	渗透率	基础设施	互联网与经济	教育与人才	危机与互联网
生命力排序	互联网与国家	基础设施	互联网与社会	互联网与经济	教育与人才	数字内容	受众	技术与工艺基础	基础性服务和辅助性服务	互联网与企业	法规基础	—	—
期末排序	互联网与国家	互联网与社会	基础设施	网络安全	互联网与经济	教育与人才	—	—	—	—	—	—	—

统计表明，生命力明显领先的变量是“互联网与国家”“基础设施”和“互联网与社会”，出现次数分别为 9 次、8 次和 7 次，高于中位数 3。它们属于互联网国家治理研究中最主要的变量。其中，“互联网与社会”是最早出现在报告中的变量之一；“互联网与国家”虽然最初出现时排序靠后，但一直存在并且自 2015 年起连续 6 年居正文的第一位；“基础设施”自 2013 年便一直“在场”，无论是生命力排序还是期末排序均居第二位。由此可以推断出互联网治

理的三个最重要变量，即“互联网与国家”“基础设施”和“互联网与社会”，并由此析出俄罗斯互联网国家治理研究的两个主体——“国家”与“社会”和一个客体——“基础设施”。

第二梯队是三个生命力相等的变量“互联网与经济”“教育与人才”和“数字内容”，前两项在年度报告章目录中各出现6次，“数字内容”出现5次。它们不仅出现次数多，而且除了“数字内容”在期末报告中与“互联网与经济”融合在一起外，另两个都坚持到统计期末，属生命力强盛变量。由此可以析出俄罗斯互联网治理的另一个重要主体，即与“互联网与经济”和“教育与人才”密切相关的企业，以及另一客体——内容。

第三梯队变量大多属于常量，在国家互联网治理中的影响相对较小，但不可或缺。它们是“受众”“技术与工艺基础”“基础性和辅助性服务”“互联网与企业”“法规基础”等，均属年度报告的早期构成，均有过三次及以上单独成章的机会，只是在此后的报告中被逐步融入更大的分类，以节的形式出现。它们构成各个报告的基础性变量，在不同的互联网发展与管理阶段具有不同的影响力。

研究发现，影响俄罗斯互联网“发展—管理—治理”关系的变量并非一次性形成，它们与俄罗斯互联网的发展与管理的关系、阶段和水平相关。这一发现表明，基于“发展—管理”基本关系模型研究互联网治理具备较充分的合理性和必要性。经过1994年至今近30年的发展与管理的相互作用，影响俄罗斯互联网治理的主体、客体和主要手段均已显现。其中，受众、国家和企业是互联网治理的三个主体，基础设施、数字内容、技术与工艺基础是主要客体，经济、法规、教育与人才以及危机等属于外部影响因素。通过内容分析法获得的俄罗斯互联网治理变量的构成和本书第二章构建的研究模型具有较高的匹配度，支持本研究的深入推进。

第二节　国家治理阶段研究

俄罗斯电子传播协会会长谢尔盖先生接受本书作者访谈时，将俄罗斯互联网的发展划分为四个阶段。其中，1987—1995 年是俄罗斯互联网形成时期，出现了第一批网络供应商和国家域名；1996—2003 年，属俄罗斯互联网激剧增长时期，出现了第一批互联网公司以及后来的产业巨头，开始吸引大量国外投资，国家首次关注互联网；2004—2008 年，互联网公司迎来发展的第二次浪潮，出现了社交网络和新的商业模式；2009—2013 年，俄罗斯互联网发展跻身国际行列，企业集团化，公司海外上市，各类开发研究机构和大量投资基金诞生，国家开始密切关注互联网的治理。对于 2014 年后的俄罗斯互联网，谢尔盖先生未予总结，因为 2016 年访谈时，俄罗斯国内外对未来的互联网发展存在多种判断。

本书基于对发展和治理概念的理解，从国家治理视角将 2014 年后俄罗斯互联网所处阶段称为“危机阶段”，进而划分俄互联网国家治理的三个阶段。1994—2004 年为第一阶段，此前国家无暇顾及互联网，任由互联网市场自由发展，第一批网络供应商、国家域名、互联网公司以及后来的产业巨头相继入场，大量资金涌入互联网行业，体现了发展概念的第一层意义即数量的增加，但没有体现发展对社会结构的影响。第二个阶段是自 2004 年俄罗斯互联网第一个十年庆典到 2014 年第二个十年庆典前夕。其间俄罗斯互联网快速发展，市场趋于成熟，出现了国际级互联网巨头，并开始引发国家关注，互联网发展与管理关系较为协调，互联网开始对社会结构产生影响，体现了发展的另一层含义：从数量增长到社会结构变化。第三个阶段是 2014 年至 2022 年本书截稿。在这一阶段，受外部因素强烈干预，俄罗斯互联网面临自身难以消除的外部威胁，需要借助国家治理的力量恢复正常运行，发展与管理的关系进入危机阶段，国家治理力度不断加大。

为了更加直观地反映俄互联网国家治理不同阶段的各种变量的特征，本书根据第二章设计的研究模型，从基础设施（I）、数字内容（C）和技术（T）三方面梳理各阶段的客体特征；从 PEST 视角分析外部因素；从法规、政策和行政手段等方面研究国家治理行为。

一、第一阶段：偏向单极，国家无暇顾及

1991 年 12 月苏联解体后，俄罗斯互联网技术的发展并未停滞。1993 年，全苏计算机网络的数据交换协议全部转成 TCP/IP，与国际互联网完全接轨。1994 年 ru 域名注册成功，标志苏联时代互联网的结束，俄罗斯互联网分支的开始。在此后相当长一段时间，发展是俄罗斯互联网的第一要务，管理注重中观和微观，宏观管理并不显著。而且，俄罗斯作为新成立的主权国家，政治、经济和社会生活千疮百孔，恢复秩序、发展经济、维护社会稳定和国家安全的任务非常艰巨，国家基本无暇顾及互联网的发展，国家治理互联网更无从谈起。此种状况延续近十年（表 4.3）。

表 4.3　俄罗斯互联网国家治理进程（1994—2004）

变量	阶段性特征
ICT	基础设施总体水平不高，十年增加了 20 万域名，只相当于德国域名一年的增长量。内容生产领域成立了自己的国产网站，但互联网公司自我生产内容的能力较低，尚未出现大量批评性内容。① 网络用户占总人口比例极低，2000 年互联网用户只占总人口的 3%，2003 年为 11%。技术方面以复制西方的应用为主；俄罗斯国内企业处于领先地位，占据 50%以上市场份额，有的甚至达到 80%—90%，与西方企业形成竞争，但总体规模仍然较小

① Galina Kan, "The Internet in Russia," working paper, Owen Graduate School of Management, Vanderbilt University, May 8, 2000, p. 10.

（续表）

变量	阶段性特征
PEST	政治层面，俄罗斯成为苏联的法定继承者，被西方视为“民主国家”，但随后被普京明确为“可控式民主”国家。经济上逐步度过“休克疗法”10年有余的痛苦期，开启俄罗斯式的市场经济。社会层面，人们摆脱了苏联解体带来的迷惘与困惑，意见多元化成为社会共识，越来越多的人开始应用互联网，但居民收入水平较低、基础设施落后等客观原因影响了网络应用扩散。技术层面，Web 2.0 给互联网带来了新生机，人们通过互联网参与社会管理和国家政治生活，但缺乏互联网法制和可信任的支付系统，电信服务商控制着虚拟空间
国家治理	以互联网行业和企业自治为主，以市场为主导；国家无暇顾及，较少干预。1998 年出台《国家信息政策构想》、2002 年出台《“电子俄罗斯”（2002—2010）》等政策性文件、2003 年出台《通信法》等均旨在引导和保护互联网发展
“发展—管理”关系	以发展为主。管理主要表现在中观和微观层面，国家层面管理较弱。呈现出向发展变量单极偏向的特征

（一）发展优先，行业自主管理为主

2004 年，俄罗斯互联网诞生十周年庆祝活动期间，俄通信与大众传播部联邦出版与大众传媒局局长、俄互联网诞生十周年庆祝活动组委会主席 M. B. 赛斯拉维斯基（M. B. Сеславинский）在庆典致辞中回忆了 1994—1995 年俄罗斯互联网起步时的情景。当时，“只有狂热者能够等待，通过 94 式的‘猫’去某一个网站，看看那里有些什么”，“没有正经的搜索系统，没有像今天这样的细化的各种表现形式。搜索系统出现在印刷品上，以小册子的形式出现。而且要想加入这些黄页和小册子，网站主需要支付一定的费用。当时大部分公司，尤其是正经的公司并没有将互联网看作联系社会、产品、广告的广阔空间。再说，接入互联网的速度也影响了其他各方面，

影响了内容，特别是影响了互联网中与俄罗斯有关的网络内容的发展。”[①] 从中可以看到，在叶利钦总统执政的最初几年，俄互联网的影响力相当弱小。如果没有 1991 年的“八一九”事件，互联网几乎不会引起叶利钦及其统治集团的关注。

总结十年的进步，赛斯拉维斯基局长明确表示，俄罗斯互联网的首要任务是将互联网市场参与者和国家“凝聚成共同体”。对于互联网发展中出现的问题，国家将与互联网共同体一道研究“自治机制”，“任何时候，俄罗斯联邦都应该遵循文明治理的国际经验”[②]。此乃俄罗斯互联网诞生十年来，国家首次明确对互联网管理表态——自治。因此，从第一个十年的互联网发展和管理状况及国家对此的期望来看，称这一阶段为互联网自由发展、自我管理的“单极型”阶段不无道理。

（二）用户增长较快，但占居民总体比例较低

据 Ipsos-Reid 公司调查，2000—2002 年间，全球互联网用户数量年平均增长 2%，2003 年全球互联网用户数量增长了 7%，成为过去四年增幅最大的一年。其中，互联网用户数量增长较多的国家是中国（37%）、德国（40%）、韩国（32%）和日本（38%）。俄罗斯的增长率为 25%（只计算城市居民），明显高于世界平均水平，但是与增长最多的中国差距较大。[③] 此后，俄罗斯互联网在外部条件的支持下，特别是得益于俄罗斯政治稳定、石油价格持续上涨、通信基础设施不断扩张等，网民数量增长速度持续加快，2004 年的网民数

---

① М. В. Сеславинский, “Первоочередная задача Рунета: консолидация в сообщество,” (2014-04-07) [2016-01-01], http://info.nic.ru/st/2/out_836.shtml.

② Ibid.

③ “Статистика развития российского сегмента Интернета в первом квартале 2004 г.,” (2014-04-07) [2016-11-01], http://info.nic.ru/st/63/out_718.shtml.

量较上年增长 40%，2000 年到 2005 年间的网民数量增加了 8 倍。[①]

从网民占比看，此时的俄罗斯网民占居民总量的比例少得可怜。2000 年时互联网渗透率只有 3%，到 2004 年时网民仅占城市居民的 10%，网民数量增长相当缓慢。不仅如此，俄网民中的活跃用户数量占总用户数仅 34.9%，较发达国家差距明显。2004 年初，加拿大网民最为活跃，有 71%的成年居民每月上网至少一次，其他几个世界领先的国家分别是韩国（70%）、美国（68%）、日本（65%）和德国（60%）。[②]

（三）通信业投资增长，以拨号上网为主

在俄罗斯互联网国家治理第一阶段，信息产业作为俄罗斯经济的重要组成部分，其市场总量占国民生产总值的 3%。据俄罗斯通信与大众传播部部长里昂尼德·雷曼（Леонид Рейман）透露，“最近几年，在通信和信息化行业，发展速度最快的一次达到年增长 42%—44%。通信业成为经济的三驾马车之一……已经为其快速发展创造了所有条件”。他同时指出，“互联网在俄罗斯发展顺利，该领域的服务（不包括上网）总量在 2003 年达到 2.2 亿美元，比 2002 年同期提高了 25%”。2004 年 3 月，俄罗斯通信与大众传播部部务扩大会议确认 2003 年俄通信传播市场的总量为 38 740 亿卢布，较 2002 年上升了 41.8%。该领域的国内投资超过 780 亿卢布，较 2002 年增长了 1.5 倍。[③]

2003 年是世界范围内上网方式的转折年，当年通过电缆、光纤和 DSL 方式上网的总用户数首次超过了通过电话线上网的用户数。

---

① “10 лет Рунету,”（2004-04-07）［2022-02-14］，http：//www. nts-lib. ru/media/index152. html.

② “Статистика развития российского сегмента Интернета в первом квартале 2004 г.,”（2004-04-07）［2016-11-01］，http：//info. nic. ru/st/63/out_718. shtml.

③ Ibid.

拨号上网不可逆转地走入历史。此时，俄罗斯的宽带上网呈现出规模性，一如既往地是从莫斯科起步，但无论是接入总量还是占比均低于世界水平。到 2004 年 3 月，俄罗斯境内互联网用户仅为 1400 万人，仍以拨号上网为绝对主要方式，互联网服务占俄罗斯通信传播市场的总量不足 5%。以俄罗斯互联网最发达的莫斯科市为例，据莫斯科科技大学（MTU）评估，莫斯科市 2004 年初有 170 万用户，包括 60 万—70 万家庭用户，90%的用户使用拨号上网。[①]

（四）主要网络公司问世，外国网站更受欢迎

从用户登录网站的情况看，俄罗斯第一阶段门户网站已经出现，但无法与美国竞争。俄罗斯网络用户最熟悉的网站是 yandex、altavista、infoart、rambler 等。48%的网民登录最多的是外国网站，而非俄罗斯自己的网站。只有 13%的活跃用户从来不登录外国网站。[②] 俄罗斯用户此时应用最多的是 MSN，接下来是 mail. ru 网站。后者是注册于 1995 年的最早的俄罗斯网站之一，既有英语，也有俄语，其注册者为苏联时期即已成立的德莫思在线公司，该公司长期扮演着俄罗斯 ISP 市场的主角。经过近十年的发展，俄罗斯互联网的流量发生了一些变化。如果说早期俄罗斯互联网 90%的流量来自境外，到 2004 年第一季度已经低于 50%，国内网民 70%的流量在俄联邦境内流动。[③]

如表 4. 3 所示，此阶段外部因素 PEST 总体上对俄罗斯互联网影响较小，主要表现为俄罗斯国家经济的整体复苏以及俄罗斯公众逐

---

① “Статистика развития российского сегмента Интернета в первом квартале 2004 г.,”（2004-04-07）[2016-11-01]，http：//info. nic. ru/st/63/out_718. shtml.

② Galina Kan, “*The Internet in Russia*,” *Working paper*, Owen Graduate School of Management, Vanderbilt University, May 8, 2000, p. 28.

③ “Статистика развития российского сегмента Интернета в первом квартале 2004 г.,”（2004-04-07）[2016-11-01]，http：//info. nic. ru/st/63/out_718. shtml.

步适应了多元化的信息传播渠道，从而助力互联网应用的创新扩散，但居民收入低、基础设施薄弱等多种因素制约了俄罗斯互联网的发展和网民的成长。据阿历克斯互联网公司（Alexa. com）① 的数据，2003 年俄罗斯境内使用最多的网站包括杨德克斯、联系、邮件、谷歌、优图比、同学等。

综上，1994—2004 年的俄罗斯互联网“发展—管理”关系呈现出“单极型”关系特征，即以发展为自变量，管理为因变量，偏向于发展。管理变量相对较弱，多以微观和中观层面管理为主，偶尔出现国家的宏观管理，亦服务于发展这一主题，比如制定国家的信息化战略、鼓励行业自治等。

二、第二阶段：关系均衡，国家治理显现

2004 年普京迎来第二个总统任期，俄罗斯互联网的发展进入第二个十年（以 1994 年 ru 域名注册时间为基点）。随后，俄互联网的发展速度和管理水平同步提高，两大变量相互协调、相互促进的特征日渐明显。无论是用户数量还是企业成长均表现突出。此时，俄出现了国际化大型互联网企业，互联网在国民经济中的比重大幅提升，稳步发展的趋势延续到 2013 年底。这一阶段俄互联网“发展—管理”关系呈现出“均衡型”特征。

（一）国内互联网市场趋向完整

如表 4.4 所示，2004—2014 年间，俄罗斯互联网在基础设施（I）、内容（C）和技术（T）方面均有长足发展，后来居上的追赶趋势非常明显。2011 年底俄网民人数一跃成为欧洲第一，网络普及率也迅速提升，到 2013 年底 18 岁以上用户数为 6610 万，互联网渗

① 阿历克斯互联网公司是亚马逊公司的子公司，以收集和统计其他网站的访问量著称。它 1996 年开通网站，1999 年被亚马逊收购，2022 年 5 月 1 日暂停运营。

透率达57%；人们不再像早期那样仅限于办公室上网，家庭上网的比例超过一半。[①] 人们上网的频率显著增加，2007年每日上网人数只占18岁以上居民总数的10%，到2011年春季，该比例上升至33%；在网时间也在大幅提高，从2007年每月13.3小时增加到2012年初的22.4小时。[②] 2012年俄罗斯的国家域名注册数量居世界第六位，俄语字母域名获得突破性发展；宽带技术和移动上网技术发展加快，成为网民数量增长的两大推力；在此阶段俄罗斯的博客和社交网站直播杂志的俄语社区、联系、同学等平台迅速成长，占据了国内市场一半以上份额，与美国等西方国家在独联体、东欧等俄语用户中展开竞争。技术方面，开始与世界其他国家同步推广3G、4G和无线上网等新技术，追踪大数据、云服务等前沿技术。同时，互联网空间出现的网络失控、信息保护和个人数据安全、传媒素养、盗版、计算机犯罪与攻击等新现象、新问题也开始成为社会关注的热点。

表4.4　俄罗斯互联网国家治理进程（2004—2014）

变量	阶段性特征
ICT	国家域名数量居世界第六位，俄语字母域名获得更多发展；互联网用户在欧洲排名第一，2013年底用户数为6610万，占俄总人口57%；宽带技术和移动上网技术发展较快，成为网民增加的两大推力；本土博客和社交网站迅速成长，皆居国内市场首位；家庭上网的比例达到56%；网络有害信息影响内容发展

① Н. М. Гущина, Е. А. Ватолина, Г. В. Зельманович, *Интернет в России 2013: Состояние, тенденции и перспективы развития*, Москва: Федеральное агентство по печати и массовым коммуникациям, 2014, стр. 114.

② “Доклад «РУНЕТ СЕГОДНЯ: исследование российского интернета»,” (2012-09-25) [2016-06-30], http://civilfund.ru/mat/1.

（续表）

变量	阶段性特征
PEST	俄罗斯政治更加稳定，国家领导层实现了梅普组合的首次成功换位，信息社会构建成为俄罗斯“现代化”的优先安排；在世界舞台上明确谋求与其政治地位相匹配的互联网治理话语权；国家电子政务、宽带战略等一系列国家措施成为促进互联网发展的重要力量；一批大型互联网公司在西方上市，成为国际网络巨头；技术上 3G 和 4G 发展迅速，云服务成为世界最新潮流，智能手机广泛应用
国家治理	2008 年通过《信息社会发展战略》，随后出台一系列目标规划；电子政府项目带动互联网应用的普及，建立高科技园区，实施税收优惠政策，促进互联网络发展；国家杜马成立了专门的机构，加速互联网立法进程，出台了《个人数据法》等法规；修订《教育法》，赋予远程教育合法性
“发展—管理”关系	均衡型（2004—2013），发展与管理变量关系协调，相互促进，出现俄罗斯互联网良性发展的第一次高峰，国家治理以激励—刺激为主

在 2014 年俄罗斯互联网成立 20 周年庆祝活动期间，曾经有记者向俄罗斯电子传播协会会长谢尔盖询问俄罗斯互联网发展与管理状况，他的回答有助于我们在整体上理解此阶段俄罗斯互联网“发展—管理”关系的均衡型特征。

谢尔盖认为，俄罗斯网络在多项指标上位居国际排名领先地位。比如，用户数量和活跃度均居欧洲第一，俄语内容的聚合量和使用量居世界第二位或第三位，国家域名的数量和种类居第一矩阵，互联网经济平均年增长率达到 30%，某些新兴细分市场领域甚至达到 100%，互联网市场占 GDP 总量的 2%左右，如果考虑到互联网相关市场的整个生态体系，则达到 9%左右等。[1] 此外，由于俄罗斯互联

① Сергей Плуготаренко, “Любой труд, вложенный в развитие Рунета, сегодня даёт плоды,” (2014-01-06) [2015-06-01], http://www.unkniga.ru/face/3093-plugotarenko-lyuboy-trud-vlozhenniy-v-razvitie-runeta-segodnya-daet-plody.html.

网早期市场的完全开放，国内外大型平台之间的竞争比较充分，因此在谢尔盖看来，俄罗斯互联网的存在还证明，俄罗斯不仅能够开发国产网站，而且有能力在各个细分领域保持世界领先地位，比如搜索引擎服务、电子邮箱、电子商务、社交网络、地理服务等。在上述各领域中，俄罗斯网站和项目在本国所占市场份额均超过 50%（有的领域达到 80%—90%），这种状况多年没有发生变化。与此同时，在世界其他国家，本地服务大多被外来的全球化的伙伴控制（本国公司所需做的只是将其国外界面本地化），而俄罗斯有自己的专有技术、项目和方案，有自己的互联网项目孵化基地、开发园区等。到 2014 年，最受欢迎的俄罗斯互联网资源平台应用已经不再仅限于媒体门户网站、娱乐平台和搜索系统，而是适应现代互联网受众的多元需求，在更多细分市场诞生了不同的领军企业，与国际互联网公司竞争。总之，经过 2004—2014 年这十年的快速发展，俄罗斯互联网在受众数量、渗透率、基础设施、网络经济等多个领域与全球互联网同步提升和突破，形成了一个完整、独立的俄罗斯互联网市场，互联网“发展—管理”关系稳定均衡。

（二）梅普组合推动俄互联网多样化发展

政治因素是决定俄罗斯互联网“发展—管理”关系的重要因素。从外部因素（PEST）构成看，2004—2014 年间，正是普京与梅德韦杰夫轮流执政期间，两位总统对于互联网的认识和判断的差异给俄罗斯互联网的发展注入了新的内容。相较于普京，更年轻的总统梅德韦杰夫对新技术尤为感兴趣，他不仅继续推行普京担任总统时提出的信息化战略，更是将“信息社会”构建作为俄罗斯国家现代化的重要组成部分，通过推行电子政务直接促进俄罗斯互联网的发展，鼓励更多的俄罗斯人进一步认识互联网、应用互联网。其着力推动的以实现公民网上享受国家服务为目标的俄罗斯电子政务建设虽历经挫折，但在该项目的带动下，国家持续地直接投资互联网领域，加速推进了“宽带战略”、光纤改造、电子邮政、公民上网服务站等基础设施的建设。梅德韦杰夫担任总统期间，普京则作为总理具体实施信息社会战略和电子国家政务项目。两者配合，共同推动了俄罗斯互联网多样化的发展。

两人对利用互联网与公民直接沟通均表现出浓厚的兴趣。除了设立统一的国家服务网站、政府网站、总统网站等面向公众的网络平台以外，普京每年会花 3 小时左右通过电视和网络直播回答世界各地网民的提问，《嫁人就要嫁普京》这首网络歌曲一度在年轻人中广为传播。梅德韦杰夫除了集中回答网民提问外，还于 2009 年 4 月在 livejournal 上建立了自己的个人博客，并且开放了评论功能。他表示，互联网是公共辩论的最佳平台。在总统的带动下，克里姆林宫的许多高官相继开设博客，并且在推特等国际社交媒体上拥有账号。在梅德韦杰夫的倡导下，俄罗斯创立了雅罗斯拉夫尔国际政治论坛，被称为俄罗斯在政治领域的“达沃斯论坛”。在 2010 年 9 月 9 日至 10 日举办的第二届论坛上，梅德韦杰夫亲自到会致辞，表达其对互联网无可替代的功能的高度重视。他透露，自从开通总统网站后，“人们可以自由给我的总统网站写信，只要稍微有点内容就行。这些信我自己当然不可能去看，它们会被自动转发到相关负责机构和部门。现在的情况经常是这样，总统新闻网站的来信开始对官员产生威胁，官员们已经开始对此做出反应了。也就是说，这样一来，给总统写信已经成为一种可以产生效果的沟通手段。当然，问题并不总是能得到实质性解决。但这是一种新的沟通形式，有时能取得很好的效果。所以我认为，我们的未来将会很有意思，民主将具有新的形式”[1]。2011年梅德韦杰夫总统被俄罗斯互联网年会评为“重要博客主”。

2004—2014年这十年，正是俄罗斯政治、经济和社会最稳定的历史阶段。国家领导层实现了梅普组合的首次成功换位，综合国力显著提升，人民生活得到改善，社会秩序稳定。在《信息社会发展战略》的总体指导下，国家开始关注互联网发展，视之为经济增长的重要驱动和俄罗斯实现“现代化”的有效路径，通过建设电子政府、开辟高科技园区、实施税收优惠政策等，鼓励和促进互联网发展。

（三）启动互联网立法

在管理方面，为了回应社会呼声，国家着手对既有法律的适用性进行调整，以便与当时的互联网发展水平相匹配。如，通过修订《俄罗斯联邦教育法》，让远程教育和在线教育合法化，承认通过此类教育获得的文凭与在校学习的文凭具有同等效力，同时开始在一些学校试行“电子课本”，推动“电子书”的发展。与此同时，俄罗斯在立法和行政管理方面进行了互联网国家治理的探索。从2010年开始，俄罗斯着手构建互联网领域的专门法律，俄国家杜马于2013年成立了专门机构，加速了互联网立法进程，先后出台了《俄罗斯联邦个人数据法》以及与网络反盗版、儿童网络信息保护等相关的有影响的法律或修正案，立法治理逐步成为俄互联网国家治理的重要路径。

（四）国家治理渐入议程

从2012年开始，国家在俄罗斯互联网治理中的作用不断加强。

---

① 李铁军摘译：《梅德韦杰夫：所有这一切都代替不了互联网》，《青年记者》2011年第6期，第5页。

俄罗斯电子传播协会会长谢尔盖在2013年度互联网总结研讨会上明确表示，“2012年结束了一个时代，即国家不关注互联网的时代”[①]。最明显的表现便是，相关的立法数量增加。2012年前调节互联网关系的法律以个位数计，而2012年当年即已通过31部与治理互联网有关的立法文件，到2013年相关立法文件则达到38件。[②] 相关立法数量不断增加，传递出国家依法治理互联网的决心。

2014年4月，俄罗斯通信与大众传播部副部长阿历克谢·沃林在俄罗斯互联网成立20周年庆祝大会上特别强调，“俄罗斯互联网分支是一个独立的产业，它是在没有国家支持的条件下独立形成的产业，已经在一系列指标上进入世界互联网强国行列”。作为俄罗斯重要的经济领域，互联网领域流动着大量的专业人士和规模庞大的资金，因此沃林副部长明确指出，“互联网是商业，为了发挥其正常功能，需要制定调节措施”[③]。其所称“调节措施”本质上便是国家治理之举。俄罗斯逐渐改变国家不干预互联网的放任态度。

值得注意的是，普京总统曾发表讲话称，互联网一开始就是美国中央情报局的项目，俄罗斯国家治理的目标是建立屏障，在必要时保护俄罗斯网络免遭西方信息资源的攻击。此番言论一度引起巨大反响，市场参与者甚至开始讨论如何建立一个“独立的互联网”[④]。但总体上大家对此持否定态度，视之为倒退。尽管如此，它

---

① Алексей Грамматчиков, “Рунет: двадцать лет спустя,” (2014-05-09) [2016-11-20], http: //expert. ru/expert/2014/21/runet-dvadtsat-let-spustya/.

② “Территория личной свободы. Ждать ли убийства интернета в этом году?” (2015-01-13) [2016-12-20], https: //slon. ru/posts/63974.

③ Алексей Волин, “Вопросы безопасности и надежности интернета сейчас ключевые,” (2014-04-07) [2016-11-20], https: //www. iemag. ru/news/detail. php? ID = 30705.

④ Алексей Грамматчиков, “Рунет: двадцать лет спустя,” (2014-05-19) [2016-10-10], https: //expert. ru/expert/2014/21/runet-dvadtsat-let-spustya/.

还是反映出俄罗斯最高领导层对互联网可能面临的威胁的警惕。

综合分析2012年前后俄罗斯面临的国际国内形势发现，国家治理渐起的一个重要因素便是互联网带来的政治、经济、社会问题及其对俄罗斯现政权和国家主权构成的挑战。随着2014年乌克兰政治危机的加剧，俄罗斯与西方国家的政治冲突不断升级，最终导致互相制裁，并直接投射到俄互联网国家治理的态度和举措上，促使俄罗斯互联网治理中的国家主体角色迅速显现，从而在2013年底到2014年上半年结束了俄罗斯长达十年的互联网稳定发展阶段，“发展—管理”关系开始呈现危机型特征。

上述研究证明，本书的研究模型将国家治理作为互联网“发展—管理”关系特定阶段的一种调节机制具有合理性。至少俄罗斯的实践表明，国家治理一开始并未显著作用于互联网“发展—管理”关系中，只有互联网面临自身无力解决的重大问题时，国家角色才会充分展示，彰显国家治理的“问题导向”原则。

三、第三阶段：遭遇危机，国家治理加强

2014年以后，俄罗斯互联网在国内外多种因素的共同作用下，遭遇了互联网发展与管理这两个变量自身无法解决的众多问题，呈现出明显的危机特征，迫切需要国家治理的深度介入助其转入正常状态。

（一）遭遇国际制裁危机

2014年是俄罗斯联邦成为独立主权国家不足30年的历史中最重要的一年。当年，乌克兰内部的政治纷争导致原属乌克兰的克里米亚地区通过全民公决的方式加入俄罗斯联邦，成为第二次世界大战以来最重大的领土主权变更事件。此前世界上部分地区发生的战争或内乱，大多导致原有大国分解成众多小国，比如苏联解体、南斯

拉夫分裂、捷克斯洛伐克一分为二等，但通过公投的方式进行部分领土主权变更的事例历史罕见。克里米亚地区的公投结果公布后，俄联邦议会[①]很快通过立法，接受其加入俄罗斯联邦的申请。此举成为俄罗斯对抗北约东扩数十年来取得的最重大的胜利，因此激怒了美国及其西方盟友。它们借口俄罗斯侵略乌克兰，不仅在政治、军事和经济上援助乌克兰，支持其与俄罗斯对峙，而且直接对俄发起制裁。2014 年后，俄美关系重新回到冷战时期的美苏对抗状态，甚至更为严重，被称为“新冷战”时代。

对于俄罗斯互联网的发展与管理而言，乌克兰危机持续升级的一个最直接的后果是，克里米亚地区加入俄罗斯联邦给俄带来了 100 万网民，增加了俄网民总数，也降低了该国网民渗透率，扩大了俄罗斯互联网地区间的数字鸿沟，因为 2014 年克里米亚地区仍以拨号上网为主。当然，随着俄联邦政府投入巨额资金，克里米亚地区的互联网基础设施很快便得到改善。但 2014 年至 2022 年间，俄罗斯互联网发展的外部环境始终未获改善，一直处于金融危机和外部制裁的双重压力之下，互联网“发展—管理”关系中的危机特征明显。

（二）深受“黑客”的双重伤害

2010 年后，俄罗斯“黑客”成为一种世界现象。关于俄罗斯“黑客”的神话不仅流传于民间，而且成为西方国家攻击俄罗斯的借口。各类媒体所描述的俄罗斯“黑客”既能够从各大银行盗窃数亿美元，又经常介入政治冲突。广泛流传的“黑客”故事便是 2016 年美国总统大选前所谓的俄罗斯网络攻击美国民主党总部事件。2017

---

① 在俄罗斯法律文件中，最高立法机构的正式名称为“联邦会议”，包括国家杜马和联邦委员会两部分，通常统称为“议会”。为了通俗易懂，避免歧义，本书中除法律文件外，一律使用议会指称俄罗斯立法机构。议会可以分为地方议会和联邦议会，如无特别说明即指联邦议会。

年，美国联邦调查局列出62名最危险的网络犯罪分子，其中21人是俄罗斯人，而且大部分是军人。美国指责这些最危险的“黑客”为俄罗斯当局政府服务，其证据是俄政府没有制止“黑客”攻击普京的反对者。除美国外，最近十年，俄罗斯也曾多次被加拿大、英国、德国、法国、捷克和其他多个国家指责发动网络攻击。

同时，俄罗斯自己也一直遭遇网络攻击。从2010年到2017年，俄罗斯受到的网络攻击数量仅次于美国，居世界第二位。2018年10月到2019年10月之间，针对俄罗斯的有组织的“黑客”攻击是99.5万次。2019年俄罗斯总检察长称年度网络犯罪增长率为66.8%，前8个月俄罗斯登记在案的网络犯罪已达18万件。而2013年俄罗斯总检察长办公室统计的全年网络犯罪只有1.1万件，6年间增加了近17倍。①

实际上，“黑客”始终是网络治理面临的一大难题，但通常不会成为国家治理的重点。因为无论是来自俄罗斯国内的，还是来自其他地区的“黑客”，其所发动的网络攻击大多可以通过互联网“发展—管理”关系调节，比如技术上弥补安全漏洞、管理上提升安全等级等。对于主权国家而言，借“黑客”攻击之名发起的政治、经济和文化包围和进攻才是真正的心腹之患，当前的俄罗斯面临的正是此类挑战。

美国前总统特朗普2018年9月签署《国家网络安全战略》，明确宣称“以武维和”的行为准则，指责伊朗、俄罗斯、朝鲜发动黑客攻击，给美国国内和国际公司及其盟国与伙伴造成重大损失，但尚未得到应有的惩罚，需要予以遏制。此举令俄罗斯高度警惕。

---

① Мария Коломыченко, “2010－2020：самое драматическое десятилетие Рунета,” (2020-01-04) [2020-03-20], https://meduza.io/feature/2020/01/04/2010-2020-samoe-dramaticheskoe-desyatiletie-runeta.

正是在此背景下，俄罗斯出台了令国际社会广泛关注的“俄罗斯互联网主权法”，从立法层面提出了应对外部威胁的具体措施，特别是在法律上明确了紧急情况下对通信线路和互联网实施中央管理。此法不仅引发了俄罗斯国内的激烈反应，也被国际社会指责为搞“隔离”，该法案在社会舆论中因此拥有“互联网隔离法”等多种别称。对此，本书将在关于俄罗斯互联网治理实践的章节深入探讨。该法的问世反映了俄罗斯互联网国家治理面临的复杂形势。

（三）俄罗斯互联网国家治理元年

从外部因素对互联网“发展—管理”关系的作用方式看，俄罗斯互联网自2012年即已悄然加强了国家治理，只是未改变俄罗斯互联网“发展—管理”的“均衡型”关系。2014年以来，持续已久的金融危机迟迟难以摆脱，乌克兰危机升级导致的不断加码的美欧制裁接踵而至，将俄罗斯互联网的“发展—管理”关系推向了“危机型”阶段。

2014年可以被称为俄罗斯互联网治理元年。面对“成年”的俄罗斯互联网，俄罗斯政府结束了放任态度，不再以照顾和呵护为主，而是提出更严格的要求（见表4.5）。俄罗斯互联网用户协会的报告称，2014年发生了2951起被专家认为限制互联网自由的事件，其中有87起与互联网治理立法倡议相关，而2013年被认为限制互联网自由的事件为1832起①，它表明国家在不断收紧对互联网的管理。显然，此前二十年的互联网发展中，以市场调节为主，国家少有作为，而如今俄罗斯开始将互联网看作“成年人”，要求其承担更多的

① Gregory Asmolov, “Between Institutional Dungeons and the Dragons of Public Opinion: Russian Internet Regulation,” (2015-02-18) [2016-10-01], http://blogs.lse.ac.uk/mediapolicyproject/2015/02/18/between-institutional-dungeons-and-the-dragons-of-public-opinion-russian-internet-regulation/.

责任。与此同时，俄罗斯官方继续在互联网空间推广其互联网信息安全观，强调国际治理的必要性。

表 4.5　俄罗斯互联网国家治理进程（2014—2022）

变量	阶段性特征
ICT	ru 域名数进入世界前五，宽带用户数居欧洲第一，宽带线路增速世界第一；网民突破 1 亿，互联网普及率超过 81%。互联网广告持续增速第一，总量超过电视广告；电子商务在危机中保持 8%—10%的增长。云服务市场逐步构建，IaaS 服务渐起；移动互联网、IPTV、智能电视、国家在线服务等不同领域的用户数量均大幅增加；技术可靠性与安全成为国家治理的关键目标
PEST	克里米亚地区加入俄罗斯，带来 100 万网民，同时拉大了俄罗斯互联网地区间的数字鸿沟；国际制裁、卢布贬值、石油价格下跌等拉低了经济增速。互联网经济成熟，占国内生产总值的比例稳中有升。美国总统大选、乌克兰三方会谈结果等外部因素的影响持续增加；技术自主开发的国家支持力度加大，外部技术限制形成自主创新压力
国家治理	国家结束放任态度；网络立法数量明显增多，但评价不高；网络安全成为国家安全的重要内容，协调互联网领域不同主体的利益关系成为国家面临的挑战；关键基础设施的控制权、数字主权、进口替代等成为重要议题；演习“断网”，编制《互联网中长期发展规划》，促进互联网经济发展；出台《信息安全学说》《关键信息基础设施安全法》等法律法规
“发展—管理”关系	外部威胁急剧增加，发展速度放慢，IT 投资出现下降趋势，管理遭遇多种挑战，危机特征明显

当然，“危机型”关系阶段俄罗斯互联网发展并没有完全停滞或者倒退。或许应该称其为危机的早期，因为危机何时结束至今尚不明确。从相关指标来看，俄罗斯互联网在 2014 年以后仍然保持一定的发展速度。比如，在域名开发方面，新的域名相继涌现，国家域

名 ru 的数量进入世界前五；宽带用户数居欧洲第一，增速居世界第一[①]；网民数量突破 1 亿，老年用户和农村用户成为新增用户主要来源；云服务市场逐步构建，IaaS 服务渐起，但因为价格等因素市场尚未成熟；移动互联网、IPTV、智能电视、国家在线服务等不同领域的用户数量均大幅增加，互联网经济总量占国内生产总值的比例在 2015 年达到了 2.2%，互联网的相关经济的总量则占国内生产总值的 16%[②]，此后多年保持稳中有升的态势，互联网的经济属性得到充分彰显，成为国家发展的亮点。

在危机阶段，俄罗斯互联网面临的问题发生了变化。俄罗斯通信与大众传播部副部长阿历克谢·沃林在俄互联网 20 周年庆祝大会暨第五届俄罗斯互联网管理论坛上指出，“俄罗斯互联网如今已经从当初的爱好者的活动场所演变成一方强大的和重要的商业天地。今天，安全与可靠性成为最主要的问题。互联网行业与众多的公司和大量的现金流量紧密相联，其中任何一个系统的安全问题都可能导致生产的‘虚脱’。因此，互联网业应该建立起稳定的外部协作”[③]。地缘政治引发的政治和经济危机更加强化了外部协作环境建设的必要性和艰巨性，而建立一个稳定的外部协作环境，仅靠互联网行业自身的“发展—管理”关系调节显得力不从心。国家治理作为一种重要的调节机制开始运行，大量的法律、行政和技术措施相继出台。比如，2016 年和 2017 年俄罗斯相继出台了《信息安全学说》《关键信息基础设施安全法》等与互联网安全、稳定息息相关的法律法规。

---

① “Россия лидирует по числу пользователей Интернета,” (2016-02-08) [2016-04-15], http://minsvyaz.ru/ru/events/34658/.

② “Медведев оценил объем интернет экономики России в 2, 2% ВВП,” (2015-12-16) [2015-12-17], https://www.gazeta.ru/tech/news/2015/12/16/n_8016713.shtml.

③ Алексей Волин, “Вопросы безопасности и надежности интернета сейчас ключевые,” (2014-04-07) [2016-11-20], https://www.iemag.ru/news/detail.php? ID = 30705.

（四）数字经济被纳入国家发展战略

危机阶段俄罗斯互联网表现出的强劲生命力更吸引政府高度重视网络发展与管理。因此，普京总统在其第三个任期开始后不久，即对互联网表现出与其前两个任期完全不同的兴趣。他任命了总统互联网发展顾问，亲自参加俄罗斯互联网年会，与互联网界直接对话，授权成立俄罗斯互联网发展研究所，责成有关机构制定俄罗斯《互联网中长期发展规划》，明确要求对俄罗斯互联网出现的问题既要调节，又不能限制太多。

2018 年普京签署总统令，将通信与大众传播部改组为数字发展、通信与大众传播部（简称数字发展部），突出发展数字经济的重要性。2020 年 3 月，新任总理米舒斯京（Михаил Мишустин）将数字经济列为欧亚经济合作的优先发展方向，并强调俄罗斯要在其中发挥火车头作用。面对国际原油价格持续走低、美国及其西方盟友对俄罗斯的制裁不断升级等严峻形势，互联网及其相关产业成为俄罗斯 2015—2020 年内唯一持续保持快速增长的经济领域，发展数字经济成为俄罗斯国家战略的优先选择。

在此情况下，国家更加重视互联网治理，提出既要刺激其发展，又要努力避免互联网发展失控，因为俄罗斯互联网无论是被外部力量控制还是内部失序，均属俄罗斯当前难以承受之重。

四、治理“三部曲”的实证意义

研究俄罗斯互联网“发展—管理”关系发现，影响互联网国家治理选择的关系模型有三种，即单极型、均衡型和危机型。它们分别对应着不同的国家治理力度和治理目标（见表 4.6）。根据本书第二章构建的研究模型，在互联网发展与管理之间理论上还可能存在“冲突型”关系。这一关系未能在俄罗斯的既有实践中得到证实，有待后续研究加以检验。

表 4.6　互联网“发展—管理”关系中的国家治理

关系模型	“发展—管理”关系特征	需要治理的问题	国家治理参与度	国家治理目标	是否证实
单极型	某一变量独大	野蛮生长或日渐式微或过度控制	市场自我调节为主；极其必要时国家方适度参与	较少介入，政策引导，优化结构	部分证实
均衡型	两大变量匹配，良性互动	产生惰性，影响创新	国家不参与或少参与	正面促进，刺激创新，转型升级	是
冲突型	两大变量均呈强势	形成内耗，难以持续	特定时间，强力干预	伺机介入，协调关系，消除内耗，服务社会	否
危机型	面临外部或内部的严重威胁和挑战	大量企业面临困难，甚至出现产业整体停滞或倒退现象	全面参与甚至暂时牺牲部分市场效率和效益	强力干预，稳定市场，克服危机	部分证实

表 4.6 显示，在不同的关系模型中，互联网发展与管理面临的问题和国家治理的强度差别很大。当然，实际情况往往更加复杂，有时很难用某一种标准加以判断，也无法借用一种机制予以治理。其中，“单极型”关系往往出现在互联网发展的最初阶段或最后阶段（假如有的话）。此时，国家治理介入程度较低或者根本没有出现（没有治理需求）。在市场形成初期，过度的国家干预反而会影响市场的正常发育；在市场不景气阶段，如果国家逆势而动，企图力挽狂澜，其必要性更需认真研究，否则会出现事倍功半或者适得其反的后果。因此，在单极型关系状态下，国家治理的参与度一般较低。

危机型关系通常是外界干预的后果，属于非正常形态，对发展与管理两大因素可能同时造成伤害，导致整个市场的退步或者停滞。此时仅依靠互联网自身的发展和管理力量往往不足以消除危机，国家干预的重要性凸显，具体治理手段和水平则会左右互联网发展和管理的关系，决定其能否以及如何从危机型关系中走出，同时决定其走向“单极型”关系抑或形成新的均衡型关系。

本章研究表明，互联网“发展—管理”关系中的单极、均衡和危机三种类型均可从俄罗斯互联网治理实践中得到部分或全部证实。不同的关系类型会影响互联网国家治理的路径选择。三种关系类型本质上都是市场演进过程中的正常现象。在均衡型关系阶段，国家治理的意义在于协调与优化市场环境，故应鼓励与刺激创新，促进互联网公共利益最大化，避免其过度追逐商业利益而忽视社会责任；国家治理方式则更强调对话与协调，俄政府倡导的以自治方式凝聚共同体意识即属于此。2014 年后至今，走过单极型、从均衡型过渡到危机型关系状态的俄罗斯互联网国家治理的对象、机制和手段无疑均具有显著的“危机”特征，带有诸多不确定性，对世界互联网治理而言是一个难得的研究样本，也是本书此后章节重点研究的内容。

第三节　国家治理角色研究

作为国家的代理人，俄罗斯联邦政府是如何从互联网“发展—管理”关系的观察者和协调者变成直接干预者，不断加强互联网国家治理者的角色特征的？本节通过观察《俄罗斯互联网年度报告》构成，研究不同年度报告中国家变量属性的调整，揭示互联网治理的不同主客体随着“发展—管理”关系的调整而交换角色的过程。其中，国家角色不断强化，互联网的法治路径越发清晰。

一、技术与国家的角色交换

如果忽略报告的“前言”和“结语”部分，则“技术与工艺基础”是2012—2014年连续三年的第一关注点。它与“互联网与社会”“互联网与企业”“互联网与国家”“数字内容”“法规基础”等构成了2012年以后的报告主体，直到2015年“技术与工艺基础”才未以专章出现。此类在连续十年的报告中曾经三年位于第一位的变量在此后的报告中突然消失的现象并不多见，反映了俄罗斯互联网“发展—管理”关系的巨大变化。

取代“技术与工艺基础”变量在报告中的正是“互联网与国家”。从2015年开始，该变量从年度报告的倒数2、3位跃升为第一位，并持续位居报告正文之首（见表4.7）。其中，“技术”与“国家”两大变量在2015年和2016年两年报告中的力量消长，暗示着前者已不再是影响俄互联网发展的首要变量，“国家”变量取而代之。相应地，此时俄罗斯互联网的“发展—管理”关系转入“危机型”阶段。

表4.7　2011—2020年《互联网年度报告》中“国家”变量统计

报告发布时间	位置（章）	属性描述	“发展—管理”关系类型
2011年	0	“国家服务”出现在“互联网经济与社会”一章最后一节“互联网中的国家服务趋势”中，总体不突出	均衡型
2012年	6	首列“互联网与国家”章节，包括“互联网与国民经济”和“电子政府”两部分	
2013年	7	除“互联网与国民经济”“电子政府”外，新增市民社会这一部分	

（续表）

报告发布时间	位置（章）	属性描述	“发展—管理”关系类型
2014年	8	除“互联网与国民经济”“电子政府”外，新增“国家与市民社会通过互联网协作”，强调政府与公民的互动	危机型
2015年	2	“国家”首次出现在报告正文第一章，由“治理趋势”“行业参与治理”“国家服务电子化”“立法调查”等内容构成	
2016年	1	报告以“互联网与国家”开篇，省略了“前言”。首先分析当前国家治理互联网的趋势，然后分别介绍“进口替代”“开放数据”“传播督察局业务”和“信息社会发展”，国家治理框架显现	
2017年	2	报告恢复“前言”，“互联网与国家”位于第三章，报告主体构成之首，主要由“立法治理的影响”“进口替代领域的规范治理”和“特殊地缘政治下的互联网基础设施发展”三部分构成，法治思路明确	
2018年	2	“互联网与国家”仍位于正文第一章，主要由“立法治理的影响”和“特殊地缘政治下的互联网基础设施发展”两大部分构成	
2019年	2	报告结构同上。地缘政治和基础设施两大变量显著	
2020年	2	重点研究法律治理与法治影响，涉及互联网主权、网络消费权、数据保护、信息传播的组织义务及对外国参与者的限制等立法治理内容	

关键变量的消长与互联网的“发展—管理”关系密切相关。尽管国家无疑是治理的核心主体，但国家治理的客体——“问题”——并未显著地持续存在于互联网“发展—管理”关系中，由此便不难理解，国家变量为何长期位于《俄罗斯互联网年度报告》的“后排”，让位于“社会”和“企业”。毕竟，在市场经济正常运营状态

下，企业才是市场真正的主体，国家是配角。但是，当危机降临时，国家则当仁不让地冲到“第一位”。2016 年的互联网行业报告中专门增加了“危机与互联网”一章，可以被视作“国家”主体角色变化的一个重要注解，它凸现了“危机”的严重性和国家治理的必要性。2020 年发布的报告首次专设了“网络安全”章，将互联网安全与国家安全更紧密地联系起来。国家作为互联网治理的主体地位更加突出。

与“国家”变量的跳跃式成长相对应的是，“受众”连续沉默三年后，2015 年再次成为年度报告的重要一章（第四章，标注“5”），紧随“国家”“企业”和“经济”之后。至此，国家治理三大主体（国家、企业、受众）的关键地位逐步形成，其在报告中位置的戏剧性变化体现了互联网“发展—管理”关系不同阶段国家治理需求的差异，危机阶段“互联网与国家”连续五年成为年度报告的首要内容并非偶然。

从表 4.7 可以看出，当俄互联网的“发展—管理”关系处于均衡型期间，国家变量强调国家的互联网服务功能，如建设电子政府、市民社会等，相关的国家互联网治理行为围绕着国家如何使用互联网促进社会变革、实现建设信息社会的目标而展开。随着国家角色日渐显著，国家的治理思路与对象也逐渐明确。2014 年的报告首次强调政府与公民的互动，确定了俄罗斯互联网治理的基本思路——对话。随后，2015 年到 2020 年间，立法治理一直构成年度报告的重点，立法内容、立法质量和立法反馈则成为影响互联网国家治理效果的重要指标，占据报告较大的篇幅。此间，“进口替代”“地缘政治”等内容反映了俄互联网“发展—管理”关系处于危机型阶段时国家治理路径选择的特殊性。

需要提醒的是，无论在何种关系模型下，无论国家的主体地位如何变化，社会和企业的主体地位都比较稳定。分散的个体用户往往通过社会组织来展现自己的主体地位。当个体用户的数量和质量出现变化时，其主体角色也会有强弱之分，“受众”变量在年度报告中的进退便是证明。

二、立法治理对技术管理的替代

研究互联网国家治理时，一个不容回避的问题是，国家治理与互联网管理是何种关系。表 4.8 列举了 2011—2020 年间《俄罗斯互联网年度报告》中关于“管理”变量的内容统计。统计表明，2011 年俄罗斯联邦政府发布的第一份《互联网年度报告》并未提及“互联网管理”的概念，只是在第三章“经济与社会活动”中分析了“互联网安全性”问题，间接关注“管理”。此时的安全主要指技术安全，即防病毒和防黑客；管理主要针对网络安全使用中存在的问题。五年后，“管理”在报告中的位置被“国家治理”所替代。

（一）国家治理的问题导向明显

研究表明，早期的互联网管理主要是基于技术安全需求，属于对基础设施的行政管理以及对网络和用户的技术安全的行业管理。如 2011 年的报告将“互联网安全性”置于“经济与社会活动”章中予以阐述，反映出此时管理者的关注重点是网络应用安全。2012 年的年度报告中首次出现“互联网管理”概念，而且位置极为显眼——第一章第一节。但值得注意的是，该章的标题是“技术与工艺基础”。显然，在报告起草者和国家行政主管部门眼中，互联网管理首先应关注的是技术和工艺基础问题。报告简单介绍了国际互联网管理机构 ICANN 和俄罗斯联邦互联网管理的主要机构，即通信与大众传播部及该部下辖的联邦新闻与大众传播局，联邦通信、信息技术与大众传播督察局（简称大众传播督察局）以及国家无线电频率委员会，同时还介绍了非营利组织“互联网国家域名协调中心”（cctld. ru）和“互联网技术中心”（www. tcinet. ru）。前者是俄罗斯顶级国家域名 ru 和 pФ 的行政管理机构，后者负责国家域名总清册及技术维护。此时，互联网空间出现的问题仍然可以通过互联网发展与管理这两大变量的相互作用予以调整，国家治理的迫切性并不突出。

表 4.8　2011—2020 年《互联网年度报告》中“管理”和“治理”变量统计

<table>
<tr><th>报告发布时间</th><th>位置（章/章*）</th><th>属性描述</th><th>“发展—管理”关系类型</th></tr>
<tr><td>2011 年</td><td>0/0</td><td>没有专章研究管理，仅在第三章“经济与社会活动”中提到互联网安全性</td><td rowspan="3">均衡型</td></tr>
<tr><td>2012 年</td><td>1/0</td><td>在第一章“技术与工艺基础”中首先介绍互联网管理，侧重基础设施管理</td></tr>
<tr><td>2013 年</td><td>2/0</td><td>在第二章“基础设施”第一节中介绍国家管理机构和社会管理组织</td></tr>
<tr><td>2014 年</td><td>3/0</td><td>在第三章“基础设施”第一节中介绍国家管理机构和社会管理组织，两者的数量均大幅增长</td><td rowspan="7">危机型</td></tr>
<tr><td>2015 年</td><td>6/0</td><td>在新增的“教育与人才”中分析危机对行业的影响，指出国家角色将加强</td></tr>
<tr><td>2016 年</td><td>0/1</td><td>未单列管理，国家治理成为首章</td></tr>
<tr><td>2017 年</td><td>0/2</td><td>未单列管理，国家治理居第二章，属整个报告的正文之首，以立法、进口替代、地缘政治为主，网络安全与威胁被列入基础设施部分</td></tr>
<tr><td>2018 年</td><td>0/2</td><td>未单列管理，国家治理居第二章，属整个报告的正文之首，以立法和地缘政治为主，网络基础设施部分被列入“网络安全”节</td></tr>
<tr><td>2019 年</td><td>0/2</td><td>未单列管理，“国家治理”居第二章，属整个报告的正文之首，以立法和地缘政治为主，网络安全与威胁被列入基础设施部分</td></tr>
<tr><td>2020 年</td><td>0/2、5</td><td>在突出“国家治理”（第二章）的同时，专设第五章“网络安全”，治理的问题导向明显</td></tr>
</table>

*表中“章/章”分别代表“管理”和“治理”在年度报告中所处位置。

2013年和2014年的报告直接将管理客体定位为“基础设施”，“互联网管理”被从2012年的第二章“技术与工艺基础”中移到2013年新增的第三章（2014年报告中为第四章）“基础设施”的第一节，这一时期参与互联网管理的国家机构和社会组织数量均大幅增长，联邦经济发展部、国家杜马等重要部门开始作为互联网管理机构，社会组织发展更为迅速，显示出俄互联网“发展—管理”关系进入均衡型阶段后，不同主体的积极性被相继激发，俄罗斯互联网管理呈现出主体和管理目标多元化态势。

不过，2015年的报告未专设“互联网管理”章，而是在“教育与人才”章中强调经济危机和政治危机对行业的影响，明确指出互联网发展与管理中的“国家角色”将加强。相应地，该报告打破惯例，将2012—2014年间处于各年度报告中位置靠后的“互联网与国家”一章直接移至第二章，2016年则变成第一章，2017年到2020年间始终位于第二章。如果不考虑“前言”，则“互联网与国家”章事实上自2015年后持续位居各年度报告正文之首。国家角色的地位提升显著。2015年的报告首先分析国际国内趋势，比较罕见地突出了互联网的社会意义，提出要消除互联网使用的不平等现象，强调互联网应服务于公众利益，成为稳定经济增长和推动科学、文化、教育、医疗发展的工具等。报告同时列举了互联网发展与国家、社会之间存在的问题，关注公众与国家及互联网之间出现的“信任撕裂”现象，以及通信公司与互联网公司冲突加剧、保护隐私权与个人数据的新措施削弱了投资者的兴趣等与互联网国家治理密切相关的重要问题。报告结构和内容的突然转向，反映出俄互联网“发展—管理”关系由均衡型向危机型转换的突发性和不可预测性，明确传递了国家治理强势介入的“问题导向”意识。

2020年的报告中专门设立第五章“网络安全”，详细列举了IT

界产业发展面临的各类威胁，国家信息体系与国家网络服务中存在的风险以及网络经济安全等，与第二章“互联网与国家”中的立法保障互联网主权、消费者权益、数据安全和信息传播者的义务等内容相呼应，共同反映了俄互联网国家治理当前最急迫的任务和目标——维护互联网安全。

（二）国家治理中的立法优先

2015 年的《俄罗斯互联网年度报告》在开篇提出了许多企业和社会两大主体无法通过市场调节和内部协调加以解决的重要问题，比如网络鸿沟、公众与国家和互联网的“信任撕裂”等，均需国家主导，协调多方资源，借助立法、行政和技术手段综合治理。正如 2015 年报告最后一章所指出的，面对经济和政治危机对互联网影响的不断加深，“国家角色”将不断得到加强。2016 年报告的第一章第一句话开宗明义，强调“建立专门的法律框架成为全球互联网治理趋势”[①]，一语道出俄罗斯立法治理互联网的路径选择。

2016 年后俄罗斯通过立法加强互联网治理的趋势极为明显，每年都会推出 2—3 部专门法律，相应的年度报告通常都包含立法进程、法律实施和专家评法等构成。其中，专家评法尤其令人关注。针对上一年度的立法草案和生效法律，报告的起草者会邀请专家打分，请其分别给出“正面”“负面”或“中性”的评价，然后在一年一度的俄互联网论坛上发布，并摘要刊登在年度报告中。近年来引起广泛反响的“网络反盗版法”、《个人数据法》、“黑名单”制度等均曾接受专家的公开评分。此举既有利于传播相关法律规定，也能在一定程度上督促立法机关不断提高立法质量，更重要的是能展

① К. Р. Казаряна, *Интернетв России в 2015 году*: *Состояние*, *тенденции и перспективы развития*, Москва: Федеральное агентство по печати и массовым коммуникациям, 2016, стр. 2.

示俄依法治理互联网的决心。通过多年的努力，俄罗斯互联网治理的立法框架已初步形成，目前面临的主要任务是细化、完善和落实相关法律。

从互联网管理到国家治理互联网，并非对管理的否定，也并不意味着国家治理代替了互联网管理，它仅表明俄罗斯互联网“发展—管理”关系进入了一个新阶段，需要通过“国家治理”予以调节。2014年至今，俄罗斯互联网面临的外部挑战已无法靠行业自治予以克服。从本书建立的研究模型看，基于治理是“以问题为导向”的假设，更容易理解2011年到2020年的10年间俄互联网管理与国家治理在年度报告中的位置突然前移的客观需求。理论上，管理是“发展—管理”关系中的常量，当它面临自身难以解决的问题时，国家治理作为一种调节机制便会顺势而上，发挥作用；而当影响“发展—管理”正常关系的因素消除后，国家作为治理主体的突出角色或许会让步于市场的自我调节。随后的研究，将进一步探究俄罗斯互联网国家治理对互联网“发展—管理”关系的影响。

第五章　俄罗斯互联网治理的生态特征

以 1994 年 4 月 7 日俄罗斯主权国家域名 ru 注册成功为标志，至今全球互联网俄罗斯分支（Runet-the Russian segment of the Internet）已经走过 28 年，拥有了相对完备的平台、服务、关键市场主体以及占国家人口 85%的网民，形成了一个完全成熟的互联网生态体系。本章从市场、主体和客体三个方面研究危机型“发展—管理”关系状态下，俄罗斯互联网国家治理的生态构成及其特征，以便准确理解俄罗斯互联网治理实践。

第一节　市场特征

早在 2011 年底，俄罗斯互联网用户数量首次超过德国，跃居欧洲第一位，世界第六位，紧随中国、美国、日本、印度和巴西之后。时任通信部部长肖戈列夫（Игорь Щёголев）曾预测，“最近几年，俄罗斯将成为欧洲最大的市场，超过德国和法国”[①]。经过此后十余

---

① Н. М. Гущина, *Отчет о выполнении научно-исследовательской работы*: *Интернет в России*: *Состояние*, *тенденции и перспективы развития*（*заключительный*），Москва: Открытое акционерное общество «Научно-исследовательский центр управления, экономики иинфор матики», 2011, стр. 138.

年的稳定发展，从网民数量和基础设施建设看，俄罗斯无疑已成为欧洲最大的互联网市场。相应地，互联网渗透率、网民结构和消费习惯等也在变化。同时，受地缘政治等因素的影响，俄互联网市场存在一定的不确定性。市场构成特征、基础设施发展特征以及市场成长的外部性特征，都不同程度地影响俄互联网的生态环境，进而影响国家治理的目标与任务。

一、市场构成特征

互联网市场的主体是网民，影响网民队伍壮大的直接因素是基础设施。网民的数量、偏好、上网的便捷性和成本等共同决定了互联网市场的生态构成。

（一）全民上网趋势显著

调查表明，1999 年有 47%的俄罗斯受访者尚不知互联网为何物。随着互联网的普及，俄罗斯公民对互联网的了解程度不断加深，回答“一无所知”者由 2000 年的 21%降到 2006 年的 5%，2014 年已低至 3%。[①] 经过 1994 年到 2003 年近十年的努力，俄罗斯互联网终于让 90%以上的本国公民知晓，只有 1%的俄罗斯人基于个人信仰拒绝上网。[②]

网民使用网络的环境变化明显。俄罗斯互联网发展的最初 10—15 年间，人们主要在单位使用互联网，而 2010 年 85%的用户开始在家上网；2000 年有 53%的人表示业余时间不上网，到 2014 年只有 3%的用户仍然坚持业余时间不上网，97%的网民上班和业余时间都

---

① Алексей Грамматчиков, “Рунет: двадцать лет спустя,” (2014-05-19) [2016-11-20], http: //expert. ru/expert/2014/21/runet-dvadtsat-let-spustya/.

② К. Р. Казарян, *Интернет в России 2014*: *Состояние*, *тенденции и перспективы развития*, Москва: Федеральное агентство по печати и массовым коммуникациям, 2015, стр. 49-69.

可能上网，85%的网民上网不受地理位置限制。[①]

从俄罗斯互联网渗透率看，到2015年底俄罗斯网民占居民总量的66%，达到8200万（2014年为7380万），13年内网民数量增加了8倍。其中，16岁以上的成年网民有8003万，占67.5%。2007年到2015年间，网民数量逐年直线上升（见图5.1），所占比例由21.3%升至65%。2016年，有专家曾保守估计：到2020年俄罗斯网民将占居民总量的76.32%；乐观估计，则为84.48%。[②] 事实证明，到2019年1月，俄罗斯互联网渗透率已提前一年实现了专家的保守估计，网民总数占居民总量的76%，高于同期全球互联网渗透率（67%），网民总量超9300万。[③] 此后，俄罗斯网民持续增加，2020年1月达到1.18亿人，占全国居民总量的81%。[④] 2021年1月，俄罗斯互联网渗透率已达85%，已超额达成了“乐观估计”。[⑤] 因此，如果从渗透率看，俄罗斯多年来一直走在中国的前面。这一结果可能与人们的刻板印象差异较大。根据2019年2月中国互联网络信息中心（CNNIC）发布的第43次报告，截至2018年12月，中国网民规模达8.29亿，全年新增网民5653万，互联网普及率为59.6%，

---

① К. Р. Казарян, *Интернет в России 2014*: *Состояние*, *тенденции и перспективы развития*, Москва: Федеральное агентство по печати и массовым коммуникациям, 2015, стр. 49–69.

② К. Р. Казаряна, *Интернетв России 2014*: *Состояние*, *тенденции и перспективы развития*, Москва: Федеральное агентство по печати и массовым коммуникациям, 2015, стр. 50.

③ К. Р. Казарян, *Интернет в России в 2018 году*: *Состояние*, *тенденции и перспективы развития*, Москва: Федеральное агентство по печати и массовым коммуникациям, 2019, стр. 19–24.

④ “Digital 2020: Global Digital Overview,” (2020-01-30) [2020-03-20], https: //datareportal. com/reports/digital-2020-global-digital-overview.

⑤ “Digital 2021: главная статистика по России и всему миру,” (2021-03-19) [2022-02-14], https: //spark. ru/user/115680/blog/74085/digital-2021-glavnaya-statistika-po-rossii-i-vsemu-miru.

较 2017 年底提升 3.8 个百分点。[①] 2022 年 2 月 25 日，中国互联网络信息中心（CNNIC）发布的第 49 次《中国互联网络发展状况统计报告》显示，截至 2021 年 12 月，中国网民突破 10.23 亿，较去年同期增长 4296 万，普及率已达到 73%。[②] 数据的增长得益于网络的快速发展，尤其是在农村地区的发展，目前中国所有行政村已经实现了村村通宽带，偏远地区通信难的问题也得到了根本性的解决。农村已经成为中俄两国新网民增长的主要区域。

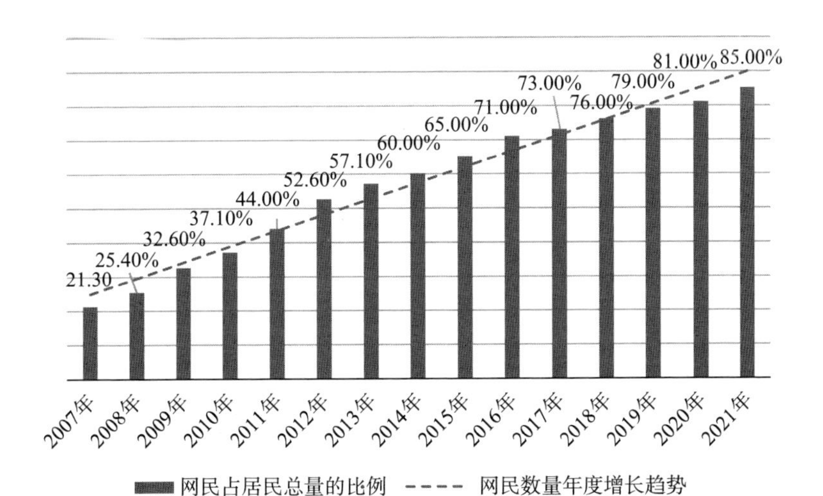

图 5.1　2007—2021 年俄罗斯网民占居民总数比例逐年增长

＊图中数据由本书作者根据《俄罗斯互联网年度报告》和媒体报道整理。

从地区分布看，早在 2015 年，俄罗斯互联网便已表现出一个显著特征，即小城市与乡村互联网渗透率较高。这得益于俄罗斯互联

① 中国互联网络信息中心：《第 43 次中国互联网络发展状况统计报告》，（2019-02-28）[2019-03-01]，http：//www.cnnic.cn/hlwfzyj/hlwxzbg/hlwtjbg/201902/P020190318523029756345.pdf。

② 中国互联网络信息中心：《第 49 次中国互联网络发展状况统计报告》，（2022-02-25）[2022-06-06]，http：//www.cnnic.cn/hlwfzyj/hlwxzbg/hlwtjbg/202202/P020220407403488048001.pdf。

网基础设施建设取得的成就。从地区分布看，在16岁以上居民中，2015年莫斯科市的互联网渗透率便已达81%，10万人口以上城市中渗透率达到71%，其他小城市和乡村中渗透率为62%。与世界其他国家相比，俄罗斯小城市及乡村的互联网渗透率较高。2015年俄罗斯农村居民有一半是网民，此后农村成为俄罗斯网民增加的主要来源地。[①] 俄罗斯的最新目标是改善上网条件，进一步降低上网费用。对此，我们既应该看到俄罗斯人口基数只有1.45亿左右的普及优势[②]，也应该意识到它是世界上领土面积最大的国家，需要在1700多万平方公里的领土上部署互联网基础设施并非轻而易举之事。

此外，俄罗斯各个年龄段网民增长的速度正在发生变化，中年人和老年人成为互联网用户增长的主力。2007年，俄罗斯12—24岁上网者占该年龄段人口70%，2016年则达到99%；同期，25—44岁上网人数比例由46%上升到95%，45岁以上者由13%上升到53%。[③] 2019年底的调查表明，65岁以上老年人已经成为互联网新增用户的主力[④]，这意味着全民上网的趋势不可逆转。尽管如此，在俄罗斯网民中仍然是年轻人占主导地位。2019年初的统计表明：成年网民中，18—30岁者占55%，31—40岁者占40%，46岁以上者占5%；其中

---

① К. Р. Казарян, *Интернет в России в 2018 году: Состояние, тенденции и перспективы развития*, Москва: Федеральное агентство по печати и массовым коммуникациям, 2019, стр. 20.

② 截至2021年初，俄罗斯人口为1.459亿，较上年增长仅0.1%，约2万人，而且长期增长缓慢，人口总量相当于中国的1/10左右。

③ К. Р. Казарян, *Интернет в России в 2015 году: Состояние, тенденции и перспективы развития*, Москва: Федеральное агентство по печати и массовым коммуникациям, 2016, стр. 57.

④ Владимир Бахур, "Экономика Рунета за год выросла на 20% до 4, 7 трлн рублей," (2019-12-17) [2020-03-21], https: //cnews. ru/news/top/2019-12-17_ekonomika_runeta_za_god_vyrosla.

男性占55%，女性占45%；中等收入和高收入者各占40%，低收入者只占20%。[①]

（二）移动互联网提速降价

从全球看，2018年底39.8亿的活跃上网用户有一半通过手机上网。[②] 和全球互联网用户新增趋势相同，俄罗斯互联网用户的增加也更多得益于移动互联网和智能手机的普及。从俄罗斯移动互联网成长过程中一些令人印象深刻的指标中可以看出该国互联网移动化的速度：2014年俄移动互联网流量占总流量的40%，三年前该指标为5%[③]；2017年俄罗斯互联网络移动用户首次超过了台式机用户；2018年3—8月的调查表明，移动互联网用户占居民总数的61%，台式机上网用户占51%，同比下降2%，移动用户同比上涨9%，形成明显的反差[④]；2009年平均1MB移动流量4卢布，2019年下降到4戈比[⑤]，俄罗斯由此跻身世界上移动互联网上网费用最便宜的四个国家和地区之一。

从上网设备看，自2014年起，俄罗斯通过智能手机和平板电脑上网的网民迅速增加，当年新增移动用户1.5%，占总网民的23%。2015年到2019年间，智能手机使用者占居民总数的61%，增加22%；智能电视上网者占居民总数的13%，增加13%；台式电脑上

① К. Р. Казарян, *Интернет в России в 2018 году: Состояние, тенденции и перспективы развития*, Москва: Федеральное агентство по печати и массовым коммуникациям, 2019, стр. 37.

② Ibid., p. 19.

③ Алексей Грамматчиков, "Рунет: двадцать лет спустя," (2014-05 19) [2016-11-20], http://expert.ru/expert/2014/21/runet-dvadtsat-let-spustya/.

④ "Аудитория Рунета выросла на 7% за три года," (2019-04-17) [2020-03-18], https://mediascope.net/news/1035826/.

⑤ 俄罗斯最小货币单位，1卢布等于10戈比。

网用户占 52%，下降 3%；平板电脑上网用户占 16%，下降 4%。[①] 2020 年初，俄罗斯 9590 万网民中有 8520 万通过手机上网；2021 年初，全世界 2/3 以上居民使用移动上网设备，平均手机上网时间 4 小时/天，俄罗斯人稍为克制，每天手机上网 3.5 小时，一半时间用于社交网络和发信息。[②] 2019 年，俄罗斯进口的智能手机达 4830 万台，其中，66%（约 3180 万台）属于商场价格不超过 7000 卢布的低端手机，34%为高端手机。进口数量与 2018 年持平，但高端手机较 2017 年增长了 11.1%，低端手机下降了 21%。[③] 其中，7000 卢布以上的高端智能手机主要来自四个品牌：华为、三星、小米和苹果。2020 年，受新型冠状病毒肺炎疫情影响，俄罗斯智能手机进口量同比下降 7.6%，总量为 3030 万台，甚至比 2017 年略少。最受欢迎的品牌有三星、荣耀、小米和华为。[④] 2018 年俄罗斯移动互联网用户中 90%通过手机上网，但其所占流量只有 33%；92%的网民通过 Wifi 上网，其流量占 67%。[⑤] 因此，移动化趋势中 Wifi 化的势头更猛。

---

① К. Р. Казарян, Плуготаренко С. А., Сайкина М. В., *Интернет в России 2018: Состояние, тенденции и перспективы развития*, Москва: Федеральное агентство по печати и массовым коммуникациям, 2019, стр. 21.

② "Digital 2021: главная статистика по России и всему миру,"(2021-03-19)[2022-02-14], https://spark.ru/user/115680/blog/74085/digital-2021-glavnaya-statistika-po-rossii-i-vsemu-miru.

③ "48, 3 миллиона смартфонов импортировано в Россию в 2019 году,"(2020-03-20)[2020-03-20], https://www.content-review.com/articles/49448/.

④ "Экономика Рунета за год выросла почти на четверть,"(2021-05-20)[2022-02-14], https://www.cnews.ru/news/top/2021-05-20_ekonomika_runeta_v_2020_godu.

⑤ К. Р. Казарян, *Интернетв России 2018: Состояние, тенденции и перспективы развития*, Москва: Федеральное агентство по печати и массовым коммуникациям, 2019, стр. 22.

（三）国内外企业同台竞争

俄罗斯互联网市场比较开放，几乎所有国际大型互联网公司都在此开拓市场，同时俄罗斯也开发自有品牌，形成了一个竞争较为充分的互联网媒介生态环境。2019年俄罗斯互联网应用最广泛的十大资源是杨德克斯、联系、谷歌、Whatsapp、优图比、邮件、照片墙（Instagram）、威博（Viber）、斯倍尔班克（Sberbank）和同学。在众多网络资源中，俄罗斯人总体上应用最多的网络资源既有国内的互联网领导企业，如杨德克斯、联系、邮件、同学等，也随时可见国际品牌的身影，如谷歌、Whatsapp、优图比和照片墙等。

其中，人口在10万人以上的城市中12—64岁的居民使用最多的是俄罗斯最大的网站杨德克斯，其使用率为47%，俄罗斯著名社交媒体联系的使用率为43%，美国公司谷歌为39%。固定设备上网用户每天访问最多的也是杨德克斯，有近三分之一的俄罗斯人在使用。移动端则以即时通信工具Whatsapp的用户最多，有37%的居民在使用。移动用户每天上网时间是109分钟，其中使用应用软件（App）的时长达87分钟。[①] 显然，网民超过一半的时间被个人喜欢的应用软件所占用。

国内外品牌同台竞争最激烈的细分市场是社交网络。在俄罗斯同时存在着世界上应用最为广泛的多家社交媒体。俄罗斯品牌分析公司对俄境内的国内外八大社交媒体进行的常规监测发现，2018年秋季俄罗斯10万人口以上城市中，12—64岁的居民应用最广泛的移动网络资源是联系、Whatsapp、谷歌、杨德克斯和照片墙，有20%以上的俄罗斯人每天使用以上平台。其中，从用户发送的信息量和

---

① К. Р. Казарян, Плуготаренко С. А., Сайкина М. В, *Интернетв России 2018: Состояние, тенденции и перспе ктивы развития*, Москва: Федеральное агентство по печати и массовым коммуникациям, 2019, стр. 23.

活跃用户量两个指标看，俄本土社交媒体联系一如既往地占据第一位。此外，2018 年，俄罗斯社交网络中还出现一个奇怪的现象，社交媒体照片墙突然走红。2017 年下半年到 2018 年底，仅一年半的时间内，该平台上的俄罗斯作者数量和内容数量同时增加 3 倍，并且保持持续增长，俄罗斯照片墙活跃用户数量占世界第六位、欧洲第一位。[①] 但固定互联网则呈现出另一番图景——杨德克斯和谷歌两大品牌拥有最多的受众。

可见，俄罗斯国内互联网公司和国际互联网公司之间同台竞争的态势非常明显，并各据优势。开放的互联网市场既有利于俄罗斯互联网企业不断创新，提升市场竞争力，也增加了俄罗斯互联网国家治理的复杂性和难度。比如，当俄罗斯通过了《个人数据法》，要求将俄罗斯公民在互联网上的数据保存在俄联邦境内时，便需要说服国际公司单独采取措施，在俄境内设立数据存储和加工中心，以便执行相关规定。

（四）网络应用多样

研究发现，2015 年到 2020 年间，俄罗斯网民上网的动机和偏好发生了变化，其背后是互联网生态环境的变化和应用创新。2015 年的调查表明，网民上网的前五种动机是信息搜索、收发电子邮件、聊天、网购和下载并欣赏音乐。其中，前三项多年来变化不大，差别主要体现在第四项和第五项。在 2015 年之前的调查中，第四、五项曾经有过玩电子游戏、寻找志趣相投者、下载观看视频和照片、绘画等。2019 年，俄罗斯人应用最多的互联网资源包括社交媒体、即时通信工具、网店、搜索引擎、视频软件和网上银行。网民偏好

---

① "Социальные сети в России: Цифры и тренды, осень 2018-все о бренд мониторинге и социальной аналитике,"（2018-12-04）［2020-03-18］, https://br-analytics.ru/blog/socseti-v-rossii-osen-2018/.

的变化与互联网应用的创新密切相关。其中，社交媒体跃居第一位，与全球互联网应用创新的趋势完全一致；“网店”重回榜单的背后是网民重复购买的频次增加（不含境外网购），反映了俄罗斯网络消费环境的不断优化，网络购物得到更多的用户信任；视频软件和网上银行应用的普及展示了互联网对俄罗斯人生活的全方位影响——从轻松的娱乐消遣到谨慎的金融交易。

搜索引擎一直是俄罗斯互联网最受欢迎的应用，俄罗斯也是世界上为数不多的拥有本土搜索引擎服务的国家，其主力搜索平台杨德克斯在俄罗斯境内的使用量一直超过谷歌。过去，用户使用搜索功能主要是为了获得新闻或娱乐资讯。2018 年的调查发现，在俄罗斯移动互联网应用中，不动产资源搜索明显增加，成为搜索行为最大的变化。2018 年 8 月互联网平台上搜索不动产相关信息的用户同比增加了 82%，而其他增幅较大的搜索信息涉及的有“优惠与打折服务”（+55%）、“科技和软件类”（+53%）、“音乐”（+37%）、国家服务和金融服务（+33%）。新兴服务受追捧的同时，那些被广泛应用的、市场规模已经较大的、成熟的服务仍然在持续增长，比如邮政服务增加了 14%，出租车预订服务增加了 12%，网店增加了 12%，视频应用软件增加了 11%。[①] 新服务的成长与传统业务的持续发展，展示了俄罗斯互联网应用市场全面开拓的趋势。

多样化的服务应用满足了不同地区网民的消费需求。调查发现，俄罗斯不同城市的居民上网偏好差异明显。2018 年的调查表明，在 70 万以上人口的城市里，居民倾向于使用定位服务，以及导游、导航、办公和订票服务。在 10 万—70 万人口的城市，与其他地区相

① “Аудитория Рунета на мобильных устройствах обогнала десктопную,”（2018-03-18）［2020-03-18］，https：//mediascope. net/news/819428/.

比，人们更多地应用互联网优惠和打折服务。莫斯科地区的居民较多地使用票务、旅行服务以及政务和金融资源，圣彼得堡人则更多地使用互联网导航、导游、办公、查询、百科和教育资源。[1]

研究俄罗斯网民偏好的变化，不仅体现网络消费需求的差异性，还有利于了解俄罗斯网络资源和互联网市场不断走向成熟的过程。如今，俄罗斯互联网已走出当年那个国外资源比国内资源多，大部分人只能到国外网站获取信息的时代。在数字经济战略规划的刺激下，俄罗斯互联网资源和应用功能已完全与世界同步，成为居民日常生活中不可或缺的一部分。

（五）新旧媒体激烈角逐

最近十年的俄罗斯互联网发展的一个重要成果是，从广告投放、受众数量和内容质量三方面看，互联网已经成为电视的真正竞争者。从经济指标上看，俄罗斯互联网只有到了 2018 年才能够与电视较量。俄罗斯电子传播协会的统计数据表明，2018 年俄罗斯互联网广告收入达 2030 亿卢布，而电视广告的收入为 1870 亿卢布。新旧媒体对受众的争夺更为激烈。在竞争中，优图比成为俄罗斯受众中的“新型电视”；电报频道与传统大众传媒展开竞争；网络访谈节目开始吸引大量观众，甚至超过了传统的第一频道的访谈节目；美容博客主比联邦电视频道的电视主持人和明星更受欢迎；俄罗斯互联网上的突发新闻比新闻频道的消息更具时效性；国家对电视内容的严格控制导致受众转向互联网，寻找替代性信息源。但据 Mediascope 公司 2019 年 10 月的调查，俄罗斯每天有 1870 万名受众观看 YouTube，相当于居民总量的 29.4%，而电视受众目前仍然是 YouTube 的两倍

---

[1] К. Р. Казарян, *Интернет в России в 2018 году: Состояние, тенденции и перспективы развития*, Москва: Федеральное агентство по печати и массовым коммуникациям, 2019, стр. 23.

左右，有64%的居民每天收看电视。①

据EurodataTV调查，全球线性电视观众正在减少，随着网络视频化趋势的加强，通过第二屏幕看电视成为俄罗斯人的新潮流。俄罗斯Mediascope公司发布的2019年度俄罗斯观众调查报告显示，俄罗斯20万人口以上城市中，4岁以上居民观看电视的人数在增加，电视一如既往地是俄罗斯覆盖率最高的媒体。大城市4岁以上的居民中有98%一月至少看一次电视，66%的居民每天看电视。2017—2019年的三年里，电视覆盖率没有显著变化，但观众平均每天看电视的时间在逐步减少。2017年是242分钟/天，2018年是230分钟/天，2019年是220分钟/天。其中，年龄越大的观众看电视的时间越长。2019年54岁以上的观众每天平均看电视359分钟，35—54岁的观众为221分钟，18—34岁为132分钟，4—17岁为102分钟。从地区看，在联邦各区，远东地区的人看电视的时间最长，4岁以上居民平均每天看248分钟；北高加索地区的人看电视时间最短，为200分钟。②

根据《俄罗斯大众传媒法》的规定，俄罗斯传统媒体与互联网媒体之间并没有泾渭分明的界限，互联网资源所有者可以自己决定是否申请成为大众传媒，大众传媒同样可以根据需要进军互联网领域，不存在媒介融合的体制和机制障碍。实际上，自从1995年4月1日俄第一份传统媒体《教师报》上网后，如今全部传统媒体都已经开启多媒体传播模式。

---

① Мария Коломыченко, “2010-2020: самое драматическое десятилетие Рунета,” (2020-01-04) [2020-03-20], https://meduza.io/feature/2020/01/04/2010-2020-samoe-dramaticheskoe-desyatiletie-runeta.

② “Mediascope предоставила РКН отчет по исследованию объема зрительской аудитории за 2019 год,” (2020-02-17) [2020-03-18], https://mediascope.net/news/1097969/.

统计表明，2018 年俄罗斯网民平均每天上网时间是 6 小时 42 分钟，略低于 2017 年的 6 小时 49 分钟[①]，其背后的影响因素可能是新用户增加。2020 年，可能受新冠疫情全球传播的影响，在居家隔离政策的作用下，俄罗斯居民上网时间已接近 7 小时/天，数据统计者因此戏称俄罗斯人“上网，犹如上班”[②]。已有数据足以表明，今天的俄罗斯互联网不断带来新应用，创造新职业，正逐步渗入传统产业，解构传统社会，最终影响俄罗斯人的生活与工作，成为大部分人每日的“必需品”，对其的“需求仅次于吃饭和穿衣”[③]。

二、基础设施发展特征

作为世界上领土面积最大且地理风貌极为复杂多样的国家，俄罗斯互联网基础设施建设的难度较大，这一点曾长期制约其互联网发展。面对全球互联网发展大潮，自普京总统第二个任期开始，俄罗斯借助 2000 年后石油市场繁荣和军工贸易积蓄的财力和物力，加快了基础设施建设步伐，不断细化和完善宽带战略，为俄罗斯互联网跨越式发展奠定了基础。

（一）“休克疗法”导致基础设施发展缓慢

虽然俄罗斯互联网早在苏联时期即已开通，但 1991 年后相继遭

---

① К. Р. Казарян, *Интернет в России 2018：Состояние, тенденции и перспективы развития*, Москва：Федеральное агентство по печати и массовым коммуникациям, 2019, стр. 19.

② “Digital 2021：главная статистика по России и всему миру,”（2021-03-19）［2022-02-14］, https：//spark. ru/user/115680/blog/74085/digital-2021-glavnaya-statistika-po-rossii-i-vsemu-miru.

③ Н. М. Гущина, “Отчет о выполнении научно-исследовательской работы：Интернет в России：Состояние, тенденции и перспективы развития（заключительный）”, Москва：Открытое акционерное общество « Научно-исследовательский центр управления, экономики и информатики», 2011, стр. 138.

遇苏联解体、俄罗斯总统与议会武力对峙、政府总理频繁更换等重大政治事件，动荡不安的政局导致了通信业的停滞。叶利钦统治集团无保留地吸收西方经济学家提出的“休克疗法”则导致俄罗斯经济全面崩溃，大规模的私有化进程造成社会加剧分化，社会资源迅速向少数寡头集中，老百姓的消费能力骤然下降，社会贫富差距悬殊。此时，俄罗斯互联网虽然获得了相当大的自由发展空间，发展与管理关系呈现“单极型”状态，但由于缺乏国家主体的直接参与和财政支持，直到 2008 年俄罗斯通信业的基础设施建设仍处于较低水平，严重依赖苏联遗产。

随着 2000 年普京时代的到来，借助石油、天然气的出口以及一系列打击“金融寡头”重振俄罗斯雄风的战略措施，俄先后实施了通信业的数字化、自动化、宽带化、光纤化等技术改造，逐步加快互联网发展步伐，不断提升民众对互联网的知晓度，为其扩散奠定了基础。普京总统前两个任期的核心目标，是叫醒处于休克状态的俄罗斯经济。但 20 世纪后十年“休克疗法”带来的社会停滞和经济倒退，始终制约着俄罗斯的发展。一个显著的事实便是，当 2003 年世界互联网上网方式出现“分水岭”①，通过电缆、光纤以及 DSL 实现宽带接入互联网的数量首次超过电话线拨号上网时，俄罗斯的宽带接入数量及所占比例远远低于国际水平，通过电话线拨号上网依然是主流。首都莫斯科市 2004 年 90%的用户使用拨号方式上网。正是移动上网等新型接入方式的出现，才改变了俄罗斯互联网发展低迷的现状。据 J’son & Partners 和 SpyLOG 公司的联合评估，2004 年 1 月，俄罗斯通过 GPRS 接入互联网的用户数量为平均每周 5 万人，

---

① “Статистика развития российского сегмента Интернета в первом квартале 2004 г.,”（2004-04-07）［2015-03-01］，http：//info. nic. ru/st/63/out_718. shtml.

总量是2003年初的3倍。[①] 虽然体量较小，但这意味着俄罗斯开始改变落后局面，追赶世界发展趋势。2004年也值普京首个任期届满，俄罗斯充满活力，锐意重振昔日辉煌的关键一年。普京因其突出的政绩毫无悬念地迎接新的总统任期，俄互联网也迎来发展的黄金期。

（二）通信数字化突破基础设施发展瓶颈

为更直观地反映俄罗斯互联网基础设施的发展情况，本书查阅了俄罗斯2003—2010年间通信业的发展指标，抽取了与互联网相关的项目汇总成表5.1。其中，互联网用户数据个别年份与本书中其他章节引用的数据不完全一致，主要是因为统计标准不同（比如网民有的从16岁开始统计，有的从18岁开始统计），但发展趋势是清晰的，不影响研究结论。

从网民增长量看，2003年到2009年间网民年增量少则300万（2004—2005），多则1400万（2007—2008）。2003年是标志性的一年，网民数量达到1200万，接近于俄罗斯居民总数的10%；2009年则接近居民总数的50%。与之对应的是计算机数量的大幅增加和当地电话通信数字化程度的大幅提高。2003年俄罗斯的计算机数量为1300万台，每百人拥有计算机数量为9台，电话通信数字化程度接近一半（47.9%）；2009年的计算机数量为5230万台，每百人拥有36.8台，电话通信数字化程度接近八成（78.6%）。从2010年开始，俄通信与大众传播部网站发布的报告不再统计上述数据。这表明，是否拥有计算机、电话通信数字化程度等不再是制约俄罗斯互联网发展的主要因素。

---

① “Статистика развития российского сегмента Интернета в первом квартале 2004 г.,”（2004-04-07）［2015-03-01］，http：//info. nic. ru/st/63/out_718. shtml.

表 5.1　2003—2010 年俄罗斯互联网通信设施基本指标

指标	测量单位	2003年	2004年	2005年	2006年	2007年	2008年	2009年	2010年
互联网用户总量（测算）	百万	12.0	18.5	21.80	25.10	35.0	45.4	59.7	—
经常使用互联网者占比	个/100人	8.3	12.9	15.1	17.6	24.6	32.0	42.1	—
计算机数量（总计）	百万台	13.0	15.0	17.4	23.0	31.2	38.3	52.3	—
每百人中的计算机数量	台/100人	9.0	10.4	12.1	16.1	21.9	27.0	36.8	—
当地电话通信的数字化程度，其中：	%	47.9	55.5	60.9	65.7	71.1	76.2	78.6	81.0
城市电话网络	%	51.9	59.1	64.2	69.0	73.8	78.6	80.7	83.0
农村电话网络	%	17.9	28.1	35.8	40.9	49.9	57.9	62.1	63.9
程控电话容量占比	%	68.1	72.30	75.20	80.13	84.5	86.5	89.9	—
一级网络数字交换系统普及率	%	92.7	96.0	98.9	99.3	99.6	99.8	99.9	100.0
一级网络光缆普及率	%	30.6	40.1	49.1	55.4	64.0	71.8	77.8	82.5
一级网络光缆数据交换系统普及率	%	90.7	91.0	91.0	98.6	99.1	99.3	99.7	99.8

* 本表由作者根据俄罗斯通信部网站上公布的相应年度报表整理而成。

程控电话容量占比从 2003 年的 68.1%增至 2009 年的 89.9%，2010 年的报表中已经不再统计该数据项，因为此时几乎不再使用人工交换，全部变成程控电话。一级网络数据交换的数字化系统应用水平到 2003 年已达 90%以上，上网速度大幅提高了，到 2009 年和 2010 年一级网络光缆数据交换系统的普及率已达 99.7%和 99.8%，几乎 100%，从根本上改善了数据交换水平。

从表 5.1 中可以看出，2003 年到 2010 年间，俄罗斯通信业的数字化、自动化、光纤化等技术更新和设备升级为互联网发展创造了重要条件。与基础设施建设的进步相对应的是网民数量的增长。2008 年以后，在基础设施加速发展的背景下，网民增长速度明显加快。到 2010 年春天，俄罗斯共有 4330 万互联网用户（指最近一个月至少上过一次网的人），每周上网受众达到 3920 万人，每日上网的用户为 2940 万人。从 2000 年到 2010 年，俄罗斯互联网受众的增幅为 1826%，俄终于跻身世界互联网市场五强，成为五大市场中增长最快的国家，并积极向移动互联网转型，移动互联网（3G）年覆盖率增长 81%，移动上网用户占全俄互联网用户数量的 5%。①

2010 年后俄罗斯通信基础设施基本完成追赶任务，开始与世界同步发展，相继启动了 4G、移动互联网和 5G 等通信研究与建设。2012 年俄罗斯移动运营商四巨头 MTC、Мегафон、Вымпелко 和 Tele2 已开始在一些城市商业运营 4G。到 2020 年初，它们负责建设的 4G（LTE）基站达 30 万座，每个运营商投入 4G 的费用大约为 857 亿卢布②，覆盖俄罗斯的快速移动互联网地图已经与蜂窝通信地图基本一致。目前，俄罗斯正在布局 5G，面临的问题是如何满足一些边远地区 5G 基站的供电需求。

① “Анализ развития Рунета,”（2011-03-09）［2016-12-20］，http：//www.bestreferat.ru/referat-206235.html.

② Владимир Бахур，“Экономика Рунета за год выросла на 20% до 4，7 трлн рублей,”（2019-12-17）［2020-03-10］，https：//cnews.ru/news/top/2019-12-17_ekonomika_runeta_za_god_vyrosla.

（三）宽带战略促进信息社会发展

俄罗斯大力投资建设通信基础设施的依据是《信息社会发展战略》。该战略的第一项基本任务便是“构建现代化的信息和通信基础设施，并在此基础上提供高质量的服务，保障居民高水平接触信息和技术”。

综合分析表5.1中的各项指标可以发现，2003年到2008年是俄罗斯通信数字化转型期，2009年后在《信息社会发展战略》的促进下，俄罗斯国家和企业共同努力，以宽带促发展，同时抓住无线互联网发展机遇，为俄罗斯互联网“发展—管理”关系从“单极型”向“均衡型”转变创造了条件。此时，俄罗斯开始拥有庞大的互联网干线和支线网络，颇具实力的国有通信运营商和网络供应商以及自有网络应用平台，它们使得俄罗斯在与美欧互联网巨头的同台竞争中维护了本国企业50%以上的市场份额，逐渐发展成为欧洲最大的互联网市场。此间，国家治理主要表现为通过制定宽带战略促进互联网发展与管理的良性互动，最大限度地调动市场主体的积极性，维护市场的正常运营。

2010年后俄罗斯互联网发展的通信瓶颈被突破，俄面临提高上网速度和提升服务质量的新问题。宽带建设上升为俄罗斯互联网发展的关键基础设施工程。2010年Cisco调查反映，俄罗斯宽带渗透率达到19%，而俄罗斯公众意见基金会的调查结果中，这一指标则高达25%。俄罗斯联邦通信与大众传播部部长H. A. 尼基伏罗夫在2013年“俄罗斯互联网奖”颁奖仪式上致辞称，“现在俄罗斯的互联网宽带接入普及率已经达到55%。我的梦想是，在拥有500名居民以上的每一个小区里都能开通光纤网络。那时，将有93%的居民能够高速上网。我希望，通过与通信运营商和互联网公司共同努力，俄罗斯能够生产出富有竞争力的产品，不仅占领俄罗斯网络市场，而且要占领全球市场，共同奔向通信服务和信息供应同步接入的未来”①。他的讲话精神很快反映在俄罗斯联邦《2014—2020年信息技术行业发展战略及2025年远景规划》中，据此，2018年俄罗斯250人以上的居民点将接通宽带，而俄罗斯97%的居民生活在250人以上的居民点。显然，该规划提出的目标较部长的“梦想”更美好。一旦建成，俄罗斯宽带将是世界上规模最大的通信基础设施项目。为此，俄罗斯修订了《通信法》，进一步用法律手段明确改革信息服务的战略目标。

2013年俄权威媒体调查公司TNS公司调查俄罗斯人的上网方式时发现，宽带上网开始在家庭和办公室同时占主导地位。2013年前后，俄罗斯城市宽带上网分别占家庭用户和办公室用户的12%和8%。在莫斯科，该指标分别达到21%和11%。图5.2显示，被调查地区的拨号上网用户日渐稀少，使用最多的城市是圣彼得堡，占4%，最少为莫斯科，占1%，俄罗斯国内总体为3%。无线上网也已呈现扩大趋势，圣彼得堡的无线上网用户已达24%，其他地区为8%—13%不等，俄罗斯整体达15%。② 如今，随着智能手机的普及和无线上网设施的快速发展，《俄罗斯互联网年度报告》已经不再统计拨号上网方式，移动互联网成为俄罗斯互联网最重要的组成部分。

2016年5月4日，通信与大众传播部部长尼基伏罗夫在参加全球信息社会高级论坛（ВВУИО）介绍本国为消除数字鸿沟所采取的措施时特别指出，俄罗斯正在建设马加丹—萨哈林—卡姆切特卡沿

① Н. М. Гущина，Е. А. Ватолина，Г. В. Зельманович，*Интернет в России*：*Состояние*，*тенденции и перспективы развития*，Москва：Федеральное агентство по печати и массовым коммуникациям，2014，стр. 2.

② Н. М. Гущина，Е. А. Ватолина，Г. В. Зельманович，*Интернет в России*：*Состояние*，*тенденции и перспективы развития*，Москва：Федеральное агентство по печати и массовым коммуникациям，2014，стр. 5.

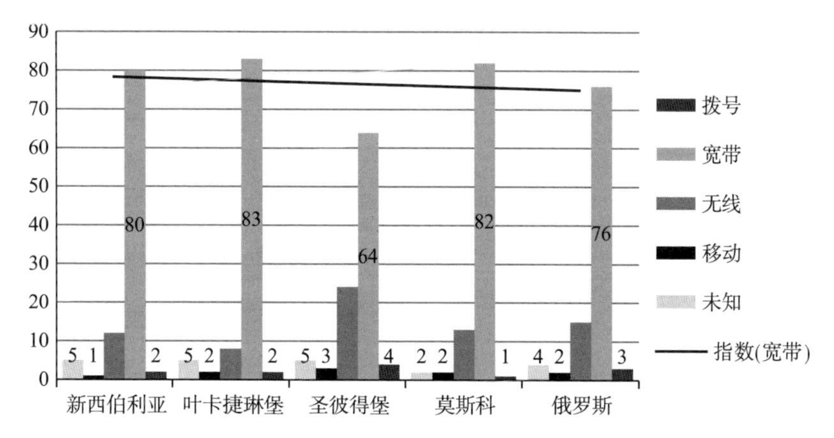

图 5.2　俄罗斯家庭上网主要方式（2013 年 9 月）（单位％）

＊数据来源于 2014 年的《俄罗斯互联网年度报告》。

线的水下光纤通信线路，该工程第二阶段计划将库页岛接入俄罗斯统一的电子通信网络。两条水下光纤线路总长度达到 2700 千米，总通行率达到 400GB/秒以上。他称，在俄互联网宽带发展中，政策法规将发挥实质性作用，国家“计划完成既定的所有任务，确保全国居民宽带接入率在 2018 年达到 97%”①。

宽带的使用极大地改善了俄罗斯的上网质量，网速得到明显提高。2013 年第三季度，俄罗斯平均入网速率达到 7.8MB/秒，世界排名第 20 位。当年，居于榜首的是荷兰，入网速率达到 12.5MB/秒，世界平均值则为 3.6MB/秒。② 此后，俄紧追全球互联网提速降费的大趋势，于 2019 年实现了宽带入网速率 48.18MB/秒，输出速率为 49.72MB/秒。同期入网速率最快的是新加坡，其入网速率为 195.36MB/秒，

---

① “Глава Минкомсвязи России принял участие в Форуме Всемирной встречи на высшем уровне по вопросам информационного общества,”（2016-05-04）［2016-11-01］，http：//minsvyaz. ru/ru/events/35105/.

② Н. М. Гущина, *Интернет в России*：*Состояние*, *тенденции и перспективы развития*, Москва：Федеральное агентство по печати и массовым коммуникациям, 2014, стр. 6.

世界入网速率平均水平为 55.58MB/秒，输出为 27.64MB/秒。[①] 显然，由于基础薄弱，俄互联网宽带接入水平较世界发达国家仍有相当明显的差距。

为了促进通信业发展，俄罗斯在开放相关市场、加大国家投资的同时，鼓励更多企业参与建设，不断扩大市场规模。早在 2013 年宽带方兴未艾之际，俄罗斯市场上就曾活跃着众多企业。俄罗斯宽带市场前五名的公司分别是俄罗斯电信公司、埃尔电信公司、威姆拜尔康姆公司、莫斯科城市电信公司和特朗斯电信公司，五巨头覆盖了俄罗斯 70%的用户市场。位居第一位的是俄罗斯电信公司，其拥有私人宽带用户最多，接近 1000 万户。埃尔电信公司的宽带用户量位居第二（270 万户）；其后依次为莫斯科城市电信公司（235 万户），威姆拜尔康姆公司（232 万户）；特朗斯电信公司的用户数居五强之末，为 150 万户。[②] 经过多年发展，俄罗斯宽带通信运营商五巨头的格局虽然未发生变化，但市场规模已不可同日而语。2018 年底俄宽带市场上 B2C 用户达 3320 万户，收入 1348 亿卢布，较上年分别增长了 1.5%和 2.6%。[③] 而 2011 年和 2012 年通信运营商宽带收入分别是 718 亿卢布和 812 亿卢布。[④] 2021 年 8 月媒体报道

---

① К. Р. Казарян, *Интернет в России 2018*: *Состояние*, *тенденции и перспективы развития*, Москва: Федеральное агентство по печати и массовым коммуникациям, 2019, стр. 45.

② Н. М. Гущина, Е. А. Ватолина, Г. В. Зельманович, *Интернет в России*: *Состояние*, *тенденции и перспективы развития*, Москва: Федеральное агентство по печати и массовым коммуникациям, 2014. стр. 114.

③ К. Р. Казарян, *Интернет в России в 2018 году*: *Состояние*, *тенденции и перспективы развития*, Москва: Федеральное агентство по печати и массовым коммуникациям, 2019, стр. 44.

④ Н. М. Гущина, *Интернет в России*: *Состояние*, *тенденции и перспективы развития*, Москва: Федеральное агентство по печати и массовым коммуникациям, 2013, стр. 46.

称，经过一段时间的快速增长后，俄罗斯宽带市场稳定，俄罗斯电信公司用户数量居首位，有 1230 万户；莫斯科城市电信公司第二位，拥有客户 400 万户；埃尔电信公司拥有 380 万户，居第三位；第四位则是该市场的新面孔，原来从事手机通信的比拉耶公司，拥有 286 万客户。[①]

目前，宽带已成为俄罗斯互联网接入的主渠道。俄罗斯修订后的《通信法》要求，2018 年，俄罗斯 250 人以上的居民点都要接通宽带，保障 97%的俄罗斯居民能够接入宽带。它因此将成为世界上最庞大的通信基础设施项目。为此俄罗斯联邦政府和地方政府都制定了相应规划并不断推进实施。虽然受到西方制裁的影响，但该项目的进展总体上较为顺利，过去的铜轴宽带线路正在被光纤宽带所代替。2018 年 12 月 24 日，俄罗斯总统战略发展与国家工程委员会批准《数字经济》国家方案，要求 2019 年底俄罗斯完成 250—500 人居住小区的互联网接入工程。对此，俄罗斯联邦数字发展部部长康斯坦丁·诺斯科夫（Константин Носков）在 2019 年 2 月于索契举行的俄罗斯投资论坛上宣布，全国 1.8 万个 500—10 000 人的居民区中已经有 1.6 万个接入宽带，1.4 万个 250—500 人居民点已经接入宽带的有 8000 处。[②] 2020 年 11 月 3 日，数字发展部负责人在回答议员提问时保证，将于 2021 年开始 250 人以下的小城镇和农村互联网接入的项目已经准备好资金，全面保障该项目的实施。[③]

---

① “Рост рынка ШПД в РФ практически остановился,”（2021-03-25）［2022-02-14］，https：//habr. com/ru/news/t/574500/.

② К. Р. Казарян，*Интернет в России в 2018 году：Состояние，тенденции и перспективы развития*，Москва：Федеральное агентство по печати и массовым коммуникациям，2019，стр. 16.

③ Галина Мисливская，“С 2021 года начнется подключение к интернету поселков с населением до 250 жителей，”（2020-11-03）［2022-02-14］，https：//rg. ru/2020/11/03/s-2021-goda-nachnetsia-podkliuchenie-k-internetu-poselkov-s-naseleniem-do-250-zhitelej. html.

2021年12月29日，俄罗斯副总理德米特里·切尔内申科（Дмитрий Чернышенко）宣布，总统授权实施的互联网宽带接入任务全面完成，所有具有社会意义的组织和机构全部实现宽带上网，比如卫生所、医院、学校、警务室、应急部门等，接下来要保障居民人口少于200人的生活点的宽带接入，包括北极圈，以消除数字不平等现象。[①] 显然，尽管受到美国及其盟友超过八年的制裁，但俄罗斯发展互联网基础设施的决心并没有减弱，发展速度并未明显减慢。

（四）城乡“数字鸿沟”加速弥合

俄罗斯电子传播协会会长谢尔盖曾不无骄傲地对本书作者称，俄罗斯“今天实际上已经消除了数字鸿沟”。更确切地说，随着基础设施的不断完善，越来越多的人开始了解并使用互联网，俄罗斯公民接触互联网的地区和阶层的差异性正在变小。因此，“已经消除”这一说法或许稍欠准确，“正在消除”更为贴切。

消除俄罗斯联邦城乡居民间的数字不平等是俄罗斯联邦法律明确规定的任务。2014年2月4日，俄罗斯总统普京决定对《通信法》进行修订，要求规模在250—500人的生活居住点建立网络入口，其接入互联网速率不低于10MB/秒。2018年普京总统进一步提出，在100人以上的小区里，至少应该有一种数据交换手段，没有上网终端的居民，可以通过集体用户账号登录互联网。为此，联邦政府起草了“统一通信服务转型法案”，将100人以上，而非原来规定的250人以上的小区，作为通信服务接入的标准，为那些暂缺蜂窝式通信服务的小区同时安装入网设施和蜂窝通信基站。为此，通信运营商将向法人和自然人提供无差别免费接通服务，用户只需为接入房间的补充线路和实际使用流量付费。

---

① “К широкополосному интернету подключили все социально значимые объекты России,”（2021-12-29）［2022-02-14］，https：//tass. ru/ekonomika/13324747.

部署 Wi-Fi 是俄罗斯解决数字不平等问题的重要手段。2014—2019 年间，俄罗斯电信公司在俄罗斯中部 2000 个 250—500 人的居民小区安装了无线上网设施，保障居民在直径 100 米的范围内上网速率不低于 10MB/秒。如今，俄罗斯已经在图林州、卡尔梅金州和新西伯利亚州实现了“数字平等”，即农村地区能够正常上网。俄罗斯联邦通信与大众传播部与俄罗斯电信公司于 2014 年签订了为期十年的协议，要求后者完成俄罗斯 1.4 万个 250—500 人的居民小区上网接入服务点的建设。从 2017 年 8 月 1 日起，为消除数字不均衡的状况，俄罗斯电信公司取消了乡村居民点高速 Wi-Fi 的收费，服务注册用户骤升，到当年底已经有 1600 万次互联网会议，流量超过 2280TB。[①] 目前，俄罗斯银行、俄罗斯电信公司和邮局三方合作，正在共同解决边远地区和人烟稀少地区的上网问题，相应地，此类地区的银行服务与邮政服务将因此得到改善。

随着基础设施不断发展与完善，不同地区居民上网的速度与成本差异正在缩小。由于俄罗斯幅员辽阔，地理条件复杂，各地固定宽带接入和移动上网的费用曾经存在巨大的地区差异。比如，2015 年雅库茨克和新乌梭戈伊地区家庭不限量上网费为 950—1000 卢布/月，而在彼得罗扎沃兹克或者塞瓦斯托波尔，同样条件下的上网费在 150—360 卢布之间。2009 年为了获得 1MB/秒速率不限量接入固定互联网的服务，需要支付 797 卢布到 2000 卢布不等（取决于地区价格差异），而 2019 年接入较 2009 年快 10 倍的互联网服务平均只需支出 356 卢布。移动互联网资费下降更多，2009 年平均 1MB 移动

---

① К. Р. Казарян, *Интернет в России в 2018 году: Состояние, тенденции и перспективы развития*, Москва: Федеральное агентство по печати и массовым коммуникациям, 2019, стр. 16.

流量花费4卢布，2019年下降到4戈比。[①] 在全球范围内，俄罗斯移动上网的费用仅略高于中国香港地区。

经过2008年至今十几年的努力，在俄罗斯第一个《信息社会发展战略》的指导下，俄互联网基础设施快速发展，网速提高了，资费降低了，为消除互联网数字鸿沟创造了良好的条件。

三、市场成长的外部性

网民人数的增加和基础设施的发展是互联网市场成长的内在因素，但互联网“发展—管理”关系经常受制于外部因素，表现出一定的外部性。在本书设计的研究模型中，外部因素主要指PEST，即政治、经济、社会和技术四方面。分析俄罗斯互联网市场构建的过程，发现其成长的外部性具有自己的特殊之处，受到媒介属性、地缘政治和国家领导人个性等因素的影响明显。

（一）从“双层制”到“一体化”的转变

关于互联网是否属于媒体曾经存在一定的争论。如果遵循媒介即讯息的理论，则互联网一诞生便具备媒体的资格，但早期的互联网并不具备传统传播学定义的大众传媒的要素，比如它不具备组织化的生产特征，缺乏固定的、专业的信息传播人员等。因此，是否将其纳入大众传媒的范畴予以管理一直存在分歧。普京在前两届总统任期内，主要将互联网作为大众传媒的一种予以管理，其典型表现为他在任期内20多次修订《大众传媒法》，不断将与互联网相关的内容纳入其中。俄罗斯通过《大众传媒法》将互联网与传媒进行有机关联，同时给互联网留下了是否进入大众传媒体系的选择权和

① Мария Коломыченко, “2010－2020: самое драматическое десятилетие Рунета,” (2020-01-04) [2020-03-20], https://meduza.io/feature/2020/01/04/2010-2020-samoe-dramaticheskoe-desyatiletie-runeta.

自主性。即使是依法享有大众传媒权利的互联网媒体在较长一段时间内也曾经得到额外的关照，进而形成了西方学者所关注的传媒管理的“双层制”。在此意义上，西方学者将俄罗斯分为“两个国家”，即“电视国家”和“互联网国家”。[①] 一方面，电视和互联网作为两大信息源，分别满足了不同受众的需求，各自拥有特定消费群体；另一方面，国家对互联网的管理相对于电视媒体而言要宽松得多。俄罗斯执政当局允许上网者在互联网上从事现实生活中不能组织的社会和政治活动，借此“撒撒气”。从受众偏好看，尽管大部分俄罗斯人每天依然通过电视获得新闻，仅少数人上网看新闻，但上网者更关心政治，互联网成为俄罗斯市民社会的基础，成为人们发声和自组织的工具，并不断成长为反对威权统治的强大力量。结果，在俄罗斯出现一个有趣的现象，即在电视观众并无明显减少的同时，互联网成为影响俄罗斯政治的重要因素，影响力日增。

真正将互联网视作俄罗斯国民经济重要组成部分的是梅德韦杰夫。他将信息化战略作为其实现国家现代化执政纲领的关键环节，通过打造电子政府等一系列国家行为，将国家演变成互联网市场的一个重要主体。从此，国家对互联网的管理不仅仅着眼于其大众传播功能，而且将其视为新的经济增长点，并逐步形成数字经济的概念。普京开启第三个总统任期后，互联网凭借惊人的发展速度成为俄罗斯国民经济中最耀眼的明星，引起高度关注。2014 年 11 月，普京出席俄罗斯互联网论坛时明确指出，“我们在一年前成立（创业者）基金会就是为了支持互联网新兴产业。但是，应该说，我们正式启动该工作是在 20 周年初，即今年 4 月，俄罗斯互联网满 20 岁之时。经过这段时间的发展，俄罗斯的互联网已经变成一个十分有

① Leon Aron, “Nyetizdat: How the Internet Is Building Civil Society in Russia,” *AEI*, *Spring 2011*, pp. 1-10.

利可图的行业。也许，你们对此非常清楚，但我还是要提一句，互联网经济已经占国内生产总值的8.5%。互联网吸引的市场总量已经达到5万亿卢布，我认为，确切地说是5.2万亿。这是一个庞大的生意，非常有趣的生意”①。显然，面对如此有利可图的行业，传统的管理思路已难以为继。在此情形下，将整个互联网纳入信息空间实现一体化治理成为必然的选择，这对互联网“发展—管理”关系将产生影响。

（二）独特的地缘政治环境

作为昔日超级大国苏联的法定继承者，俄罗斯在历史上与原各加盟共和国之间存在着千丝万缕的联系，苏联解体后彼此间关系交错复杂。一方面，70余年的联盟生活让昔日15个加盟共和国的公民之间形成了难以分割的联系；另一方面，随着苏联的解体，数百万俄罗斯人一夜之间变成侨民，俄语在原来的加盟共和国突然变成第二语言或少数民族语言，民族之间顿生隔阂。尽管地理分割、民族区分、语言变化都可以在短时间内完成，但长期以来各加盟共和国之间形成的高度分工协作的经济、政治和军事体系要完全分解成一个个独立的体系远非易事。作为苏联解体的一种弥补手段，俄罗斯、乌克兰、白俄罗斯、哈萨克斯坦等国联合倡议，建立独立国家联合体（简称独联体），试图在主权独立的同时，继续保持苏联时期形成的相互协作的关系，以期达到顺利转型的目的，从而形成了俄罗斯独特的地缘政治环境。

与此同时，西方国家在为世界上最大的社会主义国家轰然倒下感到欢欣鼓舞的同时，美国和欧洲国家共同缔结的北大西洋公约组织（简称北约）也在加快渗入由苏联牵头的原华沙条约组织（简称

---

① “Путин：интернет-бизнес в России составляет 8，5% ВВП，”（2014-06-10）［2016-10-01］，https：//www. gazeta. ru/business/news/2014/06/10/n_6221133. shtml.

华约）控制的区域，以波罗的海沿岸各国为突破口不断抢占俄罗斯的势力范围。这些举动引起俄罗斯强烈反对，俄与西方国家的政治冲突日渐加剧。2014 年乌克兰危机爆发便是这种地缘政治关系最直接的后果。尽管关于互联网空间是否存在主权以及如何行使主权等重大理论和实践问题，各国始终缺乏共同认识，但主权国家之间看得见的政治冲突通过不同的路径投射到互联网虚拟空间形成看不见的或者未曾公开的较量，并直接表现为网络信息战，或间接体现在网络语言争夺、域名开发与保护等具体活动中。

1. 网络信息战

信息战争的概念源于美国，而俄罗斯、中国等一直被美国视作最主要的假想敌。早期的信息战以传统的大众传媒为平台，比如在 1994 年首次车臣战争期间，俄曾经因为信息控制不力，造成重大战争损失。2008 年俄罗斯与格鲁吉亚的冲突爆发后，俄首次重拳出击，借助信息技术力量致格鲁吉亚通信瘫痪。失败的教训与成功的经验都促使俄罗斯最高领导层通过种种手段加强信息系统一体化管理，加强对包括互联网媒体在内的所有信息平台的管理与控制，提升国家的话语权。这与美国的战略传播思想异曲同工。

经过多年卧薪尝胆式的发展，2014 年美俄之间因为乌克兰事件发生舆论冲突时，双方的媒体力量不再像俄罗斯早期那样悬殊。俄方以新生的国际传播“黑马”“今日俄罗斯”电视频道（RT）为主，美英则由 CNN 和 BBC 等老牌媒体领衔。前者直接声明要成为信息战中的“第二个国防部”[①]，维护国家利益。双方的口水战不断升级，最后引发了俄罗斯外长拉夫罗夫与美国国务卿克里之间的直接冲突。

① Илья Азар, “Не собираюсь делать вид, что я объективная——Интервью с Маргаритой Симоньян,”（2013-03-07）[2014-03-01], http://lenta.ru/articles/2013/03/07/simonyan/.

此时的信息战已不再是单打独斗，而是全面开火，形成多媒体、多层次、多焦点、多主体的立体格局。

2. 网络语言争夺

目前，俄罗斯的互联网空间有一种观点，即尽管互联网难以在物理边界上切割，但语言边界是客观存在的。因此，开发俄语网络资源成为俄罗斯互联网发展的一个思路。它不仅可以改变俄罗斯联邦境内英语独霸网络天下的早期格局，而且能够吸纳更多讲俄语的昔日“华约”和新生的独联体国家居民，团结分散在世界各地的俄侨。如前所述，“俄罗斯互联网”（Runet）的一个引申意义便是“俄语网络空间”。一直以来，俄语网络资源始终是俄罗斯联邦发展和管理互联网的一个统计指标。据 W3techs 公司统计，2015—2020 年间，互联网上的俄语内容持续增加，从 2015 年的 5.8%增长到 2020 年 1 月的 7.6%。[①] 俄罗斯正努力通过开发俄语字母域名的功能，增加互联网上俄语内容生产的便捷性。

3. 民族文字域名开发

早期的域名均以英文字母构成，俄罗斯联邦主权国家象征的域名 ru 亦如此。梅德韦杰夫总统执政后，首先提出开发基里尔字母域名 РФ，由此催生了一批俄语字母域名，比如莫斯科市的域名 москва（莫斯科）、专门服务于儿童网络资源的域名 дети（儿童）等。关于域名开发，本书将在第七章详细介绍。

（三）总统个性影响显著

郎劲松等中国学者在研究俄罗斯传媒变迁时曾经提出，“俄罗斯传媒体制变迁中最大的特点是传媒的变迁与各时期不同领导人的政

---

① Казаряна К. Р., *Интернет в России в 2019 году: Состояние, тенденции и перспективы развития*, Москва: Федеральное агентство по печати и массовым коммуникациям, 2020, стр. 33.

治行为和决策有直接密切的关系。每个时期的国家最高领导人都会根据自己的意识形态和政治目的来调整国家的大众传媒事业的结构和发展方向”[①]。该特点同样表现在俄罗斯互联网发展与管理过程中。特别是1996年叶利钦修宪成功后，俄罗斯总统拥有远高于西方其他国家总统的权力，总统对互联网的态度决定了网络发展与管理的方向，同时互联网功能的演变也会改变总统的态度。

早期的俄罗斯互联网主要用于满足人与人之间的通信需求，人们通过电子邮箱实现远程通信，其主要使用者是科学界和新闻界的创新尝试者。尽管互联网成功助力叶利钦确立了民主斗士的形象，但当时的俄罗斯国家领导集团对其认识极为有限。而且在1991年到2000年期间，叶利钦虽迅速打破了一个旧体制，却迟迟未能建立新秩序。遵循西方经济学家承诺的“休克疗法”，俄罗斯在度过最初预测的三年“阵痛期”后，国家形势非但没有好转，反而出现人民生活进一步恶化，俄罗斯国际地位迅速下降。虽然叶利钦没有给予互联网任何限制，但也无力投入发展资金。由于基础设施严重落后，俄罗斯互联网在第一个十年并未能成长为俄罗斯足以依赖的新经济增长点，其经济属性未能彰显。

1996年叶利钦首次竞选连任总统期间，互联网成为竞选的重要工具，引起各党派的关注，以至于选举结束后，俄罗斯不得不专门针对选举中的传媒使用出台了相关法律，以平衡不同政治力量使用大众传媒的权利。普京出任总统在前两个任期内，通过修订《大众传媒法》，发布总统令、政府决议等方式，将互联网纳入大众传媒范畴予以协调。梅德韦杰夫担任总统期间，更加强调建立开放政府，发挥互联网为公民提供国家信息服务的功能，推动电子名片的应用，

① 郎劲松等：《社会变迁与传媒体制重构——亚洲部分国家和地区传媒制度研究》，中国传媒大学出版社2010年版，第95页。

发展电子政务，努力让每个公民都在国家公众服务网络上拥有一个通用的账户（电子身份证号）。此间，最具代表性的事件是，梅德韦杰夫2009年4月在livejournal上建立了自己的个人博客，并且开放了评论功能。他表示，互联网是公共辩论的最佳平台。除了总统之外，许多克里姆林宫的高官也开设了博客。尤具特色的是，政府下令创建发布亲政府内容的商业网站；政府或亲政府机构给予亲政府网站财政支持，致力于打造消费主义与亲政府思想相结合的全新意识形态，互联网逐渐成为俄罗斯政务公开的主要平台。普京第三次担任总统后，俄罗斯互联网已经发展成为一个有利可图的产业，成为俄罗斯国民经济的重要组成部分。互联网的商业功能和经济功能突显的同时，社交媒体的兴起不可避免地强化了俄罗斯互联网的政治属性，普京总统开始对互联网表现出前所未有的关注。

事实上，国家领导人对互联网的关注度越高，其治理冲动就越强。从俄罗斯互联网治理的历史看，最早强调互联网治理的人正是高度重视互联网发展的梅德韦杰夫。早在2004年，时任总统梅德韦杰夫就在统一俄罗斯党内部明确指出，基于正在发生的各种变化，俄罗斯有必要加强对互联网的管理。从2010年开始，俄罗斯国家杜马关于互联网立法方面的草案逐年增加；俄罗斯行政当局对于互联网内容的监管不断加强，因违反《大众传媒法》而被警告的网站和平台的数量居高不下，包括脸书、推特、同学等知名社交网络媒体都被纳入内容监控范围；谷歌不得不接受俄罗斯的要求，将包含俄罗斯用户数据的服务器放在俄罗斯境内。

在2010年至2020年的10年间，媒体（包括俄罗斯国内和西方的媒体）及互联网行业内部反对控制互联网的声音始终未停，普京总统明确表示，反对过多限制互联网的发展，包括对外资的限制、对言论自由的限制和对人权的限制等。但同样是普京总统，在2019

年5月1日不顾国内外强烈的反对声音，正式签署了“俄罗斯互联网主权法”。显然，在强调领导人个性对俄罗斯互联网发展的影响时，不能忽视各种力量的博弈与平衡。普京签署此法更多考虑的可能是面对外部威胁时俄罗斯互联网的安全与正常运营，这与其反对管得过死的思想并不冲突，但客观上会影响国家治理互联网的路径选择。

第二节　主体特征

治理区别于管理的重要特征在于主体多元化，即以一方为主，鼓励多主体参与。研究俄罗斯联邦政府10余年的《互联网年度报告》，可以发现互联网“发展—管理—治理”研究模型中的各个变量在不同的历史阶段存在显著性差异。“国家”变量在报告中的角色变化尤其突出，从长期位于报告倒数两三位突然升至第一位且篇幅增加。社会与企业两大主体则保持比较稳定的角色定位。该现象表明，俄罗斯互联网“发展—管理”关系进入危机型阶段后，互联网治理的主体角色开始调整，国家正式成为治理的核心主体，另两者同为补充主体，三者互动决定互联网国家治理效果。

一、国家主体

1993年俄罗斯宪法规定，俄罗斯联邦是共和制的民主联邦法治国家，实行总统负责的国家领导体制。国家权力由总统、联邦会议（议会）、俄罗斯联邦政府和俄罗斯联邦法院行使，实行行政、立法、司法三权分立制度。俄罗斯联邦会议（议会）是立法代议机关，由联邦委员会（上院）和国家杜马（下院）组成。结合俄罗斯国家体制特点，俄互联网治理的国家主体构成具体包括总统、议会、政府、法院和作为司法监督机构的总检察署。

（一）立法主体与立法程序

俄罗斯立法机构是联邦会议，它由联邦委员会和国家杜马组成，即俗称的上院和下院。联邦委员会由各联邦主体的立法机构和执法机构各选派一人组成，杜马的议员则由选举产生。杜马是立法的主体。除了特别规定外，一般法律经下院通过后如果联邦委员会批准或未予以否认即生效。与俄罗斯互联网相关的立法基本源于杜马。

1. 核心主体：联邦会议及其议员

从立法提案权看，联邦会议的议员享有立法提案权，其有权向国家杜马提交法律草案、法律草案修正案、修改与补充现行法律的法律草案以及承认相关法律失效的法律草案，并提出制定和通过新的联邦宪法性法律和联邦法律的立法建议。联邦会议两院中任何一院五分之一以上的代表联名均有权提交某一项提案。随着互联网的发展，联邦委员会和杜马分别设立了信息政策委员会和通信、大众传播政策委员会，召集听证会，协调与通信、大众传媒和互联网发展相关的立法议案。2013 年国家杜马通信、大众传播政策委员会成立了互联网和电子民主发展分会，专门研究互联网相关立法草案。

杜马的立法程序比较简单，通常由国家杜马议员总数的多数票决定是否通过。国家杜马通过的法律在 5 天内移交联邦委员会审议。如果联邦委员会委员的半数以上投票对该法表示赞成或者联邦委员会 14 天内未予审议，即获批准。如果联邦委员会否决联邦法律，两院可成立协商委员会以消除分歧。此后，由国家杜马复审。如果国家杜马不同意联邦委员会的决定，且复审时不少于国家杜马议员总数三分之二者投赞成票，联邦法律亦获通过。

2. 特殊主体：联邦总统

俄罗斯联邦总统实际上兼具立法建议者、批准者和监督者三重身份。首先，俄联邦总统根据宪法和联邦法律批准国家杜马选举，即杜马选举结果需经联邦总统批准方能生效，总统必要时可以解散国家杜马。其次，总统有权向国家杜马提出法律草案，签署和颁布联邦法律。如果联邦总统在联邦法律提交后 14 天内将其否决，国家杜马和联邦委员会可依法重新审议该法。一旦复审中不少于联邦委员会委员和国家杜马议员总数三分之二的多数票赞成通过，联邦总统应在 7 天内签署和公布该法。最后，如果总统的立法建议未获杜马批准，总统仍可以通过发布总统令的形式，绕开立法的羁绊，直接实施行政管理。在具体立法中，为了协调立法工作，总统在联邦委员会和国家杜马派驻特别代表，及时沟通两院之间及两院与总统之间的意见。总统每年向议会提出的国情咨文本质上属于国家最高行政机关与立法机关就内政外交基本方针进行的公开交流。

3. 其他主体：从政府到公众

如图 5.3 所示，除了议员外，俄罗斯联邦总统、联邦政府、联邦各主体的立法机关（代表）、联邦宪法法院、联邦最高法院和联邦最高仲裁法院均享有立法提案权。作为社会组织，俄罗斯公众意见基金会开通了公民立法倡议平台，凡是征集到 10 万人以上签名的立法提案都可以提交给国家杜马予以审议，借此开通了公民直接参与立法的渠道。许多法律修正案，甚至一些刚出台的法律都是通过该渠道与立法机构对话后，不断加以修订和完善的，比如《个人数据法》便曾应公众联名要求进行修订。

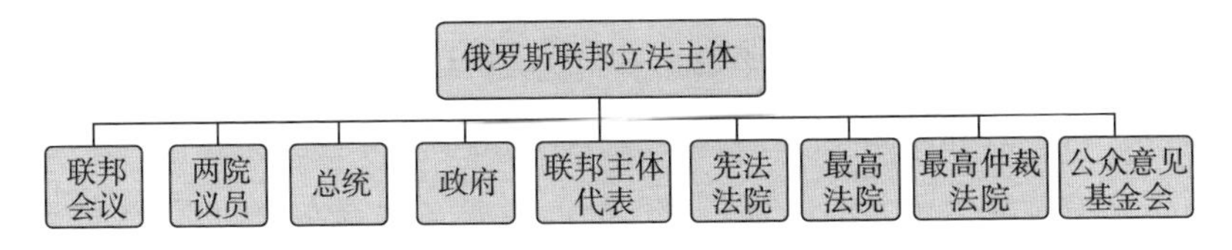

图 5.3　俄罗斯联邦立法主体构成

概括起来，俄罗斯立法的基本程序是，立法起草者向国家杜马提交立法建议，经过杜马最多三读的审议通过后提交联邦委员会审议，后者如果未做出反对，则法律由总统颁布实施。总统有权对立法提出建议、否定或要求杜马修改法律草案。联邦宪法法院有权对国家杜马通过的法律、决定做出裁决，即检查其是否存在违宪情况，是否有效。目前俄关于互联网的立法主要包括制定新法律和修订旧法律，后者占比更高。

（二）司法主体

俄罗斯联邦实施的是以审判为中心的司法体制，法院乃司法主体。从互联网信息管理的角度看，与之相关的还有总检察署和国家安全部门。在涉及查封恐怖主义、极端主义、分裂主义信息时，总检察长或者副总检察长可以直接要求通信运营商对相关信息进行查封，而无须经过法院审判。在发生恐怖事件时，负责反恐怖行动的国家安全机构和军事部门可以临时对信息发布实施控制，限制大众传媒、互联网等对相关信息的采访和报道。

（三）行政主体

总统是俄罗斯联邦国家元首，总理是政府首脑。他们之间分工协作，构成俄罗斯联邦国家治理的行政领导最高组合。互联网治理作为国家安全的重要组成，由总统决策，政府实施。总统领导的联邦安全会议对互联网治理具有最高决策权。同时，总统设立了相关的专家咨询机构。总统办公厅设有一位副主任负责协调通信和大众传播政策事务，联系立法机构和政府行政部门，日常直接与社会组织、大众传媒和互联网企业代表沟通，听取他们的意见和建议。总统对互联网管理的主要手段是颁布法律和总统令。与互联网国家治理相关的总统令包含的内容非常广泛，比如《国家安全构想》《信息社会规划》《信息安全学说》等。

1. 政府职能部门

联邦政府及地方自治政府设立相应的部门具体实施法律规定及总统令提出的战略目标。政府实施管理的主要任务是通过政府决议或政府令的形式确定具体的行政程序、财政预算和行政目标，比如，审批网络出版的注册要求、申请登记为互联网大众传媒的程序、违法信息“黑名单”管理办法等。政府行政管理部门对互联网的认识及其具体的行政行为，对互联网“发展—管理”关系具有最直接的影响，事关互联网治理成效。

经过不断的摸索，俄罗斯形成了以数字发展部为主，经济发展部、外交部、安全局等多部门参与协调的政府执行权力组织机制。具体而言，影响俄罗斯互联网国家治理的政府行政机构主要包括以下部门（见表5.2）：

在国家层面，俄罗斯数字发展部是总协调人，负责依法调节，同时制定和实施国家在信息技术、电子通信、大众传播与传媒组织领域的政策（包括传媒技术应用）。内设与互联网发展、管理密切相关的两个局和一个委员会，即联邦新闻与大众传播局，联邦通信、信息技术与大众传播督察局以及国家无线电频率委员会。三个内设机构在机构设置上隶属数字发展部，在行政工作中直接代表联邦政府对外开展活动。

表5.2　俄罗斯互联网管理主要行政主体构成（截至2015年）

序号	组织	互联网管理职能
1	俄罗斯通信与大众传播部	负责依法调节互联网发展与管理中不同利益群体的关系，同时制定和实施国家在信息技术、电子通信、大众传播和传媒组织领域的政策（包括传媒技术应用）

（续表）

序号	组织	互联网管理职能
2	联邦新闻与大众传播局	对外作为独立的联邦执行权力机关履职。负责为大众传媒组织和大众传播活动提供国家服务，包括为互联网服务；为具有社会价值或教育意义的网站提供国家支持
3	大众传播督察局	对外作为独立的联邦执行权力机关履职。实施大众传媒和互联网领域的控制与监督职能，特殊情况下负责对互联网和通信线路实施中央管理。同时负责发放网络供应商许可证和互联网大众传媒注册
4	国家无线电频率委员会	跨部门协调机构，对无线电频谱进行调节（对移动互联网的发展尤为重要），负责制定无线电频谱分配与应用的政策
5	互联网国家域名协调中心	顶级国家域名 ru 和 РФ 的行政管理者，依据与数字发展部签署的协议管理上述域名
6	互联网发展基金会	su 域名的行政管理者
7	互联网技术中心	国家域名总清册和注册系统的服务者，保障俄罗斯互联网域名地址不间断运营
8	俄罗斯联邦经济发展部	联邦执行权力机构，负责政务公开和电子政务、部门间电子文件流转，在互联网上公开发布国家机关和地方自治组织的活动信息
9	国家杜马信息政策、信息技术和通信委员会	履行信息技术与大众传播领域内的立法协调职能
10	俄罗斯联邦会议科学、教育、文化和信息政策委员会及信息社会发展临时委员会	联邦部门间实施国家信息社会纲领框架的协作平台，负责起草信息社会领域的规范和条例，提出问题

其中，联邦新闻与大众传播局负责为包括互联网在内的大众传媒组织和大众传播活动提供国家服务。它依法向具有社会意义或教育意义的网站提供国家支持。大众传播督察局属于联邦执行权力机构，负责实施大众传媒和互联网领域的控制与监督职能，同时负责发放网络供应商许可证和执行互联网大众传媒注册。更重要的是，该机构被授权代表联邦政府执行 2019 年 11 月 1 日生效的“俄罗斯互联网主权法”明确的通信与互联网中央管理措施，即当俄罗斯互联网遭遇严重外部威胁难以与国际社会正常交流时，由该机构代表国家负责全球互联网俄罗斯分支的内部运营。国家无线电频率委员会负责对无线电频谱进行调节，决定移动互联网的资源分配。

2. 国家授权的非营利组织

除了政府机构外，国家治理主体还包括多家非营利组织。它们通过与政府签署合同或授权的方式行使国家主体的管理职能。其中，互联网国家域名协调中心是俄罗斯顶级国家域名 ru 和 PФ 的行政管理机构。它与俄罗斯数字发展部通过签署域名管理协议履职。俄罗斯另一个历史遗产顶级域名 su 的行政管理权几经调整后现隶属互联网发展基金会。两大域名注册者共同成立了互联网技术中心，负责国家域名总清册和注册系统维护，保障俄罗斯互联网域名地址持续稳定运营，域名的实际注册则由获得授权的注册公司实施。

国家治理的行政主体构成是动态变化的。随着互联网影响力的不断增加，俄罗斯政治、经济和社会诸领域皆无法忽视互联网而独立发展，因此产生的网络开发、网络应用和网络安全问题也更加复杂和广泛，互联网国家治理的组织和机构随之调整。以 2014 年到 2015 年间俄罗斯互联网管理机构的名录和职能变化为例，一年时间内，互联网相关管理机构便由 6 个增加到 10 个。其中，既包括政府机构职能调整引发的主体变化，也包括为适应互联网治理需求由国家批准成立的新型非商业组织。获得授权参与互联网国家治理的非商业组织本质上属于社会组织，但它们不同于由产业、企业、用户自行组织起来的协会、商会等社会机构，后者大多靠会员费用运营，前者则由国家财政支持，各自服务的对象和追求的目标也完全不同。

2015 年之后还有一些重要机关也陆续加入互联网治理中。比如联邦安全局、内务部等。随着互联网安全被列入国家重要议事日程，俄联邦国家安全部门已经成为互联网治理不可或缺的主体。可见，互联网国家治理以问题为导向，其参与主体呈动态调整之势。

二、社会主体

互联网治理社会主体的核心构成是由行业、企业和用户自发形成的自我管理的非营利组织。除了组织发起方及其成员的资助外，它们还与政府管理机构保持着密切的联系，并且可以通过向国家提供社会服务的方式获得国家采购支持。但它们又不同于前文中的国家授权的非营利组织，而是表现出更多的民间性、行业性特征。

社会主体对俄罗斯互联网的管理最早体现在域名领域。早在苏联时期，第一个国家域名 su 便由当时未正式注册的 Unix 用户协会发起并成功注册，俄罗斯 ru 域名管理的曲折经历也见证了俄罗斯互联网发展与管理中社会主体的成长。

1992 年俄罗斯三家通信运营商（也是互联网服务供应商）曾各自向国际组织互联网数字分配机构 IANA（The Internet Assigned Numbers Authority）提出申请，要求取得俄罗斯国家域名的行政管理权。对此，IANA 建议俄罗斯互联网界自行解决行政管理候选人竞争问题。随后，几家大型俄罗斯互联网服务供应商于 1993 年签署了《关于 ru 域名行政管理秩序》协议，授权俄罗斯公共网络发展科学研究所负责域名的行政管理与技术维护。该机构属于非商业组织，最初由俄罗斯联邦科学部、高等职业教育部和库尔恰托夫原子能研究所共同发起成立。俄罗斯互联网自治的历程由此开启，集体自治的主体便是经过民主协商成立的社会组织。

除了域名管理联合体外，还有哪些社会组织对当前的俄罗斯互联网治理产生了较强的影响呢？俄罗斯电子传播协会的谢尔盖先生接受本书作者深访时，重点介绍了其中四家组织，即俄罗斯互联网发展研究所、俄罗斯电子传播协会、俄罗斯互联网技术社会中心以及互联网创意发展基金会。其中，俄罗斯互联网发展研究所负责制定俄罗斯联邦互联网发展规划，并勾画国民经济各领域应用互联网技术的路线图；俄罗斯电子传播协会负责构建电子传播的文明市场，支持产业内教育与科学项目，起草保护市场参与者利益的法律法规；俄罗斯互联网技术社会中心是俄罗斯互联网活跃用户联合体，主要负责实施 IT 领域教育项目和数字素养教育、发布互联网应用调查报告（互联网服务供应的需求与迫切性分析），在国家和企业层面维护消费者和互联网界专业人士的利益（与联邦执行权力机关和企业代表进行协同），以及培育公民互联网应用文化（吸引居民全方位地使用信息技术）；互联网创意发展基金会是一家天使投资基金会，也是从事创业者种子资金和教育规划的研究所，到 2014 年底已经募集了 30 亿卢布。

与国家管理机构的变化相比，社会组织的数量、功能和影响的变化更大。2012 年，俄罗斯互联网领域的主要社会组织只有 11 家，到 2013 年则变为 21 家。更重要的是，2014 年出现了重要社会组织俄罗斯互联网发展研究所、技术倡议联合体和媒体传播联盟（MKC）。前两者是在国家最高领导人普京总统的支持下成立的，被委以起草国家《互联网中长期发展规划》的重任；后者由俄罗斯最大的媒体公司与电信产业代表组成，它们是行业利益的代表，影响力同样不可小觑。

此外，大量活跃在俄罗斯的国际性和国内的互联网分析和调查公司同样对俄罗斯互联网“发展—管理”关系产生了巨大影响，它们通过调查数据和研究报告直接作用于国家互联网治理实践。如国际非营利组织“软件生产协会”（BSA）代表世界上最优秀的软件企业，通过保护著作权、与盗版斗争、维护信息安全等活动参与互联网治理实践；非营利教育组织“互联网社会”（ISOC）则致力于发展并保障互联网接入，在全球范围内资助互联网普及化和掌握互联网技术的活动，在俄罗斯具有较高的知名度。

三、企业主体

互联网企业及其消费者或公民个体构成互联网国家治理的微观阶层，是互联网国家治理的终端，他们对国家治理的态度和参与度影响着治理的最终效果。因此，企业和用户是2011年后《俄罗斯互联网年度报告》关注的重要对象。

企业参与互联网治理的路径总体上可分为两类：一是通过企业自身实践直接参与治理，比如制定内部运营守则，落实国家法律和政策，保障企业提供的技术、内容和平台的安全性等；二是通过参与国家和产业的决策，为互联网治理提供具体建议。立足未来，则互联网企业、学校和社会机构共同组织的各类互联网人才培训、设计大赛、研讨会等，均属很有效的参与治理的方式，只是其目标与效果更为长远。

除了通过加入社会组织间接参与国家治理行动外，互联网技术为个体直接参与国家治理行动创造了机会。博客、微博、社会化媒体成为公民个体与国家互动最常用的平台。2014年5月5日，俄罗斯国家杜马通过了所谓的“博客主法”，将知名博客主的博客视同大众传媒。此举本质上与《大众传媒法》相悖，后者明确规定，是否注册为“大众传媒”由网络所有者自主决定，但“博客主法”直接将网页日均访问量超过3000人次的博客写手认定为知名博主，并要求他们履行俄法律对大众传媒的要求，同时赋予他们大众传媒享有的各项权利，如发布广告等，但不能匿名发布新闻。如果不能确定知名博主的身份，俄监管机构会要求网站托管服务商提供相关资料，后者需在3个工作日内做出答复，否则将面临罚款。可见，在立法机关和行政管理部门眼中，知名博客的影响力足以与大众传媒相提并论。博客也因此成为俄公民直接参与国家治理的典型工具，并得到国家充分认可。

社交媒体的动员能力更令国家立法、司法和行政部门感到前所未有的压力。阿拉伯世界和俄罗斯邻国格鲁吉亚、乌克兰等地爆发的“广场革命”“街头运动”“颜色革命”，包括2012年普京第三次当选总统时，俄罗斯境内出现的苏联解体以来最大规模的反政府游行都在不断提醒俄当局：互联网已经成为社会意见表达和社会运动组织的重要平台，国家再也不能仅将目光停留于传统媒体和国家机器，需要更多地关注“虚拟世界”里的真实问题。在普京总统与公民的年度连线活动中，越来越多的普通网民借助直接向总统寻求帮助的方式解决实际问题，有人因此成为“网红”，普京则是“资深网红”。

国家政务平台是公民与国家网络互动最直接的渠道。俄最近十年来不断加大对电子政府建设的投入，由俄罗斯联邦财政支持成立的国家服务统一门户网站越来越多地成为政府与企业和公民经常性对话的平台。2019年发布的《俄罗斯互联网年度报告》显示，2018年国家服务统一门户网站用户增加2100万，总用户达到8600万，访问量较上年增加30%，达5.82亿次，平均每天有160万用户登录国家服务网，网络用户通过该平台填写并提交了3.6亿份国家服务电子申请，较上一年增加了50%。其中，申请最多的服务是查询养老金账户和个人产权登记，其次是交通工具注册、边防证申领等。2016年至2018年间，国家服务统一门户网站上的支付量也大幅增加，分别为81亿次、303亿次和526亿次。[①] 该网站推出的移动客户端也开始受到青睐。政务平台建设的主要目的是通过数据流动，减少公民的跑腿次数，减少重复提交申请等，服务于社会公众。公民通过使用互联网上的公共服务，可以更直接地感受到加强互联网治理、保障各项在线服务正常运行的必要性，也可以将公共网络服务作为其直接与国家和政府沟通的平台，更便捷地参与国家治理。

第三节　客体特征

互联网国家治理主要是针对客体存在的问题的治理，并非对互联网一般管理的替代。因此，有必要细分客体属性，发现国家治理的具体对象，明确俄罗斯互联网治理的目标特征。通过对2011—2020年《俄罗斯互联网年度报告》的内容分析发现，尽管影响互联网国家治理的变量众多，但基础设施（I）、内容（C）和技术（T）构成历年报告的核心，长期占年度报告较为重要的位置与较大的篇幅。作为互联网国家治理的关键客体，其治理目标各有侧重。

一、基础设施治理的特征

通信干线、域名、数据交换点等是2011—2020年《俄罗斯互联

① С. Г. Давыдов, *Интернет в России в 2018 году: Состояние, тенденции и перспективы развития*, Москва: Федеральное агентство по печати и массовым коммуникациям, 2019, стр. 39.

网年度报告》“基础设施”部分的主要关注点。“基础设施”在2011年第一份年度报告中已出现，只是未设专章论述。从2013年开始，历年报告皆专章阐述“基础设施”，关注重点逐步从“接入互联网”“域名开发”“互联网管理”等中观层面向更为宏观的领域拓展，如互联网经济基础设施和网络安全等，反映了基础设施发展不断超越传统的通信产业范畴，与经济、社会乃至政治（国家安全）等更广泛的领域发生了越来越紧密的直接关联（见表5.3）。基础设施的治理目标已经从最初的网络应用安全逐步过渡到互联网管理、网络社会活动，进而关注《通信法》的修订和通信服务改革等更深层次的目标。目前，互联网基础设施治理的目标主要聚焦于如何与世界同步提供又快又便宜的优质网络服务，包括如何为中小企业提供云服务、大数据等，同时网络安全成为2017年至2020年连续四年年度报告关注的核心。相应地，国家出台了与关键基础设施安全相关的法律。

表5.3　2011—2020年《互联网年度报告》中“基础设施”变量统计

报告发布时间	位置（章）	属性描述	“发展—管理”关系类型
2011年	—	未专章论述基础设施，在第三章“受众”章关于“俄罗斯网民社会活动”中介绍域名应用和互联网安全	均衡型
2012年	—	未专章论述基础设施，在“技术与工艺基础”章中列出“网络接入”小节，介绍接入渠道、接入供应商、浏览器等相关信息	
2013年	3	首次专章论述基础设施，内容涉及俄罗斯互联网管理、社会组织、统计资源、互联网活动等	

（续表）

报告发布时间	位置（章）	属性描述	“发展—管理”关系类型
2014年	4	专章论述基础设施，关注俄罗斯互联网管理、社会组织、计算统计资源	危机型
2015年	3	专章论述基础设施，关注重点扩大到《通信法》修订、改革通信服务、域名之争、基里尔字母域名 РФ 的外国用户注册等领域	
2016年	2	专章论述基础设施，关注入网价格与速度、域名发展、针对中小企业的云服务	
2017年	4	专章论述基础设施，继续关注入网速度与价格、域名、网络安全	
2018年	4	专章论述基础设施，关注俄罗斯互联网经济基础设施总量、入网价格与速度、域名、网络安全	
2019年	4	报告内容构成比较稳定，继续关注俄罗斯互联网经济基础设施总量、入网价格与速度、域名以及网络安全	
2020年	4	专章论述基础设施的市场构成、宽带发展、入网价格、域名，网络安全另立专章	

研究表明，历经20余年的快速发展，俄罗斯互联网基础设施增强了俄罗斯互联网自身功能，提高了应用水平，互联网经济及互联网相关产业成长为俄罗斯国家经济最重要的增长点。如图5.4所示，2013年到2019年，俄罗斯互联网基础设施市场发展迅速，市场总量已经从最初的117亿卢布增长到1268亿卢布[①]，6年增长了9倍之

① К. Р. Казаряна, *Интернет в России в 2019 году: Состояние, тенденции и перспективы развития*, Москва: Федеральное агентство по печати и массовым коммуникациям, 2020, стр. 34.

多。此间，互联网基础设施市场的发展驱动已经发生变化。如，2018 年俄罗斯互联网经济基础设施细分市场的总量经过连续两年 17%以上的增长后，市场总量达到 1062 亿卢布。具体而言，与 2017 年相比，2018 年俄域名市场增长3.1%，总量达 33 亿卢布；服务器市场增长 10.5%，总量达 74 亿卢布；SAAS 服务市场增长最快，增幅为 21.9%，总量达 128 亿卢布；包括云服务器、IaaS 和 PASS 等在内的其他基础设施市场总量为 827 亿卢布，增长 18%。[①] 数据显示，2017—2019 年间，云服务和云技术已成为基础设施市场增长的主要驱动。

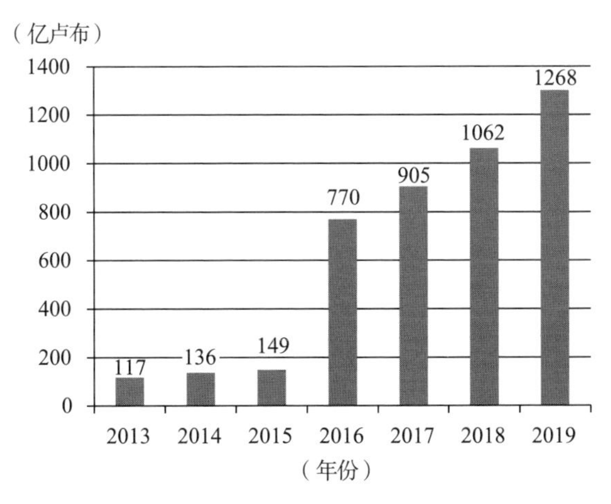

图 5.4　俄罗斯互联网设施市场总量变化图

＊该图根据《俄罗斯互联网年度报告》数据整理制作。

研究发现，基础设施无疑是互联网国家治理的重要客体，但并非基础设施中所有对象均需纳入国家治理的范畴，比如价格、入网速度、域名开发等变量仍然可以由互联网“发展—管理”关系来调

① К. Р. Казарян, *Интернет в России в 2018 году: Состояние, тенденции и перспективы развития*, Москва: Федеральное агентство по печати и массовым коммуникациям, 2019, стр. 42.

节，国家治理的重点目标则是互联网基础设施的安全性与稳定性。“俄罗斯互联网主权法”的立法意图即维护国际互联网俄罗斯分支的功能的“安全性”“完整性”和“稳定性”，即无论外部形势发生怎样的变化，至少俄罗斯境内的互联网能够保证基本功能正常。否则，受影响的将不仅是俄罗斯网民个人的通信与生活，而是整个俄罗斯社会的稳定与发展。功能安全、完整与稳定，成为俄罗斯基础设施的治理目标。

二、内容治理的特征

内容是任何媒介得以长期生存和发展的核心竞争力，传统媒体如此，新媒体亦不例外。尽管学术界经常就内容为王、技术为王、渠道为王、平台为王等种种“王者之称”争论不休，但离开内容，互联网的技术优势、平台优势、渠道优势均无法转化成可持续发展的真正竞争优势。离开内容支撑的互联网，犹如没有汽车的高速路，或者没有航班的机场，毫无生机。

互联网传媒是俄罗斯内容治理的主要对象，它包括网络报纸、电子图书、网络电视等传统媒体的网络化平台和产品，也包括基于互联网及其技术开发的新型应用和产品，如网络音乐、网络视频、网络游戏等。随着俄罗斯当局对互联网内容的认识不断改变，从2012年开始，“数字内容”这一概念逐步代替了早期《互联网年度报告》中关于互联网传媒、博客、社交媒体等新型媒介内容的表述，将一切数字化生产和传播对象纳入其中。而且，随着互联网对经济影响的深入，数字内容已被视作互联网经济的重要组成部分。未来的俄罗斯互联网内容治理将超越信息传播领域，成为影响数字经济发展的重要变量。

表 5.4 2011—2020 年《互联网年度报告》中“数字内容”变量统计

报告发布时间	位置（章）	属性描述	“发展—管理”关系类型
2011 年	0	未专章论述“数字内容”，在第“受众”章关于“俄罗斯网民社会活动”中介绍了广告、互联网传媒、博客与社交媒体	均衡型
2012 年	7	开始关注互联网内容，重点研究互联网电视、网络传媒、电子书、网络音视频等数字内容	
2013 年	8	继续关注，重点同上	
2014 年	9	继续关注，重点同上	危机型
2015 年	6	继续研究电子书、大众传媒、游戏、视频、音乐等数字内容生产，同时研究正版问题和媒介应用	
2016 年	6	数字内容的重点在于互联网新闻、数字内容市场、游戏、公众对正版的态度和付费电视	
2017 年	3、5	首次在两个章节研究互联网内容。其中，“互联网与社会”章关注“正面内容”，强调为儿童提供安全的、正面的信息，避免其遭遇有害信息；在“互联网与经济”章设“数字内容”节，继续关注游戏、图书、音乐和视频	
2018 年	3、5	分别出现在“互联网与社会”（第三章）和“互联网与经济”（第五章）两章中，第三章关注的是正面内容和替代内容，第五章关注数字内容，包括游戏、图书、音乐和视频	
2019 年	3、5	出现在“互联网与社会”和“互联网与经济”两章，涉及正面内容和替代性内容，数字内容主要指在线视频、在线音乐、游戏和电子图书	
2020 年	6	“数字内容”作为“互联网与经济”章的一节出现，包括在线视频、在线音乐、游戏、电子书和移动应用	

表 5.4 表明，在不同时期俄罗斯互联网界关于“数字内容”的理解有所区别，但最近几年已逐步形成共识，即将互联网内容视作互联网经济的重要组成，具体包括数字传媒、电子书、游戏、网络音视频（广播、电视、音乐等）等。2020 年发布《互联网年度报告》，将移动应用程序也纳入了互联网数字内容，2017—2019 年三年间俄网民用于移动应用程序购买的费用增加了 155%①，增长势头良好。概念内涵的不断丰富，既反映了技术发展对数字内容生产与传播的影响，也表明互联网“发展—管理”关系从均衡型向危机型转换后，数字内容研究的范畴保持相对稳定，传统的内容管理手段与方法需要随着数字时代的到来而调整。自 2017 年开始，国家不仅将互联网内容视作信息传播客体，而且将其作为互联网经济的战略资源加以管理，这种观念的变化既涉及版权等基本权利的调整，也事关经济安全和网络税收等诸多领域的立法与行政管理。

比如，2015 年和 2016 年的《互联网年度报告》连续将“正版问题”作为治理重点，2013 年至 2017 年间，针对网络版权问题国家两度修订“网络反盗版法”。但版权绝非内容治理的唯一对象，对有害信息的管理乃国家治理的重中之重。俄罗斯的网络内容治理主要针对影响儿童健康成长和破坏国家安全与社会秩序的有害信息，主要涉及儿童色情信息，鼓吹自杀、煽动暴乱的信息和宣扬分裂主义、极端主义和恐怖主义的信息。此类信息并未出现在数字内容章节中，而是被置于“互联网与社会”部分。与之相关的是建设“儿童互联网”“正面内容”和“可替代内容”。

保护儿童健康成长是俄罗斯互联网发展与管理的重要创新驱动。

① Казаряна К. Р., *Интернет в России в 2019 году: Состояние, тенденции и перспективы развития*, Москва: Федеральное агентство по печати и массовым коммуникациям, 2020, стр. 83.

2011年第一份年度报告专设一节研究“儿童上网行为”，此后历年的报告均对儿童及其他特殊人群的上网行为予以关注。2014年俄专设儿童域名，努力为儿童构建安全的信息空间，并为此成立了一家名为“理智互联网”的基金会负责运营“儿童”（ДЕТИ）域名。作为俄罗斯互联网的一个分支，“儿童”域名下的网站在技术、传播和内容三方面为儿童创造了一个远离各种互联网威胁的信息空间，努力在同一个平台上汇聚各方面的高质量内容，在促进教学的同时，教会孩子们正确、安全地上网，不断提高其数字素养。比如，一家名为“个人数据”的网站，帮助孩子们学习如何理解个人数据和隐私的概念，教他们在使用信息工具时如何保护自己的个人数据，而“分类”网站则将优质网络资源进行分类，供孩子们选用。“儿童”域名后台一年365天昼夜监测有害和不当内容。到2019年2月26日，以基里尔字母注册的俄罗斯儿童域名注册成功已满五年，已有数百家网站聚集在该域名下，服务于儿童和其他未成年人，同时面向父母和老师。其基本目标是，最大限度地通过互联网为孩子提供丰富多彩的知识、教育和娱乐资源，一方面促进孩子们的成长，另一方面提高公民的数字素养。对此，2019年《互联网年度报告》明确指出，建设“正面内容”和“替代内容”不仅要为儿童建立一个安全的互联网空间，而且要保障代际对话，帮助建立儿童与父母之间的联系。

俄罗斯互联网发展至今，内容治理面临的难度越来越大，需要考虑的变量越来越多。首先，国家需要通过治理协调互联网内容的生产者、传播者和使用者的关系。比如，网络内容收费、网络版权保护、网络免费使用的习惯、网络盗版者等主客体和行为之间的关系。其次，国家需要利用法律和行政手段，保障信息的自由流通、维护网民获取信息的自由，同时防止有害信息对青少年健康成长的影响。最后，国家更加关注互联网内容传播对国家主权、社会秩序和社会习俗的挑战。

三、技术治理的特征

互联网是技术发展的集成，技术自身有其发展、应用和扩散的规律，国家无须过度参与，它通常也不应该成为国家治理的主要对象。但技术如果被滥用，便会对用户、社会和国家安全构成威胁。更何况，互联网由全球计算机网络连接而成，某一个国家和地区的网络技术故障不仅会对局部网络产生影响，也可能波及全网，尤其是一些关键技术节点具有牵一发动全身的决定性影响，比如域名解析等。从这个意义上看，技术又属于国家治理的客体。故选择何种技术、是否掌握核心技术的主动权、能否参与技术标准的制定等开始变得相当重要。

社会公众与国家关注互联网技术的视角不同。在提倡数据开放的时代，技术已经充分市场化，其正常应用门槛很低，各种“傻瓜式”应用几乎让人们忘记了技术的存在。真正引起公众关心的技术安全问题主要指病毒、黑客、隐私泄露等。但即使是这些令人生厌的问题，网络用户也逐渐习以为常，并不断采用新技术来加以遏制。日常应用中，下载安装各种软件补丁、病毒监测工具等均属于网络用户借助技术自我保护的行为。尽管修修补补的问题往往令人不胜其烦，但通常不会引发用户的强烈不满，也不构成国家治理的对象，只需借助互联网“发展—管理”关系的内部协调机制即可加以解决。

互联网国家治理中的客体——技术，应该具有核心技术属性。缺乏核心技术及其应用和开发的主动权几乎是所有后发国家共同面临的挑战。掌握核心技术和关键应用是主权国家主张信息主权的内在需求。理论上，信息主权包括信息的控制、管理和共享权。技术是保障信息主权的关键手段。事实上，互联网的核心技术目前大多掌握在以美国为首的西方发达国家或少数企业手中，发展中国家尽管拥有网民数量上的优势，成为网络应用大国，或互联网市场的重要主体，但因为不掌握核心技术，网络大国距离网络强国相距甚远，行使网络信息控制权会面临诸多困难。2014 年至今，俄罗斯深刻体会到互联网面临的外部威胁。由于外部制裁，该国一些国家机关正在使用的进口软件与设备无法获得更新，某些外国设备供应商中断了配件供给，客观上影响了俄罗斯国内信息网络的正常运行与使用。

如表 5.5 所示，2011—2013 年间，俄罗斯互联网“发展—管理”关系处于均衡型状态时，技术是整个互联网产业发展的核心驱动，也是俄联邦政府关注的首要变量。在此阶段，网络基础技术普及、网络接入技术更新、域名的开发成为技术变量的主要构成，相对于人们对于新技术应用的追求，此时技术可能存在的安全问题并不突出，也更容易为用户所容忍。但进入“危机型”阶段后，由于外部条件的变化，俄罗斯互联网的功能完整性面临挑战，国家治理的力度不断增强，互联网基础技术作为基础设施建设和互联网经济的相关因素被分解。2016 年，受地缘政治因素影响，“进口替代”等进入议事日程，与此同时，俄互联网技术应用开始与世界同步，大数据、云服务、区块链、量子技术、物联网、人工智能、虚拟现实等成为《互联网年度报告》的热词。

回顾历史，俄罗斯作为苏联的法定继承者，本身具有较强的技术研发实力和传统，因此较早便开始强调“IT 进口替代”。但将“进口替代”作为俄罗斯互联网国家治理的重要目标是在 2014 年，即俄罗斯互联网“发展—管理”关系进入危机型阶段以后，在 2015 年和 2016 年“进口替代”成为热点。此时，尽管面临西方制裁不断

表 5.5　2011—2020 年《互联网年度报告》中“技术”变量统计

报告发布时间	位置（章）	属性描述	“发展—管理”关系类型
2011 年	—	未提及技术变量	均衡型
2012 年	2、3	专设“技术与工艺基础”和“基础性和辅助性服务”两章，但重点关注的是网络管理，即对基础设施（IP 地址、编码、域名、标准）的管理、网络接入以及网络应用。强调互联网技术应用与服务	
2013 年	2	关注网络接入和域名开发	
2014 年	2	同上	危机型
2015 年	—	未专章介绍技术，关于宽带、移动接入等上网技术的内容融入基础设施部分	
2016 年	1、2	技术变量融入更多章节。“互联网与国家”章首次以“进口替代”开篇，强调技术自主性；“基础设施”章关注“中小企业云服务”	
2017 年	2、5	有两章涉及技术。“互联网与国家”章讨论“地缘政治条件下的进口替代立法”，“互联网与经济”章关注云服务、金融技术、大数据、人工智能、区块链、物联网	危机型
2018 年	5	将技术纳入“互联网与经济”章，在“数字经济新领域开发及其对国家经济的影响”一节中，关注大数据、中性技术、人工智能、区块链技术和量子技术，同时增设了工业互联网、机器人、传感器、虚拟现实和增强现实等专节	
2019 年	5	“互联网与经济”章“数字经济新领域的开发及其对国家经济的影响”节讨论大数据、人工智能、工业互联网与物联网、无线通信技术	
2020 年	6	作为“互联网与经济”章的最后一节，讨论影响数字经济发展的技术变量：大数据、物联网、无线通信工程和混合消费经济	

升级、美俄关系难以改善、卢布贬值、经济增长缓慢等多重制约，但俄罗斯仍然制定了“国产软件国家采购”等刺激政策，努力推动计算机技术与应用的进口替代，甚至有意向海外输出本国 IT 产品。

俄罗斯的实践表明，国家治理中的技术变量属性并非日常技术问题，政府、企业和社会消费者关注的治理重点不同。国家治理技术变量的目标乃是，在国家安全的总框架下，为公众提供更加便捷、多元、高效、可靠的网络平台和技术应用，从根本上保护本国网民和企业的网络安全，比如网络支付安全等。因此，在经济全球化浪潮中，面对互联网无远弗届互联互通的技术特征，任何一个国家和地区都需要在技术进口与自主替代以及安全与发展之间寻求平衡，这也是国家治理的一个难点。

四、“危机型”关系中的治理变量属性

本章研究表明，在互联网发展与管理过程中，并非所有问题皆需国家治理，只有市场自身难以解决的问题方才需要借助国家治理。国家治理的变量根据互联网“管理—发展”关系的类型调整，处于“危机型”关系阶段的俄罗斯互联网国家治理主客体构成、外部影响因素及变量属性（见表 5.6）具有一定的特殊性，或将随着俄罗斯社会、政治、经济形势的变化，特别是俄罗斯互联网市场的变迁而不断调整。

表 5.6 “危机型”关系阶段俄罗斯国家治理变量属性

变量构成		变量属性
主体	国家	核心主体：构建信息社会，消除数字鸿沟，行使网络主权，维护国家安全，参与互联网全球治理
	企业（用户）	协同主体：互联网中观和微观治理，促进行业公平竞争和技术创新
	社会（组织）	参与主体：提高数字素养，维护网络健康与个人数据安全

（续表）

变量构成		变量属性
客体	基础设施（I）	运行支撑：通信、域名和数据交换的稳定性与安全性
	内容（C）	价值支撑：信息资源生产、传播和使用的合法性、有益性
	技术（T）	创新驱动：降低技术依赖性，增强技术自主可控性
影响因素	技术（T）	突发因素：国际技术发展的最新成果和趋势
	政治（P）	主导因素：政治体制和地缘政治环境
	经济（E）	阶段因素：互联网对经济的影响
	社会（S）	常规因素：互联网社会普及率及其对社会结构的深层影响

首先是主体变量组成与属性。截至2021年底，俄罗斯互联网国家治理以国家为主导，企业和社会是协同和参与主体，并拥有各自的治理子目标。其中，国家主体着力构建信息社会，消除数字鸿沟，行使网络主权，维护国家安全，参与互联网全球治理；企业作为协同主体，着力互联网中观和微观治理，促进行业公平竞争和技术创新；社会，包括分散的网民个体，主要通过参与互联网治理，提高数字素养，共同维护网络空间秩序和个人信息安全。

其次是客体变量组成与属性。互联网“发展—管理”关系的三大客体包括“基础设施”“内容”和“技术”，它们也是国家治理的三大客体，但国家治理的具体对象只是客体的某一属性，而非全部。在危机型关系中，基础设施是互联网运营的支撑，其治理的核心目标是保障通信线路、域名和数据交换的稳定性与安全性；内容是互联网的价值支撑，其主要治理目标是维护信息资源生产、传播和使用的合法性、有益性，重点是防止有害内容的传播，特别是要避免极端主义、恐怖主义、分裂主义以及色情信息的传播与影响。此外，俄互联网内容治理要特别考虑数字经济发展的目标与任务，它是俄罗斯互联网发展面临的新要求。技术变量属于互联网的创新驱动，其治理的目标是降低俄罗斯互联网及数字经济发展的国外技术依赖性，增强技术自主可控性，当前主要是实施进口替代，并研究一旦俄罗斯互联网面临外部断网威胁时，如何实现俄联邦境内互联网分支的自主运行。它和作为外部因素的技术变量有所区别。前者主要指治理主体如何使用和引导技术服务于社会公益目标，避免技术作恶；后者则是指新技术的开发与应用对互联网发展的影响。

技术、政治、经济和社会构成影响互联网“发展—管理”关系的外部因素。其中，技术是俄罗斯互联网国家治理中具有突变性影响的外部因素，而政治、经济和社会的影响则分别具有主导性、阶段性和常规性特征。当前，俄罗斯互联网“发展—管理”关系进入危机型阶段主要是受外部地缘政治因素的影响。超乎寻常的西方制裁和国际政治、经济格局的大调整一方面增强了俄罗斯互联网面临外部威胁的危机感，另一方面也使互联网上升为国民经济发展的新支撑。国家治理的目标便是权衡利弊，引导俄罗斯互联网尽快进入正常运转状态，而影响其治理路径选择的主要是政治和经济两大外部变量。

第六章 俄罗斯互联网治理的机制与路径

美国社会学家、心理学家罗斯指出，“如果社会戒除所有对其成员的控制，一种自然秩序便会出现。但是，这样的秩序同人工秩序比较，粗糙而不完善，而容忍这种自然秩序，其惩罚必定招致非常惨重、明显的普遍灾难”①。互联网乌邦托者曾经幻想在虚拟空间构建这样一种“自然秩序”，而且在互联网发展早期，似乎并没有出现“明显的普遍灾难”，网民们享受着世外桃源般的网络自由。但是，当互联网脱虚就实，线上线下难以区分时，“自然秩序”再难存续，网络用户和管理者不得不慎重考虑互联网空间秩序重构。互联网国家治理正是重构秩序的一种手段，它意味着网络空间中一种“人工秩序”的诞生，为此需要特定的制度体系予以支撑，以进一步明确治理的机制与路径。

---

① 〔美〕爱德华·罗斯:《社会控制》，秦志勇、毛永政等译，华夏出版社 1989 年版，第 44 页。

第一节　治理机制

现代国家治理强调以“善治”为目标，并提出了满足“善治”的十个基本要素，即合法性、法治、透明性、责任性、回应、有效、参与、稳定、廉洁、公正。[①] 为此，必须建立相应的机制，为多元主体的共同参与提供制度保障，确保治理方法和路径的合法性与法治化，增强治理过程的透明性和互动性，维护治理成果的公共性。俄罗斯在近几年的互联网治理实践中，基于现有政治体制、法律体系和行政制度，进行了有益的管理探索和创新，逐步形成了命令、对话、自律和授权四种机制。其中，命令机制是国家治理核心机制，具有明显的强制性；对话机制和自律机制是不可或缺的辅助机制，而授权机制可以被视作“危机型”阶段俄罗斯互联网治理的一种特殊机制，是对其他机制的一种补充。

一、命令机制

基于治理的“问题导向”原则，处于“危机型”阶段的俄罗斯互联网治理需要动员多种社会资源参与，平衡多方利益，所以治理成为一个博弈过程。新制度主义经济史学代表道格拉斯·诺斯认为，制度是社会的博弈规则，或更严格地说是人类设计的制约人们相互行为的约束条件……用经济学的术语说，制度是定义和限制个人的决策集合。[②] 因此，治理既然包含博弈，必然也是一种制度构建与实施的过程，必然提出各种“约束条件”，因而具有鲜明的强制性。此

---

① 俞可平：《论国家治理现代化》，社会科学文献出版社 2014 年版，第 59—60 页。

② 转引自〔日〕青木昌彦：《什么是制度？我们如何理解制度？》，周黎安、王珊珊译，《经济社会体制比较》2000 年第 6 期，第 30 页。

即命令机制的逻辑所在。

命令机制具有强制性的特征，确保令行禁止。该机制表面看来与“治理”的内涵似乎不匹配，因为“治理过程的基础不是控制，而是协调”。但实际上，治理以“协商”为主线，不以控制为目标，但并不排除强制手段。此处所谓强制，是指多方主体经过互动协调后形成的规范具有强制执行性，否则，协调便流于空谈。正因此，即使在治理语境中，传统的社会控制理论仍有其特定的现实意义，但控制的目标是实现有效对话。因此便不难理解为什么基于对话原则的互联网治理中命令机制仍然是一种有效的运行机制。

从俄罗斯的实践看，互联网治理的命令机制包括法律、行政法规、政策与战略四大类，其效力递减，但均具强制性，在本书中将其归属于命令类。其中，法律又包括联邦宪法、联邦法典（如《刑法典》《民法典》等）、联邦各专门法（比如《通信法》《大众传媒法》等）；行政法规通常以总统令、政府令、政府决议、最高法院法官会议令等形式颁布。以总统令为例。除了人事任免等日常政务外，总统令涉及的往往是事关国家发展的重大战略和重要决策，甚至一些法律草案未能在立法机关获得批准，但总统认为有必要予以执行时，仍可以总统令形式颁布。总统令下达后，政府要制定相应的实施细则，并以政府决议的形式强制执行。比如事关俄罗斯互联网发展的重大战略《信息社会发展战略》以总统令形式颁布后，俄罗斯政府据此相继出台了《信息社会（2011—2020）》《电子俄罗斯（2002—2010）》《2014—2020年信息技术行业发展战略及2025年远景规划》等国家规划，全力促进信息社会构建。命令机制有效促进了俄罗斯互联网基础设施的发展与管理，为俄罗斯互联网的应用普及与技术创新提供了有力的政策保障。

至今，除联邦宪法与专门法律外，以总统令形式颁布的与互联网国家治理关系最密切的文件是2016年12月5日颁布的《信息安全学说》，2000年9月9日颁布的旧版本同时失效。新版《学说》开宗明义，第一章便指出该《学说》乃保障俄罗斯联邦信息领域国家安全的正式意见体系，其所指的信息领域包括信息、信息化客体、信息体系、网站、通信网络、信息技术、与信息生产和加工相关的行为主体、与信息技术开发与应用相关的活动主体、信息安全保障主体，也包括各种相关的社会关系调整机制。正是这样一部通过命令机制颁布的学说，成为俄罗斯互联网治理的根本理论遵循。

二、对话机制

尽管互联网早期的匿名性特征正在减弱，但网络仍然是强调个性与自由的空间，网民业已形成的平等对话和互动协商的思维模式和定势很难通过传统的命令式管理予以改变。互联网治理中的命令机制也完全不同于传统的命令式管理，它离不开对话机制的辅助。

按照著名的伯姆对话理论，在合作共同体的建构和组织过程中，各参与者若能搁置自身的思维假定，悬置冲动行为，求同存异，群体间就会生成一种共享性意识，即达到一种“参与其中”“分享彼此”的状态①，共同体生长与发展所需的价值取向、隐性内聚力、协商对话、集体智慧等旨趣也会应运而生。事实上，正是互联网为人类社会创造了一种前所未有的平等对话的空间，因而具备充分运用对话机制实施治理的优势。

如果说早期网民受现实生活的影响，对传统的管理制度已形成适应性，一定程度上能够接受现实生活中的管理模式向互联网空间

---

① 〔英〕戴维·伯姆著，李·尼科编：《论对话》，王松涛译，教育科学出版社2004年版，第33页。

的迁移，那么，对于互联网原住民而言，即对于90后、00后的网民而言，将传统管理模式从线下向线上简单复制属于完全不可接受的选项。但今天的互联网已经不再单纯是一个虚拟空间，而是更多地映射着现实生活并且直接作用于现实。比如，传统生活中存在的违法犯罪行为不仅全部能够在互联网空间重现，而且它们会借助现代传播技术放大其危害性，增强其隐蔽性，这就极大地增加了打击难度，试图对此视若无睹显然是不现实的。对此，治理者需要遵循互联网空间的话语规则，参考伯姆对话理论，通过对话与互动，鼓励各方换位思考求同存异，构建一个“共享意义空间”，才能逐步形成构建网络空间命运共同体的共识。

可见，对话机制是实现治理目标不可或缺的制度。在俄罗斯互联网治理实践中，对话包括立法机构与互联网界的对话、政府与企业的对话、国家元首与企业的对话、俄罗斯与国际社会的对话等，而信息公开、建设国家服务统一门户网站、总统和总理集中回答网民提问等则构筑起国家与广大网民对话的基础。表6.1列举了俄罗斯互联网治理实践中运行对话机制的几种典型情景及效果，反映了俄罗斯国家领导人对于对话机制的重视。不过，与国家领导人直接对话的机会总是有限的，建设长期有效的对话平台和机制更加重要。对于俄罗斯政府而言，国家服务统一门户网站既是政府参与互联网建设的重要阵地，也是其与公民直接对话的最有效的平台。

表6.1　俄互联网国家治理中对话机制典型情景

对话类型	典型情景	对话效果
立法机构与互联网行业对话	2011年国家杜马听证会	确立互联网“协调立法”思想

（续表）

对话类型	典型情景	对话效果
政府与互联网企业和社会对话	2014 年俄通信与大众传播部部长与企业代表对话	为互联网企业降税
	2013 年政府和议会领导参加电视台圆桌会议	回应公众对“黑名单”的关注，介绍立法初衷与影响
国家领导人与企业对话	2014 年底普京参加互联网论坛，与企业界对话	成立俄罗斯互联网发展研究所，拟制定俄罗斯《互联网中长期发展规划》
与国际社会对话	2015 年梅德韦杰夫参加世界互联网大会	向国际社会阐述俄罗斯参与互联网国际治理的观点
	2016 年通信与大众传播部部长参加国际电信联盟会议	向国际社会展示俄罗斯基础设施建设和电子政务成绩
与网民直接对话	普京通过直接连线，公开回答网民的提问	利用互联网拉近政府与公民的距离，解决具体民生问题
	梅德韦杰夫开通视频微博，注册推特账号	与互联网世界对话，展示现代领导风格
日常对话平台建设	国家服务统一门户网站建设	提高政务效率，促进互联网基础设施建设，鼓励网络应用，直接收集民情民意

国家最高领导人直接与企业和网民对话是俄罗斯互联网国家治理的一个特点。此类对话通常能够解决一些实际问题。比如，2014 年普京总统参加俄罗斯互联网论坛，高度评价俄罗斯互联网对经济的贡献，并责成总统办公厅协助有关部门成立了俄罗斯互联网发展研究所。2015 年 3 月，经俄罗斯总统普京批准，俄罗斯互联网发展研究所正式成立，并获得授权起草俄罗斯互联网长期发展战略，以便从国家安全的战略角度，对俄罗斯互联网的未来进行谋篇布局。

2015 年 12 月，俄罗斯总理梅德韦杰夫参加在中国乌镇举行的世界互联网大会时指出，当今世界没有哪一个国家能够成为互联网唯一的协调官，“这方面还没有形成行动准则”。他认为，国际网络应该是开放的、全球性的和合理分配的，但各个国家的协调与管理“同样是必需的”[①]。其所透露的互联网治理态度与中国的观点颇具相似之处。中国强调反对“双重标准”，俄罗斯强调“国家协调”，反对一国独尊。两国间的高层对话，有助于协调双方在互联网国际治理中的立场。国际对话成为俄罗斯向国际社会展示其治理互联网的原则与立场的重要机会。

2015 年，“发展互联网”成为普京总统与企业家会谈的主要话题。[②] 俄罗斯总统在与互联网企业代表会面时强调，俄罗斯国家对互联网一定程度的管理和调控是必要的，但是不会因为一部分人的利益而去损害另一部分人的利益，国家在治理互联网过程中会保护公民的合法权益。面对当前互联网空间出现的问题，普京总统强调了通过对话机制协调解决互联网发展与管理问题的重要性。普京总统自 2014 年后每年皆参加俄罗斯互联网论坛，与互联网企业界直接对话，解决互联网发展与管理中的具体问题。

三、自律机制

哈丁的互动战略理论告诉我们，有着不同需求的多种主体之间通过互动能够使得双方或多方都变得更好。当然，在互动中既有合作，也会有冲突，每一方都要准备放弃一部分属于自己的东西，唯此才能协调各方利益，取得对话和互动的成功。哈丁的这一理论，不仅适用于国家与企业之间的对话，还适用于行业自律。因为行业

---

① “Медведев оценил объем интернет экономики России в 2, 2% ВВП,” (2015-12-16) [2015-12-16], http: //www. gazeta. ru/news/.

② “Путин поручил подготовить предложения по развитию Рунета,” (2015-03-27) [2015-05-01], http: //www. ntv. ru/novosti/1383361/? fb#ixzz3lAYF8fcJ.

自律可以避免外部干预，降低交换成本，通过内部对话便可以实现“双方都能够立马变得更好”的互动效果。

历史地看，互联网空间具备自律基因。互联网发展之初，行业和企业组织都强调自律，网民也以自我管理为主。自律机制被视作互联网早期快速发展的制度保障。尽管随着互联网应用的日益广泛，单纯依赖自律机制已无法调节整个互联网空间的复杂关系，但这丝毫不意味国家治理可以忽略自律机制。事实上，只有国家治理措施内化为行业、企业和用户的自觉行为和内在动力，才能提高治理效益，避免一阵风式或运动式的治理。

目前，俄罗斯互联网行业和企业自律主要有以下几种方式。一是成立专业社会组织、协会和联盟，比如电子传播协会、互联网用户协会。二是组织行业法律审计。如每年邀请专家对当前的立法倡议进行评审，根据其对行业的影响做出正面、负面、中性等不同评价，为法律修订提供依据。三是国家与行业的双向参与和磋商，包括互联网行业专业人士加入国家机关的专业工作组、专家评审组和咨询机构等，以及国家机关的专业代表加入行业协会、产业规划委员会和专家委员会，共同筹备行业活动，起草分析报告等。目前，俄罗斯互联网界通过行业自我调节，已经制定了俄罗斯互联网专业规范、职业纠纷解决条例等行业规范性文件，发布了关于互联网企业内容责任的公开信等倡议，向立法机关提交了大量与互联网相关的国际法律模本和行业修订意见。

企业的参与对于互联网治理有着决定性的影响。以俄罗斯互联网内容治理“黑名单”制度为例。在实施“黑名单”制度的过程中，除了国家权力机关外，企业也开始主动加入内容治理行列。根据互联网界的要求，“黑名单”自 2013 年开始向主要通信运营商开放，一些大型的网络供应商，如“麦格风”（Мегафон）、“优塔”

(Yota)、莫斯科城市电信公司（МГТС）等开始着手查封被认定为宣扬极端主义的网站。在具体操作中，公司的工作人员每天都要查看该名单是否有新的要求。若有，则分析相关违禁链接是否存在于本公司的网络资源中，确认是否需要禁用此类资源等。从 2014 年 3 月起，俄罗斯大众传播督察局允许大型门户网站、主机供应商和注册服务商进入违禁网站“黑名单”，以便它们随时了解违法内容构成，发挥网络治理主体的能动性。公司的主动参与对互联网空间治理具有更积极的意义，也节约了国家行政资源和司法资源。

俄罗斯互联网治理经验表明，强制性机制离不开自律机制的辅助。以“网络反盗版法”的实施为例。该法曾经是俄罗斯最难产的一部法律，由梅德韦杰夫和普京两位总统接力推动，才得以完成立法程序。它也是少有的在总统签字颁布到正式生效之间即修订的法律。尽管如此，法律的实施依然困难重重，网络用户、著作权人、通信运营商均怨声载道。2018 年 11 月 1 日，俄罗斯几家大型互联网搜索公司与著作权人签署备忘录，决心共同与网络盗版斗争。此举被视为开启了俄罗斯互联网自律的新篇章。

回顾此次行业自律行为产生的过程发现，该备忘录从 2018 年初即开始准备，经过近一年协商后才正式签署。根据约定，俄罗斯大众传播督察局负责拟定一个未经许可即发布了电影、连续剧和音乐作品的网站清单，每小时更新一次可疑网站地址，搜索服务商则有责任中止对清单中的盗版网址的链接。备忘录明确提出，某个网站被纳入上述名单后的六小时内，搜索服务商应该完成中止相关链接的约定。对此，俄罗斯国家知识产权科学院（РГАИС）院长伊万・布列兹涅茨（Иван Близнец）认为，《反盗版备忘录》是最正确的也是最可行的路径，可以阻止非法内容传播。面对互联网上持续不断的侵犯著作权事件，自律机制使得问题可以通过和平的方式解决，将实质性地减少官司，减少著作权人和搜索服务者的维权和运营成本，构建起一种高效、快速、无需特别成本的调解系统。[①]

通过自律方式更好地落实“网络反盗版法”，对于俄罗斯互联网治理而言具有重要意义。俄罗斯大众传播督察局负责人表示，将根据备忘录实施效果，适时对“网络反盗版法”予以修订。目前，该局正在考虑更多地借鉴西方国家的经验，效仿 Facebook 的管理模式，在俄罗斯社交媒体中推行自律机制。

从国家治理结构看，国家主体主要负责宏观治理，行业协会则更多地是中观协调，企业自律着眼于微观。俄罗斯政府鼓励互联网界的各种协会，通过内部治理的方式，将国家治理的原则要求融入本组织的自律准则，使之成为治理客体的自觉行为。如果自律机制能够充分发挥作用，国家治理行为的力度和强度就可能由强趋弱，甚至从市场退出，以恢复市场自我运营机制。

四、授权机制

除了命令、对话和自律三种基本机制外，本研究发现，俄罗斯互联网国家治理中存在着一种“授权机制”，即由总统或政府授权社会组织从事某项管理、研究和开发工作。此种授权不同于俄罗斯通信部与域名管理机构之间的合同委托，而是以授权书的形式运行。

最典型的授权便是普京总统会见参加 2015 年 12 月 22 日首届“互联网经济”论坛的与会代表时签署的一批授权书。它们实际上为此后多年俄罗斯发展互联网经济和数字经济提供了重要的智力支撑。

---

① Мария Владимирова, “РКН закладывает новый принцип работы Рунета и соцсетей—саморегулирование,”（2018-11-03）[2020-03-23], https：//polit. info/427841-rkn-zakladyvaet-novyi-princip-raboty-runeta-i-socsetei-samoregulirovanie.

2016年2月1日，俄罗斯总统官方门户网站发布了授权清单，列出了国家在互联网和IT领域的16个工作方向。表6.2显示，总统授权明确要求研究新的立法草案，以保证俄罗斯软件在国家采购中的优先权，为俄罗斯境内的互联网公司创造公平的经营条件（有意修订外国在俄公司的经营管理政策）；成立信息通信技术领域进口替代的认证中心；修订通信网络传输数据的保密要求；建立统一的公民投诉处理机制；对网络信息威胁进行监测；等等。获得授权的单位既有联邦执行权力机关，也包括社会组织，比如联邦安全局、总检察署、通信与大众传播部（后来的数字发展部）、联邦司法部等政府机构和相关官员（其中包括总统新任命的“互联网问题”顾问格尔曼·克里门科），以及新成立的俄罗斯互联网发展研究所、俄罗斯互联网创意发展基金会等社会组织。

表6.2　2015年俄总统授权相关机构负责的互联网治理任务分类

序号	授权内容	内容分类	获得授权的国家机构	获得授权的社会组织	完成时限
1	提出立法修订建议：确保俄罗斯软件和装备在国家采购中的优先权	完善法律、技术自主、信息安全	经济发展部、通信与大众传播部、工业贸易部	互联网发展研究所	2016年7月1日
2	提出立法修订建议：确保俄罗斯境内所有公司公平应用互联网络，公平实施企业经营	完善法律、公平发展	联邦反垄断局、经济发展部、财政部、税务局、工业贸易部、通信与大众传播部	互联网发展研究所	2016年9月1日
3	提出建议：延长俄罗斯国内互联网企业降低保险缴纳费率的政策时限	公平发展	财政部、通信与大众传播部、经济发展部	互联网发展研究所	2016年4月1日

（续表）

序号	授权内容	内容分类	获得授权的国家机构	获得授权的社会组织	完成时限
4	提出建议：推广产业互联网国产技术，构建法律法规基础	技术自主、完善法律	工业贸易部、能源部、交通部、建设部、经济发展部、通信与大众传播部	互联网创意发展基金会	2016年11月1日
5	编制最具前景的信息传播技术清单，以便选择互联网发展研究所提交的方案	技术自主	经济发展部、工业贸易部、财政部、装备部、通信与大众传播部	—	2016年9月1日
6	提出建议：在俄罗斯互联网发展研究所、软件设计师协会和国家电子专家中心基础上，成立信息传播技术进口替代评审中心	国家管理、技术自主、信息安全	经济发展部、工业贸易部、通信与大众传播部、联邦技术与出口核查局	互联网发展研究所	2016年4月1日
7	提出建议：建立电子教学材料和电子教育大纲国家认证体系，并应用于教育领域	人才培养	科学部、通信与大众传播部、经济发展部、俄罗斯大众传播督察局、俄罗斯科教督察局	互联网发展研究所	2016年7月1日
8	采取措施，将信息、计算技术和信息安全领域的教程和课程列入高等教育示范教育大纲，明确研究上述领域内与国产设计研究相关的信息技术、系统和网络问题	人才培养、技术自主、信息安全	科学部、通信与大众传播部	互联网发展研究所	2016年9月1日

（续表）

序号	授权内容	内容分类	获得授权的国家机构	获得授权的社会组织	完成时限
9	提出建议：对互联网上的信息威胁进行监控	信息安全	联邦安全局、总检察署、司法部、通信与大众传播部、大众传播督察局、联邦民族事务局	—	2016年
10	提出建议：立法治理对互联网上俄罗斯公民的数据进行加工的行为	完善法律、信息安全	通信与大众传播部、司法部、联邦安全局、大众传播督察局、联邦技术与出口核查局	—	2016年6月1日
11	提出建议：实施统一的银行服务信息核查手段，包括互联网上的银行服务	信息安全	财政部、中央银行、联邦金融监督局、通信与大众传播部	—	2016年7月1日
12	提出建议：修订俄罗斯联邦境内通信网络上数据交换的加密要求，明确违规责任	信息安全	联邦安全局、通信与大众传播部	—	2016年6月1日
13	提交措施清单，提高国家和公共事业电子化服务的质量	国家管理	通信与大众传播部、经济发展部	互联网发展研究所	2016年6月1日
14	提交建议：消除联邦执行权力机关、地方自治机构及其他预算单位在提供电子化服务过程中的重复支出	国家管理	通信与大众传播部、经济发展部、财政部、俄罗斯大众传播督察局	—	2016年6月1日

（续表）

序号	授权内容	内容分类	获得授权的国家机构	获得授权的社会组织	完成时限
15	提交建议：建立统一的俄罗斯联邦公民投诉统计机制	国家管理	经济发展部、通信与大众传播部	互联网发展研究所、信息民主发展基金会	2016 年5月1日
16	提交建议：保障通信运营商向高层住宅楼提供无差别服务	公平发展	建设部、联邦反垄断局、通信与大众传播部、大众传播督察局	非政府组织“媒体传播联盟”	2016 年6月1日

* 本表由作者根据相关报道整理而成。

通过对总统授权书的内容进行分析可以发现，总统当前关注的互联网问题主要集中于以下领域：完善法律、技术自主、信息安全、公平发展、国家管理和人才培养。有些任务同时具有多种属性，比如立法建议保证国产软件和装备在国家采购中的优先权，既反映了完善法律的治理需求，也是实现技术自主的重要路径。总体上，属于“完善法律”类的有 4 个；属于“技术自主”类的有 5 个；属于“信息安全”类的有 7 个；属于“公平发展”类的有 3 个；属于“国家管理”类的有 4 个；属于“人才培养”类的有 2 个。这表明，经过几年的法制建设后，信息安全和技术自主的问题更加突出，国家管理和完善法律同样重要，公平发展和人才培养成为事关俄罗斯互联网发展潜力的两个关键问题。授权书的主要构成实际上也成为俄互联网治理实践的主要内容。

获得授权的国家机构中，通信与大众传播部是关键主体，几乎每项任务皆以其为主或邀其参与，经济发展部、财政部、工业贸易部和司法部的任务相对较重。联邦安全局、总检察署、中央银行、反垄断局、技术与出口核查局等对应特定任务。

16项任务中，明确由国家部委与社会组织共同完成的有12项。其中互联网发展研究所承担的任务最多，计8项；以促进创新创业为主旨的互联网创意发展基金会、信息民主发展基金会和2014年2月成立的媒体传播联盟各参与了1项。

此次授权引起大众传媒的广泛关注。《机关报》称，授权保障IT企业公平经营是合理的，特别是拟对谷歌、苹果等外国公司在俄销售服务时征收增值税很合理。该法案由两名国家杜马议员于2015年12月提出。他们认为，用户通过网店购买谷歌游戏和苹果应用商店里的应用软件、音乐和电影时，上述公司不用向俄罗斯缴纳增值税，导致“俄罗斯市场出现这样的局面，即俄罗斯消费者使用外国公司的产品更划算，因为外国的报价不包括增值税”[①]，相应地，俄罗斯公司提供的同类服务缺乏价格吸引力。议员们认为，增值税应该在消费者所在国家缴纳。当然，议员们的观点并没有得到业界的普遍认同。根据总统的授权开展相关研究无疑有助于推动各方对话。

正如俄罗斯通信与大众传播部原副部长、现俄罗斯信息民主发展基金会负责人伊利雅·马苏赫（Илья Массух）所说，国家规划理所当然应该由合适的部门来制定，而各个部委、社会机构最好能够帮助它们。舆论认为，此番讲话可能透露出国家部委对于社会机构走在前面感到不快。部长们的感受无法验证，但俄罗斯互联网治理过程中，传统的官僚本位思想仍然具有强大的力量，这是不争的事实。现代治理理论并未完全获得官僚阶层的认同，强大的传统计划经济的管理思维今天仍然在俄罗斯不同的行政组织中存在。俄罗斯

① Андрей Колесов, “Готовится программа по развитию Рунета,” (2015-08-27) [2015-10-01], http://www.pcweek.ru/gover/article/detail.php?ID=176832.

电子传播协会的谢尔盖接受本书作者访谈时坦承，协会提交的建议案需要由不同的政府部门讨论和会签，至少需要一年以上的时间。倘若由政府部门自己制定规划，可能更容易通过。言外之意，社会组织的智慧要变成国家治理的行为，需要克服更多的障碍。但无论如何，由总统直接推动社会组织参与国家互联网治理，已经成为俄罗斯互联网管理的一个特点，它至少体现了国家欢迎多主体共同参与治理的意愿，表达了一种对话的诚意，体现了治理概念的应有之义。

研究也发现，社会组织对于总统授权特别重视，均希望能在国家治理中发挥自己的作用。以俄罗斯互联网发展研究所为例，它在接受总统授权后，立即着手研究国际国内的互联网发展与管理的特点，围绕互联网经济进行调查研究，起草互联网发展国家规划，绘制俄罗斯互联网国内市场发展平面图，构建互联网应用战略，希望使互联网成为实现国家现代化和提高政务效率的重要工具。获得授权一年后，即2016年该研究所如期向政府部门提交了《俄罗斯互联网中长期发展规划（草案）》，后来它成为《俄罗斯联邦数字经济国家规划》的蓝本。

第二节　治理路径

社会控制理论家庞德以人性论为根据，认为人有合作和个人主义的双重性，合作的本能使他们组成社会，而个人主义的本性又使他们互相争夺，为了满足自己的欲望或要求而不惜牺牲别人，并且这种本性在每个人身上都存在。因此，要使社会存续下去，就必须对人的这种扩张性进行控制。在众多社会控制中，国家控制的作用巨大。

在互联网空间内，庞德所谓的“人的扩张性”[①] 比在现实社会中更为突出，要维持网络空间秩序，实现社会学家罗斯所强调的“对人的动物本性的控制”[②]，需要综合运用各种手段。本节结合互联网空间的特点，研究俄罗斯如何通过法律、行政和技术三种路径实现互联网治理。其中，法律是国家治理的基础，为其他治理路径提供合法性支持，但从全球范围看，立法和修订法律的速度和效率远远落后于互联网发展与管理的现实需求，具有明显的滞后性；行政路径则成为影响最广泛、应用最灵活的治理选择，但难免因为人为因素导致选择性执法或过度的自由裁量，因而最易引发争议；技术路径属互联网行业和企业的中观和微观治理常用手段，将其延伸至国家治理领域，具有应用方便、更新快、更为隐蔽等特征，但技术治理也可能因为缺乏灵活性或者不够智能化，导致“误伤”。显然，每一种路径都有其适用性和局限性，国家治理需要发挥不同路径的优势，综合施策，方能获取最佳效果。

一、立法治理

相对而言，俄罗斯互联网立法起步较晚，尤其晚于美国和欧盟各国。2000年前，俄罗斯在互联网领域的专门法律尚处于初级阶段。尽管有《宪法》和其他的法律文件调节该领域的各种关系，但总体上缺乏有效性。原因有两方面：一是对专门的基础性规章的理论研究不足，二是政府、立法机构及其工作人员对待互联网管理的心态过于消极。俄罗斯著名政治家、反对党领导人涅姆佐夫（Борис Немцов）曾经如此描述俄罗斯社会：“我们的国家是这样的，惊醒

① 〔美〕庞德：《通过法律的社会控制》，沈宗灵译，商务印书馆2013年版，第34页。

② 〔美〕爱德华·罗斯：《社会控制》，秦志勇、毛永政等译，华夏出版社1989年版，第44页。

得慢，但是跑得快”[①]，以此概括2012年后俄罗斯立法治理互联网的进程非常贴切。

（一）启动网络立法治理进程

调节俄罗斯互联网关系的根本大法是俄罗斯联邦宪法，该法自1993年12月12日叶利钦任总统期间以全民公决的方式获得通过后，虽经多次修订，但总体稳定，其中事关俄罗斯互联网的关键原则和法律概念始终未变，比如保护公民通信自由、言论自由、接触信息自由和禁止新闻审查等。其中，禁止新闻审查如今已成为俄罗斯企业、公民与立法者和执法者关于内容治理辩论的焦点，且任何一方都强调捍卫该原则。

1. 互联网治理立法方向

2000年之前，俄罗斯互联网相关的法律数量少，影响范围有限，立法水平处于初级阶段。主要法律涉及三方面：一是信息网络功能和国家调节的法律体系中最一般问题的法律，如俄罗斯《宪法》《民法典》《信息、信息技术和信息保护法》《参与国际信息交换法》《通信法》《大众传媒法》等；二是关于互联网引发的信息客体的权益保护问题的法律，如著作权和邻接权问题，以及《计算机和数据库软件权利保护法》《商标、服务标识和商品生产地名称法》《刑法典》《特许权法》等法律；三是特定条件下对互联网信息相关问题予以调节的法律，如《国家秘密法》《联邦机关政务通信与信息法》《广告法》《俄罗斯联邦侦查活动法》以及其他法律。

2000年以后，俄罗斯开始有意识地针对互联网进行立法，但进展不快。早在1999年国家杜马信息政策与通信委员会顾问、Б. В. 克里斯坦尼赖（Б. В. Кристальный）和法律专家雅库舍夫·米哈伊

---

① “Путинская Россия. Интервью с Борисом Немцовы,”（2011-01-31）[2015-10-01]，http：//cvetindigo. ru/world/putinskaja-rosija-intervyu-s-borisom-nemcovym. html.

尔·弗拉基米尔诺维奇（M. B. Якушев）便提出，为避免俄罗斯互联网落后于世界互联网发展大趋势，保障俄罗斯在该领域的国家利益，需要通过立法，对以下十个方面的问题优先予以治理：(1) 确定俄罗斯发展全球互联网的国家政策，在国际层面解决国家对互联网分支的司法权问题；(2) 确保俄罗斯用户能够自由接入互联网以及获得相应的信息资源，进行无障碍信息交流，包括国际信息交换；(3) 确定国家机关接入互联网的程序和条件（其中包括保障公民了解上述机关活动的信息），以及图书馆、学校和其他社会文化领域相关机构上网的程序与条件；(4) 确定通过互联网发布或者交换信息的法律制度；(5) 防止通过互联网实施危害社会的行为（特别是防止诬蔑和不实信息的传播，以及煽动反社会的行为），明确规范和要件，调查并处罚违法行为实施者；(6) 有效保护互联网空间的著作权和针对知识产权客体的其他专属权；(7) 保护个人数据；(8) 建立互联网空间文件传输的规范，确定互联网地址空间的使用程序与原则，确认信息产品所有权和作者；(9) 保障电子商务的法律基础，承认互联网交易的法律效力，确定电子支付作业流程；(10) 保障信息安全（重点是防止计算机病毒传播、非法获得信息），确定信息保密流程。①

如今，通过立法手段加强互联网管理和国家治理成为国际趋势。回顾 2000 年至今俄罗斯互联网相关立法进程，可以发现其基本围绕上述十个方面有所侧重地进行修法和立法。以 2010 年为界，俄罗斯在该领域的立法活动可以分为两阶段：第一阶段以《通信法》《大众传媒法》及其相关法律为基础，调节互联网领域的利益关系；第二阶段在修订《通信法》和《大众传媒法》的基础上，开始加强互联

---

① Б. В. Кристальный, М. В. Якушев, "Концепция российского законодательства в области Интернета (о развитии глобальной сети Интернет в России)," (1999-04-28) [2016-12-01], http://www.libertarium.ru/17834.

网领域的专门立法工作，针对互联网领域的特殊性，出台单行法律。

2. 被视同大众传媒的互联网立法治理

表 6.3 列举了截至 2019 年 1 月俄罗斯《大众传媒法》第 53 次修订，与大众传媒相关的法律。它们在很大程度上也适用于互联网，尤其是注册为大众传媒的网络资源。

表 6.3　与大众传媒相关的主要法规（截至 2019 年 1 月）

类别	序号	法律法规名称
一、宪法	1	(1)《宪法》(1993 年 12 月 12 日)
二、以大众传媒活动为主要调整对象的专门法律	2	(1)《大众传媒法》(1991 年 12 月 27 日)
	3	(2)《联邦宪法、联邦法律和联邦会议各院规章的公开与生效程序》(1994 年 6 月 14 日)
	4	(3)《国家大众传媒报道国家政权机关活动的程序法》(1995 年 1 月 13 日)
	5	(4)《非商业组织法》(1995 年 5 月 19 日)，2019 年修订后增加了“大众传媒外国代理人”条款，新法于 2020 年 2 月 1 日生效
	6	(5)《大众传媒与图书出版的国家支持法》(1995 年 12 月 1 日)
	7	(6)《关于满足国家和公用事业之需的货物、劳务和服务的采购发布法》(2005 年 7 月 21 日)
	8	(7)《接触俄罗斯联邦法院业务信息保障法》(2008 年 12 月 22 日)
	9	(8)《接触国家机关和地方自治机关业务信息保障法》(2009 年 2 月 9 日)
	10	(9)《关于禁止为纳粹平反的法律》(2014 年 5 月 5 日)
	11	(10)《关于禁止大众传媒刊播污言秽语的法》(2014 年 5 月 5 日)
	12	(11)《大众传媒外国股份法案》(2014 年 9 月 17 日)

（续表）

类别	序号	法律法规名称
三、调节信息关系、通信、广告和著作权的相关法律	13	（1）《民族语言法》（1991 年 10 月 25 日）
	14	（2）《国家秘密法》（1993 年 7 月 21 日）
	15	（3）《民法典》（1994 年 11 月 30 日）
	16	（4）《文件副本义务缴存法》（1994 年 12 月 29 日）
	17	（5）《信息、信息技术和信息保护法》（1995 年 2 月 20 日通过，2006 年 7 月 27 日和 2011 年 4 月 6 日修订）
	18	（6）《社会团体法》（1995 年 5 月 19 日）
	19	（7）《全民公决法》（1995 年 10 月 10 日通过，2006 年 12 月 30 日修订）
	20	（8）《地方自治中公民选举和被选举的宪法权益保障法》（1996 年 11 月 26 日）
	21	（9）《政党法》（2001 年 7 月 11 日）
	22	（10）《公民选举权和全民公决参与权基本保障法》（2002 年 6 月 12 日）
	23	（11）《总统选举法》（2003 年 1 月 10 日）
	24	（12）《国家“选举”自动化系统法》（2003 年 1 月 10 日）
	25	（13）《通信法》（2003 年 7 月 7 日通过，2011 年 2 月 23 日修订）
	26	（14）《地方自治组织基本原则法》（2003 年 10 月 6 日通过，2019 年 8 月 2 日修订）
	27	（15）《国家民事服务法》（2004 年 7 月 27 日通过，2019 年 12 月 16 日修订）
	28	（16）《商业秘密法》（2004 年 7 月 29 日）
	29	（17）《档案事业法》（2004 年 10 月 22 日）
	30	（18）《国家语言法》（2005 年 6 月 1 日）
	31	（19）《广告法》（2006 年 3 月 13 日通过，2010 年 9 月 28 日修订）

（续表）

类别	序号	法律法规名称
	32	(20)《俄罗斯联邦会议国家杜马议员选举法》(2006年7月12日)
	33	(21)《个人数据法》(2006年7月27日通过，2010年、2014年和2017年三次修订)
	34	(22)《国家和公共事业服务组织法》(2010年7月27日)
	35	(23)《禁止付费频道发布广告的法律》(2014年7月22日)
四、特殊条件下适用的法律	36	(1)《面临自然和技术性紧急情况时的公民和领土保护法》(1994年12月21日)
	37	(2)《永远纪念1941—1945年伟大卫国战争苏联人民胜利法》(1995年4月19日)
	38	(3)《紧急状态法》(2001年5月30日)
	39	(4)《军事状态法》(2002年1月30日)
	40	(5)《反极端主义活动法》(2002年7月25日通过，2013年12月28日修订)
	41	(6)《反恐怖主义法》(2006年3月6日)
	42	(7)《反分裂主义法》(2013年12月30日)
五、不以信息关系作为主要调整对象的其他法律	43	(1)《残疾人社会保护法》(1995年11月24日)
	44	(2)《道路交通安全法》(1995年12月10日)
	45	(3)《民族文化自治法》(1996年6月17日)
	46	(4)《旅游业基本法》(1996年11月24日)
	47	(5)《药品法》(1998年6月22日)
	48	(6)《儿童权益基本保障法》(1998年7月24日)
	49	(7)《海外同胞国家政策法》(1999年5月24日)
	50	(8)《限制吸烟法》(2001年7月10日)
	51	(9)《环境保护法》(2002年1月10日)
	52	(10)《俄罗斯联邦社会院法》(2005年4月4日)

（续表）

类别	序号	法律法规名称
	53	(11)《保护竞争法》(2006年7月26日通过，2011年3月1日修订)
	54	(12)《体育与运动法》(2007年12月4日通过，2014年7月21日修订)
	55	(13)《批准关于商标法的新加坡条约》(2009年5月23日)
	56	(14)《保护儿童健康成长免遭信息伤害法》(2010年12月29日)
六、调节大众传媒的相关法典	57	(1)《仲裁法院法典》(1995年4月28日)
	58	(2)《刑法典》(1996年6月13日通过，2011年3月7日修订)
	59	(3)《税务法典》(1998年7月31日)
	60	(4)《刑事诉讼法典》(2001年12月18日)
	61	(5)《行政侵权法典》(2001年12月30日)
	62	(6)《劳动法典》(2001年12月30日)
	63	(7)《民事诉讼法典》(2002年11月14日)

从法律构成上，可以将调节大众传媒和互联网传媒的法律分为六类（见表6.3）。其中，《宪法》是核心；以大众传媒活动为主要调整对象的专门法律是骨干法律，比如联邦《大众传媒法》《国家大众传媒报道国家政权机关活动的程序法》等；专门调节信息关系、通信、广告和著作权的相关法律数量最多，达20余件，如《民法典》《国家秘密法》《信息、信息技术和信息保护法》《广告法》《通信法》《全民公决法》《商业秘密法》《政党法》以及2010年通过的一些同时调节大众传媒和互联网的法律，如《个人数据法》。

此外，战争、紧急状态以及与极端主义、恐怖主义作斗争的条件下适用的法律，也将互联网作为大众传媒实施管理，如《紧急状态法》《军事状态法》；不以信息关系作为主要调整对象的其他法律，还包括《俄罗斯联邦众议院法》《道路交通安全法》等；调节大众传媒的相关法典，还包括《民事诉讼法典》等，其中多数法典只涉及特定的信息传播行为，通常不会对互联网和大众传媒发生作用，比如《海关法典》《预算法典》等。

互联网究竟是否属于大众传媒？是否应该受到《大众传媒法》的调节？对此，俄罗斯国内始终有不同意见。曾经有一段时间，俄罗斯国内要求将互联网各类网络资源均纳入大众传媒领域进行管理的呼声较高，但是俄罗斯立法和执法机关均未接受此观点。根据《大众传媒法》规定，网站是否注册为大众传媒，完全自由，注册与否的区别在于其是否享有《大众传媒法》赋予的权利。

2004 年，俄罗斯互联网十周年庆祝大会组委会主席、俄罗斯联邦出版和大众传媒局局长 M. B. 赛斯拉维斯基（M. B. Сеславинский）致辞时称："目前俄罗斯互联网上注册为大众传媒的电子期刊只有 1259 个，它们自觉承担起现行《大众传媒法》规定的责任，它们也因此赢得了访问者的信任，成为权威的、受人尊敬的出版物。"同时，他表示"不支持那种想法，即认为所有人，只要建立网站，就应该注册成为大众传媒，并接受《大众传媒法》的调节。为什么？因为那些网站成立的目的并非要开设大众传媒"。为此，局长举例说，如果一个六年级的小姑娘，决定公开自己的日记或者自己的照片或者是诗歌，政府却要迫使她注册成大众传媒，那就太荒唐了。在他看来，自由选择是否注册为大众传媒，正是"互联网迷人的地方"①。

---

① M. B. Сеславинский, "Первоочередная задача Рунета—консолидация в сообщество," (2005-04-10)［2015-05-01］, http：//info. nic. ru/st/2/out_836. shtml.

实际上,《大众传媒法》颁布后近20年间,俄罗斯互联网一直未被纳入其中,直到2011年对《大众传媒法》进行修订才在“大众传媒”的概念中增加了“网络出版”类别,相应地将出版的外延和内涵扩大到“网络出版和更新”,发行范围拓展至互联网空间,并且专门增设一章,首次明确了通信运营商在广播电视转播和传播中的义务。至此,俄罗斯《大众传媒法》才真正开始作用于互联网发展与管理,此后多次的修订也多以互联网发展与管理为主。

3. 互联网作为主要客体的立法治理

表6.4中,除了《宪法》《信息、信息技术和信息保护法》等少数法律与表6.3重复外,绝大部分法律法规都更具针对性,而且有一个共同的目标:安全。它们涉及国家安全、信息自身安全和个人数据安全三个层面。

表6.4 俄罗斯调节互联网的法律法规(截至2019年)

序号	名称	通过时间
1	《宪法》	1993年12月12日
2	《技术调节法》	2002年12月27日,2010年10月28日修订
3	《信息、信息技术和信息保护法》	2006年7月27日
4	《个人数据法》	2006年7月27日,2017年修订
5	《安全法》	2010年12月28日
6	《电子签名法》	2011年4月6日
7	《国家支付体系法》	2011年6月27日
8	《保护儿童健康成长免遭信息伤害法》	2010年12月29日
9	“网络反盗版法”	2013年7月1日
10	“博客主法”	2014年5月5日

（续表）

序号	名称	通过时间
11	“遗忘权法”	2015 年 7 月 13 日
12	“雅罗沃伊法案”①	2016 年 7 月 6 日
13	《音视频发行服务法》	2017 年 5 月 1 日
14	《关键信息基础设施安全法》	2017 年 7 月 26 日
15	《电子即时通信法》	2017 年 7 月 29 日
16	“俄罗斯互联网主权法”	2019 年 5 月 1 日

从国家安全角度看，《宪法》无疑是国家总体安全的根本保障，以此为依据制定的《安全法》则更为直接，它要求互联网运营商、通信运营商对俄罗斯网络上的数据保留三个月时间，并保障国家安全人员能够在必要时及时了解互联网流量交换信息。另一部重要法律是 2012 年 6 月 11 日国家杜马通过的第 139 号法律即所谓的“网络黑名单法”。该法对《保护儿童健康成长免遭信息伤害法》（在行政操作中被称为“黑名单法”）进行了修订，实质上调整了互联网空间治理程序，为未经法院审判直接关闭互联网资源提供了可能，它主要涉及以下情形：散播儿童色情、散播毒品制作与

① 所谓“雅罗沃伊法案”是对《反恐怖主义法》《刑法典》和《刑事诉讼法典》等一系列法律进行修订的法律文件的非正式统称。它于 2016 年 7 月 6 日颁布，大部分条款于 2016 年 7 月 20 日生效，另有部分条款则于 2018 年 7 月 1 日生效。主要修订涉及两方面：一方面加强对极端主义和恐怖主义的惩罚，将社交媒体上的恐怖主义言论视同于通过大众传媒发布恐怖主义言论予以追责，将涉及极端主义和恐怖主义犯罪的刑事责任年限扩大到 14 周岁；另一方面，对通信运营商和网络服务供应商提出新要求。它规定，从 2018 年起，移动通信运营商和互联网公司有义务将所有互联网用户流量记录保留 6 个月，用户流量包括即时通信工具、社交媒体和电子邮件上的通信记录以及电话录音。通信元数据则被要求保存 3 年。所谓元数据是指用户何时给谁打过电话或者发过文件的信息。修正案赋予执法者索要上述信息的权力。如果涉及信息加密，则平台所有者有义务帮助联邦安全局解密相关信息。由于对通信运营商和互联网运营商提出的要求较为严格，它被称为俄罗斯最具争议性的立法建议，并在实施过程中多次进行修订。

使用信息、散播自杀方法或煽动自杀的信息。[①] 尽管公众普遍赞同对伤害儿童的现象进行严格治理，但是对于未经法院审判即查封互联网资源仍然表现出一定程度的担忧。公众的担忧构成俄罗斯立法治理互联网面临的一个挑战，并对权力机关的行政执法水平提出了更高的要求。

从加强信息自身安全角度看，俄罗斯立法机关着重关注如何保障俄罗斯个人和法人安全可靠地通过互联网传播信息。《关键信息基础设施安全法》和“俄罗斯互联网主权法”是与保障信息自身安全关系最紧密的两部联邦法律。其中，《关键信息基础设施安全法》重点保障俄罗斯互联网在遭受计算机攻击时能够稳定运行，明确建立国家侦测、预警和消除计算机攻击系统，成立计算机事件国家协调中心，在全国范围内统一协调信息基础设施安全保障工作，保障网络数据生产、保存和传输的安全。

关于保障个人数据安全的法律中《个人数据法》和“遗忘权法”尤为重要。早在 1998 年，俄罗斯立法机构便已经开始着手制定保护个人数据的法律，数易其稿后，最终于 2006 年 7 月 27 日以《个人数据法》的形式颁布实施。从立法思路看，俄罗斯承袭欧洲的立法模式，使用“个人数据”的概念，而美国和澳大利亚使用“个人隐私”概念，中国、日本、韩国、新加坡等则采用“个人信息”概念；从法律出台时间看，俄罗斯属世界上制定保护个人数据专门法律较早的国家，它早于欧盟《一般数据保护法案》(2016 年)、新加坡《个人信息保护法》(2012 年)、印度《个人数据保护法》(2019 年) 等。俄罗斯的《个人数据法》对个人数据、数据运营、数据收集、数据加工、数据保存、数据转移、数据销毁、数据封存

① “Закон о ‘черных списках’ сайтов (№139-ФЗ),” (2012-06-11) [2016-12-01], http://sanatsia.com/reestr-zakonov/1870/.

等基本概念予以定义，确定个人数据的范畴、采集和使用原则，明确了违法责任。它适用于所有法人和自然人。如果自然人违反个人数据保护的法律条款，将可能被追究民事责任、刑事责任、侵权责任或其他法律责任。任何组织均有义务保护其所拥有的关于员工、客户和合作伙伴等对象的个人数据。如果某个组织违反个人数据保护的要求，则有可能被吊销相关运营许可，并面临民事诉讼风险。俄罗斯《个人数据法》中有一条规定对俄罗斯互联网市场的发展形成深远影响，它规定俄罗斯公民的互联网个人数据应该保存在俄罗斯境内。该条款后来通过法律修正案予以强化，加大对外国互联网供应商拒绝将俄罗斯用户数据保存在俄境内的处罚。从立法效果看，它一方面促进了国内数据库的建设，另一方面为俄罗斯与国外互联网巨头的博弈提供了一个法律武器。

与《个人数据法》相关的是“遗忘权法”。俄罗斯的“遗忘权法”同样沿袭了欧洲的立法思路，其结构和内容与欧盟同类法律相似。“遗忘权法”的亮点在于在法律文件中引入了“搜索引擎”的概念，将搜索引擎定义为一个信息系统，赋予每个俄罗斯联邦公民从搜索引擎中删除个人信息的权利，防止公民因为一时不当公布的个人信息被无限制地搜索和传播。2016 年“遗忘权法”生效当年，俄罗斯最大的搜索引擎服务商发布的统计数据表明，当年网民的全部“遗忘”申请中，只有 27%被网络服务平台接受，73%的申请均被拒绝（其中 9%是部分接受）。[①] 导致大量申请被拒绝的原因是，网络服务平台无法核实申请的真假，或者无法判断传播相关信息具体侵犯哪些权利或者违反哪些法律，这表明个人数据想要被人遗忘

① К. Р. Казарян, “*Интернет в России в 2015 году*: *Состояние*, *тенденции и перспективы развития*,” Москва: Федеральное агентство по печати и массовым коммуникациям, 2016, стр. 16.

并不容易，法律实施仍然面临挑战。

（二）俄罗斯互联网立法治理特点

总体上，表 6.4 与表 6.3 相比内容要少得多。一方面，这体现了俄罗斯立法治理的一个特点，即新法少，修订多；另一方面，这也反映了一个现实，即完全用于调节互联网关系的法律的制定与通过皆非易事，安全成为是否立法的首先考虑的要件。

1. 互联网安全优先

Б. В. 克里斯坦尼赖曾经提出互联网立法治理的三个基本方向：（1）考虑到互联网功能与发展的特征，制定原则性的新法律法规（比如，俄罗斯联邦基础性法律《关于互联网络全球信息规范治理法》）；（2）部分修订现行的法律，使之符合相应的法律关系；（3）建立（或解释）使现行法律直接适用于互联网的机制，无须对其内容进行修订。[①] 实际上，第二个和第三个方向即修订和解释旧法构成当前俄罗斯立法治理的主要部分。专门的“互联网法”已经起草多年，但一直未能真正提交审议，反而是一些面向互联网特定领域的专门法律陆续出台，比如《电子签名法》、《个人数据法》、“网络反盗版法”、“遗忘权法”等。2017 年后立法治理的主要方向是网络反盗版、社交媒体和媒体治理以及对通信运营商的新要求，个人和通信运营商面临的义务越来越多，而且基于国家安全的立法开始增加，特别是 2019 年通过的“俄罗斯互联网主权法”，引起广泛关注。

2. 立法速度加快

虽然单纯依靠立法无法解决所有问题，但离开法律支持，互联

① Б. В. Кристальный, М. В. Якушев, “Концепция российского законодательства в области Интернета о развитии глобальной сети Интернет в России,” (1999-04-28) [2016-12-01] http://www.libertarium.ru/17834.

网国家治理将因缺乏合法性而失去基础。因此，俄罗斯立法机关在不断加强立法研究的同时，俄罗斯政府也加大了相关工作的力度。早在 2011 年，俄罗斯政府便拨专款近 100 万卢布用于研究互联网关系调节。为此，俄联邦政府邀请专家研究国外的类似成果，寻找国外法律与俄罗斯现实的结合点。俄罗斯联邦安全会议曾在其网站上发起一场公众投票活动，以了解社会大众对互联网立法的意见。时任总理普京的新闻秘书德米特里·佩斯科夫（Дмитрий Песков）坦承，俄罗斯在互联网治理方面“没有太多经验”，因此，应该进行“公众讨论”。[①] 同时，他也指出，当今世界，没有一个国家完全解决了互联网各种权益关系的调整问题，而且这个进程也不可能通过实施一两部法律文件就完成，不可能一下子填补所有法律空白。

2012 年后，俄罗斯互联网治理的立法速度明显加快，以期尽快构建一个法律基础框架。2012 年俄罗斯国内提交的与互联网相关的法律提案为 31 件，2013 年达到 35 件。2014 年第一季度便已提交 16 件立法建议案，几乎相当于 2013 年二、三和四季度之和（19 件）。[②] 此后几年，立法草案数量居高不下，国家杜马于 2013 年在国家杜马大众传媒委员会下设立了互联网与电子民主发展分委会，加大了对互联网立法的投入，提高了法律审查与通过的效率，显示出立法机关高度的立法紧迫感。

3. 法律修订密集

在起草和通过新法的同时，对既有法律进行修订是俄罗斯立法的重要活动。修订法律的一个明显的趋势即法律修订周期变短，频

---

① Алексей Лисовицкий, “Правительство выделило 973 тысячи рублей на правовое регулирование Рунета,” (2011-04-18) [2016-12-01], http://www.cyberstyle.ru/newsline/10554-rossiy-internet-internet-set-zakonoproekt-pravo.html.

② Давыдов Сергей, “Исследование Экономика рынков интернет-сервисов и контента в России 2013-2014,” (2014-12-17) [2016-10-10], http://ЭкономикаРунета.рф.

次增加。修订主要针对两方面的需求：一是法律本身不够完善，既有法律文本存在不足；二是适应外部变化。按照摩尔定律，互联网空间的技术更新迭代频繁，应用创新速度惊人，这既为互联网的发展创造了丰富的机遇，也给管理带来严峻的挑战，所以法律条文需要因时而动，适时增减。以《大众传媒法》为例，自 1991 年通过到 2019 年间，该法前后修订达 53 次之多，其中 2013 年前修订了 26 次，2013 年到 2019 年 6 年间修订了 27 次，最多的一年修订了 5 次，每一次修订都能引起社会广泛关注，且主要的修订内容与互联网发展与管理相关。

即使是专门调整互联网领域权利关系的新法律，也会根据执法实践面临的问题频繁修订，且通常需要一揽子修订，以免不同的法律文本之间产生冲突。《个人数据法》的修订便是一个显著的例子。从立法时间看，俄罗斯是世界上较早推出《个人数据法》的国家之一，自《个人数据法》于 2006 年通过后，便成为国家、社会和公众关注的焦点，不同利益主体反复博弈。对该法的调整是 2013 年俄罗斯立法机关完成的一项相当重要同时特别复杂的工作。议长马特维延科（Матвиенко Валентина Ивановна）曾为此主持俄罗斯联邦委员会专题听证会，通信部部长以及来自联邦安全局、通信运营商和数据安全评审协会的代表参加，希望协调不同法律条文之间的不一致性以及对运营商的不当要求，寻求个人数据保密与运营商责任之间的平衡。听证会后不久，俄罗斯总统普京便签署法令对《批准实施欧洲委员会关于自然人自动加工个人数据公约》和《个人数据法》两份法律文件进行修订。相应地，俄国家杜马开始对《通信法》《民事诉讼法典》《劳动法典》等 14 部涉及个人数据的法律进行修订。四年后，即 2017 年 7 月 1 日生效的《〈行政侵权法典〉修正案》，进一步细化了个人数据领域违法清单的规定，加大了行政违法处罚力度。

虽然 2012 年是俄罗斯互联网立法治理的转折之年，但 2013 年的立法和修法更具有典型性，社会反响更大。除了以《个人数据法》为中心进行相关修订外，影响比较大的还有 2013 年 6 月 7 日立法机构通过的《关于对〈信息、信息技术和信息保护法〉及〈关于保障获得国家机关和地方自治机关活动信息的法〉的修正案》。上述法律对国家机关和地方自治机关的政务公开提出明确要求，规定其网上信息自 2013 年 7 月 1 日起必须保证无须经过人工修改即可二次使用，且属免费自由使用，所有公开内容要符合机读的一般要求等。

立法治理互联网是俄罗斯互联网国家治理的重要路径选择。经过近几年的加速立法和修订旧法，俄已经初步形成互联网治理的法律保障体系，有效回应了公众对互联网治理合法性的关注，为不同主体参与治理提供了对话平台和制度保障。但法律制度与互联网空间发展的需求相比仍存在较大差距，立法质量亦有待提升。

二、行政治理

"构建统一的信息空间，包括解决国家安全信息保障问题"是俄罗斯 2008 年颁布的《信息社会发展战略》中明确规定的"基本方向"之一。该战略是"起草和确定俄罗斯联邦信息社会发展领域的学说、构想、规划和其他文件的基础，以此确定国家政权机关相应的活动目的和方向，以及它们与组织和公民之间的协作原则和机制"。正是在此框架内，俄罗斯加强了对包括互联网、电视在内的多种媒体的一体化治理。

（一）信息空间一体化

俄罗斯政府历来重视信息空间一体化构建，并视之为信息空间治理的有效路径。“信息空间一体化”[①] 最初由莫斯科罗蒙诺索夫国立大学教授施匡金在20世纪80年代倡导，如今也是俄罗斯互联网管理的指导思想。苏联时期媒体类型相对有限，信息流量较为可控，所以整个信息空间总体上是一体的，即由苏共统一领导，分行业管理，信息空间在形式上是一体的，协调上受管理体制的影响仍然存在障碍。而且，当时的信息空间概念的外延远不及今天广泛。在现代俄罗斯国家治理中，信息空间一体化治理是一个不断完善和丰富的过程。

1. 叶利钦时代的信息“寡头化”现象

1991年12月27日，俄罗斯联邦主权国家成立第二天，叶利钦签发了象征民主自由的俄罗斯《大众传媒法》。该法继承了戈尔巴乔夫执政后期通过的《出版与其他大众传媒法》的主要内容，以取消新闻检查与创办者资格限制为突破点，为新闻媒体的多元化发展创造了条件，丰富了俄罗斯信息空间的形态和内容，但也给信息空间管理带来了全新挑战。

俄罗斯联邦《大众传媒法》规定的新闻自由和编辑部自治权利，甚至远超西方政治家和学者的想象。除了俄罗斯以外，至今没有哪一个国家的编辑部自治程度如此之高，乃至编辑、记者可以投票更换总编辑。因此，已经在戈尔巴乔夫“公开性”和“新思维”中获得巨大自由的俄罗斯大众传媒开始拥有更多自我发展和管理的空间。除了叶利钦强制对《真理报》等媒体实施查封外，其他媒体仿佛一下子成了真正的“第四权力”，记者则成为“无冕之王”。

但叶利钦最初开放媒体，呼吁媒体多元化，其根本目的是打压俄罗斯共产党既有的传播影响力，打造自己的媒体群。因此，当他

① 吴非、胡逢瑛：《俄罗斯传媒体制创新》，南方日报出版社2006年版，第161页。

在 1993 年与议会对峙期间遭遇媒体多元化所带来的负面影响时，坚决动用总统行政手段，不惜牺牲《大众传媒法》的权威，对新闻传播市场予以干预。他曾多次通过关闭《真理报》，禁止印刷《俄罗斯报》、暂停俄罗斯电视台“国会”节目等措施，挑战他在执政之初所宣扬的新闻自由，“令向往自由的媒体错愕与指责”[①]。为了加强舆论控制，叶利钦采取措施加强媒体管理，特别是对当时最具影响力的大众传媒——电视，严加控制。面对即将到来的议会和总统大选，1995 年 10 月 1 日，叶利钦签署了《关于完善俄罗斯境内广播电视法》，12 月 1 日颁布了《国家支持大众传媒与出版法》，强化了国有电子媒体的全覆盖，赋予一批国有或国家控股的电视台、广播电台持续扩张的权利和机会。借此，俄联邦工业、金融、天然气等领域的巨头以提升国家电子媒体经济实力为名，强势进入媒体领域。它们获准购买国家在媒体中的部分股份，更重要的是，它们成为那些从旧体制中突然转型过来，既没有国家财政支持，也不善于市场经营的大众传媒的“救命稻草”。结果，叶利钦通过媒体市场权利的出让赢得了在私有化进程中暴富的工业寡头和金融巨头的支持，后者则进入了它们窥伺已久的关键领域，包括大众传播业，从“有钱人”摇身一变成为“有权人”，更准确地说是“有话语权的人”，并努力将它们在俄罗斯私有化进程中的“原罪”漂白。

历史研究表明，1995 年到 1996 年叶利钦谋求连任总统的大选前，传媒大亨们陆续成为总统府上的常客，奉上叶利钦急需的舆论支持和资金赞助。叶利钦在回忆录中记载了当时的一些情景。1995 年底，他刚做完心脏手术，身体很虚弱，偏偏在 1996 年议会选举中俄罗斯共产党获得大胜，他备感压力。为此，他不得不重

① 吴非、胡逢瑛：《转型中的俄罗斯传媒》，南方日报出版社 2005 年版，第 46 页。

新组建竞选班子，调整竞选资金和人力资源。正如他在回忆录中所感叹的，“也许，我人生中第一次突然感到自己几乎与政治绝缘”，“问题并不在于3%的支持率（有人说，实际支持率是负的），而在于我不再能感受到来自与我一起开启政治生涯的人、一起参加首届议会选举和总统选举的同事们的支持。知识分子、政治民主分子、新闻记者——我的盟友，我的不可替代的支点——似乎都离开我了”①。此时，叶利钦的女儿成功安排了俄罗斯最大的银行和媒体集团的负责人在克里姆林宫与总统见面。古辛斯基（Владимир Гусинский）、霍多尔科夫斯（Михаил Ходорковский）、波塔宁（Владимир Потанин）、别列佐夫斯基（Борис Березовский）、弗里德曼（Михаил Маратович Фридман）。叶利钦在回忆录中称，自己是第一次会见这批俄罗斯企业家。与会者向他提出动用一切资源展开选举战的建议，当然也包括信息资源，并将自己的优秀人才推荐到叶利钦的竞选总部。随后叶利钦的支持者组建了由丘拜斯（Анатолий Чубайс）负责的年轻的社会学家参与的独立分析团队，对选举进程进行跟踪研究，并随时调整选举策略。相应地，大量竞选资金投入其中，美国专家团队悄然入驻。

1996年，叶利钦以微弱优势战胜俄罗斯共产党候选人久加诺夫（Геннадий Зюганов），成功连任俄罗斯总统后，曾经在选战中立下汗马功劳者都获得了应有的奖赏，媒体寡头的势力得到进一步加强，形成了七大媒体集团（见表6.5）。俄罗斯人曾借中世纪统治俄罗斯的“七贵族”创造了一个新词，称该阶段的俄罗斯为“七贵之治”，意指少数金融业和工业经营者崛起后，占据了俄罗斯经济和

① Борис Ельцин, *Президентский Марафон*, Москва: Издательство АСТ, 2000, стр. 22-28.

政治领域的重要位置。其中，对大众传媒的控制为昔日的经济权贵走上权力巅峰创造了条件。

表 6.5　叶利钦时代的俄罗斯媒体七大寡头①

寡头名称	实业	传媒	普京时代的变化
别列佐夫斯基集团	拥有洛戈瓦茨公司、联合银行、西伯利亚石油公司和俄罗斯航空公司	拥有两个电视频道（公共电视台 ORT 和 TV—6）、两家纸媒（《独立报》和有百年历史的杂志《星火》）	2000 年 11 月别列佐夫斯基逃往国外
霍多尔科夫斯基集团	拥有梅纳特普银行，控股俄罗斯工业公司、尤科斯石油公司以及数家食品、金属、化工、木材、纺织控股企业	虽然没有单独控制某家媒体，但参股独立新闻媒体集团、社会电视台等多家媒体，同时通过资金支持实际控制国内媒体舆论方向	2003 年 10 月 25 日霍多尔科夫斯基被捕，被指控欺诈、贪污和逃税，获刑 8 年。2010 年因洗钱罪，被追加刑期 5 年。2013 年被普京特赦，移居海外
波塔宁集团	拥有奥内希姆银行、诺里尔斯克镍业公司、西丹科石油公司、ZILH 卡车装配企业和一家金属公司	《消息报》《共青团真理报》，控股电信业巨头通信投资公司	与政府合作，波塔宁曾出任政府副总理
阿尔法集团（以米哈伊尔·弗里德曼和彼得·阿文为首）	拥有阿尔法银行、秋明油田以及一批化工、制药、食品加工、玻璃、建筑和食品零售业公司	与别列佐夫斯基集团合作，持有奥斯坦基诺股份公司的多数股份	与政府合作

① 表中寡头资料源自〔美〕大卫·M. 科兹、弗雷德·威尔：《从戈尔巴乔夫到普京的俄罗斯道路——苏联体制的终结和新俄罗斯》，中国人民大学出版社 2015 版。

（续表）

寡头名称	实业	传媒	普京时代的变化
古辛斯基集团	控制莫斯科银行	组建桥媒体集团，涉足电视、广播、报纸、杂志和互联网等各个领域，控制独立电视台 NTV、独立卫星电视台、莫斯科回声广播电台、《今日报》和著名杂志《总结》（与美国《新闻周刊》合作）	2000 年 5 月 13 日古辛斯基被捕，7 月 NTV 被转让给俄罗斯天然气公司，古辛斯基获准出国，其拥有的大部分媒体被关闭和转让，少部分网络媒体在国外更名运行
斯摩棱斯基集团	控制斯托利希尼银行（后更名为 SBS-Agro 集团）	拥有《生意人》报及数字杂志	在金融危机和俄罗斯政府更迭的过程中，企业失宠易主
英科姆银行（由弗拉基米尔·维诺格拉多夫掌控）	控制俄罗斯最大的商业银行英科姆银行（进口银行）、马格尼托哥尔斯克钢铁冶炼厂、萨马拉铝业公司和一家飞机制造厂	参股奥斯坦基诺股份公司，曾打算入股公共电视台，后因故放弃	未能渡过 1998 年金融危机。当年 10 月 29 日银行许可证被吊销，2002 年 2 月 1 日正式破产。2008 年被称为第一个俄罗斯商业银行家的维诺格拉多夫因中风去世，年仅 52 岁

媒体寡头的出现既有政治因素促成，又离不开经济利益驱使。叶利钦时代，媒体面临“自由与生存”的冲突，习惯于被供养的大众传媒在失去国家资金支持后，在享受所谓新闻自由的同时开始面对沉重的生存压力。最初，政府明确给予财政补助的媒体只有国家通讯社“俄通社—塔斯社（ИТАР—ТАСС）”[①] 和俄联邦政府

① 有学者音译为“伊塔—塔斯社”，此处以新华社译名为准。

《俄罗斯报》（российская газета），其他媒体均需自负盈亏。结果，失去国家与财团支持的媒体大部分立刻失却生存能力。面对新闻纸价、印制费用、节目制作费的不断攀升，许多中小型媒体不得不向企业、地方政府或其他财富集团靠拢，直接或变相地成为某种利益的代言人。

俄罗斯媒体保护基金会发布的《俄罗斯媒体产业发展报告》称，截至 2001 年，俄罗斯联邦注册的印刷媒体总共有 3.35 万种，其中包括 2 万多种报纸及 1.1 万种杂志，另有 700 多家地方电视台。[①] 在多元化的思潮中，爆炸式增长的分散的小型媒体要想在市场中立足并非易事，而银行家、企业家的出现自然具有强大的“虹吸效应”，传媒寡头的诞生呈水到渠成之势。

2. 普京的传媒“国家化”行动

1999 年 12 月 31 日，世纪钟声敲响之际，叶利钦发表新年贺词，以其一贯的出人意料的行事风格，向俄罗斯人送上了一份震惊世界的新年礼物——宣布辞职并提名总理普京临时代理总统，由此开启了现代俄罗斯民族复兴的普京时代。

普京 2000 年正式当选总统后，面对的是“休克疗法”留下的百废待兴的经济和严重分裂的社会这个“烂摊子”，因“南斯拉夫战争”“第一次车臣战争”等重大国际国内事件而遭受重创的民族自信心，以及世界各国对有“六重面孔”[②] 的前克格勃特工人员治理国

① 吴非、胡逢瑛：《俄罗斯媒体资本运作与政府角色》，《新闻记者》2004 年第 11 期，第 44 页。

② 〔美〕菲欧娜·希尔、克利福德·加迪：《普京传——不可替代的俄罗斯硬汉》，余莉译，红旗出版社 2015 年版，第 19—21 页。书中称普京的六种身份分别是历史的学生、中央集权论者、生存主义者、情报人员、局外人和自由市场经济主义者。前三个为普通身份，后三个是普京特有的身份。其中，“历史的学生”是指普京本人对俄罗斯历史和文学抱有浓厚的兴趣。

家能力的怀疑。此时，凝聚民心、重塑国家形象成为当务之急，实现“信息空间一体化”显得格外重要。

与苏联时代报纸的强大影响力相比，现代俄罗斯国家领导人对电视更为重视。叶利钦正是因为经常发表电视讲话，成为公众心目中的政治明星。俄罗斯联邦主权国家成立后，国家电视台是其最理想的宣传渠道，也是政府实施行政一体化与信息空间一体化管理的关键媒介。1997 年 9 月 27 日，公众意见基金会提供给叶利钦总统参考的调查数据显示，65%的俄罗斯人业余时间看电视，57%的人做家务，而读报纸和杂志的为 30%，进行体育锻炼的为 5%。[①] 可见，电视是当时俄罗斯公众日常获取信息的最主要的途径。

俄罗斯加强电视媒体的一体化管理正是始于叶利钦时代。1993 年底，叶利钦发布总统令，成立俄罗斯联邦广播电视局（ФСТР）以及直接对总统负责的服务性的非联邦政府机构俄罗斯广播电视委员会。广播电视局的任务是协调并处理联邦内部传播活动中有争议的问题并管理广播电视筹设与规划的技术性问题，广播电视委员会则负责就广播电视牌照发放和频道使用问题提出政策建议。1997 年 8 月 25 日，叶利钦颁布《关于全俄国家广播电视公司的问题》的总统令，让国家主管机关参与组织媒体活动，成为媒体发展的主导者。1998 年 5 月 8 日，叶利钦再次签署《关于完善国家电子媒体的工作》的总统令，正式将所有中央及地方国家广播电视公司、俄新社（РИАНовость）和奥斯坦基诺[②]电视技术中心（ТТЦОстанкино）纳入全俄国家广播电视公司（ВГТРК）统一管理。由于所有电视台都使用奥斯坦基诺电视技术中心的设备资源，即使是金融寡头的电子

---

① Борис Ельцин, *Президентский марафон*, Москва: Издательство АСТ, 2000, стр. 178.

② 有的著作将其译为“奥斯坦丁”。

媒体一定程度上也会因此受到全俄国家广播电视公司的牵制。1998年7月27日，俄罗斯政府根据总统的要求，出台了《关于构建国家电子媒体生产—技术一体化》的政府决议，进一步细化了上述两项总统令的内容，正式确定全俄国家广播电视公司为国家媒体集团生产技术的最高领导机构。1999年7月6日，俄罗斯政府将联邦广播电视局、联邦广播电视委员会和联邦出版委员会合并为出版印刷广播电视与大众传媒部（МПТР），负责全俄传媒政策制定和技术管理。经过此番调整，俄罗斯基本形成了以出版印刷广播电视与大众传播部为行政领导中心、以全俄国家广播电视公司为技术资源分配中心的传播体系，不断强化国家在媒体管理中的主导作用。

普京执政后，以电子传媒为主导，推进媒体一体化管理，并正式启动媒体“国家化”进程。2000年9月，普京对叶利钦的总统令进行修订，将原来地方政府对辖区广播电视负责人的任命权收归全俄国家广播电视公司总部，同时打通该公司对各地广播电视台的预算与经营情况的监督环节，防止地方广播电视公司对资金的滥用与浪费，防范其他国外势力与之勾结。普京时代的媒体国家化趋势呈现出三个特点：一是以天然气、石油、金融等领域国有集团的庞大资本兼并经济寡头掌控的媒体；二是在媒体国家化进程中强调媒体专业化，维护媒体人对新闻自由的基本要求；三是对涉及美国等外资的传媒寡头重点予以打击，同时承诺对既有私有化成果予以保证，以安抚其他寡头。表6.5中的寡头在普京时代的命运发生很大变化。凡是挟资本与国家政权对抗者，均遭重大打击；凡是与国家合作者，其个人和企业均获得更多的发展机会。

在推进传媒国家化的进程中，普京始终坚持一个重要原则，即国家利益最大化。美国著名的金融资本家乔治·索罗斯（George Soros）在俄罗斯最大的金融寡头霍多尔科夫斯基被捕入狱后曾经对

《莫斯科新闻》主编说："对霍多尔科夫斯基的起诉向外界发出绝对无误的信号，即谁也别想独立行事而不考虑国家方面的因素"。[①]

如果说叶利钦是通过媒体资源的再分配赢得了金融寡头的支持，并成功连任总统的话，那么普京的传媒"国家化"收获的则是公众的信任。这表现为两方面：一方面，总统和大众传媒同时赢得公众的信任；另一方面，电视媒体成为最具影响力的大众传媒。

2005—2006年间全俄公众意见调查中心（ВЦИОМ）的研究表明，俄罗斯人对大部分的政治机构和社会组织持批评态度，俄罗斯总统和大众传媒成为他们最信任的对象。值得注意的是，对大众传媒的信任度与是否支持普京及其主导的政治体制密切相关（见表6.6）。那些认可普京的人，对大众传媒的信任度达到61.6%；那些反对普京的人，对大众传媒的信任度只有28.4%。普京所在的统一俄罗斯党的支持者对大众传媒的信任度最高达62.5%。值得注意的是，年龄越小，对大众传媒的信任度越高，生活保障水平越高的人群对大众传媒信任度越高，但无论哪个年龄群体或保障群体，对媒体的信任度都超过50%[②]，这反映了这一阶段俄罗斯大众传媒逐步度过转型初期的"温饱难求"的艰难岁月，开始走向成熟。

表6.6　不同群体对大众传媒的信任度

意见人群	比例（%）
认可总统的人群	61.6
不认可总统的人群	28.4
统一俄罗斯党的支持者	62.5
反对党的支持者	42.4

① 吴非、胡逢瑛：《俄罗斯传媒体制创新》，南方日报出版社2006年版，第211页。

② "Электронные СМИ: главное лицо ‘путинского’ режима," (2006-06-06) [2015-01-10], http://stranniy.ru/health/elektronnie-smi-glavnoe-lico-putinskogo-rejima/main.html.

（续表）

意见人群	比例（%）
25 岁以下的年轻人	64.1
50 岁以下的中年人	55.3
50 岁以上的老年人	50.7
低保障人群	51.3
中等保障人群	67.3
高保障人群	75.0

*数据来源于全俄公众意见调查中心（2006 年）。

其中，电视媒介的地位更加显赫，被称为“普京体制的主要面孔”[①]。到普京第二任期时，电视观众的偏好与普京的支持率形成一定的相关性，认可普京行动者的比例和认可大众传媒的比例均稳定保持在较高水平（见表 6.7）。在此阶段，信任大众传媒的受众群体中 75%信任电视，尤其是对第一频道和第二频道非常信任；信任广播信息的受众约占 15%；另有 10%的受访者信任其他类型的大众传媒——报纸、杂志、图书和互联网，包括反对普京和持不同政见的媒体。[②]

表 6.7 媒体受众对普京和大众传媒的认可度具有一定关联性

受众组成	2005 年 8 月	2005 年 9 月	2005 年 11 月	2006 年 2 月	2006 年 5 月
认可普京的行动（%）	73.7	74.8	74.4	75.9	77.5
认可大众传媒（%）	55.4	54.1	54.5	54.3	54.6

*数据来源于全俄公众意见调查中心（2006 年）。

① “Электронные СМИ: главное лицо ‘путинского’ режима,” (2006-06-06) [2015-01-10], http://stranniy.ru/health/elektronnie-smi-glavnoe-lico-putinskogo-rejima/main.html.

② Ibid.

在普京的前两届总统任期内，大众传媒最主要的消费者来自新兴的中产阶级，他们支持现行政权，能够适应现代的经济和社会发展现实。他们关注正面的、乐观的信息，看娱乐节目多于看一本正经的分析类节目，喜欢现代大众文化多于传统文化和贵族文化。既有的大众传媒完全符合新型中产阶级的需求。不过，中产阶级作为普京政权的主要支持者在叶利钦时代尚属于不确定群体。叶利钦曾经自问道："中产阶级，我们这里真有吗？它由哪些人、哪些社会阶层和群体组成呢？他们能够渡过经济危机吗？他们真的能够像一些社会学家所说的，成为总统的社会支撑吗？"① 历史证明，叶利钦曾经担心的"中产阶级"在普京时代最终顺利渡过了经济危机，获得了稳定成长，成为普京政权的坚定支持者。同样，他们对于普京时代的媒体充满信任。

回顾普京在国家治理方面采取的一系列旨在加强中央集权的措施，比如取消联邦主体最高长官在联邦委员会的席位、任命总统特别代表、建立联邦七大行政区划等，各项治理措施无一不需要得到媒体的支持，普京的媒体"国家化"进程对巩固政权、凝聚社会共识，发挥了重要作用。至今，电视仍然是俄罗斯信息空间一体化建设中最重要的一环，尤其是在对外传播中，以"今日俄罗斯"（RT）为代表的电视频道与西方老牌电视媒体 BBC、CNN 等展开了激烈的竞争，力图重塑俄罗斯形象，成为国际传播中的重要力量。

3. 互联网被纳入国家安全范畴

互联网作为俄罗斯信息一体化的新对象，在俄罗斯信息管理中扮演的角色始终在成长。

2000 年普京正式开启第一个总统任期时，互联网在俄尚不普及，

① Борис Ельцин, *Президентский марафон*, Москва: Издательство АСТ, 2000, стр. 178-179.

电视仍是主流媒体历史地看，到 1999 年第二季度结束时，俄罗斯只有三分之一的城市居民认为“互联网”是日常生活中的新事物，另有 25%的人经过提示后，才意识到互联网的存在。与美国相比，当时俄罗斯人对互联网了解甚少。据俄罗斯国家社会和心理研究院（NISPR）的调查，1999 年 11 月，俄罗斯有 570 万 18 岁以上的成年人曾经使用过互联网，约占总人口的 5.2%。尽管比例不高，但与当时最主要的传媒工具彩色电视机相比，其发展速度相当快。俄罗斯彩色电视节目用了 15 年才拥有 5%以上的受众，互联网则少用了 8 年的时间。[①] 但互联网普及的地区和人群差异明显，2001 年俄罗斯有 1800 万网民，经常上网的有 800 万，大部分网民集中在莫斯科，占网民总数的 57.2%，而且绝大多数是 34 岁以下的年轻人，59%为男性。[②] 因此，早期的互联网覆盖率与影响力难以与传统的大众传媒相提并论，它在特定地区特定人群中影响较大，而在另一些地区和人群中则几乎没有影响。彼时，俄罗斯联邦政府尚未开始统计互联网的用户数和普及率，互联网处于一种无人顾及的“野蛮生长”状态。由于基础设施严重不足，互联网发展速度远低于世界平均水平，普通公民使用互联网的门槛依然很高，互联网远未成为公众意见的主流阵地，更未对电视传媒的市场地位构成挑战，其在信息一体化管理中的重要性相对微弱。

2012 年底到 2013 年上半年，普京第三个总统任期到来之际，迎接他的竟然是大规模的街头抗议。虽然普京非常成功地处理了此类事件，让反对派和支持者获得了同等的上街表达的机会，并未影响议会和总统大选结果，政权持续保持稳定，但是由于网络新闻和社

---

① Galina Kan, “The Internet in Russia,” working paper, Owen Graduate School of Management, Vanderbilt University May 8, 2000, p. 10.

② “Russian Internet use increasing,” (2002-05-07) [2016-09-30], http: //www.m2.com.

交媒体在这一过程中表现出特别强大的社会动员能力，引起俄罗斯执政当局的高度重视，联邦政权机关开始改变态度，将互联网纳入国家安全议程加以研究和管理。从此，俄互联网在信息空间一体化中的角色悄然变化，从任性的“儿童”变为需要加以节制的“成年人”，并且面临越来越严格的规范。未来，互联网在俄罗斯信息空间一体化中的角色还将出现哪些变化，目前尚难断言，但它肯定不会再像过去那样游离于国家治理之外。信息空间一体化的内涵将因此变得更加丰富，因为它不仅是传媒一体化，而且是将大众传媒和信息产业有机结合，形成一个更广泛的信息空间。

4. 统一的国家政务信息平台

梅德韦杰夫总统在任期间，以“信息社会”构建为战略目标，着力打造统一的国家政务信息平台，将“公开政府”“数字民主”作为俄罗斯现代化的重要组成部分。为此，他全力打造了国家服务统一门户网站，并建立了部际文件流转统一系统，将政务公开与服务纳入了信息一体化管理体系。

俄罗斯国家电子政务建设的目标是让每个俄罗斯公民拥有唯一的政务服务账号，或曰电子身份证号，以便公民通过一次登录和身份验证后便可访问所有的政务网站，提交政务服务需求，相关需求可以通过部际文件流转统一系统自动在各个部门之间进行交换，不必重复提交资料和申请，也无须在不同部门之间切换登录，减少线下来回奔跑的劳顿。经过多年的接力发展，梅德韦杰夫在其一届总统和近两届总理的任期内，促使俄国家政务服务平台及其配套的统一身份认证系统日臻成熟。到 2018 年，通过统一身份认证系统完成的认证达 15 亿次，是 2017 年的两倍多；网民可以直接通过该认证系统进入 2000 多家政府和商业门户网站；每分钟约有 9000 名用户使用该身份认证系统登录国家和地方的政务服务门户或从事注册、纳税、领取养老金基金、提交社会倡议、免费获取莫斯科交通系统的 WiFi 等活动。在认证服务平台的用户中，女性占 54%，45 岁以上的使用者占 40%，25—34 岁的使用者占 25%，35—45 岁使用者占 22%，18—24 岁使用者最少，只有 10% 的使用者。[①] 电子政务建设将互联网公民信息传播功能与服务功能有机结合，促进了俄罗斯信息空间一体化建设，不仅满足了公民的知情权，增加了中老年群体使用互联网服务的机会，也借此加大了国家对互联网产业的直接投入，推动了数字经济的发展。

（二）信息管理一体化

俄罗斯早期的信息管理基本沿袭了苏联时期的做法。最初，俄罗斯将互联网归入通信产业，由通信部门进行管理，而大众传媒中的印刷媒体和电子媒体则分别由不同的国家部委管理。此后，遵循信息空间一体化思路，俄罗斯经过多次政府机构的重组和流程再造，不断探索信息管理一体化。其中，与通信、大众传播相关的部门改革、职能调整和行政管理的变化对信息管理一体化进程影响明显。

1. 持续改革政府机构，适应信息社会发展

信息空间一体化管理不仅涉及广播、电视等传统媒体，而且与现代通信业的管理改革密不可分。俄联邦通信和大众传媒管理机构的历史变迁清晰地勾勒出互联网不断渗入社会、政治和经济生活各方面的图景。

（1）从通信部向数字发展部的演进。

历史上，以“通信部”命名的国家部委最早可以追溯到 1946 年 3 月 15 日成立的苏联通信部（此前为苏联通信人民委员会）。它成

---

① К. Р. Казарян, *Интернет в России в 2018 г.: Состояние, тенденции и перспективы развития*, Москва: Федеральное агентство по печати и массовым коммуникациям, 2019, стр. 38-39.

为国家管理的中央机关，掌管各类通信工具（邮政、电报、电话和公用无线电通信），同时负责无线电广播、无线电电气化和电视的技术应用，管理期刊发行、邮票制作、信封和其他邮政资费标志（邮票等）的生产。

1990年7月26日俄罗斯苏维埃社会主义共和国成立了通信、信息和航天部。1991年11月10日，该部被改组为俄苏维埃社会主义共和国通信部，即后来的俄联邦通信部前身。彼时，它与苏联通信部同时存在。1992年2月4日，新成立的俄罗斯联邦宣布取消苏联通信部，组建俄罗斯联邦通信部。1997年3月17日，联邦通信部改组为联邦通信和信息化国家委员会。此后多次部门重组中，通信部是核心组成，大众媒体仍然习惯称之为“通信部”。1999年5月25日，通信和信息化国家委员会改组为国家电子传播委员会，当年11月12日再次改组为通信与信息化部。2004年3月9日，通信与信息化部被取消，当年5月20日成立信息技术与通信部。2008年5月12日，该部门改组为通信与大众传播部。此后十年，该部门的结构与职能一直比较稳定，直到2018年，为适应数字经济发展，根据时任总理梅德韦杰夫的提议，普京总统发布命令，将该部更名为数字发展、通信与大众传播部，简称数字发展部。

从通信部到数字发展部的历史变迁形象地反映了通信产业在国家和社会生活中的作用和地位，它也是通信技术和应用不断深化的见证。早期通信部管理的主要对象是邮政、电报、电话和公用无线电通信，如今邮政已经开始转型，电报几乎仅限于特殊行业，电话的概念早已由过去的以固定电话为主变成以移动电话为主，公用无线电通信则由小众变成了大众，成为今天的移动电话和移动互联网的前身。

通信部名称的反复调整，勾勒出通信产业功能不断向社会各个角落延伸的动态图景，其核心内涵从通信工具向信息传播扩展，将通信业与大众传媒管理有机结合，更好地适应了现代信息传播的需要，提升了俄罗斯信息一体化管理的效能。从通信部向数字发展部的最新变化，则突显了互联网对整个国家政治、经济和社会发展的渗透与影响。

（2）大众传媒管理机构的调整。

与通信部几乎同步变化的是大众传媒管理组织。2004 年 8 月 22 日《大众传媒法》第 30 章被取消，据此联邦广播电视报道委员会“寿终正寝”。原第 30 章用法律形式确定了该委员会的地位，即负责制定国家广播电视报道许可政策，并独立运营，此工作与俄罗斯联邦新闻与信息部的职能随后一起并入联邦大众传播与文化遗产保护执法监督局。

2009 年 3 月 16 日，普京总理发布了政府决议，明确在俄罗斯通信与大众传播部内设大众传播督察局，批准该局设置 4 个副职，在中央机关设立 10 个管理局，并将相关领域的联邦国有独资企业列入其督察范围。至此，俄罗斯通信、信息技术和大众传播三大产业均被纳入通信与大众传播部（媒体报道和舆论仍然习惯称之为通信部），它成为统筹俄罗斯信息社会发展最重要的联邦执行权力机关。

2. 加强政府督察，立法保障信息空间一体化

在通信部里，有两个相对独立的联邦局对互联网和大众传媒的影响深远。一个是联邦新闻与大众传播局，它主要负责向电子出版、大众传媒、大众传播和印刷业务提供国家支持，并对它们实施国家管理。其目的是创造条件发展俄罗斯的大众传播业，保障公民在信息领域的各项权利，比如维护公民在信息领域的宪法权利，保障人们有效传承各种精神和文化遗产、历史传统，遵守社会生活规范，维护道德和价值观，培养爱国主义等。简单地说，该局的任务在于

提供资助，创造条件，发展包括互联网在内的大众传播业。另一个是通信、信息技术和大众传播督察局，其任务主要是监督与检查。它是互联网国家治理最重要的机关，也是俄罗斯互联网国家治理中争议最多的机关。

（1）大众传播督察局的职能扩大。

大众传播督察局受通信部领导，其局长由通信部部长提名。如此安排便于协调信息社会发展。但在日常工作上，该局作为联邦权力执行机关，拥有独立的执法权，负责对大众传播、信息技术和通信、个人数据、无线电频谱等领域的日常运营进行检查与监督（详见表 6.8）。2012 年到 2020 年间，大众传播督察局的授权范围有了明显的扩大，尤其是在互联网信息传播领域的监督权力增强。从大众传播督察局职能的调整，特别是其不断强化的互联网空间督察权，可以看出最近十年来俄罗斯互联网治理的主线。

表 6.8　大众传播督察局的主要职责

督察领域	具体内容
大众传播	平面媒体、电视和广播的守法情况；提供通信服务，发放音视频作品、计算机软件、数据库、录音制品等的制作许可；民用无线电通信呼号的分配与登记；制作全俄统一的大众传媒名册、许可证名册
通信与信息技术	通信领域内电子通信和邮政通信网络构建合规情况；通信设施和网络的设计、建设改造和运营的合规情况；通信运营商是否遵守数据通行要求；是否遵守俄罗斯联邦电子通信统一网络编码资源分析程序；通信运营商对所分配的编码资源的应用是否与联邦政府的规定一致；联邦邮政通信组织是否遵守运营信息的登记、保存和发布程序，是否符合联邦法律规定的风险控制要求及企业内控要求
个人数据	个人数据加工合法性；从事个人数据加工的运营商名册

（续表）

督察领域	具体内容
无线电频谱	无线电频谱使用程序、要求和条件是否合规；为无线电设备指定频谱或频道，并监督频谱使用注册、许可证发放及使用情况；允许进入俄罗斯境内的无线电工具和民用高频设备名册
儿童保护	用于加工没有监护人的儿童数据的信息技术是否符合法定认证或申报要求；对从事信息生产和发布的大众传媒、电视频道、广播电台、电视节目、广播节目、互联网信息传播、移动无线通信进行监督，保护儿童免遭不良信息伤害；委托专家和专业组织对儿童信息安全保护的产品进行评审；建立统一的自动化信息系统“违禁信息统一清单”；建立从事公共应用服务的运营商名册和儿童信息安全评审专家名册
其他行政许可事项	确定通信运营商、电视频道、广播频道的许可证发放程序；确定注册为大众传媒的程序；国外期刊发行许可；组织通信领域的许可证竞拍；检查指定机关的文件是否提交了法定文件副本；构建联邦国家信息体系；代表联邦政府行使互联网空间主权

（2）立法保障信息空间一体化。

为维护俄罗斯信息空间一体化，2011 年 6 月 14 日《大众传媒法》进行了三方面的修订。第一，增加了“全俄免费公共广播电视频道”章。该章规定，为了保存并维护俄罗斯联邦统一的信息空间，保障公民获得有意义的社会信息，俄罗斯联邦总统批准全俄免费接收的电视频道和广播频道面向不特定的人群传播，用户无须缴费便有权观看和收听。全俄免费接收的广播或电视频道有义务保证其在俄联邦居民生活的所有地区传播。免费频道的报道者将获得特殊的广播电视节目许可证。他们有权不通过竞标（竞争、拍卖）获得使用无线电频率的权利。免费频道在俄罗斯居民较少的地区产生的与地面无线电传输相关的费用由俄联邦财政支付。该频道是俄罗斯实现媒体服务社会战略目标的重要措施。第二，本次修订扩大了“大众传媒”的概念，将网络出版、视频节目、频道等纳入其中，使互联网媒体适用此法。第三，增设专章，责成联邦权力执行机关，建设大众传媒领域的国家信息体系，将其作为国家电子政府服务的一个组成部分，允许社会公众通过网络了解已注册的大众传媒及该领域工作人员（如主办者、编辑部、主编、出版人、播报者、传播者、通讯社等）的具有社会意义的信息，保障公民能够通过通信技术以电子文件形式获得上述信息等。

随着信息空间不断扩大，政府管理的调整始终没有停止。2015年6月9日，联邦政府第567号决议对联邦通信与大众传播部的管理条例进行修订，扩大了该部制定规范性条例的权力，从而使得该部能够适应互联网技术日新月异的变化，有针对性地及时出台灵活的管理规范，加强对信息空间的管理与治理。比如，考虑到网民中特殊人群的利益，通信部很快出台了保障视力障碍人士接触政府机关官方网站的相关条例，随后，许多政府网站都提供了供视力障碍人士使用的网络版本。

3.“信息社会”思路统筹行政治理

国家行政主体的日常运营手段主要是制定并执行各种政策。政策较之于法律更加灵活，更具有针对性，但同时也存在明确的倾向性，因而可能对特定权益人造成不公平。在此过程中，俄罗斯逐步形成了以《信息社会发展战略》为指导的思路，统筹各种行政治理机制。

（1）制定《国家信息政策构想》。

1998年12月21日，俄罗斯总统领导的国家政治协调委员会信息政策常务会议通过了《国家信息政策构想》，对俄罗斯国家信息政策的构建原则做出规定：①国家遵循信息协作进程中各参与方无条件的法律平等原则，不受参与者的政治、社会和经济地位的影响；②国家完善现有的法律是制定新的社会信息关系的立法和法制基础，同时对执法予以监督；③限制接触信息属于信息公开一般原则的例外，只能依法实施；④国家运用法律手段保障社会不受大众传媒所传播的虚假信息、诽谤和不可信信息的侵害；⑤国家保障为公民提供统一的公共信息服务，保障公民接触世界信息资源和全球信息网络的权利。该政策为构建一个相对公平的信息社会发展环境提供了政策依据，并且将信息公开原则作为法定义务，保障公民的信息接触权，成为此后俄罗斯发展信息社会的基本遵循。

（2）颁布《信息社会发展战略》。

2008 年 2 月，俄罗斯颁布了《信息社会发展战略》，明确勾画出俄罗斯信息社会的图景："以信息和通信技术应用为基础，提高公民的生活质量，保障俄罗斯竞争力，发展社会、经济、文化、政治和精神生活，完善国家管理体系。"其中所遵循的原则是：国家、企业和公民组织的伙伴关系；信息和知识接触的自由与平等；支持国产 IT 产品和服务；协调 IT 领域的国际合作；保证信息领域的国家安全。研究近十年来俄罗斯信息一体化管理的实践便可发现，无论是立法机关还是国家行政管理机关，均围绕上述目标和原则，制定新法，修订旧法，出台政策，实施监督。

为实现信息社会构建目标，《信息社会发展战略》特别强调了国家应该承担的职责，即"研究发展信息社会的主要措施，创造条件与企业和公民组织协作；明确俄罗斯联邦信息社会发展的指标核查任务；在信息和通信技术使用领域促进立法，完善执法实践；创造优越条件快速发展科学、教育和文化，开发科技含量高的信息和通信技术并投入生产；国家为保障公民和组织使用信息和通信技术提供高质量的服务；创造条件保障公民公平接触信息；运用信息和通信技术加强国家的防御和维护国家安全"。

（3）综合运用行政与技术手段。

1994 年到 2004 年十年中，俄罗斯并没有出台治理互联网的国家措施。通常国家关注的是传播与通信，而非互联网本身。2008 年 3 月 17 日实施的《关于俄罗斯联邦使用国际信息交换电子通信网络时的信息安全的措施》，首次明确了国家保障网络信息安全的基本规范，如禁止含有国家秘密的信息系统入网。如表 6.9 所示，俄罗斯政府实施行政管理的手段主要是通过发布总统令、政府令、部门指示来规范市场和政府行为，确定治理目标，同时加强督查。从内容构成上看，总统令主要确定信息空间治理的构想、学说和基本原则；政府令则多以政府决议形式细化总统令，将总任务和目标予以细化和分解，明确实现路径；部委的行政治理则更多地解决政策实施中的操作性问题。其中，影响俄罗斯行政治理信息空间的两大因素是安全和技术。

表 6.9　俄罗斯互联网国家治理中的主要行政手段

行政手段	行政治理内容
总统令	《信息安全学说》，2000 年 9 月 9 日联邦总统批准，№Пр-1895，2016 年 12 月 6 日通过新版《信息安全学说》
	《信息社会发展战略》，2008 年 2 月 7 日联邦总统批准，№Пр-1895，2018 年通过新版战略
	《批准独联体国家合作打击计算机信息领域犯罪的协议》，2008 年 1 月 1 日联邦总统令，第 164 号
	《关于保密性信息清单的核准》，1997 年 3 月 6 日联邦总统令，第 188
	《关于俄罗斯联邦使用国际信息交换电子通信网络时的信息安全措施》，2008 年 3 月 17 日，俄罗斯联邦总统令
联邦政府令（决议）	《关于保护俄罗斯联邦信息免遭国外技术侦测及避免技术通道泄密的国家信息保护体系条例》，1993 年 9 月 15 日俄罗斯联邦政府部长会议决议第 912-51 号

（续表）

行政手段	行政治理内容
	《关于批准远程商品销售的指南》，俄联邦政府令第612号
	《关于签署跨境电视的欧洲公约的决议》，俄联邦政府指示第1060号
	《关于签署联合国关于国际条约中应用电子通信的公约》，俄联邦政府指示第1821号
	《关于批准个人数据信息系统中个人数据加工的保护要求决议》，2012年11月1日俄联邦政府决议第1119号
	《关于批准未使用自动化手段加工个人数据的特殊性原则决议》，2008年9月15日俄联邦政府决议第687号
	《关于批准对个人数据信息系统外个人的生物统计学数据进行保存的物理载体和技术要求的决议》，2008年7月6日俄联邦政府决议第512号
	《关于批准旨在确保落实（个人数据法）及国家或事业机关据此制定的相关规范明确的义务的措施清单的决议》，2012年3月21日俄联邦政府决议第211号
联邦权力执行机关的规章（部长令）	《关于个人数据信息系统中数据加工保护的特殊性及用于个人数据保护信息保护设备的分类》，2012年11月20日俄联邦技术与出口监督局信息通报第240/24/4669号
	《关于在不支持开发的条件下根据信息安全要求分级使用Windows XP系统的通报》，2014年4月7日，俄联邦技术和出口监督局信息通报第240/24/1208号
	《关于批准个人数据系统加工过程中数据安全保障的组织和技术措施构成与内容》（2013年5月14日在俄罗斯司法部登记，№18375），2013年2月18日俄联邦技术与出口监督局令第21号
	《关于批准个人数据匿名的要求与方法》（同时发布《在加工个人数据系统信息时，包括在制定和实施联邦规划时实施匿名的要求与方法》），2013年9月5日俄联邦大众传播督察局令第996号
	《俄罗斯联邦和大众传播督察局对个人数据加工活动履行监督功能的行政章程》，2011年11月14日俄罗斯通信与大众传播部批准第312号

（续表）

行政手段	行政治理内容
	《关于批准俄罗斯联邦和大众传播督察局履行国家服务“实施个人数据加工运营商清单”的行政章程》，2011 年 12 月 21 日俄联邦通信与大众传播部令第 346 号
	《关于个人数据加工（拟加工）通知表格填写的样表推荐》，2011 年 8 月 19 日俄联邦大众传播督察局令第 706 号
	《关于对用于保护国家保密信息或依法属于限制访问应予保护的其他信息的产品（工作和服务）进行合规性评估的行业工作通报》，2012 年 5 月 4 日俄联邦技术和出口监督局信息通报第 240/24/1701 号

叶利钦任职时期，俄当局管理互联网主要考虑国内政治安全，梅普组合期间梅德韦杰夫和普京对于如何防止外部力量对俄罗斯互联网的形成干预与威胁逐渐取得共识，并反映到立法和行政治理的实践中，加强互联网治理国际合作的需求与意愿同步增加。俄罗斯 2014 年发布的《2020 年前俄罗斯联邦国际信息安全领域国家政策框架》成为其在全球信息空间国际化过程中，谋求与全球互联网治理达成一致和考虑相互利益的对外政策战略指导。[①] 该文件确定了国际信息安全领域的主要威胁，俄罗斯联邦在国际信息安全领域国家政策的目标、任务、优先方向及其实现机制，细化了《2020 年前俄罗斯联邦国家安全战略》《信息安全学说》《俄罗斯联邦外交政策构想》以及俄罗斯联邦其他战略计划文件中的某些条款，制定了俄罗斯联邦参与实施的国际信息安全领域国际活动的目标计划。目前，该文件也是中俄之间开展互联网治理合作的俄方依据，两国陆续签署的备忘录、联合声明反映了该文件明确的国际合作目标。

---

① 《2020 年前俄罗斯联邦国际信息安全领域国家政策框架》，苏桂译，《中国信息安全》2014 年第 12 期，第 101—104 页。

制定各种技术指标成为国家治理中的重要举措，这已充分体现在表6.9联邦政府及其部委出台的政策文件中。技术指标的不断调整与完善体现了政策的高度灵活性，它有效解决了法律的稳定性与技术日新月异的迭代性之间的冲突。

经过不断探索，俄罗斯在信息一体化管理方面经历了“媒体寡头化”“媒体国家化”“信息产业一体化”“信息管理一体化”“信息政策一体化”等若干发展阶段，目前已基于《信息社会发展战略》达成了信息一体化治理的共识，明确了以国家为主体的信息社会构建的原则、目标和任务。俄罗斯构建信息一体化治理体系的重点在于满足国内信息社会构建的需要，兼顾国际信息传播秩序重构的目标，提升俄罗斯在国际社会中的话语权，两者共同体现出以安全为主导、以技术为手段的政策优先原则。

三、技术治理

在本书构建的研究模型中，技术变量既是治理的客体，也是治理的路径。实际上，作为治理客体的技术变量背后真正的治理对象是因技术应用而产生的社会问题，而非技术本身。但作为治理路径的技术变量正在发挥其自身优势，完成人力之不逮，以保证互联网系统的健康运行，维护社会公序良俗，促进互联网走向“善治”。

（一）网络攻击催生技术治理需求

互联网技术治理在俄罗斯起步较早。其中一个很重要的原因便是，俄罗斯互联网是计算机病毒和黑客入侵的重灾区。在网络攻击和被攻击这两项上，俄罗斯互联网市场同为主战场，两者的次数始终位于世界前三位。2010年俄罗斯知名的网络安全公司卡巴斯基实验室发布的安全报告表明，当年俄罗斯受到的计算机攻击数量位居世界第二位（15.13%的电脑曾遭遇非法入侵或攻击），仅次于美国

(25.98%的电脑曾遭遇非法入侵或攻击)。中国居第三位(13.07%的电脑曾遭遇非法入侵或攻击)。有趣的是,一年前中国居第一位,数字高得令人难以置信,达到52%以上。2010年中国政府采取措施,加强了对cn域名注册的管理,改变了这种状况。俄罗斯此前始终位居美国、德国、荷兰之后,但2010年却位居第二,受攻击数量从2.6%上升到15.10%,从此稳居世界第二位。[①] 俄社交媒体同学、联系等平台的广泛应用,成为新的网络风险点。

计算机网络攻击带来的损失较为严重。2014年,卡巴斯基实验室与国际组织B2B国际共同调查了俄罗斯中小企业面临信息安全事件的威胁与后果。它们访问了工作在俄罗斯和哈萨克斯坦的、来自世界27个国家的3900余名专家。调查表明,受攻击影响,企业平均损失78万卢布,包括被迫停机造成的损失、利润损失以及支付额外的安全专家服务费;与2013年相比,损失增加了64%。几乎所有受访企业(近98.5%)一年中至少遭遇一次外部威胁,82%的企业至少遇到一次来自内部的威胁,最为普遍的五项网络安全威胁是:病毒进攻和有害程序(75%)、防范措施薄弱(44%)、人为因素导致的突发泄露(28%)、钓鱼网站(28%)以及网络攻击(22%)。[②]

对企业的调查发现,每个单位至少有两组数据:一是个人数据,二是保密信息。许多单位对保密信息比较重视,因为它涉及企业的竞争力,对个人数据不重视,但一次计算机安全事件的高昂代价不仅表现为当时的损失,还在于恶意攻击者获得了42%的公司内部工

① Д. М. Чистов, К. Р. Казарьян, *Интернет в России: Состояние, тенденции и перспективы развития*, Москва: Федеральное агентство по печати и массовым коммуникациям, 2011, стр. 68-69.

② "Субъект МСБ теряет 780 000 руб. от инцидента информационной безопасности," (2014-07-08)[2016-12-30], http://allmedia.ru/newsitem.asp?id=943529.

作联系方式及相关商业细节、电子邮箱及类似数据，还有 34%的公司客户个人数据被盗取，2/3 的中小企业由于内外部威胁遭受了数据损失。数据泄露的损失则更加惊人，2006 年度的一项独立调查显示，一次泄露平均给公司带来的损失是 480 万美元。[①] 根据 Symantec 公司的年度信息安全与计算机犯罪报告，俄罗斯属于受网络欺诈最严重的十国之一，因此导致的损失居世界第一位。2013 年俄罗斯因计算机攻击遭受的损失达到 14.8 亿美元。[②] Symantec 公司的专家认为，俄罗斯网民对非法内容的好奇是导致这一结果的原因之一，而且此类损失会逐年增加。

与经济损失相比，计算机犯罪数量不断增加更加困扰整个社会。卡巴斯基实验室的报告明确指出，针对中小企业的计算机犯罪在增加。如果说几年前恶意攻击者只是偶尔成功，那么今天他们的攻击已经具有相当明确的针对性，已经拥有一整套攻击工具，不仅攻击企业本身，还瞄准其特定的合作伙伴，如会计师、培训师、职业经理人等。此类恶意行为导致一次成功的攻击产生的损失在增加，攻击的密度也在增加。如果说 2013 年还有受访者表示未遭遇过攻击，2014 年后几乎难有幸免于网络攻击的企业。

2017 年后，移动网络的兴起带来了新的威胁。据卡巴斯基实验室调查，2017 年共发现 4270 万起有害移动软件攻击事件（2016 年为 4000 万），全世界几乎每个国家和地区都遭遇了移动程序攻击。其中，特洛伊木马病毒的数量相当于 2016 年的 2 倍和 2015 年

---

① Алексей Доля, “Защита персональных данных от утечек,” (2007-03-01) [2016-12-30], http: //compress. ru/article. aspx? id = 17365.

② Н. М. Гущина, Е. А. Ватолина, Г. В. Зельманович, *Интернет в России*: *Состояние*, *тенденции и перспективы развития*, Москва: Федеральное агентство по печати и массовым коммун икациям, 2014, стр. 20.

的 17 倍。[1] 俄罗斯成为遭遇移动银行特伊洛木马入侵最多的国家。事实上，2010—2020 年的十年间，俄罗斯一直是网络攻击的重灾区。到 2017 年，俄罗斯受到的网络攻击数量仅次于美国，居世界第二位。从 2018 年 10 月到 2019 年 10 月之间，针对俄罗斯的黑客进攻是 99.5 万次。2019 年俄罗斯总检察长总结年度网络犯罪增长率为 66.8%，2019 年前 8 个月，俄罗斯登记在案的网络犯罪达 18 万件。而 2013 年俄罗斯总检察署统计的全年网络犯罪只有 1.1 万件。[2]

互联网发展至今，推特、脸书等社交媒体的兴起不仅加剧了数据安全的风险，而且直接对国家的政治、经济和社会稳定构成了挑战。除了技术本身带来的问题外，平台和内容导致的新现象和新问题同样也需要借助技术手段加以治理。斯诺登事件警示世界，无论是国家总统还是普通网民，其在网络上的一举一动都有可能被监视。因此，在本书的研究模型中，技术既属于互联网治理的路径，其本身也是治理客体之一。

（二）技术治理的主客体

1. 技术治理的主体

虽然国家拥有强大的立法和行政力量，但是面对以互联网为基础构建的新兴信息社会，传统的立法和行政手段常显得心有余而力不足。早在国家治理正式介入之前，技术便已成为企业和行业内部治理的主要手段，即通常所谓技术带来的挑战仍然要借助技术之手予以化解。技术正是在不断迎接挑战的过程中得以更新迭代的。在

① Казарян К. Р., *Интернет в России: Состояние, тенденции и перспективы развития*, Москва: Федеральное агентство по печати и массовым коммуникациям, 2018, стр. 52.

② Мария Коломыченко, “2010－2020: самое драматическое десятилетие Рунета,” (2020-01-04) [2020-03-20], https://meduza.io/feature/2020/01/04/2010-2020-samoe-dramaticheskoe-desyatiletie-runeta.

俄罗斯对于互联网的行政治理中，在以政府部长令或局长令形式发布的行政治理文件中，操作规程和技术标准占据主导地位，这反映出技术路径在信息空间治理中的不可替代性，技术治理的主体已经从企业、行业向国家政权机关拓展。

与美国和世界许多其他国家一样，俄罗斯运用技术手段治理互联网早已不仅限于防止病毒和黑客进攻，而是上升至国家安全层面。正因此，互联网国家治理的主体结构中出现了更多的政权机构，除了数字发展部、经济发展部、工业贸易部等与互联网“发展—管理”关系密切的部门外，联邦安全局、联邦调查局、内务部、总检察署，甚至国家民族事务部等都陆续加入了互联网国家治理的行列。

从不同部门的职能分工可以看出不同阶段互联网国家治理的重点。当前，俄联邦安全局参与互联网国家治理表明，互联网安全正成为重要的治理目标。具体而言，联邦安全局在此过程中的主要职责包括以下几方面：（1）负责监控涉及国家安全的信息，推进国家计算机信息安全机制建设，以监测、防范和消除信息安全隐患，评估国家信息安全形势，保障关键信息基础设施的安全等级合规，对计算机安全事故进行鉴定，建立电脑攻击资料库等；（2）负责对网络使用者的电话、IP 地址、账户以及电子邮箱等进行监督；（3）负责制定对国家信息资源和国外使领馆进行网络攻击的侦测、预警及后果消除机制；（4）负责对国家信息安全形势做出预测，并与信息运营商及服务商进行信息交换等合作，应对网络攻击。此外，与互联网治理相关的另一个重要部门是俄罗斯内务部，它下设特种技术措施局，负责网络安全，接受网民关于不良网络信息及应用程序的举报；设网络监控中心，负责监控推特、脸书等新兴媒体。

联邦安全局和内务部这两个以国家安全为己任的职能部门，既需要对互联网技术安全进行监测与防范，也需要借助先进的互联网技术阻止不良信息传播。其他联邦执行权力机关在具体落实互联网安全保障任务时，技术手段同样必不可少，以弥补人力之不足。在俄罗斯联邦众多执行机关中，大众传播督察局是核心主体，无论是个人投诉，还是法院的判决或总检察长的命令，最后均需要该局与具体的通信运营商或网络供应商协调处理。一旦通过技术侦测发现问题后，执行权力机关将动用行政和法律手段，及时对信息发布者、发布平台、通信运营商等联系，要求他们修改、删除或查封相关信息，或者将其纳入“黑名单”，屡次被警告者，则可能面临执业许可被吊销或者被追究刑事责任的风险。

2. 技术治理的客体

技术治理的客体本质上是互联网空间的行动者，无论是自然人还是虚拟人，甚至于网络空间的机器人和“爬虫”，均属于互联网技术治理的潜在客体。判断这些行动者是否成为现实的治理对象主要依据他们利用互联网实施的具体行动及其后果，即问题导向。当前，技术治理主要针对的“问题”通常包括两大类：一是通过技术手段解决互联网应用中的安全问题，比如杀毒、保密、阻止黑客入侵等；二是通过技术手段消除或拦截违反法律规定和公序良俗的有害信息，如对儿童等特定人群的健康成长不利的信息。但处于危机型“发展—管理”关系中的俄罗斯互联网，当前最重要的是利用技术手段监测和阻止威胁俄罗斯互联网功能完整性和稳定性的违法活动。对第一类问题的治理，在俄罗斯早已形成社会共识，容易得到公众理解与支持。对第二类行为的治理仍存在一定争议，特别是对网络信息监控与拦截，如果操作不慎易招致妨碍信息自由流通等指责。

但不管哪一类治理活动，借助技术手段较之法律手段和行政手段皆更为中性。因为技术手段的应用通常不为大众直接感知，或者说不会形成直接的利益冲突，而且能减少人为干预的风险，不易产生治理不公或选择性执法。因此，无论是早期的病毒管理，还是今天的网络国家安全治理，技术手段都是世界各国的优先选择。比如，当俄罗斯“网络反盗版法”遭遇业界的强烈反对时，普京总统与企业家们进行对话，了解彼此的关切。最后，面对法律路径实施中存在的各种担心，各方协商将借助技术手段加以治理作为优选项。但基于国家安全而采取的技术治理手段，有时不得不以牺牲互联网效率为代价，对此网络用户虽然能够理解，但仍然需要为用户提供救济路径，且应严格避免简单粗暴执法或滥用职权的现象。换言之，要避免技术应用导致治理不当。

不同时期，互联网治理的技术路径选择千差万别，不同国家和地区间的差异同样显著。如何选择具体的技术路径始终困扰执行权力机关、互联网行业和专家，因为这需要权衡多种利弊。2013 年，俄罗斯大众传播督察局曾经举行专家例会，针对在俄境内查封互联网违禁内容的方法形成初步共识，最终列举了几种可以用于限制入网的技术方法：（1）DNS 锁定，即并非锁定整个 IP 地址，而是仅仅针对域名；（2）通过 URL 进行锁定，即锁定的既不是整个 IP 地址，也不是整个域名，而是网页；（3）深层探测（DPI），即根据文件包分析结果，锁定存在违禁信息的网页；（4）综合锁定，即根据 IP 地址划分和 URL 过滤器予以锁定。同时，企业将根据“禁止性信息清单”，自行制定信息锁定方法。[①] 此前，联邦安全局已经要求国内互联网安装 COPM 系统，即网络通信运营侦测系统。该系统早在 1996 年便开始运用于电话通信系统监控，1998 年被扩大到互联网，它可以帮助联邦安全局跟踪用户在互联网上进行的信用卡交易、电

① Н. М. Гущина, Е. А. Ватолина, Г. В. Зельманович, *Интернет в России: Состояние, тенденции и перспективы развития*, Москва: Федеральное агентство по печати и массовым коммун икациям, 2014, стр. 49.

子邮件往来以及互联网用户活动。2000年7月25日之后，联邦安全局不需要事先向互联网服务商和电信商提供相关文件材料，便可调用该系统上的信息。2019年11月1日以后，随着“俄罗斯互联网主权法”的实施，技术越发成为行政治理和法律治理必不可缺的支撑而被更为广泛地使用。但在防止技术治理手段滥用的同时，也要避免盲目依赖技术，忽视其他治理手段的现象。

四、体系初成

研究表明，以《信息安全学说》为法律基础，俄罗斯已初步构建了一个互联网治理体系，它是整个信息安全体系的核心组成部分，也是俄罗斯实施《信息社会发展战略》的关键制度体系，并初步表现出主体多元化和路径多样性特征，在机制创新方面亦有所突破。

从治理主体看，俄罗斯互联网国家治理的主体包括国家、社会和企业三大类，且可细分属性。比如，国家主体可分为立法、行政和司法三种并可进一步分成若干具体对象。其中，俄罗斯现行宪法赋予总统的权力远高于同类国家，总统既可以是立法草案的提议者之一，也是法律文件批准生效者。社会主体的数量与影响力与日俱增，它们借助俄罗斯总统的“授权机制”直接参与互联网国家治理的重要决策。该机制是俄罗斯除了命令、对话和自律机制以外的第四种机制，也是本研究的意外发现，对既有研究模型具有一种补充价值。

从治理路径看，立法、行政和技术构成了俄罗斯互联网国家治理的主要路径。其中，互联网专门立法起步较晚，但立法速度快。互联网法律体系的建立，经历了被视同大众传媒和以互联网自身为调整对象两个阶段，以修订既有法律为主，制定新法为补充，初步形成体系。“信息一体化”管理思路贯穿俄罗斯国家治理历史，互联网被纳入其中的渐进过程反映了互联网影响力的变化。互联网发展与管理中的大量问题因技术而生，也将依靠技术而得以克服。在国家治理中，技术既是治理的路径，本身也成为治理客体。俄罗斯既充分利用技术手段加强对互联网数据流量的监控与管理，也通过立法和行政手段消除技术应用对国家、企业与个人数据安全造成的各类威胁，更注重消除各类威胁给国家政权、社会安全和政治、经济稳定带来的挑战。

从影响因素看，政治和经济对俄罗斯互联网治理的影响相继加强。其中，政治因素介入最早且持续作用。苏联末期，建立仅一年的苏联互联网在不经意间已早早地与政治“联姻”，助力叶利钦塑造“民主斗士”形象。在互联网日常发展与管理过程中，俄罗斯政治领导人的个性对其影响较为显著。当前，地缘政治直接导致俄罗斯互联网的发展与管理偏向“危机型”，增加了国家治理的难度和不确定性。经济则是影响俄罗斯互联网发展与管理后来居上的因素，在危机型关系阶段，互联网经济已演绎为数字经济，成为影响整个国家治理的关键因素。因此，未来的俄罗斯互联网国家治理需要兼顾政治需求与经济安全两大因素，并寻找新的平衡。

总之，互联网国家治理是一种综合协调过程，它需要发挥命令、对话、自律和授权机制的制度功能，调动国家、企业和社会各个主体的积极性，综合选择和应用立法、行政和技术等多种手段，以“问题”为导向，有针对性地推进。应该看到，现有的俄罗斯互联网治理体系主要适应当前危机型“发展—管理”关系的要求，需要随着外部因素的变化而适时进行动态调整，以创新迎接挑战。

第七章　俄罗斯互联网国家治理实践

互联网国家治理是一项系统工程，涉及范围广泛，难以逐一研究。2014 年 4 月 7 日在莫斯科举行的俄罗斯第五届互联网管理论坛上，俄罗斯通信与大众传播部副部长阿历克谢·沃林曾经表示，“原则上，国家不是破坏者”①，国家有意从两方面帮助互联网发展：第一，扩大宽带入网的覆盖区域；第二，增加互联网为公民服务的内容份额。在通信与大众传播部关注互联网发展的同时，俄罗斯联邦安全会议提出另一个重要问题——互联网安全，与会者讨论了如果俄罗斯互联网遭遇国外“断网”威胁时，该如何处理。发展与安全成为俄互联网治理的一体两面。虽然“国家不是破坏者”，但来自外部的“断网”威胁彼时已存在，“防止信息和通信技术潜力被用于危害国家利益”也早已被列为俄罗斯联邦《信息社会发展战略》第八项任务。

因此，基于“问题导向”，结合前述研究的关键变量，可以发现俄罗斯互联网治理实践的主要思路，即立足于国家安全，以互联网

① “Развитие Рунета. Ни шагу назад,”（2014-04-08）［2014-04-09］，http：//www. zniis. ru/actual/news-industry/internet/584.

功能完整性、内容可靠性和技术自主化为治理目标，重点在基础设施、内容和技术三大领域展开，最终体现为捍卫互联网空间的国家主权。

第一节　维护互联网功能完整性

俄罗斯是世界上领土面积最大的国家，横跨欧亚大陆，幅员辽阔，地理和气候条件差异悬殊，基础设施建设和维护的难度较大，面临的各类风险亦较多。确保俄罗斯互联网功能的完整性成为国家网络治理的重要任务，它涉及基础设施的开发、建设和保护三方面，重点是域名、通信线路、数据交换点等关键基础设施。最近几年，由于长期处于外部制裁环境下，俄互联网“发展—管理”关系进入危机型阶段后，基础设施安全居于各项治理目标之首，只有基础设施安全才能维护互联网功能的完整性和稳定性。

一、域名发展与管理

1991 年至今，俄罗斯历经三位总统，即叶利钦、普京和梅德韦杰夫。其中，梅德韦杰夫是最早关注互联网的总统。他视互联网为实现俄罗斯现代化的重要武器，在基础设施建设方面投入巨额资金，显著提升了俄罗斯在国际通信领域的地位。他对域名开发表现出的极大热情，直接推动了俄罗斯基里尔字母域名的开发，使得俄罗斯成为世界上少有的同时拥有三个国家顶级域名的地区。同时，他身体力行，开设博客，与网民直接沟通，促进了互联网治理对话机制的形成。在梅普组合期间，俄罗斯互联网基础设施获得了快速发展。

（一）俄语字母域名的诞生

苏联时代的互联网及用户基本上都在俄罗斯，并且大多在莫斯科，仅少数用户分布在乌克兰的基辅和白俄罗斯的明斯克，因此可以说，早在1991年俄罗斯实际上便拥有su顶级国家域名。但对于俄罗斯这一主权国家而言，ru和PΦ这两个域名更具象征意义，PΦ尤其如此。

1. 三个国家域名相继问世

1994年，俄罗斯拥有了象征主权国家的顶级域名ru，其注册日4月7日成为俄罗斯互联网诞生日。2010年11月11日，俄罗斯正式启动PΦ（“俄罗斯联邦”的俄语缩写）域名注册，拥有了第一个用俄语字母拼写的国家顶级域名。至此，俄罗斯拥有了三个国家顶级域名su、ru、PΦ（见表7.1）。关于su的命运变化和ru的注册，本书此前已专门介绍，不再赘述。值得关注的是，俄罗斯三大顶级国家域名的用户数在2013年12月基本稳定后，一度出现了负增长现象。截至2021年12月，只有ru注册用户数高于2013年（但较2020年仍有所减少），其他两个域名无论是相对于2013年还是相对于2020年，均有所减少。对此，本节稍后将做分析。

表7.1　俄罗斯国家顶级域名构成与发展状况（截至2021年12月）

域名	接入年份	2013年12月域名登记数（个）	2021年12月域名登记数（个）	较2020年增长（个）
su（苏联）	1990	124 071	105 407	-507
ru（俄罗斯）	1994	4 938 480	5 020 021	-3916
PΦ（俄联邦）	2010	808 331	674 846	-7403
总计		5 870 882	5 800 274	-11 826

*数据来源于2014年《俄罗斯互联网年度报告》和俄罗斯互联网技术中心2021年统计报告。

与su代表“过去”和“遗产”不同，俄罗斯国家和社会给予ru和PФ两大域名特别的意义。ru相当程度上就是俄罗斯互联网的象征，由此诞生了一个新词“Runet”。该词代表了俄罗斯网络主权，且其内涵日益丰富，早已从技术意义上的网络渠道发展成为包含俄罗斯语言、文化、民族、政治等多种因素和情感的复合体。域名新秀PФ则代表着俄罗斯在世界互联网空间的独立自主性，俄罗斯境内域名注册与使用不再唯英语马首是瞻，俄语使用者不必因语言问题而止步于互联网大门外。以此为起点，一批代表俄罗斯国家城市、特定人群的基里尔字母域名相继出炉，不断扩大俄罗斯在互联网空间的域名影响，为后来俄罗斯互联网的扩张奠定了基础。

从世界范围看，使用本民族语言注册域名是一大趋势，由于多种原因，俄罗斯未能跻身第一批用民族语言注册域名的国家行列，PФ的成功申请弥补了俄罗斯这一遗憾。早在1998年，国际上多语言域名设计便已起步。最早对此感兴趣的是中国、日本、韩国、马来西亚和新加坡。1999年中国（cn），日本（jp）率先允许申请者在所属域名内使用民族文字或字母；2000年开始com和net两大通用域名也开始允许在域名注册文本中使用民族文字字母；2004年，波兰（pl）和德国（de）相继启用民族语言域名；2008年4月28日，苏联域名su开始允许用民族字母注册域名，其中拉丁字母、希腊字母、亚美尼亚语、阿拉伯语、格鲁吉亚语等均可使用。但是根据当时的规则，代表俄罗斯联邦主权国家的域名ru却一直未被允许使用民族语言注册。此时，虽然表面上看有一些以俄语字母注册的域名，但实际上最后仍然要跳转到英文域名中，比如以俄语注册的总统网站президент. ru实际上需要跳转到president. kremlin. ru。尽管俄罗斯早在2003年便开始尝试使用俄语基里尔字母注册域名，2006年12月负责域名注册的互联网技术中心也批准了相关方案，但2007

年7月行政管理机构又决定不允许在ru域名注册中使用基里尔字母，理由是法律上不可行。2007年，ICANN开始测试使用民族语言注册国家顶级域名，参加首批测试的有11个国家，包括俄罗斯，结果很成功。2008年，ICAAN通过了测试报告并决定启动快速审批通道，推进民族字母域名注册。时任俄罗斯总统梅德韦杰夫对此非常重视，亲自提议申请，并直接与ICANN的负责人反复沟通。当年底，俄罗斯互联网技术中心正式提交注册申请。

因此，如果说ru域名是由互联网企业联合申请注册成功的，PФ则不同。它是国家深度参与的一个成果，其作为俄罗斯第一个基里尔字母顶级域名对于俄罗斯社会而言具有重要的意义，代表了俄罗斯构建信息社会的重大决心，也有利于消除俄罗斯国内域名资源使用的“数字鸿沟”，为不习惯使用英语或无力使用英语的俄公民或法人提供了注册和使用域名的机会，因此受到社会欢迎。特别需要注意的是，该域名申请成功后，在正式开放前注册机构为联邦政府机构预留了域名资源，以服务于俄电子政府建设。

2. 选择俄语域名的目的

俄语域名的成功申请令俄罗斯社会各界为之振奋，开放注册后第一个小时即完成36 607个域名登记，24小时内升到258 431个，8天即打破了50万的标志性记录，很快升至欧洲顶级域名第16位。[①] 2011年俄罗斯互联网奖专设“PФ域名开发贡献者”特别提名奖，作为俄罗斯互联网领域最高奖项，向为此做出贡献者致敬，奖杯上的标志即“RUNET”。

为何PФ域名开放仅两个月便拥有70万注册用户？人们为何注册该域名？哪些人更喜欢俄语字母域名？为回答此类问题，2011年

---

① “Анализ развития Рунета,”（2011-03-09）［2014-04-09］，http：//www. bestreferat. ru/referat-206235. html.

11 月，PΦ 域名注册满一年之际，负责该域名注册的公司之一 REG 公司对客户进行了一次专门调查，以了解他们使用该域名的目的和意向。

为何要使用基里尔字母的域名 PΦ？调查表明，个人使用（23%）、服务企业（21%）、为未来储备（20%）三者相当，等于或略高于 20%。其他注册目的分别是：防止竞争者抢注（10%），准备倒卖（12%），少数人视之为流行趋势或不错的礼物（见图 7.1）。①

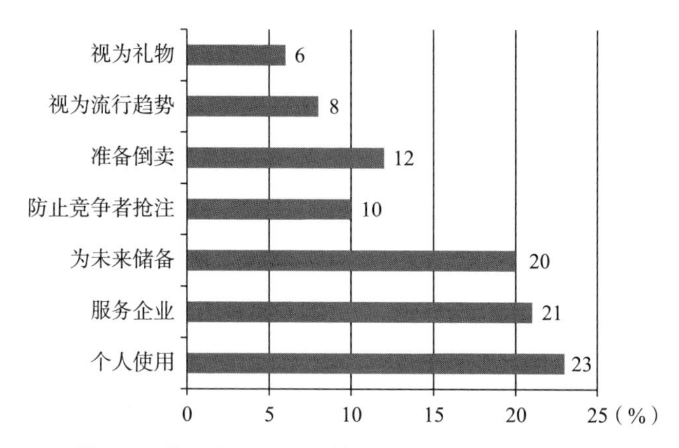

图 7.1　俄罗斯公民注册基里尔字母域名 PΦ 的目的

＊图中数据源于俄罗斯域名注册公司 REG 的调查报告（2011 年 11 月）。

人们为什么愿意选择 PΦ 域名？在众多选项中，“易记”是 PΦ 域名的最大优势，25%的受访者持此观点。其他观点分别是：“便于网站收集地址”（13%）；“使用俄语更容易、更舒服”（12%）；“看不出它和拉丁字母有何区别”（38%）；“便于网络推广和开展广告活动”（12%）（见图 7.2）。②

---

① “Итоги опроса о домене .РФ,”（2011-11-11）[2014-04-09]，https：//www. reg. ru/company/news/1190.

② Ibid.

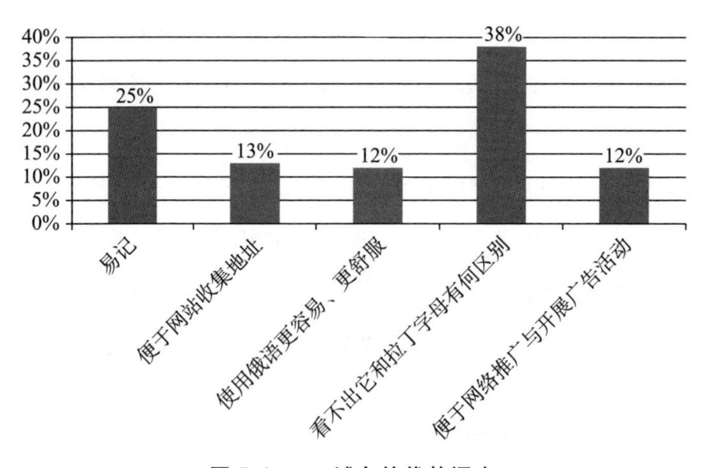

图 7.2　PΦ 域名的优势调查

*图中数据源于俄罗斯域名注册公司 REG 的调查报告（2011 年 11 月）。

当人们被问及，如果网站提供两种字母（拉丁字母和基里尔字母）的域名，会更喜欢用哪种时，回答“只用拉丁字母”者达 54%，“只用基里尔字母”者为 11%，两者都用的占 35%。[①] 显然，开发俄语域名对于俄罗斯互联网用户而言是一种有效的补充，但一时难以成为主流。一方面，对那些“老网民”而言，他们早已习惯于拉丁字母域名，而对于非网民，域名或许并非影响其转化成网民的主要因素。但不管怎样，无论是自然人还是法人，均看重新域名的潜在优势，并在总体上持肯定的态度。

（二）发展国家域名的示范性

PΦ 域名发展较快，仅一年时间其用户便已达到 93 万。从 2011 年 11 月 11 日起，为了加速发展该域名，管理者取消了对外国人申请注册的限制。此前，只有俄罗斯公民才能获准注册。有专家称，政策修改后，保守估计到 2012 年用户将达到 100 万。遗憾的是，

① “Итоги опроса о домене .РФ,”（2011-11-11）［2014-04-09］, https：//www. reg. ru/company/news/1190.

2012年该域名的用户数不仅未升，反而下降了17%，此后虽恢复增长，但直到2015年也未能突破90万。对此，早在2014年，俄互联网国家域名协调中心主任安德烈·科列斯尼科夫（Андрей Колесников）便指出，РФ最薄弱的环节在于缺少有价值的电子邮箱。他认为，"只要РФ的电子邮箱启用，其域名用户将在不长的时间内增加20%—25%"[①]。2020年前，电子邮箱一直是影响该域名发展的重要因素，目前俄罗斯正在着手研制一种新型电子邮箱"full-IDN"，即允许@符号左右两侧都使用非拉丁字母，以方便更多的民族语言用户使用。本书截稿时，该项工作尚无新进展披露。

尽管未达到100万用户，但РФ域名从90万开始便一直居民族字母域名用户数领先地位。2016年第一季度的调查表明，РФ和ru两个域名是欧洲发展速度最快的国家域名。相对而言，ru域名发展更为稳定，用户数量持续增长。2015年，ru域名进入世界主要国家域名的前五，位居世界顶级域名第9位（含通用域名），注册用户总量达到522万。从2015年下半年开始，国际通用域名出现了前所未有的变化，com和net两大域名增速超前。但在俄罗斯域名空间中，国际域名所占比例并不高，只有7%多，其中com占5.5%，而俄罗斯国家域名加速增长。其中，ru域名用三年时间完成了新增100万的目标（2012年9月迈上400万的台阶），年增长率达3.7%，与上年的负增长（-0.05%）形成鲜明对比。РФ域名2015年新增注册2.9万，增长3.5%，而2014年的增幅仅为0.6%。[②] 因此，2015年

① Н. М. Гущина, Е. А. Ватолина, Г. В. Зельманович, *Интернет в России: Состояние, тенденции и перспективы развития*, Москва: Федеральное агентство по печати и массовым коммун икациям, 2014, стр. 13.

② К. Р. Казарян, *Интернет в России в 2015 году: Состояние, тенденциии перспективы развития*, Москва: Федеральное агентство по печати и массовым коммуникациям, 2016, стр. 30-32.

对于俄罗斯两大顶级国家域名的发展而言均属极为重要的一年。

历史地看，РФ 域名注册量的波动并未削弱其示范效应。正是在其带动下，俄罗斯互联网域名开发取得了重大突破。2015 年 2 月 ICAAN 新增的 30 余个域名中，有 7 个域名是俄罗斯的，它们是 дети、tatar、moscow、москва、yandex、gdn、рус。对此，俄罗斯国立知识产权学院（РГИИС）教授安东·谢尔戈（Антон Серго）称，“РФ 域名是俄罗斯革命的一面镜子”[①]。域名的开发不仅增加了国家网络资源，还促进了网络资源的合理分配和使用。以儿童上网为例。俄罗斯电信公司代表阿历克谢·巴绍夫（Алексей Басов）曾经指出，因为缺乏协调，“目前允许孩子们上网很危险”，国家应采取措施从各方面协调互联网的发展。对此，域名开发者相信，既然难以保障儿童在互联网上获得广泛的安全信息，那么通过特定的域名开发，让孩子们直接找到“自己的域名”（以俄文单词“儿童”直接命名的域名）不是更有效的办法吗？与其对整个网络内容进行大浪淘沙式的治理，不如先给孩子们提供一个安全港湾；与其不断扩大互联网资源“黑名单”，不如先建立一个有限的“白名单”。负责开发俄罗斯儿童域名 ДЕТИ 的伊琳娜·达妮莉娅（Ирина Данелия）指出，当前互联网上专门供孩子们使用的资源非常少，儿童域名的开发“将不只是一份名录，而是孩子们喜欢的各种专题内容”[②]。2018 年的调查表明，18%的父母相信，互联网上没有安全的儿童服务，而 2015 年有 24%的父母持此观点。父母认为，对于儿童来讲，最安全的是多媒体门户网站，比如 yandex、mail. ru 等。2015—2018 年间，安装了儿童安全搜索的家庭从原来的 5%增加到 23%，“儿童互联网”的

① Антон Серго, *Доменные имена в свете нового законодательства*, Москва: Российский государственный институт интеллектуальной собственности, 2010, стр. 18.

② “Развитие Рунета. Ни шагу назад,” (2014-04-08) [2014-04-09], http: //www. zniis. ru/actual/news-industry/internet/584.

普及率由原来的4%提升到12%。[①] 大部分家庭认为，自己应对儿童上网负责。父母越年轻这种观点越强烈，而那些本人不上网的父母则更多地强调国家和学校的责任。这反映出，专用儿童域名和网络资源的开发不仅具有政治意义，而且具有长远的社会意义。

2014年，回顾俄罗斯国家域名20周年发展历程时，ru和РФ域名协调中心经理安德烈·科列斯尼科夫表示，俄罗斯国家域名的分配体系拥有在互联网任意地点100%的接入率，是世界互联网地址统一体系中重要的基础设施。[②] 其中，俄罗斯网络（RUNET）这个词正是源于顶级域名ru，协调中心的贡献在于，使ru成为世界上注册用户数最多的国家域名之一，使俄罗斯互联网成为发展最快的网络之一。国家域名РФ一诞生便对俄罗斯互联网的发展产生了实质性影响。该域名启动之前开展的大规模广告宣传和教育活动，使得许多人了解了俄罗斯网络和国家域名的存在，域名开发后的示范作用更不容忽视。

（三）域名的负增长

研究2011年到2018年间俄罗斯域名发展数据（见表7.2）可以发现，从2014年开始，俄罗斯互联网“发展—管理”关系进入危机型阶段，域名增速明显放慢。尽管2012年俄罗斯民族国家域名РФ一度出现17%的负增长，但俄罗斯通过降低注册费用、方便注册程序等措施很快推动了该域名的正增长。主力域名ru始终保持着15%—23%的高增速。2014年外部制裁开始传导到俄罗斯互联网域名领域，ru首次出现负增长（-0.05%），并从此进入个位数的低增长

① К. Р. Казарян, *Интернет в России в 2018 году: Состояние, тенденции и перспективы развития*, Москва: Федеральное агентство по печати и массовым коммуникациям, 2019, стр. 33.

② Алла Сергеевна, “20 лет рунета: непридуманные истории глазами очевидцев,” (2014-04-07) [2014-04-09], http://maxpark.com/user/medvedeva/content/3513156.

期，2015—2018年间的年增幅分别为3.7%、7%、-2.7%和-4.36%。其中，2017年和2018年，两大域名同时转入负增长。该趋势直到2021年12月仍未有改变。2021年ru较2020年的注册量下降0.08%，РФ下降1.10%，su下降0.48%。[①]

表7.2 2011—2018年两大域名的变化

年份	域名登记总量		年增长量		年增长率	
	ru（万）	РФ（万）	ru（万）	РФ（万）	ru（%）	РФ（%）
2010	313	70	58.1	70	23	—
2011	367	93.7	48	23.75	15.5	34
2012	426	78.01	65	-15.7	17.9	-17
2013	491	81.18	65	3.17	15.3	4
2014	486	83.52	-5	2.34	-0.05	3
2015	504	86.43	18	2.92	3.7	3
2016	542	89.73	38	3.3	7	3.8
2017	527	84.74	-15	-4.99	-2.7	-5.56
2018	504	80.94	-23	-3.8	-4.36	-4.48

* 此表由作者根据《俄罗斯互联网年度报告》统计制作。

上述现象表明，受外部因素的强大干扰，俄罗斯互联网“发展—管理”关系进入危机型阶段后，国家治理的强力介入暂时中断了互联网发展和管理两大变量的正常作用机制，其影响逐渐传导至域名注册空间。不过，在ru和РФ域名申请增速放慢或出现负增长的同时，也发生一个有趣的变化，即俄罗斯两域名中的本国用户数量有所增加，外国用户数量有所减少，而且域名数量的减少并没有直接导致域名服务市场总产值的大幅减少。相反，2018年后俄罗斯域名

① “Статистика доменных имён-декабрь 2021,”（2022-01-26）[2022-02-14]，https://d-russia.ru/statistika-domennyh-imjon-dekabr-2021.html.

市场的总产值仍然有所增长。这可能在某种程度上反映了互联网国家治理效果的多面性。

（四）域名自治面临挑战

虽然俄罗斯互联网域名的开发取得了明显成果，但从千人域名数量看，俄罗斯与欧洲其他主要国家相比，差距极为悬殊。2015 年俄罗斯 ru 千人域名为 34 个，РФ 为 6 个，且自 2011 年以来几乎没有变化，远远落后于世界领先水平。在欧洲，早在 2011 年时，德国的千人域名数即已达到 172 个，英国为 163 个，荷兰为 290 个。[①]

有学者将俄罗斯域名千人占有率的落后归咎于域名的行政管理者。俄罗斯电子传播协会会长谢尔盖接受媒体采访时曾透露，1992 年俄罗斯即获得 ru 域名的行政管理权，但俄罗斯“第一批国内互联网供应商当时好比不理智的孩子，同时向美国提交了多份申请，对方无法确定由谁负责，最后成立了一个协调小组，花了一年时间才解决管理问题”[②]。言外之意，如果早一点解决域名行政管理权归属问题，俄罗斯互联网诞生日有望提前一年甚至更早。实际上，原苏联的许多加盟国家均早于俄罗斯一两年就成功注册了自己的域名，比如立陶宛、爱沙尼亚、格鲁吉亚和乌克兰均于 1992 年完成注册，拉脱维亚和阿塞拜疆也于 1993 年注册成功[③]，而俄罗斯直到 1994 年才正式完成申请手续，并且业界和政府之间一直就域名管理权进行博弈。

---

① К. Р. Казаряна, *Интернет в России в 2015 году: Состояние, тенденции и перспективы развития*, Москва: Федеральное агентство по печати и массовым коммуникациям, 2016, стр. 34.

② Сергей Плуготаренко, “Любой труд, вложенный в развитие Рунета, сегодня даёт плоды,” (2014-06-01) [2015-03-10], http://www.unkniga.ru/face/3093-plugotarenko-lyuboy-trud-vlozhenniy-v-razvitie-Runeta-segodnya-daet-plody.html.

③ Александр Марфин, “Рунету 20 лет: от котиков к черным спискам,” (2014-04-07) [2015-03-10], http://www.utro.ru/articles/2014/04/07/1187408.shtml.

1. 域名的集体管理

资料表明，俄罗斯最初有三家通信运营商分别向国际域名管理组织提交了管理ru域名的申请，对方要求俄罗斯互联网界自行解决行政管理候选人问题。1993年，俄罗斯当时的主要网络运营商和大型互联网供应商共同签署了“关于ru域名行政管理秩序”的协议，授权公共网络发展科学研究所负责域名的行政管理。该所由当时的俄罗斯联邦科学和技术部、高等职业教育部和俄罗斯科学院库尔恰托夫原子能研究所（目前唯一存在的原始发起方）发起成立，属于非商业组织。1993年12月4日，根据协议成立了一个非正式的联合体“ru域名协调组”，最终有28家组织的代表参加，其主要任务便是确定域名注册的政策，它是俄互联网国家域名协调中心的前身。

由此可见，俄罗斯国家域名的行政管理事务最初就是由行业协商决定，由非商业组织来牵头，而非国家机构直接负责，具有高度的行业自治性。从1994年到2000年底，俄罗斯科学院负责俄罗斯域名ru的行政管理和技术维护工作，是其二级域名唯一的注册者。1998年，科学院与ru域名协调组开始讨论建立域名注册者协会，这意味着注册者制度在俄罗斯起步。2000年，相关各方通过了实施ru二级域名分配注册制度的决定。为此，科学院将“域名注册中心”从自有体系中分离，将ru域名中的二级域名注册功能移交给该中心，通过授权经营的方式发展更多的注册者。

2002年，俄互联网国家域名协调中心成立，负责制定ru域名注册规则，确定注册者的运营条件。2003年5月8日，相关各方签署了关于顶级域名ru的《国家域名注册体系改组备忘录》，明确从2005年1月1日开始，科学院作为注册者不再注册和延长ru域名下二级域名的注册，只保留注册体系和域名服务器体系的技术维护功能；从2006年开始，科学院授权注册公司“域名注册中心”（Ru-center）负责二级域名和通用域名的三级域名的技术支持工作。

授权注册者制度的推出，促进了俄罗斯域名的发展。截至2006年春天，通过前12年的努力，俄注册域名总量才达到50万，而注册者制度实行仅一年，俄域名注册数量便于2007年中期打破了100万的纪录，到2010年初更是超过250万，其中正常使用域名量达到230万[1]，注册者制度改革取得了显著的成效。除了注册机构的增加，注册费用的调整也促进了域名的发展。最初俄罗斯国家域名免费注册，从1996年开始收费，注册一个网站需100多美元，此后域名注册费用不断下调，注册机构开始注重发挥价格的市场调节功能。

2. 域名管理面临挑战

域名迅速发展的同时带来一些问题，注册公司各行其是、缺乏统一标准等现象引起社会不满，域名抢注、域名所有权转让等法律问题尤其突出。由于法制不健全，法官在处理此类纠纷时缺乏充分的依据，缺乏与国际社会域名争议解决政策的协调，这进一步加大了社会对域名管理者的不满。1999年，ICANN通过了由世界知识产权组织制定的解决域名争议统一政策和指南，并据此成功处理了数千起此类事件，俄罗斯试图参照世界产权组织的办法制定本国的类似解决措施，结果未能取得成功。有学者因此指出，俄互联网国家域名协调中心有负发起人和社会的期待，未能胜任俄罗斯网络域名行政管理和注册者管理工作。

域名管理中存在的问题引出一个严肃的话题，即域名自治的管理模式究竟能否在俄罗斯持续，会否出现国家接管域名管理的变局？此间，国家通信管理部门的负责人曾多次提议，将域名管理权收归国家，但因业界反对，均未成功。如果互联网界不能很好地处理域

[1] Антон Серго, *Доменные имена в свете нового законодательства*, Москва: Российский государственный институт интеллектуальной собственности, 2010 г. стр. 9.

名发展与管理中的问题，则国家便有更加充分的理由将其纳入政府机构直接管理的范围。如此，则可能会降低域名开发与管理的效率，但那将是不得已的选择。

如果说早期的域名管理面临的主要是制度不健全、管理方法不科学的问题，更多的是引起公众的不满，那么，随着俄罗斯域名开发力度的加大和应用的普及，其面临的外部风险和挑战都开始加剧，可能带来的损失与后果变得更加严重。据俄联邦国家域名协调中心负责人透露，到2020年初，俄罗斯国家域名基础设施DNS由MSK-IX系统支持，计有21个枢纽，11个分布在俄罗斯的9个城市，10个分布在国外（欧洲、亚洲、北美洲和南美洲）。2010年每天有近20亿次访问俄罗斯域名的请求，2019年时数量增加了2倍，达到60亿次，其中近40%的访问请求来自俄罗斯。访问量大幅增长的同时增加了外部攻击的风险。仅2019年便出现了3次针对俄罗斯国家域名基础设施的大型DDos攻击[①]，持续时间从数周到一个半月不等。为此，俄联邦国家域名协调中心会同俄罗斯电信公司启动了备用组织与技术措施，以保障域名系统功能正常。

概括而言，进入互联网“发展—管理”关系危机型阶段，俄互联网域名发展面临的挑战主要来自两方面：一是内部管理引发的各种纠纷，二是来自外部的威胁。前一种挑战主要通过完善法律法规制度、提高管理水平等加以应对；后者则难以完全依靠自治路径予以破解，需要国家治理的参与。

二、断网威胁与演习

俄罗斯互联网是全球互联网的有机组成部分，难以独立存在。

① “Эксперты оценили влияние интернета на экономику России,”（2020-03-04）[2020-03-20]，https：//yandex. ru/turbo? text = https%3A%2F%2Fvz. ru%2Fnews%2F2020%2F3%2F4%2F1027120. html.

但是，2014年9月，有媒体报道称，俄联邦安全会议讨论对本国互联网采取“断网”措施，并且提出将两个国家域名的行政管理权移交给通信与大众传播部，一度引发互联网用户和企业界恐慌。事实表明，俄并未主动切断与国际互联网的连线，但其确实在关注本国境内互联网基础设施面临的“断网”威胁，并为此展开演习，寻找克服外部威胁的路径。

（一）两类“断网”威胁

正如专家所说，技术上，外部势力有可能切断俄罗斯互联网。因为俄罗斯的网络IP地址都是由美国和欧洲的地址组织分配的，如果它们不再提供服务，俄罗斯互联网将只能在国内运转，无法与国外交换信息，国外网民也无法访问俄罗斯境内网站，实际上俄罗斯互联网就成了一个局域网。当然，正如专家们所指出的，除了域名和IP管理组织外，其他人要切断俄罗斯的通信渠道并非易事，毕竟俄罗斯的通信渠道皆有备份，且网络规模相当庞大，即使相关企业有意“断网”，也难以很快成功，需要较长的时间。专家的分析表明，国家演习的设想具有一定的合理性，暂时安抚了普通公众焦虑的情绪。

理论上，国家断网是指某些国家或组织利用物理或技术手段，导致目标国境内网民不能访问国际互联网、境外网民不能访问目标国境内互联网资源的一种状况。从技术角度看，包括俄罗斯互联网在内的大多数国家的互联网都面临两种断网威胁，即“物理断网”与“逻辑断网”。[①]

1. 物理断网

物理断网是指通过切断跨境光缆传输或阻断互联网交换点的方

---

① 穆琳、李维杰：《俄罗斯应对国家断网威胁的启示》，《中国信息安全》2017年第11期，第81—87页。

式，从通信链路上彻底切断目标区域与国际互联网的联通。一般而言，物理断网对于网络结构简单、规模较小的地区容易奏效。对于大国而言，鉴于互联网对等互联的特点，对其实施物理断网，需同时切断大量跨境光缆，或攻击多个地区由不同网络运营商维护的互联网交换点，实际操作非常困难。最直接的方法是切断通信线路。比如，2008 年 2 月，中东地区出现多起海底光缆断裂事件，国际电信联盟指出，这可能是一种新型恐怖袭击。2017 年 8 月 5 日，巴基斯坦也曾因海底光缆出现故障导致断网。最彻底的断网方式是阻断互联网交换点。互联网交换点是不同网络之间互相通信的连通点，一般由第三方或政府支持的互联网交换中心负责运营，是互联网的重要基础设施。目前，全球有超过 600 家互联网交换中心，主要分布在欧洲和北美地区，亚洲部分国家也开始建设交换点。它们是互联网的通信枢纽，扮演着“中间人”和“桥梁”的角色。俄罗斯 2014 年首次断网演习主要就是针对数据交换点被国外切断的潜在威胁。

2. 逻辑断网

与物理断网的直观可察性相比，逻辑断网行为更为隐蔽，但危害性更为严重，它将导致整个网络瘫痪。所谓逻辑断网，就是指通过中断互联网寻址逻辑，导致目标国家网络连接中断。在现有互联网体系结构之下，域名是互联网实现寻址的事实标准，网址域名需由域名解析服务器翻译成网络地址，才能建立连接实现访问。如果控制了域名解析服务系统，便可以利用逻辑寻址机制，停止对某个国家的域名解析服务，导致无法正常访问该国互联网资源，其结果便是真正的“断网”。

在以美国为首的西方国家持续对俄罗斯进行制裁的背景下，俄罗斯担心其互联网被“断网”不无道理。其风险表现在以下几方面：

一是美国对根域名解析权的控制与影响。至今，虽然名义上全球互联网域名解析服务的顶层根域名解析权依协议应该由美国移交给ICANN，但实际上美国仍能通过本国司法体系直接影响ICANN内部相关业务。不仅俄罗斯如此，中国以及其他国家都面临着此等现实威胁。二是网络攻击的威胁。如前所述，俄罗斯是世界上遭受网络攻击最多的国家之一，最近几年来遭遇的网络攻击数量仅次于美国，而对域名服务系统实施的网络攻击最为致命。不仅俄罗斯如此，其他国家和地区的域名服务器也是黑客的主要目标。比如，2011年9月，微软、宏碁、沃达丰、UPS等国际知名网站都遭遇过域名劫持。2015年11月，全球13个根域名服务器大多都遭遇了网络攻击，多个国家和地区遭遇逻辑断网。2016年10月，美国最主要的域名服务商Dynamic Network Service公司遭受网络攻击，导致由该公司提供域名服务的推特、脸书、美国有线电视新闻网（CNN）、华尔街日报网站等瘫痪，波及全美过半网络用户，并引发美国国土安全部的关注。

（二）两次“断网”演习

关于断网的传说，俄罗斯影响力最大的报纸《共青团真理报》《机关报》等采访了互联网国家域名协调中心、博客主、人权组织、技术专家等。受访者普遍认为主动“断网”是不可能的，让俄罗斯与世界隔绝不现实。总统新闻秘书和通信与大众传播部曾出面辟谣，解释国家从未讨论过要主动断网，只是研究过如果出现极端情况，该如何处理。此处所谓极端情况是指战争和大规模群体事件。

研究发现，尽管俄罗斯主动断网的可能性极小，但俄确实在考虑如何应对断网威胁。2014年7月和2015年春季，俄通信部两次牵头组织断网演习。关于演习的详情始终未披露，但是从零星的报道中仍然可以发现国家对此事的重视。

演习参与单位之一、负责俄罗斯网络功能维护的互联网技术中心[①]总经理对俄罗斯生意人传媒集团透露，2014 年 7 月的演习由国家元首授权组织，参与者包括权力机关（联邦安全会议、联邦保卫局、国防部和外交部）的代表和域名行业（俄罗斯电信公司、互联网国家域名协调中心、互联网技术中心、计算机网络协同中心 MSK-IX）代表；演习的目的是，测试是否有可能从外部切断俄罗斯的互联网络，以及万一俄罗斯网络，主要是 ru 和 РФ 域名下的网站被外部切断与全球网络的连接后，国家应对可能出现的新制裁的技术准备状况。演习的结果由通信与大众传播部部长在联邦安全会议上向总统报告。2014 年 7 月 28 日通信与大众传播部网站透露，此次演习对“互联网国内部分功能的稳定性和保护能力现状”及其“与全球基础设施连接的关键程度”进行了评估，分析了俄罗斯网络存在的漏洞，对“发生有针对性的负面影响时……的准备程度”[②] 进行了评估。

一年后，俄罗斯再次进行了“断网”演习，埃尔电信公司总经理在 2015 年 10 月 14 日的新闻发布会上透露，2015 年春季进行的俄罗斯与全球互联网“隔离试验”是在行业组织媒体传播联盟的内部进行的，模拟了俄罗斯被切断全球网络的环境。试验表明，尽管进行了虚拟干线断网，流量仍然能够流向国外。[③] 时任通信与大众传播部部长尼古拉耶·尼基伏罗夫评价媒体相关断网演习报道时表示，

---

① 互联网技术中心是一家股份公司，是俄罗斯互联网国家域名协调中心的主要技术承包商。

② Дарья Луганская，“Государство планирует усилить контроль над управлением Рунетом，”（2014-09-29）［2016-03-03］，http：//www. rbc. ru/technology_and_media/29/09/2014/5429320bc bb20f5f8eb20fff.

③ “Законодательство，регулирующее распространение информации и обмен данными в сети Интернет，”（2014-10-14）［2016-03-03］，http：//mhg-monitoring. org/zakon13？ term_node_tid_depth = 1&page = 5.

政府没有研究过单方面切断俄与世界网络连接的脚本，“甚至连这种想法也不曾有过”[①]。他强调，政府的正当职责在于保护俄罗斯互联网分支及其与世界的联系。由联邦安全会议、联邦保卫局和国防部等举办的演习并非断网演习，而是防止俄罗斯与全球网络基础设施被断网的演习，“旨在分析外界干扰俄罗斯互联网设施的风险与威胁。对我们而言最重要的是，保证俄罗斯互联网不受外界某些国家或某些地缘政治意见和政治决定的影响而正常运营”[②]。从中可以发现，俄罗斯所谓的断网演习及其背后的担忧，与地缘政治有着密切的关系。

此后几年，俄罗斯一直在组织断网演习，研究俄罗斯互联网一旦遭遇外部威胁，无法与国际互联网进行正常数据交换时，如何保证其国内互联网功能的正常运营。基于多年演习的成果，俄罗斯在应对互联网外部威胁方面已经取得了明显进展，并且通过立法手段，强化了对俄罗斯互联网基础设施的保护。

三、关键基础设施治理

关于极度重要的互联网客体的信息安全成为2014年后俄罗斯互联网界和政府讨论的最严肃的话题。所谓极度重要客体，主要指互联网的数据交换点、干线网络和国家域名，即业内人士所说的关键基础设施。因此，俄罗斯互联网诞生20年后，国家开始加大对包括域名在内的互联网基础设施的管理，其根本原因不在于千人域名数量处于落后地位，也不在于互联网域名纠纷不断增加，而是旨在落实《信息社会发展战略》的第八条任务——“防止信息和通信技术

① “Жесткого регулирования интернета по китайскому образцу в России пока не планируется,”（2016-02-03）［2016-03-03］，http：//graniru. org/Internet/m. 248299. html.

② “Жесткого регулирования интернета по китайскому образцу в России пока не планируется,”（2016-02-03）［2016-03-03］，http：//graniru. org/Internet/m. 248299. html.

潜力被用于危害国家利益”，消除俄罗斯互联网关键基础设施面临的外部严重威胁，具体而言即“断网”威胁。为此，俄罗斯采取的国家行动包括两方面：一是通过国际合作，积极参与互联网基础设施国际治理；二是综合运用立法、行政和技术手段加强对国内基础设施的控制。

（一）积极参与国际治理

从国际上看，1998 年前，互联网的技术基础设施由美军阿帕中心和美国自然科学基金会负责。互联网的急速发展和商用化迫使美国政府开始考虑将管理权转交给私营企业。1998 年 11 月 25 日，美国商务部和专门成立的负责互联网管理的非商业组织 ICANN 签署了相互谅解备忘录，ICANN 据此被授权管理国际互联网络技术基础设施。

1999 年后，ICANN 不仅从美国南加利福尼亚大学获得了 IANA 项目的管理权，而且将其人员、基础设施和所有的知识产权皆纳入麾下。ICANN 则内设了名址支持组织（Adress Supporting Organization，ASO）管理网络地址空间，分配 IP 地址给各类组织，最终形成管理链条：ICANN——ASO——RIRs（区域互联网清单持有者）——LIRs（互联网清单国家持有者）——各供应商。其中，ICANN 行使 IANA 的执行功能，负责分配地址空间，支持协议参数，管理根服务器域名解析系统 DNS。

在国际互联网管理方面，俄罗斯、中国等一贯主张，互联网基础设施不应该由一国控制，而应该交由国际社会共同管理，因此俄中曾联合提出互联网管理的“联合国方案”，希望将互联网域名分配、根服务器的管理权等移交给联合国组织国际电信联盟。虽然该设想遭到美国的坚决抵制，最终未获通过，但持不同意见的各方逐步形成一个妥协，即美国不再单独行使管理权，而是成立利益相关的多方组织共同管理。2003 年美国政府与 ICANN 签署协议，首次明确了从旧的网络空间名址分配体系向新的体系转换的过渡期，即从 2009 年 9 月 30 日起终止执行美国商务部与 ICANN 签署的伙伴协议（JPA 和 JOINT 项目协议），ICANN 摆脱美国控制。从 2009 年 10 月 1 日开始生效的新协议确定了美国与其他国家在互联网名址系统管理中享有同等义务与权利。即日起，ICANN 每年不再向美国政府汇报工作，而是向世界公众报告，听取报告的“代表”则经由该机构所设的政府咨询委员会（GAC）选举产生，近 100 个国家参与政府咨询委员会工作。[①] 尽管至今为止，仍然没有一个国家和地区能够替代美国对 ICANN 实际决策的影响力，但至少从形式上和程序上，美国不再是国际互联网资源的唯一管理者。

俄罗斯始终关注 ICANN 管理权的实际移交进程，并不断予以推进。俄罗斯通信部部长曾向媒体公开表示担忧，“国际社会期待其履行承诺，将这些基础功能移交给由利益相关的多方参与的国际社会进行管理，而不是由一个国家成立的组织进行管理。遗憾的是这些还没有实现。我们听到一种论调，说还要延长一年，也可能是三年。它证明，互联网及其关键基础设施处于一种奇怪的地缘政治环境中”[②]。尽管如此，国际互联网资源管理权的变化仍然称得上俄罗斯参与互联网国际治理的一个具体成果。

此外，参与国际专家组和各类工作组，制定各种标准，也是俄罗斯参与国际互联网管理的有效方法。俄罗斯电子传播协会会长谢尔盖在接受本书作者访谈时称，“俄罗斯在联合国和其他国际组织层面上积极参与互联网管理的国际进程。同时，俄罗斯专家加入了许

① 林小春：《美国政府同意移交互联网域名管理权》，（2016-08-18）[2020-04-11]，http：//www.xinhuanet.com//world/2016-08/18/c_129240341.htm。

② “Жесткого регулирования интернета по китайскому образцу в России пока не планируется,”（2016-02-03）[2016-03-03]，http：//graniru.org/Internet/m.248299.html.

多组织，比如国际电信联盟（ITU）、互联网名称与数字地址分配机构（ICANN）、欧洲网络资讯中心（RIPENCC）等。然而，由于并非所有的官员都熟悉互联网管理的技术和组织原则，因此俄罗斯在国际舞台上提出并坚持自己的立场更加困难”。它表明俄罗斯虽然愿意广泛参与国际互联网治理，但受多种因素影响俄实际参与国际互联网治理的效果不够明显。

（二）综合治理关键基础设施

1. 逐步加强对域名的管理

俄罗斯政府对域名的关注始于1999年。当年底，俄罗斯互联网第一次面临真正的国家治理的“警告”。时任通信部部长里昂尼德·雷曼和新闻部部长米哈伊尔·列辛（Михаил Юрьевич Лесин）建议，剥夺库尔恰托夫原子能研究所作为发起人之一成立的俄罗斯公共网络发展科学研究所对ru域名的管理权。他们认为，域名应该由俄罗斯通信部负责登记，所有国家机关和商业组织应该拥有自己的域名；新闻部则应该履行互联网大众传媒的登记职能。经过谈判，俄罗斯公共网络发展科学研究所不得不“放弃”域名行政管理权，只保持对域名的技术维护功能，但域名的行政管理权并未纳入政府部门，而是单独成立了互联网国家域名协调中心，仍然保持社会自治状态。

此后，联邦政府通信部一直在谋求将国家域名管理权收回，但均未成功。谈判的结果是，选择折中的方案，协调中心不受制于政府，通信部派代表进入互联网国家域名协调中心理事会，保障该中心遵守社会和国家利益。商谈结果得到了时任总理普京的支持。从2000年开始，独立的国家域名协调中心作为非商业组织，依靠注册费生存，全权负责分配网站“名址”，并直接与总部在美国的全球管理者ICANN沟通。

2014年“断网”演习后，参与演习的俄罗斯互联网技术中心总经理称，俄罗斯两大国家域名ru和PФ的管理权可能真的要移交给俄罗斯通信部直属单位。2015年后，多次传闻国家将加强其在域名管理中的作用，调整现有的域名管理机制，将国家顶级域名管理权收归到政府领导的组织，比如中央通信科学研究所（由俄罗斯通信部成立）、“日出”公司（负责电子政府程序开发）。但是，两家单位均未对此做出回应。国家域名协调中心主任安德烈·科列斯尼科夫则表示，尚未从国家层面听到此类建议。通信与大众传播部新闻处声明“不清楚关于将中心功能转向其他机构的打算”[①]，但确认自2000年开始，国家域名协调中心理事会中增加了通信与大众传播部的代表，该代表拥有否决权。

针对通信与大众传播部直接管理域名的建议，俄罗斯互联网技术中心总经理认为，即使国家域名协调中心和互联网技术中心都同意这一决定，完成移交也绝非易事，因为该领域的专家培养不是一个十年就能成功的。尽管协调中心与ICANN没有任何的法律关系，ru域名目前已经相当自治，要移交也需要经过一些法定的程序，将花上几年的时间，而目前俄罗斯真正能够胜任域名管理的专业人士屈指可数。因此，国家直接管理域名系统可能是一种不得已的选择，但要真正实施却并非易事。派代表参与自治机构的管理是目前较为稳妥的办法。

2. 网络自治的立法讨论

2016年5月，有媒体报道称，通信部已拟定一份《关于互联网

① Дарья Луганская, “Государство планирует усилить контроль над управлением Рунетом,” (2014-09-29) [2016-10-10], http://www.rbc.ru/technology_and_media/29/09/2014/5429320bcbb20f5f8eb20fff.

自治体系法草案》[1]，给予国家更多的机会来控制整个俄罗斯互联网的基础设施。如果提案能够通过，那么俄罗斯网络基础设施关键部分的治理将成为国家的一项特别权力。联邦官员确认，文件的制定尚处于最初阶段，文本还没有与部长磋商。《机关报》线人称，草案的思想出自副部长之手，核心思想是“互联网俄罗斯分支的治理”[2]。其中谈到，国家将治理俄罗斯网络关键基础设施的全部——国家域名 ru 和 РФ、数据交换点、所有的自治系统（无论是法人所有还是自然人所有的通信网络）和维护网络稳定性的国家信息体系。倘如此，国家行政机关将成为俄罗斯关键基础设施的行政管理者，由它与相关组织签订网络管理合同和关键部位的功能维护合同。同时，草案明确要求对跨境的互联网流量进行控制，规定所有与国外网络交换流量的自治体系的业主有义务“安装监控跨境流量的技术设备”。此处技术设备即指本书“技术治理”部分所说的 СОРМ 系统，它可以帮助有关部门接触网络通信数据。目前俄互联网通信系统中有一些灰色渠道，尚未安装 СОРМ 系统，因此无法完整统计俄罗斯跨境的通信渠道数据。

法律草案讨论的一个重要内容是，国家是否需要建立备用的 IP 地址体系和域名体系，以保障万一控制俄罗斯网络基础设施关键部位的外国公司切断俄罗斯与互联网的连接后俄罗斯的网络仍能安全运行。目前，俄罗斯所有的 IP 地址由位于荷兰的 RIPENCC（欧洲互联网协调中心，Reseaux IP Europeens Network Coordination Centre）分发给俄罗斯互联网运营商，运营商自动访问该公司的数据库，并在

① Анастасия Голицына, Александра Прокопенко, “Регулирование доменов, IP-адресов и сетей может стать исключительным правом государства,” (2016-05-27) [2016-05-30], http://www.vedomosti.ru/technology/articles/2016/05/27/642739-chinovniki-hotyat-internetom.

② Ibid.

此基础上建立自己的流量干线。如果该公司的名录丢失了俄罗斯 IP 地址，那么俄罗斯网络就会出现无法访问的现象。

实际上，绝大多数大型运营商都有 IP 地址数据备份。2014 年的俄罗斯网络稳定性演习发现，俄罗斯网络在被切断外部连接时还能持续运营，信源可以在互联网公司复活。即使国家机关获得向运营商分发地址的功能，也并不会增加俄罗斯网络的安全性。专家认为，国家此举将在 RIPENCC 与俄通信运营商之间增加一个“垫片”，导致运营效率降低，迫使运营商与官员们协商更换流量交换干线。

大型国际组织的专家认为，根据通信部撰写的法律草案，国家将控制所有由自然人、法人和个人建立的网络，所有申请 IP 者都有义务向国家提交信息以便能够接入国家信息体系。草案对此没有太多操作说明，但是能够得出一个结论，即官员们希望建立一套完全自治的俄罗斯网络功能体系。一旦实现，俄互联网便能够独立于全球网络而运营。对此，联邦官员曾对《机关报》坦承，实现俄罗斯互联网自主的理论是不成立的，国家治理真正的任务是保证互联网功能的连续性以及提高国内通信水平。

有业内人士认为，该文件是对普京总统授权的回应。[1] 因为在 2014 年联邦安全会议总结讲话中，总统曾授权通信部对俄罗斯网络基础设施关键部分加强控制。通信部官员们根据自己的理解完成了授权。但尚处内部讨论阶段的法律草案的复印件被披露，引起公众强烈关注。网上随后出现了“致总统”的人民来信，明确表示对这部正在讨论的法律草案的反对。来信称“《关于互联网自治体系法草案》，赋予国家对互联网基础设施的完全控制权力。如果其通过，那

① “СМИ узнали о планах государства взять под контроль интернеттрафик в РФ,” (2016-02-11)［2016-02-11］, https://www.rbc.ru/technology_and_media/11/02/2016/56bbc9de9a7947f08a0367d5.

么俄罗斯互联网就没有任何自由和自治可言”①。

结果，此份引起广泛讨论的法律草案并未成为政府的正式文件，但这并不意味着俄罗斯政府放弃了网络自主的治理目标。网络自主一直以来都是俄罗斯社会讨论的网络空间主权的重要体现。俄罗斯通信部起草的这份法律草案本质上属于网络空间主权主张的一种尝试，只不过当时的条件尚未成熟。2018 年，美国通过新的网络空间战略后，俄罗斯国家杜马议员正式提交了被称为“俄罗斯互联网主权法（立法草案）”，其重点内容正是曾经引起公众关注的建立互联网备用系统，加强互联网自主管理。

3. 立法保护关键基础设施

2016 年 12 月 5 日，梅德韦杰夫总理签署了俄罗斯联邦政府通告，正式向国家杜马提交《关键信息基础设施安全法（草案）》。值得注意的是，该立法草案由联邦安全局起草。其立法背景是，俄罗斯向信息社会转型的过程中，因为缺乏系统的法律法规，无法对关键信息基础设施实施有效的国家管理，而其中诸多问题涉及国家安全和互联网信息安全。因此，俄罗斯希望通过立法，规定国家机关的权力、义务和责任，其核心是“安全”以及国家对安全的控制，并通过同步修订《刑法典》和《刑事诉讼法典》，明确对违法者的责任追究，增强法律的强制性。

为了推动立法进程，俄罗斯政府任命联邦安全局一名副局长为协调秘书，负责就本次提交的法律草案与联邦会议各院沟通协调。联邦政府在提交法律草案的同时，给国家杜马附函指出，“综合多种评估方法，全球最近几年来有害程序导致的损失在 3000 亿到 10 000

① Хостикоев Заур Махарович, “Народное послание президенту РФ: Запретить закон о полном контроле государства над Рунетом,” (2016-01-01) [2016-08-01], http://proekt2018.ru/initiative/100/.

亿美元之间，占全球年 GDP 的 0.4%左右，且呈不断增加之势。在各类事件发生和恶化过程中，计算机攻击能够导致国家关键基础设施的完全瘫痪，引发社会、金融和生态灾难”[①]。文件列举了 2010 年 9 月伊朗核电站遭遇 StuxNet 病毒攻击导致离心机中止运行以及 2013 年 3 月韩国一些大型金融机构因为计算机攻击出现基础设施无法运营等典型案例，强调俄罗斯社会、经济的稳定与国家安全已实质性地受制于信息通信网络和信息系统的可靠性与安全性。

作为治理基础设施的新举措，该法案与前述处于争议中的所谓“自治法”完全不同，联邦政府提交的这份法律草案主要针对互联网基础设施控制与国家治理关系的调节。从全球范围看，通过立法来加强对互联网关键基础设施的控制是世界趋势。美国于 2013 年 2 月出台《关于提升关键基础设施网络安全的决定》和《提高关键基础设施的安全性和恢复力》；欧盟于 2013 年 2 月公布《网络安全战略》，同年 6 月通过《关键信息基础设施——面向全球网络安全》决议。[②] 因此，俄罗斯国家杜马很快审读并通过了联邦政府的法律草案，总统普京 2017 年 7 月 26 日签署了第 187 号总统令，批准了《关键信息基础设施安全法》。

该法是 2012—2017 年间俄罗斯互联网治理最重要的实体法，其调整的对象之多、范围之广前所未有。此处所谓关键通信基础设施包括俄罗斯联邦极端重要通信客体的生产和技术流程管理自动化体系，保障其相互协作的电子信息传播网络，以及用于国家管理，维

① Правительство Российской Федерации, “О внесении проектов федеральных законов《О бсзопасности критической информационной инфраструктуры Российской Федерации》,”（2016-12-06）［2016-12-30］, https://d-russia.ru/wp-content/uploads/2016/12/cyberataki_proekt_dec2016.pdf.

② 李海英：《法律法规：不断立法创新以适应互联网发展》，《世界电信》2014 年第 3 期第 103—112 页。

护国家运行能力、安全和法律秩序的 IT 系统和通信网络。该法的适用主体包括国家机关和部门、俄罗斯法人或者私营企业，只要其依法拥有、租用或以其他法律方式掌握信息系统、电子信息传播网络以及金融、交通、能源、电信、健康保障、科学、原子能、国防和航空航天工业、采矿业、冶金业、化学工业、银行领域的自动化管理系统，就适用该法。不仅如此，为上述领域提供系统保障或网络服务的法人或私营企业主也都属于依法调整的对象。

根据联邦政府授权，俄联邦技术与出口监督局是该法调节者之一，其功能是为关键客体进行分级并制定名册，制定关键基础设施客体的信息安全保障要求并监督其落实。目前，关键信息基础设施各类主体的首要任务是：成立分级委员会、明确客体清单、向联邦技术与出口监督局报告经批准后的清单、按照联邦权力机关确定的程序对关键客体的重要性和意义分级、向联邦技术与出口监督局报送分级结果。随后，根据等级界定，各主体应依法落实联邦技术与出口监督局、联邦安全局或通信部就所属客体的安全保障提出的具体要求。2018 年 2 月 8 日俄联邦政府第 127 号决议已经批准了分级规则和关键指标清单，这体现了俄罗斯对互联网系统分级分类治理的思路。

相对于立法进程的复杂与漫长，互联网治理的技术路径往往较为便捷。无论是建立网络资源编号副本清单，还是安装专门的俄罗斯网络路线监控系统，都体现了俄罗斯综合运用法律、行政和技术路径实施互联网治理的总体构想。研究发现，建设庞大的通信干线和网络、消除地区“数字鸿沟”、开发域名资源、保障基础设施安全等，正成为当前俄罗斯维护网络功能完整性的主要治理实践，其中基础设施安全乃是核心。

第二节　提升互联网内容可靠性

关于互联网早期传播特点的形象描述是“网上没有人知道你是一条狗”。一语道尽互联网的匿名性和自由度。因此，针对互联网内容的治理经常遭遇质疑，稍有不慎便会招致“新闻审查”和限制言论自由的批判，引发公众反感，影响治理效果。与此同时，公众对于互联网上存在的大量信息垃圾和有害内容的投诉不断增加，要求加强互联网内容治理的呼声渐渐强烈，特别是加强儿童网络信息保护已成为人类社会的共识。俄罗斯互联网正是由此入手，不断加强互联网内容治理，提升互联网的内容可靠性。

一、治理范畴趋宽

本书第六章关于“行政治理”部分曾经指出，俄罗斯联邦大众传播督察局是代表国家行使互联网内容监控与管理职能的主要执行权力机关，并对该局的基本职能进行了列表介绍。通过研究 2010 年到 2020 年间该局工作职能变化的重要节点，可以了解俄罗斯不断加强互联网内容监控与治理的趋势。

2012 年 7 月 28 日，俄罗斯联邦通过《保护儿童健康成长免遭信息伤害法》，并就限制访问违法互联网信息的部分法律予以修订后，大众传播督察局着手建立了统一的违禁网站清单（官方称呼是“包含有俄罗斯联邦禁止传播信息的能够识别的网站域名、互联网网页指标、网址名单”），此即后来所谓的“黑名单”制度。此后，该局自行将儿童色情信息网站、拒绝按照“雅罗沃伊法案”向国家机关提供数据的即时通信工具以及违反《个人数据法》的侵权者纳入清单并予以查封。此外，大众传播督察局根据其他国家机关的决定，对于包含有极端主义内容，煽动大规模破坏秩序、种族仇恨和恐怖活动者以及教唆未成年人违法，向其传播毒品制作、自杀信息和在线赌博的网站等予以查封，相关的联邦执行权力机关包括总检察署、内务部、法院、联邦青年局、消费督察局、联邦税务局。同年，根据《非商业组织法》修正案要求，督察局开始对非商业组织在大众传媒或互联网上发布材料的行为进行督察，主要检查其在传播信息时是否明确标注非商业组织身份，如果违反上述要求，督察局将出具行政违法记录书。

2013 年，“网络反盗版法”生效后，大众传播督察局开始查封盗版网站。莫斯科市法院为该法的指定审理机关，大众传播督察局主要依据该法院的判决查封网络资源。在依法打击网络盗版的同时，大众传播督察局努力发挥企业主体作用。经过长期准备，督察局于 2018 年 11 月牵头互联网反盗版领域最大的几家著作权人、搜索运营商和音视频所有人签署了备忘录，希望通过行业自律维护网络著作权。代表著作权人参与签署备忘录的主要是媒体传播联盟的成员，如音视频所有人第一频道（Первый канал）、全俄广播电视公司（ВГТРК）、СТС 传媒（СТС Медиа）、天然气工业传媒股份公司（Газпром-медиа холдинг）以及国家传媒集团（Национальная медиа группа）等。此举成为大众传播督察局鼓励俄罗斯网络著作权保护实行行业自律机制的成功案例。

2017 年大众传播督察局获得授权，根据联邦总检察长或其副手的决定，查封了俄罗斯不欢迎的外国或国际非政府组织信息网站。2019 年 3 月，关于禁止传播不可信社会信息（假新闻）的法律和保护国家象征的法律开始生效后，大众传播督察局开始限制访问包含以下信息的网页：侮辱人格，违反社会道德，明显不尊重社会、国家、国家象征、宪法、国家政权机关的内容。同时开始查处那些对公民健康、生活、财产构成威胁的不实信息，以及对社会秩序构成大规模破坏性威胁的虚假信息。

2019 年 5 月，总统普京签署了所谓的“俄罗斯互联网主权法”。其主要任务是保障面临外部威胁时，俄罗斯互联网络功能正常，实现俄罗斯用户间数据海外交换最小化，推行深度探测技术（DPI），对传输数据进行分析，限制违禁资源接入等。根据最新法律规定，大众传播督察局负责协调俄罗斯境内互联网功能的完整性、安全性和稳定性的保障工作。出现威胁俄罗斯互联网运营稳定的情况时，该局将代表联邦政府实施公用通信网络的集中管理，对俄罗斯互联网络的功能负责。

梳理大众传播督察局由单一的儿童内容保护不断向反恐怖、反分裂、反虚假信息、监督非商业组织传播等领域拓展，并成为维护俄罗斯互联网功能完整性、安全性和稳定性的主要执行权力机关，得以在面临外部威胁的紧急情况下代表国家对互联网进行中央管理的重大变化，可以发现，俄罗斯对互联网内容的关注日益加强，内容治理是整个互联网治理的中枢，关系到互联网发展方向和民族思想、精神、国家价值观等核心利益的实现。

二、治理对象趋广

互联网上的内容千头万绪，究竟该从何抓起？对此，俄罗斯政府始终小心谨慎。毕竟很少有人希望以牺牲宪法规定的言论自由为代价治理互联网，但又不能放任互联网肆意传播大量有害的、低俗的，甚至是违法的信息，危害社会健康发展，特别不能允许那些毒害青少年身心健康与发展的内容泛滥。尽管由于文化传统、价值观、信仰不同，世界各地无法形成统一的信息评价标准，但正如俄通信部部长所说，人类总有一些共同的好恶，俄罗斯决定从此着手，以期获得业界和社会对其治理手段的认同，“黑名单”制度由此产生，并成为俄罗斯互联网内容治理的典型手段。

（一）内容治理始于儿童上网

对儿童的保护是俄罗斯互联网“发展—管理”关系中的重要议题，并随着“黑名单”制度的实施日益成为社会关注的热点。

1. 儿童上网面临的风险

2011 年《互联网年度报告》称，儿童是互联网用户中最活跃的年龄层，6—16 岁的 66%的男孩和 69%的女孩每天上网，而且随着年龄增长，上网比率不断增加。11—12 岁上网的孩子占 54%，13—14 岁则占 76%，15—16 岁已达 80%。孩子们上网最主要的工具是自己的电脑（58%），近一半的男孩（48%）和女孩（49%）使用移动设备上网，因此，家长实际上无法对未成年人进行有效监护。30%的未成年人每天上网时间超过 3 小时。孩子们上网的目的主要是学习（80%）、访问社交网站（78%）、玩游戏（68%）、下载音乐和电影（64%）、使用电子邮箱（61%）、看网络视频（60%）、在线收发短信（59%）、收集内容（59%）、看新闻（48%）、聊天 31%、用博客（12%）等。社交网络是最流行的娱乐和传播工具，78%的未成年人拥有至少一个社交网络账号，35%的未成年人拥有网友 10—15 个，14%的未成年人与 100—300 人联系。[①] 显然，阻止未成年人上网或者依靠家长监督孩子上网都不现实，反而会引发更多的社会问题。

事实上，今天的孩子们已经离不开互联网络。从 2013 年起，俄罗斯开始在中小学试点推广电子教材。当年 2 月，莫斯科在小学试

---

① Д. М. Чистова，К. Р. Казарьяна，*Интернет в России 2010：Состояние，тенденции и перспективы развития*，Москва：Федеральное агентство по печати и массовым коммуникациям，2011，стр. 19.

验电子课本，有60家教育机构参与试验，涉及11门课：俄语（5—9年级），文学（5年级），俄罗斯历史（7—8年级），数学（5年级），几何与代数（7—9年级），物理与化学（9年级），生物（7年级）以及各年级的绘画艺术与音乐作业。[①] 俄罗斯中小学生的日记已经全部电子化了，所有中小学已经计算机化。

最令俄罗斯社会担心的是儿童上网的冒险性。2013年《互联网年度报告》称，俄罗斯中小学生上网时比欧洲同龄人更积极也更冒进。冒险的外部条件是，80%的俄罗斯儿童自己独自上网，他们在自己的房间里，用独立的计算机或者移动设备上网，父母实际上没有任何控制。其中，最重要的威胁是"成人的"危险内容。互联网成为未成年人的"性教育"第一平台。[②] 由于父母与孩子之间存在"数字鸿沟"，孩子们的互联网世界不仅鲜为父母所知，甚至令后者无法接触。

内容安全已成为影响儿童上网的最主要因素。2010年，俄罗斯互联网安全中心公众热线接到14 095个违法内容举报。其中，宣扬未成年人性行为的有5449件，居首位；宣扬网上对儿童施暴行为的有3001件，居第二位；网络侮辱2232件，居第三位；之后的为宣扬种族主义和民粹主义、宣扬和传播毒品、宣扬并公开支持恐怖主义、网络盗窃和软件威胁、引诱儿童上网等。根据举报，当年有关部门查处了6302条报道，联邦执法机构根据《刑法典》的规定，对459起宣扬儿童色情的行为提起刑事诉讼。[③]

---

① Н. М. Гущина, *Интернет в России 2012: Состояние, тенденции и перспективы развития*, Москва: Федеральное агентство по печати и массовым коммуникациям, 2013, стр. 76.

② Ibid., стр. 46.

③ Д. М. Чистов, К. Р. Казарьян, *Интернет в России 2010: Состояние, тенденции и перспективы развития*, Москва: Федеральное агентство по печати и массовым коммуникациям, 2011, стр. 67.

随着儿童上网人数和频次的不断增加，俄罗斯开始加强对儿童内容的开发，通过组织“正面内容”全国比赛、建设专门儿童网站、开发以“儿童”命名的俄语域名等多种手段，试图为儿童提供合适的网络资源，引导儿童正确使用互联网。但仅此并不足以保护儿童健康成长。面对儿童上网的冒险性和不安全因素，俄罗斯决定通过修订法律来加强对上网儿童的保护。2010 年 12 月 29 日，俄罗斯联邦法律《保护儿童健康成长免遭信息伤害法》应运而生。

2. 互联网儿童内容分级

根据法律规定，互联网内容供应商和传播者要对网络上影响儿童健康成长的信息进行分类，按不同年龄组进行标示，最初的设计共分四组：6 岁以下、6 岁到 12 岁、12 岁到 16 岁以及 16 岁到 18 岁（如图 7.3）。从治理实践看，内容分类实施并非易事，因此俄罗斯《保护儿童健康成长免遭信息伤害法》从正式颁布到正式生效之间留下了一年九个月的准备时间。法律特别规定，面向低于 18 岁的未成年人传播的信息禁止含有以下内容：污言秽语；麻醉品、酒精类、烟、赌博游戏以及其他违法行为广告；教唆儿童伤害自己的身体和健康；煽动实施刑法禁止的行为；色情。16 岁以下网民限制接入的信息包括：反映暴力、残忍、犯罪的图片或描述；对内心恐惧、失望和沮丧的描述以及性描述。

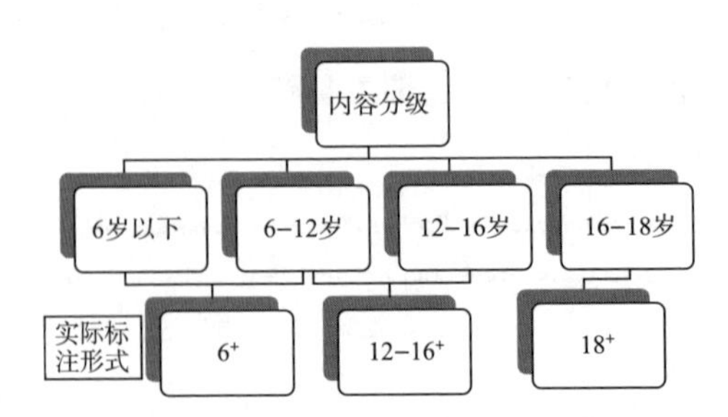

图 7.3 网络内容对不同年龄者有害程度标示法

此外，法律将“儿童信息安全”引申为“不会对儿童身体、心灵、社会、精神和道德产生风险的信息状态”。所有可能对孩子有害的信息，无论以何种方式产生，都要被控制。联邦权力机构代表国家控制与监督该法的实施，政府部门由大众传播督察局负责。

该法律的出台受到社会的支持与肯定，因为事关儿童的健康与成长，人们期待该法发挥应有的作用。一些家长、社会组织和官员坚持要求加快落实该法，而互联网界和法律界人士则对该法提出了修订意见。结果，2012 年 7 月 28 日，即原计划法律生效前两个月，国家杜马对该法律进行修订，增加了“过滤”和“封锁”“黑名单”网站的内容。修正案对该法进行了多处细微调整，并详细规范了内容标注的方法。据此，可能对不同年龄者形成伤害的信息所在每个页面都应该按新规定专门标注：6+，12-16+，18+（见图 7.3，其中数字代表年龄段）。修订后的标注方式进一步简化了年龄分段。同时，修正案对非网络出版物和网络出版物上的用户评论予以豁免，详细规定了“信息产品”的专家鉴定程序、在“专供儿童上网的地方”限制访问的互联网内容等。此次修订涉及联邦《行政侵权法典》《通信法》和《信息、信息技术与信息保护法》。《保护儿童健康成长免遭信息伤害法》的生效因此成为 2012 年俄互联网国家治理中最重要的一件大事。当年 8 月初，俄罗斯联邦通信与大众传播部部长尼基伏罗夫、国家杜马一位副议长亲自与互联网企业界开会，共同商讨如何落实该法。部长披露，反对传播儿童色情内容得到了国家绝大多数公民的支持，该文件是罕见的没有一位议员投反对票的法案，与会者同意授权联邦大众传播督察局建立统一的互联网资源清单，将包含有违禁信息的网络资源列入其中。11 月 1 日《保护儿童健康成长免遭信息伤害法》正式生效后两个月，“黑名单”应运而生。

多年来，许多大型互联网平台都曾被列入“黑名单”中，包括维基百科、脸书、谷歌等。2012 年 11 月—2013 年 11 月的一年内，俄罗斯联邦大众传播督察局收到 7 万条要求将相关内容列入“黑名单”的举报信函。针对“黑名单”实施一年中出现的问题，2013 年 11 月，俄罗斯大众传播督察局、毒品流通监督局和消费者权利保护监督局制定了统一的定义和标准，进一步细化了儿童色情、自杀宣传和毒品宣传的概念，详细规范了信息评估指标。《俄罗斯报》于 2012 年 11 月 21 日公布了三个部门制定的俄罗斯违禁传播信息标准（见表 7.3）。

表 7.3　与儿童保护相关违禁信息的内涵

信息类别	信息内涵
儿童色情	对儿童实施的性活动的描述，以及任何关于儿童色情信息的销售或者保存，吸引（提供联系方式）未成年人参与任何色情活动（艺术作品除外）
毒品宣传	任何关于制作和使用毒品与心理药物的信息；介绍如何种植以及在何处可以获取毒品种植物的信息；对于违禁药品生产者和毒品制作者的正面形象宣传
鼓吹自杀	发布实施自杀或要求实施自杀的信息；将自杀作为解决问题的方法提供给孩子；嘲笑不成功者并教唆他们去结束生命；任何表现自杀过程或结果的文字、图片、录音或者视频

据此，可列入“黑名单”的违禁信息包括：有未成年人参与的不当表演，介绍如何使用毒品和实施自杀的信息。其中在艺术作品中未成年人的性行为将不会被当作违法信息，因此类似于《洛丽塔》这样的录像带可以自由上网。毒品流通监督局则将任何关于制作和使用毒品与心理药物的信息列入毒品宣传范畴，甚至包括如何种植以及在何处可以找到毒品种植物的相关内容。

尽管有专家认为部分定义可能存在扩大化倾向，但它消除了此前标准不明确带来的执法麻烦，为“黑名单”制度提供了可操作性指导。据此，如果媒体未明确标示年龄限制，面向未成年人播放同性恋电影或者在航空事故现场发布未经隐私保护处理的照片，则可能会被吊销大众传媒许可证。如果一年内多次收到大众传播督察局的违法警告，则可能被提起诉讼。

此外，2013 年 4 月 5 日，俄罗斯还出台相关法律，明确了对遭受不法行为侵害的未成年人的信息传播实施限制的行政责任。关于未成年人的报道中将禁止出现以下内容：姓名、照片、视频、录音、其父母和其他法定代表人、出生日期、生活地或临时居留地、学习或工作地点以及其他可能直接或间接确定身份的信息。上述信息一般情况下不能公开，只有需要维护未成年人的法定权利时才可例外。否则，违反规定者将被处以行政处罚。

（二）内容治理的六大方向

保护儿童身心健康是“黑名单”立法的初衷，但如今“黑名单”的作用远不止于此。鼓吹恐怖主义等内容在实践中被不断纳入其中。此后加入的内容更多的是危害国家安全和社会安定的网络资源，如恐怖主义、极端主义、分裂主义等皆属于此。还有一条争议较大的是对破坏社会秩序的网站进行查封，主要目的是打击那些鼓吹发动暴乱的网络资源。它反映了国家管理者对社交网络显示出的强大的社会动员能力及其对社会秩序造成的潜在危险的担忧。

经过一段时间的探索，俄罗斯逐步形成了互联网内容治理的 6 个重点方向（图 7.4）：影响儿童身心健康、恐怖主义、极端主义、分裂主义、煽动暴乱及依据法院判决应查封的信息。其中，影响儿童身心健康的信息集中在三方面，即儿童色情、毒品宣扬和鼓吹自杀。

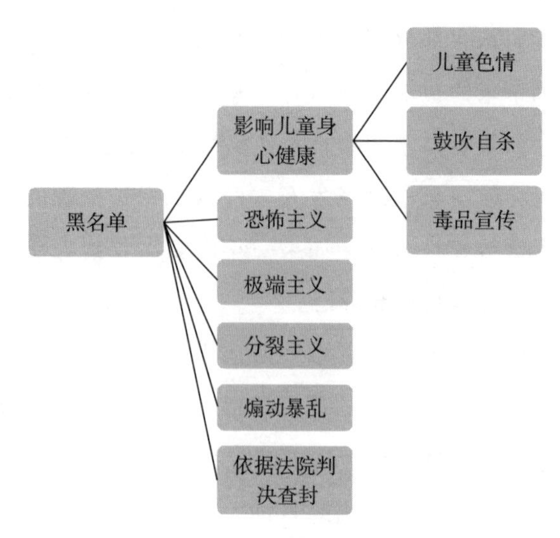

图 7.4　俄罗斯互联网内容治理客体组成（“黑名单”）

“黑名单”的六个重点对象是陆续形成的，涉及多个执法主体。此前，它们各自为政，后来经联邦政府逐步协调，才建立了统一的“黑名单”清册，由此构成了俄互联网内容治理的重点客体。

（三）“黑名单”内容分析

自 2012 年 11 月开始，俄罗斯开始制定互联网资源违禁清单即“黑名单”，纳入其中的网络资源数量不断攀升。最初被列入“黑名单”的网站主要指含有毒品信息、儿童色情和鼓吹自杀等内容的网站，此外还有一些被法院判决违法的网站。关于极端主义网站的“黑名单”两年以后才与之合并，此前一直由总检察署负责。

具体有哪些网络资源被纳入“黑名单”？据俄通社—塔斯社报道，2012 年 11 月 1 日到 2014 年 2 月 20 日期间，俄罗斯联邦大众传播督察局收到 8.6 万份投诉。其中，72%的投诉与宣传毒品使用有关，10%的投诉与儿童色情相关，其他与自杀相关（见图 7.5）。违禁网站大多来自莫斯科、圣彼得堡和叶卡捷琳堡，这些地区互联网相对更为发达。

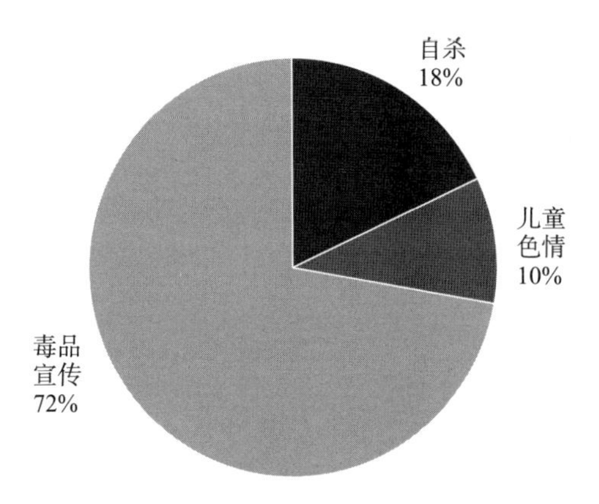

图 7.5　俄罗斯网络“黑名单”构成（截至 2014 年 2 月）

到 2014 年初，“黑名单”清册中包括有 2 万条记录[①]，其中 917 条是 IP 地址（要求完全查封网站，而非特定网页）。同时，有 1.8 万条记录被先后从“黑名单”上删除，也就是说网站主动删除了相关信息。从这个意义上说，“黑名单”在俄罗斯互联网内容治理方面发挥了一定的作用。

对整个网实施美团是最严厉的处罚。从被关网站看，绝大多数网站是销售毒品的网络商店，且都是非法商店。俄罗斯社会吸毒现象严重，且呈年轻化趋势，令人担忧。俄罗斯未成年人和年轻人中使用酒精、毒品和其他精神刺激品的现象已演变成严重威胁居民健康、国家经济、社会环境和法制秩序的社会问题。调查表明，每年俄罗斯有近 3 万人死于吸毒，每年有 8 万名新增毒品依赖者。其中，18—39 岁之间的吸毒人数有 200 万至 250 万，平均吸毒年龄在 15—17 岁，9—13 岁的吸毒者在急剧增加，有 14 万未成年人吸毒。俄罗斯年毒品流转量不少于 200 吨。儿童和未成年人吸毒问题已经发展成为俄罗斯的灾难性问题：如今已经有二分之一的中学

---

① “Новости об интернете и все, что с ним связано,”（2014-02-21）［2014-03-03］, https：//fotovideoforum. ru/topic1726-130. html.

生尝试吸毒。[1] 在年轻人中，吸毒成为一种时尚。因此，对毒品信息的严格监控受到社会支持。2014 年 8 月 10 日，知名社交平台 Reddit 网站因为多次无视大众传播督察局关于取消毒品植物种植内容的信息的要求而被列入“黑名单”。

2012 年 11 月 1 日“黑名单”制度实施当日到 2014 年 2 月 20 日期间，关闭最多的是网页，仅关闭与自杀相关的网页的决定便有 3699 份。这些网站所涉及的违禁信息主要是介绍各种自杀方式，并附有详细的过程描述，其基本形式是文字加图片（3414 件），或者视频（285 件），内容发布平台则以社交网站为主。[2] 2015 年，“黑名单”的各项指标开始上升。无论是联邦执行权力机关的分工查处，还是法院的判决、总检察长的决定均有所增加。俄罗斯联邦大众传播督察局 2015 年度报告显示，当年该局共接到违法信息投诉 9.5 万件，较 2014 年增加了 35%；纳入“黑名单”5 万件，同比增加了 58%。其中，根据生效法律判决纳入“黑名单”的信息有 7600 条，同比增加了 3 倍；网站 14 500 个，同比增加了 3 倍以上。根据总检察长办公室的要求，有 5000 个 URL 地址被纳入名单，其中 4200 个为镜像网页，较上年增加了 62%。与内务部和联邦安全局、检察机关合作取消或查封的极端主义名录中的网络资源超过了 3000 份。“网络反盗版法”的实施为“黑名单”“添丁”。随着“网络反盗版法”的实施，作为著作权保护指定法院，莫斯科市法院 2015 年下达了近 400 份有关著作权保护的判决，另有著作权人申请 400 余件。

---

① Татьяны, “Использование СМИ и Интернета в профилактике наркомании в молодежной среде,” (2015-03-20) [2017-01-10], http://toppedagog.ru/ispolzovanie-smi-i-interneta-v-profilaktike-narkomanii-i-narkoprestupnosti-v-molodezhnoj-srede-rabota-kartashovoj-tatyany-studentki-3-kursa.html.

② “Роспотребнадзор закрыл 3699 веб-страниц о способах самоубийства,” (2014-02-21) [2016-03-03], https://news.softodrom.ru/ap/b19227.shtml.

2015 年“黑名单”上日均增加的互联网网站数据超过 7000 条，是 2014 年的 27 倍。[1] 此后几年，“黑名单”上的内容呈增长之势。2016 年，共有 8.85 万条违禁内容被纳入“黑名单”，较 2015 年的 5 万条增加了近 4 万条，同时有 4.89 万条被取消。其中，俄罗斯大型互联网平台上发布的内容被纳入“黑名单”的条数超过 2.6 万，分别是：vk. com—19 582 条 URL；youtube. com—2291 条 URL；twitter. com—1806 条 URL；mail. ru—950 条 URL；ok. ru—554 条 URL；blogspot—370 条 URL；livejournal. com—342 条 URL；tumblr. com—82 条 URL；faceebook. com—60 条 URL；yandex. ru—18 条 URL。[2] 内务部、联邦安全局、总检察署等机构提出的关闭或取消网络资源的要求逐年增多。

三、执法主体趋多

“黑名单”于 2012 年 11 月 1 日在俄罗斯启动后，其执法主体呈现不断增加之势。最初法定的三个主体为联邦大众传播督察局、消费者权益保护监督局、毒品流通监督局。后来根据法律的调整，逐渐增加了联邦内务部、总检察署、联邦民族事务局等机构。法院是特殊的主体，其做出相应判决后，仍需要由行政机关来执行。每个主体负责一个特定的治理方向，并按照相应的程序操作。其中，有些查封行为需要法院判决，另一些则无须法院判决。但治理对象都可以在 30 日内向法院申诉。

---

① К. Р. Казарян, *Интернет в России в 2015 году: Состояние, тенденции и перспективы развития*, Москва: Федеральное агентство по печати и массовым коммуникациям, 2016, стр. 18-19.

② К. Р. Казарян, *Интернет в России в 2016 г.: Состояние, тенденции и перспективы развития*, Москва: Федеральное агентство по печати и массовым коммуникациям, 2017, стр. 14.

“黑名单”的日常管理由联邦大众传播督察局负责，该局也是“黑名单”制度的流程制定者和主要执行主体。对此，本节第一部分已详细介绍，不再赘述。俄罗斯消费者权益保护和个人安全监督局主要负责对自杀信息进行监控，既包括自杀的方式，也包括实施自杀的文字、图片和视频信息。毒品流通监督局负责监控互联网上毒品的生产与使用信息，任务相当繁重。

在众多主体中，总检察长未经法院批准查封网站的决定曾经引发较长时间的争论，但最终还是获得了法律的支持。曾经有两起查封极端主义宣传的典型案例。其一是，2009 年俄地方法院切涅波维兹基市法院判定著名的马克西姆—莫什科夫图书馆的“自出版”平台出版的一本书属于极端主义材料。其二是，2011 年联邦最高法院批准了哈巴罗夫斯克地区检察长对当地电信公司 Транстелекома 的起诉。法院最后认定，该公司应该关闭未经注册的 НБП 党的网站。判决书强调，网络供应商有义务限制用户接触极端主义材料。自此，检察院以传播极端主义材料为由，先后开创了对传统媒体和互联网资源进行查封的先例。不过，此时行政机关查封网站尚需依据法院判决。

2012 年 4 月底，总检察长致函时任总理普京，反映“各地的检察长们发现，互联网普遍存在着包含宣传纳粹、极端主义、儿童犯罪与淫秽、暴力、血腥等信息”① 的现象。为了有效地与违法内容斗争，总检察长建议对《通信法》进行修订，明确界定各国家机关治理互联网的权限，赋予俄罗斯大众传播督察局全权督促互联网供应商履行限制获取某类信息的义务。对于那些无力过滤违法信息以及不对违法网站进行查封的运营商，总检察长建议追究责任，赋予

① “Предложения генпрокуратуры о доработке закона,”（2012-05-01）［2016-03-03］，https：//www. tadviser. ru.

域名注册机构取消此类域名的权力，并通知执法机关追究责任。总理办公厅负责人责成通信与大众传播部、内务部、联邦安全局、教育科学部、文化部、经济发展部和司法部研究总检察长的建议并提出意见。2013 年 12 月 28 日，俄罗斯国家杜马通过修订现代法律，授权俄罗斯联邦总检察长未经法院审判直接查封鼓动极端主义和群众骚乱的网络资源。可能被认定为应予禁止的信息包括：号召集体无序行为的；号召实施激进行动的；煽动民族间或宗教间敌意的；参与恐怖活动的以及参与破坏既有秩序的公开的群众活动的。号召参与未经批准的集会也属于被禁止之列。调整后的法律明确，一旦总检察长发布限制进入此类网站的要求后，行政机关必须立即实施查封。如果违禁信息没有在通知发出 3 天内删除，该网站资源将面临被关闭的危险。此举开启了俄罗斯互联网内容治理中未经法院判决许可，先行查封违禁内容的治理实践。

2015 年“网络反盗版法”正式实施后，侵犯著作权的网络也面临被纳入“黑名单”的风险。这既可以由法院判决实施，也可以根据著作权人举报予以查封。2016 年 2 月 11 日，俄联邦法院的法规草案门户网站上发布了一项对联邦《信息、信息技术和信息保护法》进行修订的草案，增加了对煽动民族间冲突的信息实施接入限制的程序。据此，一旦联邦民族事务局局长或其副手发现此类信息，应该向联邦大众传播督察局发函，要求其临时关闭该网络资源，后者须在 24 小时内向通信运营商和相关的服务器供应商发出限制接入的指令，同时通知总检察长调查违法资料。运营商应在接到督察局的要求后 4 小时内告知服务器供应商，服务器供应商则应在一天之内将情况通报网站所有者。在违法信息被删后 72 小时内，通信运营商应该立即恢复该网站的接入服务。从目前发展趋势看，未来“黑名单”的执法主体仍有可能不断增加。

四、治理程序趋稳

从执行程序上看，大众传播督察局可依据互联网内容监控结果自行做出查处决定，也可根据政权机关、组织和公民的通报或举报实施查封。其他机构分工负责，但不能直接实施查封。如果运营商或者信息资源所有者对相关决定不服，可以向法院提起诉讼，行政机关根据法院判决做出查封与否的决定。当然，如果相关网站或网页已被纳入“黑名单”，则可以直接予以查封。

通常，法院判决是查封网站的最终决定。唯一例外的是总检察长及其副手，他们可以未经判决而先行实施网络资源查封。因此，实际上具有直接查封决策权的是法院和总检察长（见图 7.6）。

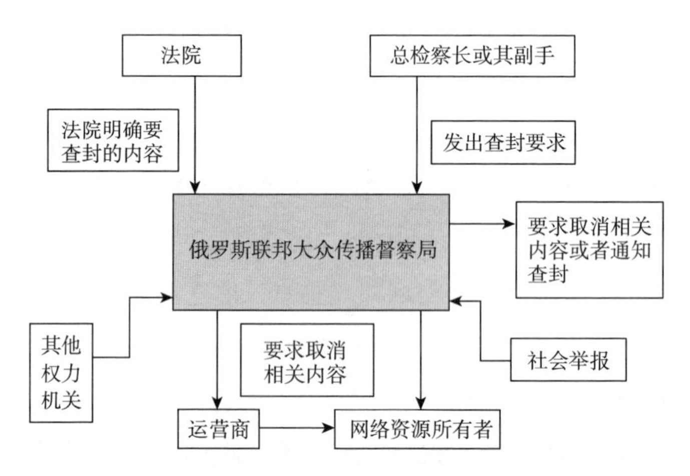

图 7.6　俄罗斯联邦执行权力机关查封网络资源的流程

总检察长及其副手直接查封的主要对象是极端主义网络资源。一旦相关查封决定作出，大众传播督察局、网络供应商、网站所有者需按规定时限处理相关信息并及时反馈。2014 年 2 月 1 日，允许总检察长及其副手直接查封网络资源的法律生效当天，根据联邦副总检察长的要求，俄罗斯大众传播督察局即配合查封了第一批四家互联网资源。

此外，“黑名单”制度还明确了通信运营商的责任，如果运营商没有关闭法院判定为违法网站的接入，则运营商作为法人或者其负责人将面临行政处罚，罚款额度由法院判定。总之，经过近十年的运营，目前俄罗斯已经锁定内容治理的重点方向，明确了内容治理的主客体，形成了相对稳定的内容治理程序。

五、外资准入趋严

在严格内容构成治理的同时，俄罗斯还通过修订法律收紧了对内容生产者的管理。对内，实施“博客主法”及其修正案，将拥有每日 3000 粉丝以上的博客视同大众传媒进行管理，并为此修订了《大众传媒法》，对外资进入俄罗斯传媒予以限制，从资格和资本两方面设置市场进入壁垒。同时，《非商业组织法》和 2016 年最新版《信息社会发展战略》也对外国资本和外国人进入俄罗斯信息空间做出了限制。

（一）限制外资和外国人办媒体

根据俄罗斯《大众传媒法》第 7 章的规定，下列对象不能担任大众传媒组织的发起人：未满 18 周岁的公民；依法被剥夺人身自由的在押人员；精神病患者；法院认定的无行为能力者；依法被禁止活动的公民联合体、企业和机关；不常驻俄罗斯联邦的外国公民或无国籍人士。据此，首先“外国自然人”和“无国籍者”被排除在大众传媒的发起人之外。其次，对外国法人和资本予以限制。外国法人、外方股份（投资）占总注册资本 50%及以上的俄罗斯法人、拥有双重国籍的俄罗斯公民等，无权担任广播频道、电视频道以及广播电视和视频节目的主办者。此乃针对电子传媒在俄罗斯的特殊地位做出的专门限制，但是在特定情况下，外国公民或法人仍有能力借助大众传媒的力量，威胁国家的信息安全，对俄罗斯公民的权益与自由产生危害。比如，外国法人注册非广播电视类的大众传媒便没有限制。为此，俄罗斯通过修订法律填补了相关漏洞。

2014年，俄罗斯修订了《大众传媒法》，禁止以下几类对象注册大众传媒、成立编辑部，乃至于拥有、管理或控制超过大众传媒发起者或编辑部注册资本20%的股份（份额）：外国组织、国际组织、拥有其他国籍的俄罗斯人、无国籍者、外国法人和自然人，以及外资参与超过20%的俄罗斯组织。如果俄罗斯签署的其他国际条约预先规定上述某一类对象可以从事相关活动，则遵循国际条约规定，不受《大众传媒法》的限制。无论是股份制注册者还是股份制单位，都属于大众传媒的股份制注册人。该规定出台以后，曾迫使一些投资传媒的国外企业不得不转让股份，或者撤资走人。通过以上制度调整，外国人不仅被限制注册大众传媒，而且被限制成立编辑部和参与大众传媒管理。如果违反此要求，相关人士的经营权（投票权、管理权、获取组织活动信息权等）将被限制。

随后，联邦政府制定了相关细则，督促落实法律规定。2015年10月16日，联邦政府批准对大众传媒的相关注册文件进行核查，要求电视和广播频道、节目以及新闻报道组织提供创办人、编辑部负责人的证明材料，提交公司的股东名单和资本组成，提供非俄罗斯公民或长期居住在国外的相关人员的身份证明，所有文件通过国家服务统一门户网站以电子文件形式提交。如果文件未使用俄语，还需提供经过权威机构公证的可信的翻译件。按规定，相关文件可供公众查询，大众传媒有义务回复公众信息公开的要求。电子传媒是俄罗斯最重要的大众传媒平台，同样也是俄罗斯信息空间内容治理的重点对象。

当然，现行法律仍然存在一定的问题。比如，博客主是否照此要求提供材料没有明确规定。理论上，如果将知名博客视为大众传媒，则博客主就应该提交身份证明。如果这样，外国人在俄罗斯的博客粉丝超过每日3000人将会面临怎样的境遇？是否应该被关闭？事实上，目前似乎并没有出现此类尴尬的情况。这表明，在内容治理方面，真正引起国家关注的是传统的大众传媒和互联网大众传媒，而非一般自媒体。

限制大众传媒的注册者和编辑人员的身份与制定“黑名单”共同构成俄罗斯互联网内容治理的两大工具。它们都是双刃剑，在维护国家安全和净化信息空间的同时，会对内容生产和传播产生影响，一定程度上限制了互联网信息自由流通。

（二）限制外国代理人传媒活动

2020年2月1日，所谓俄罗斯版《外国代理人大众传媒法》正式生效，其背景是俄罗斯对外传播媒体“今日俄罗斯”2017年被美国司法部要求注册为“外国代理人”身份，并因此遭受不公平待遇。为此，俄罗斯国家杜马通过修订《非商业组织法》和《大众传媒法》，构建了俄罗斯版《外国代理人大众传媒法》。

从内容上看，它与美国版本基本相似，以显示俄罗斯此举不过是针对美国采取的“对等措施”。按规定，凡被认定为外国代理人的大众传媒，均有义务向俄罗斯司法部报告资金来源与开支，并且在其发布信息时明确标注该材料来自“外国代理人大众传媒”，以便受众知晓该传媒机构为谁服务。“美国之音”首当其冲，被认定为外国代理人大众传媒，此前该媒体在俄分支机构曾因使用美国财政预算资金在俄开展活动而未报告被俄司法部罚款，此事引发了美国国务院的不满，指责俄罗斯“对独立媒体施压”。俄罗斯不仅没有让步，反而将美国及其盟友的九家媒体共同列入“外国代理人清单”。目前，从法律条文看，所有使用外国资金的媒体，无论其注册地在俄罗斯境内还是境外，都有可能被列入“外国代理人清单”。但为了避免伤害友好国家媒体，该法特别明确，外国代理人大众传媒的身份需要由司法部与外交部共同商定。

（三）限制外资进入网络服务

俄罗斯治理互联网内容的决心很坚定。2016 年 12 月 13 日，联邦安全委员会起草了《信息社会发展战略（2017—2030）》，对现有的 2008 年版的《信息社会发展战略》进行更新。据此，俄政府规定俄罗斯境内提供互联网服务的国外公司必须与本地市场参与者建立合资企业，通过国内支付系统运营。此外，一批针对大众传媒、互联网电视、新型融媒体、社交网络和即时通信的法律也相继出台。

根据规定，国外公司即使通过合资方式进入俄罗斯市场，也要受到《外国投资俄罗斯国防和国家安全战略意义的企业的管理办法》限制。该管理办法于 2008 年出台，2012 年 5 月修订。修订后的法律为俄网络平台赋予新闻媒体的法律意义，并将其与新闻出版集团和广播电台一同纳入俄国防战略性企业名单。根据规定，将俄门户网站认定为国防战略性企业的标准是 6 个月内平均每月用户为 2000 万人以上，且 50%的访问点击率来自俄罗斯本土。如果外国投资者控股 10%以上，需要俄联邦反垄断局预审，审查时间为 44 天；如果外国投资合同金额超过此比例，则需取得俄联邦安全局和国防部的同意，再经由政府外国投资监督委员会和俄联邦反垄断局审查通过。该管理办法在法律层面提高了外国资本控股俄网络公司的门槛，成为一道“可见而不易通过的防火墙”[①]。

从一系列法律修正案的调整对象可以看出，新版《信息社会发展战略》的重点不仅是“发展”，而且包括“安全”。它更关心保护

---

① 杨政:《俄罗斯建立信息过滤的“防火墙”》，《理论导报》2013 年第 1 期，第 39 页。

俄罗斯国家利益、保护俄罗斯公民利益，强调使用信息传播技术时，优先保护俄罗斯传统的精神道德观以及在此基础上建立起来的社会规范。为此，俄罗斯对所有形式的大众传媒法规进行完善，构建违法信息限制接触的机制，确保信息加工的安全，不断提升互联网空间内容的可靠性。

第三节　强化关键技术自主性

信息主权理论界定的主权国家信息权包括信息控制权、信息管理权和信息资源共享权。其中，信息控制权指主权国家对跨境数据交流的内容和方式的有效控制权，信息管理权则表现为一国对本国信息输出和输入的权利，以及在信息领域发生争端时该国所具有的司法管辖权。俄罗斯通过行政、立法等手段对域名、通信线路、信息交换点等进行控制和管理的过程，本质上皆属于行使信息控制权和管理权的过程。而任何主体在行使前两种权利时，都不能忽视对第三种权利的保护，即信息资源共享权。这表明互联网的发展与管理不能背离其本质属性——人类信息资源共享性。

共享离不开技术的支撑，因此技术是维护国家信息主权的关键变量，不掌握核心技术便难以行使信息主权。对于俄罗斯而言，技术治理的重点不在于先进技术的应用，而在于对技术的控制。技术的失控可能导致信息资源共享的中断，从而影响信息主权的完整性。俄罗斯进行的所谓“断网”演习就是以极端情况下俄罗斯被断网为假想，希望通过此类演习，发现技术自主面临的外部威胁并寻找技术突破口，不断加强自主研发和进口替代，参与国际标准制定等活动，并逐步形成了一个含义相对模糊的“数字主权”概念。其中，技术自主是俄互联网国家治理的关键目标，也是治理面临的重要挑战。俄试图通过自我研发和进口替代政策，改变对西方国家过度依赖的局面。

一、加速进口替代

历史上，俄罗斯拥有较强的技术自主意识。早在苏联时期，俄罗斯技术人员就曾努力开发“我们的”计算机应用系统，并建立了基于 Unix 的早期互联网络。遗憾的是，由于苏联解体，俄罗斯经历了十余年的政治、经济和社会动荡，大量的计算机和网络基础技术人才流失国外，其高科技发展受到影响，并且在长期的全球化浪潮中，形成了对美国互联网技术的依赖。但俄互联网界技术自主的基因依然存在，俄罗斯在利用国外先进技术的同时注重自我研发，并拥有本国的搜索引擎系统、即时通信系统、社交网络等，形成了国际性互联网企业巨头，这些为其互联网技术自主化研发奠定了基础。随着俄罗斯互联网进入危机型发展阶段，国家对互联网自主化的重视开始促进市场主体参与其中，再次激活了国内技术研发与创新的基因。

在实施互联网技术自主化进程中，互联网技术与应用的自主研发和进口替代具有互补性，两者相互促进，共同扩大了互联网技术自主化的市场。其中，自我研发投入与产出的增加，加速了进口替代进程；进口替代政策的完善，则进一步刺激了自主研发的积极性。

（一）制定《信息社会发展战略》强调技术自主

2000 年普京首次正式就任总统后，与叶利钦时代进行了切割，努力摆脱对西方的政治追随和经济依赖，摒弃了对口惠而实不至的国际外援的幻想，探索重振俄罗斯国际大国地位的施政之策，赢得了国内民众的高度支持。随着俄罗斯政治日趋稳定，经济形势改善，俄罗斯终于有条件发展和广泛应用信息传播技术，将提高自主开发

IT 技术与产品的国际国内市场份额列入重振其大国雄风的重要战略组成部分。

1.《电子俄罗斯（2002—2010）》起步

2002 年 6 月 28 日，俄罗斯正式实施《电子俄罗斯（2002—2010）》目标规划，在“电子政府”“电子经济”和“电子社会”三方面确定俄罗斯向信息社会转型的关键目标和任务。其中“电子经济”部分明确规定，国家支持信息技术出口，制定措施促进俄罗斯公司参与世界市场，建立俄罗斯知识产品国家形象，鼓励俄罗斯专家参与 IT 领域的国际发展规划与标准的制定。此外，作为创新项目最有效的资金工具，国家创造条件建立天使基金制度，出资支持科技园区建设，让高科技公司以最小的成本在此经营。①

2. 细化《信息社会发展战略》

《电子俄罗斯（2002—2010）》规划结束前，基于信息社会理论的新型国家发展战略《信息社会发展战略》由普京总统于 2008 年签署生效。随后，政府据此制定了《信息社会（2011—2020）》规划，接力《电子俄罗斯（2002—2010）》，全面指导俄罗斯 IT 产业的发展。具有象征意义的是，它是普京卸任总统改任总理后批准的第一个国家规划。

其中，“支持国产 IT 产品和服务”“保证信息领域的国家安全”是俄罗斯《信息社会发展战略》的两条基本原则。“创造条件发展国有信息和通信技术工业、计算设备、广播电子设备、通信装备和软件的竞争力”，“吸引投资，发展俄罗斯信息和通信技术产业以及国有电子工业”，“提高俄罗斯拥有知识产权的客体的使用率”成为

① “Постановление Правительства РФ от 28 января 2002 г. N 65 ‘О федеральной целевой программе Электронная Россия（2002－2010 годы）’（с изменениями и дополнениями）,”（2002-06-28）［2017-01-01］，http：//base. garant. ru/184120/.

俄罗斯应用信息传播技术发展经济的三大阶段性任务。

作为信息自主的阶段性目标，俄罗斯《信息社会发展战略》提出了2015年前“国内IT市场国产商品和服务比例达到50%以上”等具体指标。俄罗斯国内市场上本国的IT商品与服务比例不低于50%的目标在俄罗斯互联网诞生20周年之际（2014年）已基本实现。俄罗斯本国互联网公司控制了国内市场，其他国家的讲俄语的居民也在积极使用俄罗斯的互联网资源和服务，但美国和其他国家与地区的竞争者拥有难以撼动的金融与人口资源优势，特别在新软件开发方面，俄面临巨大压力。

2013年，俄政府公布了一份发展IT产业的路线图《2018年前信息技术产业发展规划》。该路线图明确了俄罗斯政府五年内要大力发展信息技术产业，主要包括建设创新研发中心和IT基础设施、提高程序员综合素质、减税等。其中，俄罗斯政府明确在2018年前投入40亿卢布（以当时汇率计算约8亿元人民币）建设50个信息技术领域的创新研发中心；大力发展和改善网络基础设施，创建11个科技园，项目总面积在2015年前达到35万平方米，为社会创造不少于2.5万个高新技术领域的就业岗位；大力支持IT产品出口，力争在2018年前使俄罗斯IT产品出口额从2012年的44亿美元增长到90亿美元。[①] 该路线图强调，要发展信息安全技术，坚持自主创新自成体系，注重技术创新和完善制度，注重芯片和操作系统的研发。也正是在此阶段，互联网“去美国化”作为发展目标得到了俄罗斯国内产业界的积极响应。

（二）纠正国家采购“惯性”，加速实施进口替代

在国家的支持下，俄罗斯确定的2015年互联网市场国产商品和

① 杨国辉：《2014年俄罗斯网络信息安全建设观察》，《中国信息安全》2014年第10期，第102—105页。

服务的比例超过50%的目标已经实现，但具体到软件市场，国产比例依然不高，特别是在关键技术领域仍然存在着进口依赖现象。倘若从全球化和自由贸易的理论视角看，软件市场的国产化比例高低似乎只涉及产业结构问题，但是当俄罗斯互联网“发展—管理”关系进入“危机型”阶段，“全球化”和“自由贸易”理念遭遇贸易保护主义和地缘政治严重挑战时，软件依赖现象就变成俄罗斯互联网发展与管理的软肋。

1. 调整国家采购思路，减轻进口依赖

自2014年以来，由于俄、美、欧盟等各方对导致乌克兰危机的原因、乌克兰的出路等问题的看法存在分歧，特别是对克里米亚归属问题针锋相对，以美国为首的西方主要国家开始对俄罗斯实施全面制裁。制裁不可避免地直接作用于俄罗斯互联网的发展。正如俄国家杜马信息政策、信息技术和通信委员会主席，俄罗斯互联网发展研究所理事、原通信部部长列昂尼德·列维（Леонид Левин）在阐释数字主权时所指出的：“近几年的经验表明，西方供货商在政治形势面前表现脆弱。可以回忆一下西方拒绝向俄罗斯政府机关、银行和国有公司提供软件支持的先例。因此，需要克服国家采购的惯性，帮助人们看到俄罗斯产品，并转向它们。”[①] 此处“国家采购的惯性”是指俄罗斯国家采购过程中对进口产品的青睐，它本属全球化贸易中的一种正常现象，但在危机面前却成为“问题”，需要通过国家治理加以克服。

在此背景下，俄罗斯国家机关网络系统和互联网关键设施的软件安全问题成为国家和社会的严重关切，通信部奉总统之命制定了最终的综合解决方案，以便减少对进口软件的依赖，保障俄罗

① Николай Носов, “Open Source и цифровой суверенитет России,” (2016-05-31) [2017-02-10], http://www.pcweek.ru/gover/article/detail.php?ID=185851.

斯网络主权安全，其目标是到 2025 年前，俄罗斯软件在大多数细分市场中应该占有不少于 50%的比例，国家每年拨款 30 亿—50 亿卢布支持国产软件开发。[1]

2. 建立国产软件清单，调整国家采购

俄罗斯总统互联网顾问、俄互联网发展研究所理事长格尔曼·克里门科（Герман Клименко）呼吁俄互联网界团结起来，以互联网发展研究所为基础，制定解决新问题的行动顺序。他认为，俄罗斯互联网技术自主的基本任务是“弄清楚如何以更好的方式完成总统授予的向俄罗斯国产软件转型的任务，以及总体上如何更有效地推进国产软件的研发与应用”[2]。本书研究发现，总统授权是俄罗斯互联网治理的一种创新机制，希望以此来解决现有的体制和机制无法解决的问题，充分调动社会主体的积极性。显然，向国产软件转型无法依靠现有的正常体制和机制获得突破，需要由总统授权特定的机构和组织，运用更加灵活的手段寻求解决路径。

据互联网发展研究所的专家判断，实现国家政权机关向国产软件转型可能需要 3 年左右的时间，国有公司转型时间会短一些，需 2—3 年。[3] 但外界并未如此乐观。针对俄通信部部长提出的软件自主目标，现代互联网创始人之一保罗·维克西（Paul Vixie）博士 2015 年 4 月 14 日接受俄罗斯报纸网访谈时称，“纯粹从理论上讲，既定目标是可行的，因为谁也没有说要完全实现进口替代。方案的

① Владимир Тодоров,“Один из основателей интернета о кибератаках и импортозамещении ПО,”（2015-04-14）［2017-02-10］, http：//www. gazeta. ru/business/2015/04/13/6637805. shtml.

② Николай Носов,“Open Source и цифровой суверенитет России,”（2016-05-31）［2017-02-10］, http：//www. pcweek. ru/gover/article/detail. php？ ID = 185851.

③ Николай Носов,“Open Source и цифровой суверенитет России,”（2016-05-31）［2017-02-10］, http：//www. pcweek. ru/gover/article/detail. php？ ID = 185851.

起草者也清楚，如果没有巨大的投资和国家支持，这不可能在短期内实现。但是实际情况将证明，如此大型的方案通常要付出的代价是预期的数倍，会占用相当长的时间。而且可以肯定地说，该措施将对软件质量产生负面影响，对国家机关的工作产生消极影响”①。因此，尽管有总统授权，但要真正实现向国产软件转型并非一朝一夕之事，影响其进程的不仅是政策、技术创新能力，还有资金。后者正是当前的俄罗斯面临的最大压力。

俄罗斯对互联网技术自主化的认识有一个逐步强化的过程。2002 年实施的《电子俄罗斯（2002—2010)》政府规划的重点是鼓励俄罗斯 IT 产品出口，支持本国专家参与该领域的国际发展规划，重在树立俄罗斯在 IT 领域的品牌形象。2008 年制定的《信息社会发展战略》首次明确提出“支持国产 IT 产品和服务”，开始区别对待进口和国产 IT 产品。2014 年，国家面临国外 IT 产品断供的威胁后，IT 自主化才真正变成俄罗斯政治、经济和社会各阶层的共同需求。2015 年 6 月 29 日，《信息化、信息技术和信息保护法》及《国家和公用事业单位商品、业务和服务采购合同体系法》修订，明确了在计算机和数据库管理中国家调节国产软件应用的特殊地位，决定建立统一的俄罗斯计算机和数据库软件清单，以便扩大其应用范围，并向权益人提供国家资助。至此，俄罗斯 IT 技术自主化迈出了最重要的一步。

俄罗斯通过法律提高了对进入国产软件清单名录的计算机和数据库软件指标的参数要求。凡进入清单的软件即被定义为俄罗斯联邦国产软件，国家采购人有义务在统一的信息系统中发布采购信息

---

① Владимир Тодоров, “Один из основателей интернета о кибератаках и импортозамещении ПО,” （2015-04-14）［2017-02-10］, http：//www. gazeta. ru/business/2015/04/13/6637805. shtml.

和实施采购，优先采购进入清单的俄罗斯国产软件。如果在采购中无法避免采购外国商品、业务和服务，则必须在信息系统中公开说明理由，获得认可后方能采购进口商品或服务。

为了细化法律规定，国家权力机关与互联网产业界专家进行对话，形成了四点共识：一是实施国家采购时，俄罗斯软件和硬件享有优先权；二是保障俄罗斯联邦各互联网公司平等参与；三是为国外客户提供服务时免征增值税；四是实施利税优惠（有效税率4%）。2015 年 11 月 16 日，联邦政府决议批准实施《为保障国家和公共事业采购之需禁止国外生产的软件准入的制度》，明确建立和实施俄罗斯软件统一登记制度的操作细则。2016 年 4 月 8 日，俄联邦通信与大众传播部部长尼基伏罗夫首次签发《关于将软件信息纳入俄罗斯电子计算机与数据库统一程序清单的命令》，明确要求将已获批准的软件列入清单中。至此，2015 年俄企业提出了 1800 份软件申请，有 1000 种软件获准列入俄罗斯软件统一清单，国家于 2016 年拨款约 50 亿卢布支持国产软件研制和推广。[①] 此后，联邦通信与大众传播部持续以部长令形式，公布获准进入清单的软件和应用服务。俄成立了一个常设机构——进口替代国产软件专家委员会，对相关申请予以审核。专家委员会成员来自联邦执行权力机构、创新发展研究所以及俄罗斯软件设计师协会，委员会通过投票决定是否批准相关软件进入清单，其中主席的一票是决定票。

俄罗斯 2019 年由财政投资建设信息基础设施的所有合同均包括对国产软件和设备的应用，当年采购国内电子传播装备的订单总金额超过 40 亿卢布。进口替代政策同时刺激了企业主体参与研发的积

① К. Р. Казарян, *Интернет в России в 2015 году: Состояние, тенденции и перспективы развития*, Москва: Федеральное агентство по печати и массовым коммуникациям, 2016, стр. 8.

极性。2019年，国有公司用于俄罗斯软件开发的投入达到100亿卢布，政府的目标是2020年将该投入增加到820亿卢布，2021年达到1500亿卢布。相应地，为实现国家机关的电子应用产品的国产替代，2019年政府采购了22万套俄罗斯办公系统和52万套防计算机病毒软件，总价值超过10亿卢布。[①] 在《俄罗斯联邦数字经济国家规划》的推动下，俄罗斯进口替代政策的经济效益和社会效果正在不断显现。

但是，国产软件替代之路并非一帆风顺。2021年底，俄罗斯国有公司现有国外软件向本国软件应用转化的比例仅有30%—35%，并未实现2018年国家确定的50%—70%的目标。其中，一些特大型国有公司未能完成自己确定的任务，比如俄罗斯航空公司国产软件使用率只有不足10%，俄罗斯铁路公司最初承诺国产软件应用比例要达到10%左右，但后期评估后决定暂时不采购国产软件。应用比例较高的是国有运输租赁公司、克里米亚银行等。国产软件应用水平落后于规划的原因有两方面：一是大型企业长期以来已经采购并习惯于使用国外软件产品。比如航空公司，其软件使用还涉及与外国公司的协同问题，否则，可能影响飞机正常起落。二是外国大型软件公司不希望失去俄罗斯市场，也担心在俄罗斯出现竞争者，因此投入巨资保持研发优势。普京总统已经采纳数字发展部的建议，明确公司负责人承担国产软件转化应用的任务，要求各国有大公司在2022—2024年间，优先采购国产软件的投入要比2019—2021年间的投入增加1倍，各公司IT预算的70%应用于国内产品，目前该比例为10%—15%之间。[②]

---

① Максим Акимов, “Вклад интернет-экономики в ВВП России вырос на 15%,” (2019-12-27) [2020-06-09], https: //digital. ac. gov. ru/news/4125/.

② Анна Балашова, “Импортозамещение программ отстало от программы,” (2021-12-28) [2022-02-14], https: // www. rbc. ru/newspaper/2021/12/28/61c21e289a79479e8562641b.

二、借力开放资源

如何在短时间内增加俄罗斯国产软件的市场份额？目前，俄罗斯国内盛行的一种观点是大力释放开放资源的能量，即充分利用社会力量，包括国际软件开发者的聪明才智。

许多研究报告都指出，开放资源对于完成进口替代目标具有重要意义。俄罗斯互联网发展研究所的专家指出，“免费软件是众人花费众多时间和金钱取得的成果，不使用它们就是傻瓜”①。俄罗斯互联网界鼓励大家基于开放代码进行再开发，使之符合国产软件的安全和应用之需。已经完成私有化改造的俄罗斯储蓄银行（Сбербанк）较早尝试通过对免费软件的开发建立了新型的技术平台，并吸收开放软件的设计师加入银行的技术平台开发共同体，有效提升了银行的风险管理水平，使软件技术平台成为可控的主权客体。但是，使用开放软件本身并不能解决 IT 主权问题和进口替代问题。

俄罗斯互联网界一直在讨论如何从其始终难以控制的 Windows 系统转向 Linux 系统。② 如果能实现这一目标，俄罗斯专家们将更有作为。针对 Linux 是“由数百万个与妻儿分离的程序员闭门造车写出来的代码”的社会传说，业内人士称，实际上，75%的 Linux 编码是由专职于此的人士完成的，而且他们主要工作在 Intel、IBM、Broadcom、Novell、Microsoft 等著名公司。虽然其中有一群 Linux 设计师生活在俄罗斯国内，但他们的所有研究都瞄准那些远在俄罗斯之外的研究人员的前沿研究，因此将 Linux 描述成“闭门造车”显

① Николай Носов, “Open Source и цифровой суверенитет России,” (2016-05-31) [2017-02-10], http: //www. pcweek. ru/gover/article/detail. php? ID = 185851.

② Linux 操作系统是基于 UNIX 操作系统发展而来的一个克隆系统，1991 年 10 月 5 日第一次正式对外公布。借助 Internet，并通过世界各地计算机爱好者的共同努力，它成为今天世界上使用最多的一种 UNIX 类操作系统，而且使用人数还在增长。

然不妥。从全球范围看，俄罗斯的设计师在开放资源中所处的地位和扮演的角色各不相同，在少数项目中俄罗斯设计处于领先位置，如 PostgreSQL 设计。专家认为，根据设计师在相关领域的参与程度，可以判断该设计能否被视作俄罗斯独立战略的组成，具体标准包括以下几方面：俄设计师参与软件系统组成中不少于 20%的设计任务；俄设计师切实成为团队的重要部分，能够在必要时支撑合法的产品分支；俄设计师能够影响产品的发展方向；俄设计师研制出与产品主干相匹配的代码。[①] 如果符合上述指标，俄罗斯即可将该开放资源作为国家软件发展的战略组成予以关注。

目前，在利用开放资源方面，俄罗斯已经取得了一些进展，比如：俄罗斯自主开发了一款基于 Linux 的国产操作系统 ALT Linux；俄罗斯军方由于担忧安卓系统泄密研发了自己的平板操作系统，并尝试运行自己的网络系统，探索俄罗斯网络自主化路径；等等。俄罗斯电子传播协会会长谢尔盖强调，俄罗斯高科技产业始于自主开发。因为苏联曾经是世界一流大国，所以许多俄罗斯专家站在全球网络诞生的源头，积极加入互联网国际管理团队；俄罗斯所有的公司都瞄准国际市场，而非与之隔绝。正是因为始终与世界互联网技术保持对话，俄罗斯对自主开发充满自信。

三、资助人才培养

从国家发展战略看，运用开放资源的目的并非仅仅是开发国产软件，更重要的是希望俄罗斯设计师能够在吸收人类共同智慧的同时，进入产品设计核心层，影响产品发展方向，使之有利于俄罗斯。但是，遗憾的是，俄罗斯没有一个类似于国际上的 OpenOffice、

① Николай Носов, "Open Source и цифровой суверенитет России," (2016-05-31) [2017-02-10], http: //www. pcweek. ru/gover/article/detail. php? ID = 185851.

LibreOffice 的技能中心，没有人准备提供第三方支持。因此，为了让俄罗斯哪怕有 10—20 个人能参加上游设计，需要花费不止一年的时间，唯一的路径是提升所有关键领域的技能水平，即培养人才。

自 2014 年至今，IT 人才紧缺的局面一直存在，人才市场中 IT 人才欠缺的比例由 2014 年的 10. 2%上升到 2018 年的 12. 1%。[①] 其中，数据分析师、移动应用设计师、网页设计师、人工智能和机器学习领域的专业人才最紧缺。图 7. 7 反映了 2013 年到 2018 年间俄罗斯整体人才市场和 IT 专业人才市场各自短缺情况。整体上，俄罗斯各类人才总量呈现出供不应求的趋势，由信息技术、电子传播和互联网人才构成的 IT 人才的需求状况与总体人才市场需求状态一致，也是持续短缺，且缺口不断扩大。2022 年上半年，俄罗斯在乌克兰采取特别军事行动后，俄罗斯 IT 人才一度出现大幅外流，加剧人才不足现象。俄罗斯政府采取紧急措施，拨付财政资金，改善 IT 人才的生产和生活条件，吸引出国的 IT 人才回流。其中，政府从储备资金中拨付给数字发展部 15 亿卢布，由其补贴申请优惠贷款的 1 万名 IT 人才，凡是年龄在 22—40 岁之间的 IT 人才均可申请。政府规定，IT 人才购买住房享受年利率 5%的优惠贷款，政府计划在 2024 年前发放 5 万笔总额 2400 卢亿布优惠贷款，其中城市 IT 人士贷款的上限是 1800 万卢布，其他地区为 900 万卢布。[②] 未来，解决 IT 人才短缺可能会成为俄罗斯政府面临的一项长期的战略任务。

---

① К. Р. Казарян, *Интернет в России в 2018 году: Состояние, тенденции и перспективы развития*, Москва: Федеральное агентство по печати и массовым коммуникациям, 2019, стр. 83.

② Нина Ташевская "Власти объявили о запуске льготной ипотеки под пять процентов,"(2022-05-04)[2022-05-05], https://lenta.ru/news/2022/05/04/itpoteka/?utm_source=yxnews&utm_medium=desktop.

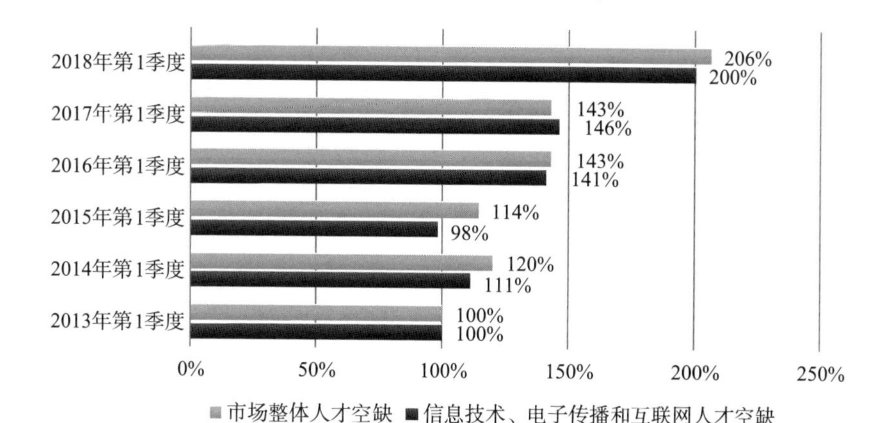

图 7.7　俄 IT 专业人才缺口呈逐年增加之势（2013—2018）

* 本图数据根据《2019 年俄罗斯互联网年度报告》整理。

IT 人才培养已成为俄罗斯互联网发展与管理的关键变量，并不断引起国家重视。2015—2020 年间，《互联网年度报告》每年均专列“教育与人才”一章，对俄罗斯的 IT 教育、公民数字素养、高校 IT 毕业生的就业情况等展开研究。多年来，俄政府不断加大对该领域的投入。提供免费读大学的名额是其中一项重要举措。根据惯例，俄罗斯中学生考大学时可以竞争国家资助的免费读大学的名额，2015 年免费入学名额的竞争率是 8.8 名报考者竞争 1 个免费名额。为鼓励更多中学生高考时选择 IT 专业，国家连续增加对 IT 人才专业报考者的资助名额。2015 年由联邦财政资助的 IT 大学生名额较上年增加 34%①，2016—2017 年间增加近一倍，从 2.5 万升至 4.25 万个名额②。2021 年俄罗斯有 44.38 万名大学生和 32.22 名中专生攻读数

① К. Р. Казарян, *Интернет в России в 2015 году: Состояние, тенденции и перспективы развития*, Москва: Федеральное агентство по печати и массовым коммуникациям, 2016, стр. 80.

② К. Р. Казарян, *Интернет в России в 2017 году: Состояние, тенденции и перспективы развития*, Москва: Федеральное агентство по печати и массовым коммуникациям, 2018, стр. 87.

字技术相关的专业毕业，其中国家资助的免费就读 IT 专业的名额为8 万名，较 2020 年增加 2 万名。2022 年 5 月，俄罗斯政府宣布当年的 IT 专业国家资助名额增加至 16 万名[①]，希望能以优惠政策带动更多年轻人选择 IT 专业。但图 7.7 所示的俄罗斯 IT 人才供不应求的局面一时尚难以根本改变，据俄罗斯数字发展部测算，俄罗斯 2021 年 IT 人才缺额在 50 万到 100 万之间，[②] 2020 年的新冠疫情暴发后，一些原本与 IT 关联度不大的组织也开始转变运营方式，产生新的 IT 人才的需求，加剧了 IT 人才供不应求的局面。

如今，IT 人才紧缺不仅影响俄罗斯互联网技术自主战略的实施，也影响了俄罗斯数字经济发展。2018 年开始实施的《俄罗斯联邦数字经济国家规划》专设“数字经济人才”国家工程，明确未来 IT 人才的培养目标是：2018—2019 年完成高等教育 IT 人才培养的大学生至少 6 万，2020—2021 年度不少于 8 万大学生，2022—2023 年不少于 10 万，2023—2024 年不少于 11 万，2024—2025 年不少于 12 万[③]。2019 年 12 月，俄罗斯副总理马克西姆·阿基莫夫（Максим Акимов）向普京汇报此项工作时宣称，当年有 1.7 万名青年参加了数学和信息学轮训夏令营，超过 450 万名中小学生参与了全俄“数字课堂”，120 所优秀学校获得了发展数字与信息学教育的资助。[④] 此举表明，俄罗斯对数字人才的培养将不仅限于高校，而且是有意

① “Дмитрий Чернышенко: Количество бюджетных мест в вузах по ИТ-специальностям в новом учебном году увеличим до 160 тысяч,”（2022-02-15）［2022-06-06］ http://government.ru/news/44569/.

② “Россия стремится удержать IT-специалистов. Что предлагает им государство?”（2022-05-14）［2022-05-15］, https://lenta.ru/articles/2022/03/14/it_kadry/.

③ К. Р. Казарян, *Интернет в России в 2018 году: Состояние, тенденции и перспективы развития*, Москва: Федеральное агентство по печати и массовым коммуникациям, 2019, стр. 88.

④ Максим Акимов, “*Вклад интернет-экономики в ВВП России вырос на 15%*,”（2019-12-27）［2020-06-09］, https://digital.ac.gov.ru/news/4125/.

从中学生开始，从青少年的数字素养教育抓起。2019 年，国家对信息技术类高校的拨款也增长了 10%，这对于财政困难的俄联邦政府而言意义非同小可。

总体上，面对学校人才供不应求的现实，除了国家财政不断加大支持力度外，一些大型企业也开始与高校密切合作，共同开发课程，制定专业标准，直接参与人才培训。根据俄罗斯数字经济人才培养规划，从 2020 年开始，国家组织企业参与高技能数字人才培训，到 2021 年第四季度末，将制定出 20 项数字经济急需的技能提升规划，陆续为 500 万人提供培训，2021 年掌握数字技能的居民应该达到 40%。[①] 2021 年，100 多所高校参与的"优先 2030"项目已经获得国家资金支持，开始在非 IT 专业大学生中培训算法构建和程序编写，以提高他们的数字产品应用能力。截至 2022 年 5 月已有 115 所高校组建数字教研室，加大对大学生第二技能的培训。同时，2035 所高校已经开始试用数字经济专业水平独立评测系统。[②] 凡通过评测者，将获得电子传播协会颁发的证书。政府已于 2021 年启动官员网络素养培训，面向农村的编程、设计和其他技能培训已经取得一定成效。

尽管俄罗斯政府早在 2002 年的《电子俄罗斯（2002—2010）》目标纲领中便已明确表示支持国内 IT 产品和服务，鼓励其走向国际市场，但是不得不说，美国和欧盟 2014 年以来对俄罗斯的制裁反而强化了俄罗斯技术自主的决心，且技术自主已经不再是一个技术问题，而是一个政治问题，一个事关国家安全的主权问题，并由此加

① К. Р. Казарян, *Интернет в России в 2018 году: Состояние, тенденции и перспективы развития*, Москва: Федеральное агентство по печати и массовым коммуникациям, 2019, стр. 88.

② Владимир Митин, "'Цифровые кафедры' запустят в сентябре 2022-го,"(2021-12-20)[2022-02-14], https://www.itweek.ru/gover/article/detail.php?ID=221675.

剧了关于“数字主权”的讨论。2016 年底，俄罗斯弗拉基米尔州第一个正式宣布，官方网络运营系统拒绝使用进口软件。作为替代方案，该州选用俄罗斯互联网发展研究所研制的自己的操作系统 Гослинукс[①]，该系统已被推荐给中央和地方政府。普京总统的互联网顾问克里门科称赞该州为俄罗斯技术自主化的典范。

实践证明，国家治理中的技术路径与互联网日常发展与管理中的技术变量不同，无论是制定战略以支持国产技术开发与应用，还是通过国家采购促进技术自主，本质上都是为了实现主权国家境内的互联网应用处于国家可控状态，根本出发点是国家利益，而人才培养是推动技术自主性目标实现的关键因素。

第四节　立法捍卫互联网主权

尽管理论界、实业界和政治家对于数字主权的看法始终存在分歧，但俄罗斯立法和执法机关一直在探索如何实现对互联网络的主权管理。2014 年以来，关于俄罗斯互联网“断网”的消息时有所闻，官方多次予以否认，但“断网说”仍然一波未平一波又起，甚至引发了部分城市居民的游行抗议。2019 年 11 月 1 日，“俄罗斯互联网主权法”[②] 正式生效，这被西方舆论认为是俄罗斯即将“断网”的信号。俄罗斯文化界和艺术界此前曾联名向普京提议，请求其拒绝签发该法。此法的最终通过表明了俄罗斯从秘密测试

---

① Татьяна Шадрина, “Во Владимирской области отказались от импортного ПО,” (2016-12-21) [2017-01-01], https: //rg. ru/2016/12/21/reg-cfo/vo-vladimirskoj-oblasti-otkazalis-ot-importnogo-po. html.

② “Вступил в силу закон о ‘суверенном интернете’,” (2019-11-01) [2020-03-17], https: //habr. com/en/news/t/474120/.

"断网"向公开以法律形式宣示"主权"和"自主化"[①] 的转变，成为俄罗斯互联网治理的重大立法实践。

一、数字主权之争

传统国家的地域性正越来越多地投射到网络空间，越来越多的主权国家不再将互联网看作与主权无关的虚拟空间，"数字边界"概念应运而生，它是"数字主权"概念的基础。因为没有边界，国家便无法标记其管辖范围，难以真正行使主权。但至今，"数字主权"仍是一个相当模糊的概念，它与信息主权、网络主权、IT主权、互联网主权等多种概念混用。相对于传统主权拥有的明确界线，数字主权划界成为支持者与反对者争论的焦点。

俄罗斯学者至少在1999年便开始在法律层面讨论信息空间内的国家主权问题。俄互联网技术专家、著名互联网企业家伊戈尔·阿什马诺夫（Игорь Ашманов）称数字主权是继军事、政治、经济、文化、生物主权后又一个重要的主权组成部分，是"主权国家政府自主维护数字环境下地理国家利益的一种权利和能力"[②]。其支持者进一步将"信息主权"视为俄罗斯国家主权的一个组成部分，并强调现代信息技术的发展正威胁着俄罗斯国家主权。

2016年俄罗斯新版《信息安全学说》首次明确提出"信息空间主权"概念。该学说将"保护俄罗斯联邦在信息空间的主权"的任务视作国际信息安全的主要方向，并在国际社会积极推行。《俄罗斯信息社会发展战略（2017—2030）》强调，国际互联网中的俄罗斯分

---

① "Путин подписал закон об автономном Рунете,"（2019-05-01）［2020-03-17］，http：//www. rosbalt. ru/russia/2019/05/01/1779255. html.

② Игорь Ашманов，"Информационный суверенитет России：новая реальность,"（2013-05-13）［2013-05-13］，http：//rossiyanavsegda. ru/read/948/.

支必须处于俄罗斯主权管辖之下，以保障其独立、自给自足、不受外来干涉。2018 年《俄罗斯联邦数字经济国家规划》进一步明确提出实现数字主权的明确目标。

然而，也有人持不同意见。俄 CiscoSystems 公司的信息安全顾问认为，“数字主权”是不存在的。[①] 他认为，首先，“数字主权”的概念不明确。当前讨论的内容主要指拥有“自己的”搜索系统、社交网站、操作系统（软件平台）和其中的软件、微电子、网络装备、国家互联网分支、支付体系、保护设备、加密算法和协议、导航体系等。此处“自己的”并非指在俄罗斯境内研制的，也并非坐落在俄罗斯，而是根据俄罗斯政府的命令进行管理。如果据此理解，则俄罗斯人使用的两大搜索引擎公司杨德克斯和谷歌都不能算俄罗斯的。无疑，谷歌的服务器和资源不属于俄罗斯，并且杨德克斯严格意义上讲也不属于俄罗斯，因为它是纳斯达克上市公司，而且其管理公司正式注册在荷兰。另外，俄著名的软件公司卡巴斯基实验室尽管总部在莫斯科，但管理公司注册在伦敦。其次，国家干预私人公司可能导致“用户转场”的后果。理论上，可以要求私营企业按照政府的节奏“跳舞”，但结果可以想象：用户将从杨德克斯转向谷歌或者必应（假如它们不会因为数字主权问题而关闭在俄罗斯的服务）。关于建立俄罗斯国家搜索体系的声明已经表达过多次，但结果尚未看到。俄罗斯著名的社交网站同学和联系都在努力阻止国家的某种干预，甚至将域名从 ru 转向 com（实际上 ru 的主机也在国外），以免成为俄罗斯政府的附属物。最后，建立自己的操作系统并非易事。要让所有人转向国产操作系统需要满足两个条件：建立像 Windows 或者 MacOS 那样的软件箱，这比研发自己的软件还要难。

---

① Лукацкий Алексей, “Возможен ли в России цифровой суверенитет,” (2013-03-18) [2017-02-10], http: //bis-expert. ru/users/alukatsk.

更多的问题是：俄罗斯有足够多的合格路由器吗？将要使用何种设备运行自己的操作系统和软件呢？实际上，目前，俄罗斯几乎所有的微电子设备都在国外生产，能够保障软件替代的自有设备暂未出现。

批评者认为称俄罗斯没有“数字主权”，但这并不意味着俄罗斯不需要“数字主权”。只不过批评者所描绘的主权与国家权力部门的理解不完全相同。批评者认为，应该明确界定哪些地方可以适用主权，需要主权；尽管国家拥有自己的资源和系统，但公民和企业可以自愿选择是否使用，他们应该有权进行自我风险评估；掌握在私人企业中的许多极为重要的客体需要国家施加影响，但国家不应该简单地拥有该企业。实际上，国家无须拥有所有互联网络，只需要聚焦在最重要的国家安全问题上，而且不能一刀切，应该分步实施。为此，他建议借鉴中国模式，逐步替代国外的设备，即首先拥有自己的设备，然后再拿走别人的。或者学习美国，用别人的设备，但是必须经过认真检查、全面审核后再使用。他呼吁，实现国产替代的措施只能逐步完成，不应该突然宣布禁止使用某种设备，而不提供选择或者不给转型期限。

或许正是因为难以达成共识，有媒体曾经报道称，2015 年 4 月俄罗斯通信与大众传播部部长将向联邦政府提交关于《俄罗斯互联网主权》的章程报告①，但后来证实，部长只是谈了国家如何使用互联网为公民服务。俄政府显然决定将“数字主权”概念置后，优先关注如何通过技术手段和行政治理加强对关键基础设施的保护。但是，2018 年后，形势发生了变化，俄国家杜马通过立法，宣示信

① Анастасия Голицына, “Правительство не планирует рассматривать вопрос о суверенитете рунета,” (2015-03-31) [2016-07-10], http://www.vedomosti.ru/technology/articles/2015/03/31/pravitelstvo-ne-planiruet-rassmatrivat-vopros-o-suverenitete-runeta.

息空间主权，以正式的法律文本形式，开启了俄罗斯网络“自主化”的法治进程。

二、立法背景与审读

俄罗斯网络“自主化”的法治进程开启之初便面临诸多挑战。从“俄罗斯互联网主权法”法律草案提出到杜马三读通过、总统签字颁布、正式开始生效，历时近一年。与近几年俄罗斯通过的另外几部互联网管理法律相比，其酝酿时间更长，审读更费周折，既体现了立法者的慎重，也暗示了立法之难。

（一）法案提出的背景

与俄罗斯政府开展“断网”演习的两大背景“外部制裁”与“数字经济”一脉相承，法案发起者在立法说明中更加具体地阐述了其立法背景：2018 年 9 月，美国通过的《国家网络安全战略》明确宣称“以武维和”的行为准则，指责伊朗、俄罗斯、朝鲜发动黑客攻击，给美国国内和国际公司及其盟国与伙伴造成重大损失，但尚未得到应有的惩罚，需要对这些国家予以制裁。在此情况下，俄罗斯议员们认为，俄罗斯必须采取措施保证俄罗斯互联网的长期稳定与安全，提升俄罗斯互联网资源运行的可靠性。

国家杜马立法草案工作组中统一俄罗斯党负责人认为，美国及其西方盟友“正在组织针对俄罗斯及其服务器的各种攻击，发动网络战争”[①]，不排除在某个时候，位于境外的俄罗斯网络资源和服务器会被封锁。在此情形下，俄罗斯数百万公民将遭殃。因此，国家应该对此类突发事件的发生做好应对准备。法案起草者之一、俄罗

① “Закон об автономном Рунете не ставит задачу создать ‘свой интернет’,”(2018-12-14)[2020-03-15], https://rg.ru/2018/12/14/zakon-ob-avtonomnom-runete-ne-stavit-zadachu-sozdat-svoj-internet.html.

斯联邦委员会宪法和国家建设委员会主任称，目前存在着来自国外的针对俄罗斯公民的非法电子信息入侵，实施俄罗斯互联网“自主化”法律草案能够“解决电子信息传递的隐私保护问题”。可见，立法者认为，该法的出台是基于国际国内两方面的安全形势考虑。

针对俄罗斯“另起炉灶”，建立“自己的互联网”的说法，法案联署人、联邦委员会法律委员会第一副主任反驳道，“建立自己的互联网”的说法本身自相矛盾，因为“不可能在一个国家里建立国际网络”。她进一步解释此法旨在建立一种替代性基础设施，即在俄罗斯建设一个备份网络，以便在非常状态下可以上网。

法案起草者的观点得到了国家杜马的认可。统一俄罗斯党在国家杜马召开全体会议之前的党内讨论中强调，该草案需要得到特别的关注和支持，因为该法案的目的是维护俄罗斯互联网资源的完整性和不间断运行。即使国外通信线路和数据库发生重大事故，比如灾难、犯罪破坏或者蓄意限制俄罗斯通信等，俄罗斯互联网的最关键设施仍需保持稳定运营。因此，从国家安全的角度看，议员们认为该法案重要而且有益。

（二）法案的命名与三读

2018年12月，俄罗斯国家杜马三名议员联署提交了《关于对俄罗斯联邦部分法律进行修订的法》，其核心内容是“对俄罗斯联邦《通信法》《信息、信息技术和信息保护法》中关于保障俄罗斯联邦境内互联网安全与稳定的部分进行修订”。可见，它实质上并非重新制定一部法律，只是对原有法律的修订，且主要是补充。但这部对既有法律进行修订的法案因其高度的敏感性被冠以多种别称，反映了俄罗斯各阶层对互联网主权概念的认知差。

1. 法案别名背后的观点分歧

一部法律除了正式的名称外，经常会被外界冠以各种引申名或别称，反映了不同社会阶层对法律的认知与评价。最初，三位议员向国家杜马提出的第608767-7号法律草案，使用的名称是《关于对俄罗斯联邦部分法律进行修订的法（俄罗斯联邦境内互联网功能安全与稳定保障部分）》。正式通过的法律文件中，括号内的表达被省略，因为具体文本不仅涉及网络的安全性与稳定性，还增加了完整性，继续使用括号内的表达已经不够准确。

该法案在国家杜马网站上公示时，其行业分类属于“通信”类，但在立法类别上属于“国防与安全”类，足见立法草案的动机更侧重于国家安全。法案公布后，公众创造的多种非正式名称中“俄罗斯互联网主权法”传播范围最广，因其与立法本意较为贴近。议员们更多使用的是“俄罗斯互联网自主化法”，强调此法意在摆脱外部干扰，走自主化发展道路。相对中性的名称则是“网络安全与稳定性保障法”，突出法律草案的原始构成，但随着“完整性”条款的增加，另一个名称“俄罗斯互联网法”更为中性且准确。该法的反对者多称之为“俄罗斯互联网隔离法”。或许，该法的别称之多和别称的差异之大，反映了立法宣示互联网主权的复杂性。

2. 国家杜马三读

根据俄罗斯一般立法程序，法律草案由国家杜马通过，经联邦委员会同意，报总统批准后生效。国家杜马采取三读制，如果三读不通过即退回不再审议。本法案影响广泛，审议期间历经多次修改才通过三读。

2019年2月12日，俄国家杜马一读原则上接受该草案。对这部旨在保障俄罗斯互联网分支的联系被切断与全球网络基础设施时能够自主运行的法律，议员们予以积极评价。同时，国家杜马信息政策、信息科技和通信委员会主席、原通信部部长列昂尼德·列维指出，法案的某些条款需要研究其客体的“技术可行性”，还需要分析财政支出的必要性，并保障立法能够与俄罗斯作为全球互联网分支的技术基础水平相匹配。国家杜马主席维雅切斯拉夫·沃洛坚（Вячеслав Володин）希望专业委员会在起草二读版本时，吸收高级别专家参与，借鉴国际经验，研究业界提出的意见。他强调，该法“不是要封锁，不是要切断，而是要保障俄罗斯互联网的安全”①。尽管如此，一读后两周，俄罗斯多个城市还是爆发了“支持互联网自由”的集会，向立法者施压。

2019 年 4 月 9 日和 10 日，国家杜马相关专业委员会举行会议，对法律草案进行了 37 处修订，删去 21 处。特别对法律实施的保障体系部分进行了根本性修订，废除了旧的文本，重新拟制了新文本。修订后的执法主体仍然是联邦大众传播督察局。但是，其具体实施程序、运营规则以及反威胁装备的现代化方案需经政府批准。同时，新文本规定，国家信息体系必须使用国产密码，明确提供国家采购服务的网站和国家服务统一门户网站也必须使用国产密码体系，免除了通信运营商因使用反威胁技术设备可能导致的合同违约责任，降低了政策实施可能给企业增加的违约成本。

2019 年 4 月 11 日，俄罗斯联邦国家杜马以 320 票赞同、15 票反对二读通过新修改法案。16 日，国家杜马三读最终批准将其提交联邦委员会。值得注意的是，随着法律草案的不断修订，各方的意见分歧并未减少，反而有所增加。杜马三读时反对票有所增加。其中很重要的一个原因在于财政预算的变化。最初的法案明确，本次法律修订不涉及财政预算的变化，即无须国家财政额外支出。杜马一读时议员们表示，相关预算已经包含在既有预算中。但随着法案内容的变化，二读时，法案提出 200 亿卢布预算，三读时则变成了 300

① “Законопроект о ‘суверенном интернете’ принят в первом чтении,”（2019-02-12）[2020-03-15]，http：//duma. gov. ru/news/29748/.

亿卢布。尽管如此，联邦政府工作组还是预测，要完全弥补可能出现的网络故障损失，通信运营商或许每年将花费340亿卢布。截至普京总统2019年5月正式签署该法案时，联邦预算已投入18亿卢布。

三、立法构成与质疑

尽管有相当多的批评和建议，要求对该法进行根本性修改，国家杜马在三读过程中也对此进行了大量删改，但其立法思想始终未变，即保障俄罗斯互联网面临外部干预时的功能正常化，调节信息服务供应商、通信线路运营商、国家等多个主体之间的法律关系。本质上，它并非一个独立的新法，而是对现有《通信法》和《信息、信息技术与信息保护法》的修订和补充。

（一）主体与义务

负责对俄罗斯大众传媒、信息传播、信息技术和通信领域实施督察的联邦授权机关代表国家落实“俄罗斯互联网主权法”。根据现行俄罗斯政府组织构成，大众传播督察局应履行该项职能。在紧急情况下，该局将对互联网络和公用通信网络实行集中管理。

除了通信领域，“俄罗斯互联网主权法”还涉及国家安全领域，所以这两大领域的联邦执行权力机关应共同协商，制定数据交换点功能保障要求，包括对通信硬件、软件和设施的功能稳定性上的保障要求及其他运营程序上的要求。

互联网稳定性、安全性和完整性的保障主体是通信运营商、通信技术网络所有者或其他持有者、跨境通信线路的所有者或其他持有者。运营商有义务提交所有关于网络地址、电子通信信息路由、解析域名和各种通信网络基础设施所必需的软硬件设备信息。

（二）网络自主化的主要措施

落实“俄罗斯互联网主权法”的主要措施包括六方面：统一安装反威胁装备、统一使用国家域名系统、拟定数据交换点白名单、统一使用国家密码系统、紧急状态下实施中央管理和组织演习。

1. 统一安装反威胁装备

通信运营商、数据交换点的所有者或持有者，有义务安装反威胁装备，以监测互联网和一般通信网络是否面临功能稳定性、安全性和完整性三方面的威胁。该装备由俄罗斯联邦政府免费提供。通信运营商、数据交换点及跨境通信线路的所有者或持有者，应该在反威胁装备安装三日内，按规定程序、内容构成和格式以电子文件形式向联邦执行权力机关报告设备安装位置。

2. 统一使用国家域名系统

为了保障俄罗斯联邦境内域名使用的稳定与安全，政府负责建立国家域名体系。联邦执行权力机关负责制定国家域名体系的章程、要求、构建程序，非商业组织负责域名体系建设协调工作，联邦政府是该非商业组织的创始人之一。

3. 拟定数据交换点白名单

法案重点明确了数据路由规则，并对其实施监控，将通过国外交换的俄罗斯用户数据最小化。同时该法确定了跨境通信线路和数据交换点的白名单，运营商有义务使用名单中的交换点。

4. 统一使用国家密码系统

国家机关、地方自治机关、企业、公用事业单位通过电子方式实施协作时，包括其与公民（自然人）和组织之间的协作，都必须保证此类协作符合俄联邦信息保密国家标准。凡列入俄罗斯国家信息传播组织名册的单位均应进行信息加密。禁止国家信息体系的运营商、公用事业信息体系运营商、实施国家采购的法人单位信息体系使用位于俄联邦境外的数据库和技术设备。

5. 紧急状态下实施中央管理

如果联邦执行权力机关发现俄联邦境内电子传播信息网络和公用通信网存在功能稳定性、安全性和完整性方面的威胁，即可对公用通信网络实施中央管理。联邦政府负责制定公用通信网络中央管理程序。

6. 组织演习

杜马二读后，对法案进行的重要修改是，要求大部分拥有跨境通信线路的供应商参加俄罗斯用户与国际网络间的“断网”演习。它涉及互联网供应商、数据交换点的所有者、通信技术网络所有者，包括互联网跨境服务者，以及拥有统一路由系统的大型 IP 地址群的公司等。由此可见，该法的制定与过去几年俄罗斯政府主导的“断网”演习密切相关，而且相关演习将依法继续，以便不断为法律实施提供技术保障。

从法律文本看，“俄罗斯互联网主权法”在理论上并不要求完全隔离俄罗斯互联网分支，只是想改变其对境外设施和技术的过度依赖。因此，无论是“互联网主权法”还是“自主化法”均属引申名称。该法的调节客体并非最初草案中提出的狭义的“互联网”，而是更为广泛的“俄罗斯网络”，既包括核心客体“国际互联网俄罗斯分支”，也包括其他公用通信网络。其立法初衷是防止俄罗斯因外部干扰导致网络运营失常，但正如舆论所关注的，该法既可以用于应对外部威胁，也可以用于国内信息管理，由此产生的俄罗斯互联网“隔离论”，并非毫无依据。

（三）公众的担忧与质疑

全俄公众意见调查中心的调查表明，52%的俄罗斯人认为，俄罗斯境内的互联网应该继续发展成与全世界相连接的网络，而23%的俄罗斯人认为，国家应有主权互联网。[①] 因此，“断网”或者“隔离”显然有违民意。具体而言，关于“俄罗斯互联网主权法”的争论主要涉及两方面：一是认同该法但担忧立法的本意无法实现；二是不认同本法，怀疑其动机。

1. 认同但担忧立法本意无法实现

俄罗斯的立法初衷在于保护俄罗斯互联网免遭外部干扰。在美国及其西方盟友多年的制裁下，俄罗斯公众对于外部威胁的存在有较高的认同度，但对于此法能否实现立法本意、俄罗斯将为之付出哪些代价心存疑虑。担忧主要表现在三方面。一是担忧网络故障与物联网发展。比较多的受访者担心，在通信线路和数据交换点安装专用反威胁设备会影响网络运营质量。此担心并非毫无依据，杜马审读该法案时为此特意免除了通信运营商可能因此产生的违约责任，但究竟谁应该对此负责，法律没有明确。同时，许多专家批评该法进一步过滤流量，可能大幅降低俄罗斯互联网的速度，导致事实上无法建设国内物联网。二是担忧执法成本和垄断。由谁生产、构建主权互联网装备，运行此类设备需要多少花费，是否打算对刚开始进入互联网供应商市场的新主体给予财政支持等成为大家关注的新话题。如果不为新的市场主体提供入场的财政支持，专家们担心法案的实施将导致大量互联网市场国家垄断现象。三是担忧增加企业与个人负担。俄罗斯工业家和企业家联盟的专家认为，“俄罗斯互联网主权法”实施框架中存在一些不切实际的措施，它可能要求建立大量的虚拟私人网络VPN。此外，专业人士测算，使用新的设备后，俄罗斯人的上网费用可能会增加。据测算，平均每年每人可能多花1000卢布。

---

① Виктор Хамраев, “В России настали цифровые времена,” (2019-04-29) [2020-03-10], https://www.kommersant.ru/doc/3960049.

2. 不认同且怀疑法律实施动机

怀疑该法的立法动机、担心该法会误伤甚至被滥用的人的基本假设是，人类历史上没有一个国家因为外部制裁或黑客组织的行动而切断与全球网络的联系，通常都是地方政府自己对互联网加以限制，借此限制言论自由。虽然“俄罗斯互联网主权法”明确规定，通常情况下，俄罗斯境内互联网将按照标准脚本运营，只有在“出现危险”时当局才会将其切入备份封闭系统，但是，批评者认为文件没有详细列明俄罗斯互联网面临怎样的威胁时将切入自主化运营系统。他们担心，有两种切断外部联系的脚本，即内部要求和外部要求。

与立法者的观点不同，反对者认为，西方国家完全不希望看到一个与世隔绝的俄罗斯互联网。他们的论据是，早在美苏对峙时，西方就不遗余力地向苏联民众提供替代信息。因此，他们猜想，如果出现被隔离的俄罗斯互联网，西方将努力阻止俄罗斯的信息隔离。如此推论，他们认为，实际上，可能只有第二种“断网”脚本，即内部因素。对该法律持批评意见的人认为，当局会因内部政治需要，对人民的言论自由进行监控与限制，进而违反《俄罗斯联邦宪法》和《大众传媒法》中“禁止报刊审查”的规定。

认同但担忧者与不认同且质疑者的存在并不能否定立法的必要性，但它提示俄罗斯互联网国家治理者，通过立法宣示国家对互联网空间的主权时，需要统筹兼顾各方关切，否则在法律实施时会面临更多的挑战。总体上，如今的互联网早已不仅是一种与世界交流的工具，而且是重要的国民经济增长点和国家间竞争话语权以及政治、经济发展的重要资源。正在寻求突破西方制裁的俄罗斯，不顾国内外声势浩大的批评与抗议，批准生效此部关系到其境内互联网络正常运营的法律，并非要主动与世界“隔离”，而是因为其遭遇多年制裁后，更加清醒地意识到自身面临着“被隔离”的威胁。俄罗斯的选择，既体现了其特殊的地缘政治需要，也反映了互联网全球治理的国别化差异不断加大的趋势。这是一次综合考量的结果。一方面，美国通过《国家网络安全战略》，明确将俄罗斯等国列入应予惩罚的对象名单，俄罗斯互联网安全面临的外部威胁现实存在；另一方面，无论是源于外部原因还是内部因素，俄罗斯皆无法承受互联网停止运营的后果。更重要的是，该法确定的任务，不管是建立互联网络备份还是研制专用反威胁装备，均将进一步推动俄罗斯互联网技术的进口替代进程，引导更多资本投入数字经济发展。本质上，此举在通过法律手段维护互联网安全的同时，有望带动关键数字经济领域的发展，以期一箭双雕。

四、俄罗斯互联网治理实践概述

俄罗斯互联网治理的实践丰富多彩，漫无边际地介绍或研究既不现实，也难免挂一漏万。本章基于此前各章的研究成果，从 ICT（基础设施、内容和技术）三个方面选择俄罗斯具有代表性的治理实践，从基础设施安全性、内容可靠性和技术自主性以及网络主权立法四个维度，力图展示俄罗斯互联网治理实践的特点。

同时拥有三个顶级国家域名是俄罗斯域名资源的显著特征，以《信息社会发展战略》为指导促进包括域名在内的基础设施建设，并寻求国家在基础设施安全领域的控制地位是俄罗斯国家治理的主线。域名控制权之争反映了特定时期互联网空间社会自治与国家管理的冲突。为了检验国内互联网基础设施的安全性，俄罗斯组织了“断网”演习，引起了国内国外的广泛关注，被视作俄罗斯互联网企图与世隔绝的试验。而“俄罗斯互联网主权法”的通过，则以法律形式正式回应了国际国内对“断网”演习的目的、意图和效果的质疑与争论，表明俄罗斯并非主动追求“断网”，而是在努力探索遭遇外部“断网”时如何保障国内互联网功能的完整性、稳定性和安全性。但此举同样招致多种批评与质疑，增加了互联网治理的艰巨性。

以保护儿童免遭不法信息伤害为由建立的“黑名单”制度，如今已经成为俄互联网内容治理的代名词。“黑名单”不断变长，参与主体持续增加，反映了俄互联网内容治理对象和目标的调整。它不仅监督内容本体，还从源头上控制内容生产者，尤其是控制外国人和外国资本对内容生产可能带来的影响。以“黑名单”为代表的内容治理方式在社会中引起的鲜明的认知差异真实反映了当前网络内容治理的复杂性。

技术安全是互联网面对的由来已久的难题，且总是在“发现问题—解决问题”的循环中不断升级。国家治理层面的互联网技术安全问题已超出技术范畴，上升到国家主权、政权与社会稳定的高度。美欧对俄罗斯的制裁波及互联网空间，导致俄罗斯社会弥漫“数字主权”焦虑，并促使俄罗斯进一步坚定了“技术自主”的决心，国家采购制度、国产软件清单等一系列推动互联网技术与应用国产化、“去美国化”的措施不断出台，并已在某些方面显示出成效。《俄罗斯联邦数字经济国家规划》的实施，将成为未来十年俄罗斯互联网技术自主化的重要纲领性文件，对俄罗斯互联网的技术研发、进口替代和人才培养等产生全方位的影响。到2021年底，俄罗斯IT市场上外国软件所占比例已由2018—2019年间近90%降至59%。[①] 随着软件使用许可证的相继到期，一些外国软件设计师将停止对俄罗斯市场的技术更新服务，俄国产软件的消费量将有所上升。

俄罗斯互联网国家治理实践具有明显的实用主义特色。国家在

① Анна Балашова, “Импортозамещение программ отстало от программы,” (2021-12-28) [2022-02-14], https: // www. rbc. ru/newspaper/2021/12/28/61c21e289a79479e8562641b.

发挥主导作用的同时，也注重其他主体的态度与意见。国家在不断加强治理力度的同时，能够适时妥协，选择折中方案，以不断推进互联网“发展—管理”关系走向正常化。域名治理中政府派代表参加国家域名协调中心理事会，内容治理方面从世界共同反对的毒品和儿童色情问题着手，技术自主化进程中对开放资源的利用，以及争议不断的“俄罗斯互联网主权法”的出台等，都包含着实用主义哲学。但是，IT人才连续多年供不应求，国家财政长期紧张，互联网与政治、经济和社会之间密不可分的关系等，都从不同方面增加了俄互联网治理的复杂性和艰巨性，要求其在实践中不断自我完善。

第八章　俄罗斯互联网国家治理面临挑战

以互联网为代表的新型信息社会构建，是人类历史面临的大变革，充满机遇与挑战。国家治理的任务是抓住机遇，促进社会进步；迎接挑战，走向善治。进入危机型“发展—管理”关系阶段的俄互联网国家治理，面临来自内容、基础设施和技术等方面的诸多挑战，它们或隐或显，或强或弱，涉及立法、行政和技术等多种路径。而且，俄罗斯互联网治理实践表明，国家运用治理手段调整互联网空间关系时，必然会引起相关反应。它们可能是暂时的、微弱的，也可能是长期的、激烈的；有些反应可以逆转，另一些则需要对治理行为本身予以反思。无论是互联网发展与管理过程中遇到的挑战，还是治理实践引发的新的风险，均需国家治理主体抓住关键问题，协调多元主体，形成治理合力，不断予以化解。

本章结合具体案例和调查数据，从立法认同、行政治理和网络消费三个方面研究俄互联网国家治理面临的挑战。其中，立法认同决定了国家治理行为的合法性及公众的支持度，行政治理水平则决定了国家治理的绩效，而网络消费习惯影响具体法律规定和行政行为能否顺利实施和推进。

第一节　立法认同挑战

研究发现，俄罗斯IT法律制度起步于20世纪90年代中期，但在较长一段时间内，俄罗斯当局并不认为该方向的立法工作具有紧迫性，直至2012年IT领域方才成为俄立法者的优先考虑。因此，对于俄罗斯立法者而言，互联网立法存在一个不大的时间断层，IT话题至今仍是一个新兴主题，总体上尚处于积累立法经验和吸收国际经验阶段。最近20年的一个重大变化是，传统IT已经变成了ICT(电子信息传播技术)，俄立法者对待国际立法合作的态度也与往日不同，开始主动考虑国际IT权利，协调国内法律，立法重点转向IT安全保障。俄罗斯的实践表明，立法经验不足导致的立法质量不高问题，尚可通过反复修订法律加以改善，而不同治理主体对于立法的认同差异，则会直接影响立法治理的效果，需要治理者立足长远，综合施策。

一、立法面临挑战

从全球范围看，立法治理互联网已成趋势，但立法难度始终较高。随着IT越来越深入社会生活，从一个辅助性工具变成许多人生活中不可或缺的工具，IT产业的法律基础构建更加复杂，既区别于其他立法范式，也不同于人们接触IT之前的立法思路。一方面，信息技术领域法律构成的影响正在不断增加，不再仅限于调整市场参与者（需求者、生产者和协调者）之间的关系，而是成为影响IT发展各个层面的重要因素。另一方面，IT的高速发展要求治理者大幅提升治理水平，将错误风险降到最小，因此对立法者提出了更高要求。此外，在市场全球化条件下，国家间的IT法律冲突和国际协作更加复杂。

俄罗斯电子传播协会会长谢尔盖在接受本书作者访谈时，从维护产业群体利益的角度坦承俄罗斯互联网立法倡议受当前市场景气度的影响，缺乏严肃的学说基础和专业论证，缺乏对国际治理互联网的成功经验和失败案例的分析。具体而言，2022 年前，俄罗斯互联网立法治理面临三方面的挑战。

（一）立法质量待改善

经过近 20 年的沉默，到 2013 年俄罗斯互联网立法突然加速，但在数量不断增加的同时，法律存在一定的质量瑕疵。这主要表现在以下方面：首先，部分法律的适用性有待明确。现有部分法律未能进一步明确相关条款在多大程度上适用于俄罗斯互联网、多大程度上适用于全球互联网以及多大程度上适用于俄罗斯管辖的所有网络运营商和公司。其次，存在条款描述混乱现象，需要通过下位法予以具体化。正因为如此，许多行业专家对法律做出了“中性”“不确定”之类的评价。在此情形下，因为主法表达含糊，其下位法的制定将决定其实施效果，甚至改变主法的实质性走向。在下位法出台之前，人们对于主法充满担忧和质疑。最后，法律主体权利和义务界定不够明确，导致相关各方对于法律的适用性认识不一。如此，人们会担心执法机关拥有过多的法律引申机会，行政执法的主观性过强，自由裁量权过大。此外，业界人士也担心，缺乏对国际规范的充分分析，可能影响俄罗斯立法与国际互联网治理的对话。

（二）立法动机遭质疑

为解决互联网“发展—管理”关系中的具体问题，俄罗斯行政权力机关与立法机关配合，起草和通过法律的速度非常快，留给社会参与讨论和行业专业人士参与修订的时间往往不够充分。与立法速度加快和相关利益人参与不足形成对照的是，新近通过的互联网治理相关法律大部分是对既有法律的修订，将过去允许的行为归入禁止或限制之列，对互联网产业界的生产方式、运营模式和资本运作将产生直接的影响。此类以限制和禁止为主调的立法，如果没有预先进行充分的立法沟通与协调，很容易引起治理对象的怀疑、不满与抵触。公众担心，一些本意是保护俄罗斯公民利益的法律如果构建不当，可能会适得其反，不仅会影响俄罗斯公民的利益，而且可能更加有利于外国公司。比如，俄罗斯互联网界担心，限制网络资源的获取，不仅侵犯了公民自由上网的权利，而且可能导致网民流向国外网络，更加有利于国外的竞争对手。

尽管面对外部制裁的压力和国内发展数字经济的内在需求，大多数公众能够理解国家对来自互联网威胁做出的反应，但其所采取的严厉禁止措施究竟能产生何种社会效益，需要更充分的论证和评估，否则便容易令业界对其治理动机产生怀疑。比如，网络接入封锁机制，在业内人士看来，其作为制裁措施很可能会被轻而易举地规避，因为违法者可以将信息转到其他资源上去，“黑名单”上的内容即使在指定网页上被删除，仍然可能在其他地方获得，比如通过搜索引擎服务等。此举会导致一种错觉，即认为相关治理行为不仅是为了消除特定的违法行为，而且是为了恐吓网络资源所有者，有可能危及互联网正常经营。另外，面对法律的调整，原来互联网企业内部的自我治理机制逐渐演变成自我审查机制，威胁着互联网经营稳定性和经营活动的可预见性。

（三）国际对话需加强

互联网和信息通信技术治理超出了传统的法律框架，属于新型法律问题，相关国际规则尚在构建中，并不存在标准的模板。而且，由于不同国家和地区对信息主权理论存在认识差异，立法治理的路径选择不一，也增加了国际互联网立法的协调难度。但互联网作为国际信息传播体系，无法单纯依靠国内法进行调节，始终需要协调全球互联网治理。具体到俄罗斯，其立法治理需要注意到联合国和欧洲委员会制定的相关宪章、公约和原则。

虽然俄罗斯现有互联网立法以欧盟为参照，但立足于本国安全。世界关注的“俄罗斯互联网主权法”的出台便是典型的基于维护网络安全采取的立法治理措施，其本意乃是维护互联网俄罗斯分支的安全性、稳定性和完整性，但美国、欧盟等地区的互联网治理者却视之为俄罗斯互联网“隔离法”，批评其侵犯了互联网自由和公民的言论自由。俄罗斯国内同样存在相关焦虑。不仅如此，据国际维权组织“阿古拉”（Агора）调查，2015 年俄罗斯的互联网监控记录较上年多出 10 倍[①]，互联网用户越来越容易被追究刑事责任，越来越多的事件当事人被判有期徒刑。该报告认为，俄当局意识到关闭传播信息渠道这种治理方式的无效性，开始调整治理思路，加强对互联网用户的压力，期望通过增加终端用户的违法成本提高治理效率。“阿古拉”目前已经被俄罗斯列为“外国代理人机构”限制活动，暗示其具有强烈的反俄立场。尽管俄立法机关和政府未必会认同该组织发布的报告，但国际社会的批评与质疑仍不断警示俄罗斯立法机关和执行权力机关，需要加大与国际互联网治理相关方的对话，最大限度地消除国际国内对俄主张互联网主权的担忧，寻求全球互联网立法治理的共识。

二、行业主体态度消极

互联网技术及其应用不仅给社会带来了新的机遇，而且带来了

① “Законодательство, регулирующее распространение информации и обмен данными в сети Интернет,” (2014-10-14) [2017-03-01], http://mhg-monitoring.org/zakon13?term_node_tid_depth=1&page=5.

新的挑战和危险。针对互联网治理，建立专门的立法团队，构建立法框架，是全球趋势，也是俄罗斯社会的基本共识。但对于行业和企业而言，“通过错误的法律和未通过行业发展所需要的法律会导致行业、市场、社会乃至整个经济付出高昂的代价”①。分析2013年以来俄罗斯互联网治理立法实践可以看出，行业主体的消极参与影响了立法治理的质量。

（一）行业专家负面评价居多

从2013年起，俄罗斯正式启动互联网立法治理，尚处“试错”阶段的俄罗斯立法实践面临许多现实问题，如：立法规范如何适应行业发展速度，专家该如何参与，以及消费者、供应商和政府机构等不同利益群体该如何协商。理论上，国家治理应该是国家机关、社会组织和企业三元共治的结果，但俄罗斯互联网企业对立法治理关注度不高，参与立法的程度较低，影响了立法治理的效果。

2014年4月23日，俄罗斯电子传播协会会长谢尔盖在俄罗斯信息论坛+信息安全研讨会开幕式上指出，互联网产业界对2013年和2014年77%的法律提案持负面评价。他特别强调，自2012年开始，互联网相关立法加速，但质量欠佳。数量上，2012年国家杜马收到与互联网相关的法律草案为31件，2013年达到35件（见图8.1）；2014年前三个半月即已提交了16件立法建议。但是，立法草案提交时缺乏专家评审环节，在其起草过程中未充分吸收国际互联网治理经验，引起大家担心，以致与会者专门以“俄罗斯网络能否活到2015年”为题讨论最新的互联网治理立法倡议，行业悲观情绪浓厚。

① Андрей Колесов, “законодательном регулировании Рунета в 2014 году,” (2015-02-18) [2016-03-01], https: //www. pcweek. ru/gover/article/detail. php? ID = 171211.

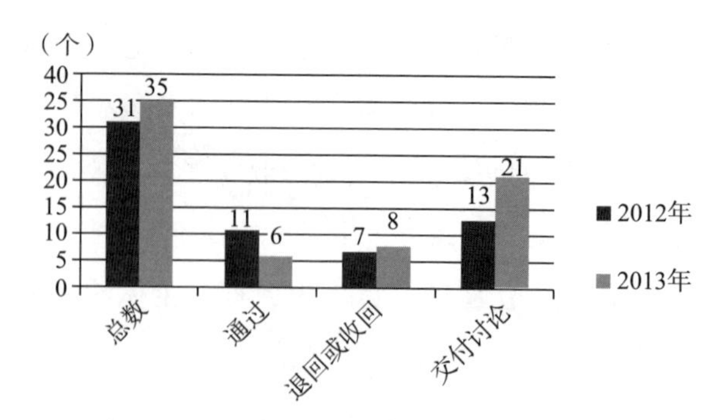

图 8.1　2012—2013 年俄罗斯国家杜马互联网立法情况对比

＊图中数据源于 2014 年《俄罗斯互联网年度报告》。

此后多年，互联网立法评价成为《互联网年度报告》的重要构成。如表 8.1 所示，2014—2019 年间，互联网产业专家对立法建议或草案持否定态度者居多，最高达 50%（2016），最低为 39%（2014）；而明确“肯定”的意见，最高为 30%（2015），最低只有 12%（2017）。值得注意的是，“中性”比例最高时达 25%（2014）。持“中性”评价者本身代表一种观望态度，他们关注法律实施细则，后者真正决定了法律的效果，“不确定”选项也与下位法的制定与实施相关。

表 8.1　俄罗斯互联网产业专家立法评价（2014—2019）

年度	完全否定（%）	否定（%）	中性（%）	肯定（%）	不确定（%）
2014 年	31	8	25	23	13
2015 年	30	13	7	30	20
2016 年	30	20	7	13	30
2017 年	27	22	22	12	17
2018 年	24	24	20	15	17
2019 年	13	32	16	21	18

＊本表由作者根据俄罗斯电子传播协会各年度调查报告整理。

产业界对互联网立法的消极态度已传导至国家立法层，并引起国家杜马的重视，相关立法委员会专门成立了由法律界和互联网产业界等多领域专业人士组成的专家组，参与立法草案的审查和修订。从立法技术上看，俄罗斯互联网相关法律已经表现出正面转向，即在技术上更加中立，旨在形成产品的技术要求，而不是具体规定应该采用或不采用某种工艺。比如在《电子签名法》起草过程中，有人希望将应用技术和所有算法全部写入法律，甚至包括如何与信用认证中心协作等，如果照此办理，则法律通过后便无法根据运营经验和新技术修改运营图。经过反复讨论，最终通过的《电子签名法》没有陷入技术细节之中，只对技术规范做出原则性规定，为具体实施时根据新技术和新要求不断创新管理留下足够的空间。

对此，跨国传媒咨询公司 Park Media Consulting 法律部主任尼古拉耶·德米特瑞克（Николай Дмитрик）深有体会。德米特瑞克曾参与多部俄罗斯互联网法律立法讨论，他在接受俄罗斯《个人电脑周刊》专访时感叹，俄罗斯互联网立法的问题在于法律素养不足，市场参与者包括生产者、消费者甚至治理者，对法律意义理解不充分。俄罗斯的历史已经证明，基于行政管理思维下的经济管理的法律，其保障意义实际上小于基于市场经济思维的法律，但遗憾的是，现在仍然能看到一些俄罗斯的规范性文件试图将更多权利“纳入麾下”。一个老生常谈的问题是立法部门化。比如，一个机构管理密码，另一个机构管理电话，而电器生产由第三家管理。一旦企业研制出一个与上述部门全部相关的综合产品，便会发现不同的部门要求难以协商。但是，德米特瑞克也承认，俄互联网立法的上述问题正在减少，在 ICT 领域立法的许多关键问题已取得突破，立法者开始更加注重法律的技术构成。表 8.1 显示，行业专家对于互联网立法的评价在 2019 年出现了微妙的变化。最新调查表明，经过连续三年的低位肯定，2019 年更多专家开始支持互联网产业立法（21%），完全否定的比例降至历史最低（13%）。2020 年俄罗斯没有通过对互联网产业不利的法律，鼓励社交媒体等互联网平台加强自律。2021年俄罗斯立法者开始考虑如何促进数字经济发展，通过法律修订，大幅降低IT企业的纳税负担。这在一定程度上反映了俄罗斯互联网立法质量和立法思路的变化。尽管如此，俄互联网立法治理过程中仍需加强与国内外产业界的对话，鼓励更多治理主体积极参与立法进程。

（二）IT专业人士关注不足

以2014年为例。俄罗斯电子传播协会针对当年出台或生效的6部主要法律调查了企业的认知度，受访者全部是在互联网领域工作的专业人士。这一调查涉及《个人数据法修正案》“博客主法”“网络反盗版法”《关于禁止大众传媒刊播污言秽语的法》《互联网反极端主义法》《限制互联网支付法》六部法律。

调查表明，互联网专业人士参与立法进程的比例极低，对缺乏自身参与的国家法律反应相对消极（见表8.2）。个中原因有二：一是业界参与受到一定限制，二是业界未见参与的意义。因此，他们对相关法律表现出漠然的态度，新法律在互联网业界人士中的知晓度和阅读率均不理想。

表8.2　2014年六部重要法律的社会调查结果

法律名称	通过/生效时间	法律构成与适用	影响指数（7分制）	专家完全未读或只读部分
“网络反盗版法”	2013年7月2日通过，2013年8月1日生效	规定了限制互联网资源访问的机制。只要发布侵犯著作权人专有权利的内容，便可限制访问。最初只是限于电影领域，后来扩展到了软件、音乐和图书领域	3.5	36%

（续表）

法律名称	通过/生效时间	法律构成与适用	影响指数（7分制）	专家完全未读或只读部分
“博客主法”	2014年5月5日通过，2014年8月1日生效	尽管法律解释称其旨在保护公民在互联网上有序传播信息的权利，但该法属反恐怖主义法律框架的一部分。所有的WEB网站所有者、传播服务的协作者实际上都被纳入该法	3.4	36.8%
《互联网反极端主义法》	2013年12月28日通过，2014年12月1日生效	扩大了未经法院判决即可查封的互联网资源清单的适用范围，含有煽动破坏社会秩序的信息均适用于此	3.1	51.8%
《关于禁止大众传媒刊播污言秽语的法》	2014年5月5日通过，2014年7月1日生效	污言秽语不仅禁止在大众传媒上出现，而且禁止在文学作品和艺术作品中出现，包括在电影院、舞台表演和音乐会上。对于违法的公民将处2000—2500卢布罚款，对于公职人员将处4000—5000卢布罚款，对于法人将处4万—5万卢布罚款。多次违法的法人将处最高10万卢布罚款。互联网大众传媒同样适用	2.2	45.3%
《个人数据法修正案》	2014年7月21日通过，2016年9月1日生效	关于限制个人数据境外保存的法律。俄罗斯联邦公民的个人数据应该保存在俄罗斯境内	5.1	31.3%
《限制互联网支付法》	2014年5月5日通过，完全实施从2014年11月1日开始	反恐法律之一，主要是为了降低匿名支付手段应用的风险，反对金融恐怖主义和非法收入合法化	5.1	43.9%

* 本表由作者根据2015年《互联网年度报告》整理。

关于法律知晓度，几乎所有专家都“听说过”至少一部新通过的法律，很少有人“完全没有听说过”上述几部法律。但阅读率欠佳，相当一部分专业人士（31.3%—51.8%）“只读了部分条文”或“根本没读过”，少数人对于互联网界参与国家政权机关讨论法律“不感兴趣”。其中，知晓度最低的法律是《限制互联网支付法》，仅10.7%的受访者“听说过”；知晓度最高的是“网络反盗版法”，只有不足1%的人“未听说过”。关于上述六部法律，78%—90%的受访者表示，无论是其本人还是所在公司的同事，均未参与类似的立法交流。①

调查表明，完全通读法律条文的受访者比例不高。关于限制个人数据保存的法律全文阅读率达28.5%，其他几部法律的全文阅读率平均低于20%。大部分受访专家只阅读了一部分条文或者通过其他媒介了解了法律概要，而非查阅了第一手资料。关于《互联网反极端主义法》，竟然有51.8%的受访者完全未读或只读了一部分。《个人数据法修正案》“网络反盗版法”和“博客主法”与个人的关系更为紧密，完全未读或只读了一小部分的受访者比例在40%以下。

专业人士对法律内容总体关注度不高，既可能由于互联网专业人士法律素养不足，也表明相关法律未受重视。最受专家关注的法律正是那些被其视为最具负面效应的法律，即关于限制个人数据保存和限制互联网支付方面的法律。对此，专家们评价上述法律的效力为“中等”。普遍观点是，如果强硬措施可以改善本领域企业经营状况，则产业界不会对极端措施表现出不安，哪怕此类措施可能会影响其他领域的企业经营。这一点明显表现在专家们对“网络反盗版法”的态度上，来自电子内容领域的大部分专家支持该法，但表

---

① Казаряна К. Р., *Интернет в России 2014*: *Состояние*, *тенденции и перспективы развития*, Москва: Федеральное агентство по печати и массовым коммуникациям, 2015, стр. 11.

示应警惕其可能对基础设施领域的经营产生的负面影响。

尽管专家们对于俄罗斯互联网立法质量表示不满，但没有人怀疑相关法律对俄罗斯互联网“发展—管理”关系的影响力。2014年六部重要法律的影响力评价指数都非常高。以7分为最高分，关于个人数据和限制互联网支付的两部法律的影响力指数得分均超过5分，另外有三部法律影响力指数得分在3.1—3.5之间，只有一部法律的影响力得分未过半，为2.2，即关于《关于禁止大众传媒刊播污言秽语的法》。该法的内容此前已经在《大众传媒法》的修订案中明确，此次单独成法主要是针对演出场所的表演内容。它和互联网相关，但远不如其他五部法律与互联网的关系更直接。正因为法律巨大的影响力不容忽视，在互联网立法治理过程中，如果不能有效调动业界人士的参与积极性，不能把握全球互联网治理的趋势，就可能因为立法透明度与民主性不足，影响法律实施效果。

三、社会认同差异

法律应该反映全体公民的共同意志，代表社会的主流价值观，进而成为社会控制的重要手段。但人们对互联网的发展趋势、影响力和存在的风险认识不一，对立法旨意、构成以及执行的态度和目标判断迥异，影响了法律效应的实现。其中，俄罗斯立法机关、政府和公众对于“黑名单”制度的认同差异最具代表性。

（一）对立法意图的理解差异

2012年7月18日，俄罗斯通信与大众传播部部长尼古拉耶·尼基伏罗夫参加了俄电视台雨频道[①]直播节目《圆桌会议》，围绕“俄罗斯网络黑名单：保护还是进攻”的话题，与主持人和嘉宾展

① 雨频道已于2021年被俄司法部认定为“外国代理人传媒”。

开对话。分析对话的关键词，可发现不同主体对该问题的态度与立场的差异。

电视台以圆桌会议形式对话，意欲体现各方嘉宾不论身份，均具有平等表达权。尽管如此，主持人仍然不忘强调，此次讨论的话题是“正经的”，嘉宾名单“极具感召力”。[①] 除了尼基伏罗夫部长外，参加对话的还有国家杜马副议长谢尔盖·热列兹尼雅克（Сергей Железняк）、“伊戈尔-阿什马诺夫和合伙人”公司总经理伊戈尔·阿什马诺夫（Игорь Ашманов）、非商业组织互联网安全联盟执行经理德尼斯·达维多夫（Денис Давыдов）、直播杂志（博客平台）俄罗斯全权代表马克·伊兰斯基（Марк Иланский）以及政治学家斯坦尼斯拉夫·别尔科夫斯基（Станислав Белковский）。

1. 业界的分歧

对话前，电视台首先播放了一段记者采访，介绍互联网界对“黑名单”制度的正反两面评价。其中，批评者的声音似乎更多。批评者认为，根据 IP 地址关闭相关网站是件奇怪的事。程序不透明、诉前被公布、为互联网敲诈勒索和政治施压提供借口等皆成为批评者的理由。支持者则认为，清单可以由政府控制，没必要对已通过的法律进行修改。采访记者的结论是，互联网之战仍在继续。

2. 杜马的态度

节目主持人将第一个问题“立法动机为何”抛给国家杜马副议长谢尔盖·热列兹尼雅克后，不忘提醒对方很多人称此法为“急就章”（спешный закон）。但从杜马副议长的回答中可知，从该法基础文本提交到国家杜马通过，历时一年有余，曾经听取电视、广播和

---

① “Круглый стол ‘Пиратство в Интернете: а что завтра’,”（2012-07-18）[2017-01-10]，htep：//www. youtube. com.

互联网界的相关建议，以使规则更加明确、易懂、可执行。副议长将该法的核心归纳为“保护”，即保护孩子免遭三大类信息的直接伤害：儿童色情、毒品宣传和自杀诱导，同时也保护资源所有者的权利。根据规定，治理者向网站提出查处信息的要求时，应给资源所有者留下24小时，以便其采取措施关闭相关信息。只有在24小时内网站没有采取措施关闭相关信息，政府机关才会要求网络供应商关闭相关信息。如果不服处罚，网站可以向法院提起诉讼。归根到底，在议员们眼里，立法意在让俄罗斯互联网成为世界上远离儿童色情、毒品和自杀宣传的信息绿洲。

杜马代表还特意结合个人访问美国的经验指出，所有发达国家不仅对此类问题进行治理，而且治理措施相当严格。当时的美国国会共和党领袖也认为保护儿童免遭信息伤害是一个重要的问题。俄美双方都认为，儿童应该获得自我实现、获取信息和交流的能力，但无论如何不应该成为与儿童色情、毒品和自杀相关信息的牺牲品。

3. 通信部的立场

通信与大众传播部部长作为两个孩子的父亲，以普通公民和政府官员的双重身份强调，无论是坐在《圆桌会议》现场还是面对广泛的社会各界，他相信，没有人会支持儿童色情、自杀和毒品。正因为如此，他完全支持法案的基本思想，并遗憾地批评一些人，未认真通读相关法律文件便发表令人害怕的意见，同时指出交流开始前电视台播放的采访视频已经过时，希望能通过电视讨论真正解决一些操作性问题。

4. 跨国公司的实践

当主持人询问“您相信法律是针对孩子而非我们吗?”时，来自直播杂志的马克·伊兰斯基对立法动机表示赞同，并且介绍其所在公司成立了一个冲突委员会，与侵害儿童身心健康的信息斗争，已经成功运营13年。之所以如此，是因为该杂志注册地法国的法律有此要求。他认为，如果俄罗斯联邦法律做出同样的规定，任何一个俄罗斯网站都会建立自己的冲突委员会。他透露，直播杂志通过算法来阻止危害儿童身心健康的信息传播。在他看来，“黑名单”对儿童保护更有效，但自杀问题另当别论。对于“黑名单”制度，马克所担心的是专家组成、执法程序、评估方法、算法、时限以及企业参与等技术性问题。

5. 企业家的担心

伊戈尔·阿什马诺夫是俄罗斯著名的IT技术专家，也是俄罗斯第一批互联网企业家。他接着国家杜马副议长的话题谈道，世界各国都认同对儿童色情信息进行控制，“儿童色情是某种完全特有的内容，几乎不会让孩子看到”。但是，孩子们会被引诱上网，他们在网上被剥削或者随后在线下被伤害。

他举例说，如果在谷歌中用俄语搜索“买麻××”，那么谷歌就会提供在莫斯科购买麻醉品的信息，而且搜索服务平台并不认为有何不妥。更可怕的是，如果搜索“湿猫”或者“湿猫女中学生”，它就会显示大量真实的儿童色情信息。俄罗斯自己的搜索网站杨德克斯也是如此。搜索引擎服务商不以为耻，反而认为应该自由提供任何信息链接。因此，他明确支持通过法律手段先管住本国的内容供应商，但对服务器在国外的网站，或者在国外运营的网站，目前还无法强制要求。

6. 法律管辖问题

来自互联网安全联盟的德尼斯·达维多夫从用户研究的角度分析指出，截至2012年，俄罗斯关于儿童色情的报道有近4万份，已关闭的儿童色情网页有1万页。包括毒品网站在内的90%的有害内容的物理据点在国外，由此引出法律管辖的重要问题。

7. 社交媒体反馈

表8.3统计了这次《圆桌会议》节目上记者、主持人、嘉宾和社交网站受访者对此话题的态度与立场。《圆桌会议》讨论的结果表明，尽管部长在对话中介绍了即将采取的措施，如与运营商协商解决技术性问题、建立范围更广泛的专家队伍等，并反复申明没有新闻审查，也不限制言论，但并没有立即对社交媒体上的用户产生正面影响。“雨”频道在节目期间通过脸书和联系两个社交平台进行的在线调查结果表明，近2000人参与了投票，70%的受访者认为该法属于“新闻审查”，20%的人认为其是“政治压力工具”，10%相信它是为了“保护儿童”。对此，部长在结果发布后当即反驳“调查不够具体”，他认为，如果换成另一种调查问卷，比如调查“是否应该对儿童色情信息进行接触控制”“是否应该限制接触毒品信息”等，会有另一个结果。但《圆桌会议》节目未能满足部长重新调查的愿望。

表8.3　节目中不同主体对“黑名单”的认知

态度	记者采访反馈	主持人用语	嘉宾用词	社交网站调查反馈
正面	政府能够控制、反对恋童癖	一本正经、有益武器、世界共识	健康成长、保护权利、公开、避免暗箱操作、信息绿洲、信息牺牲品、全面鼓励、不否认、共识、一致、零容忍、应该	10%受访者认为“黑名单”是为了“保护儿童”
负面	奇怪、没时间、不透明、诉前公布、敲诈勒索、政治施压	“急就章”，法律是指向孩子还是我们	滥用、协调、反馈、新闻审查、实施技术、服务器在国外、运营在国外、搜索者不以为耻、谁来管、管多久、如何参与	20%受访者认为属于政治压力工具；70%受访者认为属于新闻审查

对比嘉宾的理解与公众调查的结果（表8.3）可知，该法在社会中存在较大的认知差。参与本次电视对话节目的不同主体的态度总体上分正面和负面两类。其中，企业界、主持人和社交网站的意见不够乐观，偏向负面，对立法动机存在较大程度的“不信任”。国家杜马副议长和通信部部长通过介绍国外经验、自身体会、立法过程、行动计划等力图说服受众，改变对“新闻审查”的刻板印象，但似乎只影响了现场嘉宾，而未能正面作用于社交网站的用户。或许其中原因恰如通信部部长所说，很多人没有读完法律条文，或者问卷设计本身存在不足。但是，法律实施最终需要得到社会支持，对话节目反映的社会认知差，不仅会影响“黑名单”制度的实施，甚至会影响整个互联网内容治理的效果。概括而言，对话表明，社会公众关注的焦点包括执法标准统一、防止权力滥用、避免伤害内容生产者的积极性以及“黑名单”的技术安全性等，它们对于其他立法实践同样具有警示意义。

（二）法律概念理解差异

俄罗斯互联网“黑名单”涉及通信运营商、内容生产商、互联网消费者等多个主体，覆盖著作权、网络信息获取权、网络信息传播权等民事权利和反恐怖主义、禁毒品、反分裂等刑事责任，自产生之日起便成为舆论焦点。

最初，舆论批评“违法信息”的概念定义不清，执法机关通过修订法律，对相关概念予以明晰。随后，“未经审判即可查封”相关网站的法律规定又令公众担心执行权力机关自由裁量权过大，可能误伤无辜，进而侵犯人们的言论自由权和表达权。事实证明，公众的担心不无道理，因查封个别材料误将相关网络资源整体查封的事件最近几年一直存在。比如，视频网站优图比（YouTube，2012）、社交平台联系（ВКонтакте，2013）、搜索系统谷歌的俄语版（Google，

2012 和 2017）、俄语维基百科（Википедия，2015）等都曾因个别材料被纳入“黑名单”而被整体查封数小时。

（三）效果评价差异

对于误伤现象，俄罗斯电子传播协会曾经发表声明称，随着被查封信息数量的增加，不合理查封网站的数量也会显著增加，有必要对《互联网反极端主义法》进行修订，以确定信息危险性和极端主义信息的指标。但是，联邦执行权力机构显然持不同意见。2014 年 2 月 6 日，大众传播督察局曾经公布一组数据，称其每天收到公民来信 2000—4000 份，要求关闭这样或那样的网站，但“黑名单”每天只会补充 2—4 条。[①] 西伯利亚地区大众传播督察局副局长也称，当局查封网站时，有人指责俄罗斯实施互联网新闻审查，但实际上任何国家都会保护自己的信息领地。总体上，他认为，俄罗斯网络信息形势有所好转，被查封的网站变得相当少。显然，代表企业利益的电子传播协会和代表联邦执行权力机关的大众传播督察局对法律实施的效果有着不同的判断。这也是社会认同差异的一种表现。

综上，立法治理作为互联网治理的核心路径，为其他治理路径的实施奠定了法律基础，提供了合法性支持。但是，俄罗斯立法治理实践中面临的立法质量欠佳、行业主体消极、立法思路有待调整、社会认同差异显著等现实问题，对立法权威性和治理绩效均构成了现实挑战，需要立法机关、国家权力执行机关、行业协会和其他社会组织充分对话，广泛借鉴国际经验，不断创新。

① “Роскомнадзор：ежедневно в Рунете блокируют до четырех сайтов с запрещенной информацией，”（2014-02-06）［2016-11-01］，https：//tass. ru/obschestvo/942850.

第二节 行政治理挑战

构建信息社会是俄罗斯互联网发展与管理的总目标，也是其互联网治理的方向。作为主权国家，俄罗斯联邦政府实施互联网国家治理，实属正常，无可厚非。但国际舆论经常指责俄当局企图通过各种手段阻止公民与外部世界交流，将俄互联网变成国际互联网空间的独立分支。国际社会，特别是西方媒体对俄互联网治理实践的质疑主要在于，具体的行政行为是否侵害了公民的言论自由，是否违反了俄宪法禁止新闻审查的规定，是否存在执法扩大化和选择性执法现象等，进而挑战其治理动机、行为和目标的合理性。

一、治理动机的合理性

2012 年俄罗斯议会和总统大选结束后出现了“街头运动”，这一过程中社交媒体强大的动员能力直接刺激了俄罗斯当局，增强了其治理互联网的决心。2014 年乌克兰危机爆发后，西方对俄的制裁加剧了俄对互联网全面治理的力度。在此背景下，俄陆续出台了《信息安全学说》《关键信息基础设施保护法》《反分裂法修正案》《反恐怖法修正案》《个人数据法修正案》等法律法规，“黑名单”制度作为落实上述相关法律法规的重要行政措施不断扩大主体和客体。2012—2015 年，俄罗斯互联网立法与行政治理同步加强，相关立法与行政治理行为引起俄内外的广泛关注。

西方有学者将俄罗斯此阶段实施的互联网治理措施概括为以下几方面：限制网络言论自由、禁止数据自由流通、破坏表达和信息自由。[1]

---

① Natalie Duffy, “Internet Freedom in Vladimir Putin’s Russia: The Noose Tightens,” (2015-01-01) [2015-05-01], http: //www. jstor. org/stable/resrep03199.

在此，批评者视自由为互联网的基本价值，因此凡是被认为动摇了互联网基本价值的治理行为都面临着动机合理性的拷问。国际组织"阿古拉"发布的《俄罗斯互联网用户年度报告》称，互联网正在取代受当局强力控制的电视的角色，成为公众了解社会和参与政治的最基本的信息源。随着互联网渗透率不断提高，国家越发拧紧了螺丝，加强了控制和压制。2013 年 АГОРА 总共记录了 1832 件俄罗斯境内限制互联网自由的事实，相当于 2012 年的 1.5 倍多（2012 年为 1197 件）。虽然迫于各方面压力，2013 年俄执法机关限制接入的治理行为有所减少，仅 236 起（2012 年为 609 起），但新闻审查案例增加了 4 倍，从 124 件增加到 624 件。[①] 2013 年，"自由之家"评价俄罗斯的自由度位居第 41 位，而 2012 年位居第 30 位。[②] 排名下降的原因包括：关于审前查封危害儿童的信息网站的法律生效、司法部认定的极端主义网站数量增加，以及恢复对诽谤者追究刑事责任等。

实事求是地看，正如前文所述，"黑名单"制度并非一无是处，并非简单的"新闻审查"所能定性，除了西方一些组织所记录的加强控制事件外，还应该看到一些真正有害的信息被阻止传播。联邦政权机关曾经查处的一些颇具影响力的典型案例赢得了公众的肯定。比如，2014 年根据总检察长的决定，因挑唆参与"破坏既有秩序"的群体活动，对新闻网站 Грани. ру 予以查处；2016 年因为违反《著作权法》，对俄罗斯境内最常用的数据下载网站 RuTracker 进行处理；2016 年因为违反《个人数据法》，对国际社交网络 LinkedIn 进行查处；2017 年因被总检察长认定为鼓吹极端主义，俄罗斯民族

① "«Агора» зафиксировала 1832 факта ограничения свободы интернета в 2013 году,"（2014-02-04）［2016-03-01］，https：//www. gazeta. ru/social/news/2014/02/04/n_5922461. shtml.

② "Рунет и свобода,"（2013-12-03）［2016-03-01］，http：// tass. ru/obschestvo/807631.

主义者网站 Спутникипогром 受到查封；等等。

因此，需要从两方面理解当前俄罗斯互联网治理动机面临的挑战。一方面，对于同样的治理行为，因立场不同而导致结论差异属于正常现象。在此类治理行为中，政府关注的是大量的非法内容被查封，由此保护了儿童的身心健康和著作权人的利益，维护了国家利益。政治学研究者更多地关注此举对个人自由的影响程度，以及相关举措是否构成了事实上的“新闻审查”等。另一方面，应该看到互联网治理动机不仅体现在法律法规的文本之中，还需要通过具体的治理实践加以实现，即判断治理动机既要听其言，又要观其行。尽管俄政府一再宣称，没有新闻审查，也不可能进行新闻审查，但要真正消除人们对于新闻审查的担心需要有更加切实可行的制度保障，需要对现行的行政治理手段加以完善，对行政治理行为予以规范。

二、治理行为的合理性

自 21 世纪以来，俄罗斯社会对于程序正义的认识水平极大提高，各项法律在出台时会明确其执行程序的批准表述与实施者。比如，互联网内容治理的依据是联邦法律，执行者是通信部及其所属大众传播督察局等联邦执行权力机关，但后者的执法流程和方法需要由联邦政府予以批准，形成程序上的相互制约。因此，当前俄罗斯国内外舆论的质疑更多源于具体的治理行为。

以“黑名单”制度为例。行政部门在执法过程中，通过监测系统发现网络有害信息时，通常要求通信运营商暂停相关网站的运行，待其删除有害信息后再予以恢复，这一过程可能持续三天。查封通常是针对某个页面，有时则会涉及整个网址。后者引起了互联网界的强烈不满，因为这可能伤及无辜，让那些本来不包含有害信息的正常信息连带被关闭或封锁。统计表明，2012 年以来，因为治理与儿童色情、毒品宣传和鼓吹自杀相关的有害信息，发生了多起影响信息自由流动、危及无辜信息传播的事件。特别是一些百科类、文学类和图书馆类的网站常常因为某一篇文章或某一个文章片段而导致整个网页或网站被查封。表 8.4 列举了 2012—2015 年发生的“伤及无辜”的典型治理行为。数量虽然并不多，但因为涉及百科类网站和图书馆，容易引发公众对于网络正常知识传播的担忧。这在某种程度上反映了利用技术手段进行治理时可能存在的机械性执法现象。

表 8.4　不当治理典型案例（2012—2015）

时间	网站	查封原因
2012 年	百科类网站 Абсурдопедия	因网站涉及关于自杀的文章被要求全网停止运作一天，删除相关文章
	互联网图书馆 Либрусек	因为发现《无政府主义者的烹饪书》中存在“大麻汤”制作法片段，整个门户被关闭，直到删除该文章后才恢复
2013 年	俄语维基百科	12 篇文章被列入违禁名单
2015 年	俄语维基百科	2015 年部分通信运营商就是否查封引自联合国官方文件中包含麻醉品信息的内容，与通信与大众传播部的查封要求的产生对抗，阿斯特拉罕地区的区法院未支持通信与大众传播部的意见，结果从那时起，当局决定对维基百科的内容进行“新闻审查”

* 表中资料来源于俄罗斯新法监测网（http://www.sanatis.com）。

此外，由于更多受牵连的网络资源遭查封事件没有被报道，因此公众难以察觉。2012 年 12 月，俄罗斯自由传播网站统计称，政府发布的“黑名单”中虽然只有 261 条查封记录，但实际上涉及 2000 家网站被非法或无理由查封。此后，越来越多的查处被指不合理。2012 年 12 月到 2016 年 4 月间，不合理查封行为涉及的网络资源数量从2000件上升到40 291件（见表8.5），包括IP地址被查封和网页被查封两种情况，被查封的信息通常本身并无问题，仅因其发布平台被查封而受牵连。2016年，经常统计俄罗斯互联网自由度的自由传播网站也被俄大众传播督察局列入“黑名单”，因为其发布方法，指导那些含有违禁信息内容的网站通过技术手段躲避政府查封。该查封决定的依据是一份地方法院判决书，法官认定该网站介绍躲避查封的方法属于违法行为，因为它可能帮助用户获得极端主义材料。

表8.5　被指不合理的查处行为统计

时间	不合理查封网络资源（件）
2012年12月	2000
2013年4月	13 568
2013年8月	33 000
2014年2月	35 046
2016年4月	40 291

*表中数据来源于俄罗斯新法监测网（http：//www. sanatis. com）。

如今，社交媒体已成为被查封的主要对象，既包括俄罗斯民族品牌，也有来自国外的网络社交平台。在俄罗斯使用较为广泛的“联系”“脸书”“哈伯乐哈伯乐”“优图比”“谷歌”等曾多次被列入“黑名单”。2015年7月2日，推特的行政部门根据俄罗斯当局的要求删除了32个连接“极端主义网页”的账号，被俄大众传播督察局视为外国公司自觉与俄政府部门合作的典范。同时，由于技术等多方面的原因，查处社交媒体的难度较大，因此导致的牵连现象更易引起用户的不满。最典型的案例便是对即时通信工具“电报”（Telegram）的查处。[①] 2018年，因为该公司拒绝根据“雅罗沃伊法”向

① “Адвокаты Telegram оспорили решение о блокировке мессенджера,”（2018-05-14）［2018-05-16］，https：//russian. rt. com/russia/news/512668-telegram-osporili-blokirovka-messendzher.

联邦安全局提供用户通信秘钥，大众传播督察局根据法院判决查封了互联网公司亚马逊、微软和谷歌的子网 IP 地址，它们都是“电报”运营所用资源。结果，这一举动不仅影响了上述公司的网络基础设施运营，还导致俄联邦境内网络整体性严重故障，涉及支付系统、航班注册服务、电子保险等。此举不仅未能成功查封俄罗斯境内的“电报”，反而引发了支持者游行抗议。[①] 2018 年 8 月 1 日，通信部副部长沃林称，完全查封俄罗斯境内的即时通信工具是不可能的。然而，大众传播督察局负责人却宣称，该部门将继续研制新的系统限制进入 Telegram。2020 年 6 月 18 日，俄罗斯大众传播督察局将该公司从“黑名单”中移出。[②]

正因为存在伤及无辜的“连坐”行为，执法机关的治理能力遭遇信任危机。社会不满主要表现在三方面：一是，负责管理互联网资源“黑名单”的联邦机关不够专业，导致对俄罗斯互联网发展、知识传播和信息交换具有重要意义的网络资源仅凭外在标志、不可靠的专家鉴定或政治动机被列入“黑名单”；二是，缺乏将某类信息列入违禁名单的准确描述，可能导致选择性治理，出现人为操作的主观性评审结果；三是，对整个网站进行查封的程序具有一定的违法性和歧视性，它连带将那些未含违法内容的网络资源予以查封，侵害了网站所有者的权益。此外，在反恐怖主义和反分裂主义过程中，执法部门也会遭遇“宗教信仰自由”的质疑，执法权威面临挑战。

---

① “МВД: около тысячи человек участвуют в согласованной акции за свободу интернета в Москве,” (2018-05-13) [2018-05-14], https://russian.rt.com/russia/news/512464-uchastniki-miting-internet-moskva?utm_source=Newsletter&utm_medium=Email&utm_campaign=Email.

② “Telegram удалили из реестра запрещённых в России ресурсов,” (2020-06-18) [2020-06-19], https://russian.rt.com/russia/news/756503-telegram-reestr-udalenie?utm_source=Newsletter&utm_medium=Email&utm_campaign=Email.

三、治理目标的合理性

俄罗斯互联网国家治理的总体目标非常明确，即促进信息社会构建。但如何确定每项治理行为的具体目标，将直接影响互联网产业和企业的发展，也会对互联网用户的消费行为产生影响，它要求治理者更加重视治理目标的合理性。在此，以俄罗斯网络数据安全治理为例，研究具体治理行为对目标合理性的影响。

2014 年 8 月通过的俄罗斯《个人数据法修正案》规定，所有在俄经营的网络公司和平台，均有义务将俄罗斯公民的数据保存在俄境内。修正案起草者认为，俄罗斯公民的电子邮箱及其在网站注册的信息大量存放在国外，既可以被用来危害俄罗斯国家利益，也可能妨害特定的个人利益，因此要求大型网络公司，包括搜索引擎、社交网站在内，将有关俄罗斯公民的数据全部存放在俄境内的数据中心。

此举受到了俄罗斯国内数据公司的欢迎，各类数据中心开始扩张，准备迎接大规模的数据“回国”，但对众多互联网公司而言，要实现该目标并非易事，需要进行重要的业务调整。即使是俄罗斯自己的大型网络公司，很多数据库也存放在国外，更不用说在俄经营的大量外国网络公司，比如“谷歌”“脸书”“推特”“优图比”等。此外，将俄罗斯用户的资料与其他国家用户的资料加以区分也有相当大的难度，许多公司因此面临着接受俄法律管理或者从俄撤走业务的两难选择。中小企业虽然数据库在国内，但要为此专门进行技术升级改造，也需要投入不菲的技术成本。

正是考虑到这些实际困难，法律制定者最初给予互联网企业相对充裕的时间准备，从法律通过到实施留有一年半的时间。然而，随着“斯诺登事件”、西方抵制索契冬奥会、不断升级对俄罗斯的制裁等一系列事件爆发后，俄罗斯立法部门决定调整法律生效期限，提前要求将俄公民个人数据的保存和加工地完全转移到俄境内。有议员甚至提议从2015年1月1日起执行，如此留给互联网公司的准备时间不足三个月。最后，各方协商的结果是将法律生效日由原定的2016年9月1日提前至2015年9月1日。此次变化，引发了网络支付企业、航空公司、在线售票服务公司、社交网络、互联网商店等企业和公司的抱怨，因为在新的期限前它们未必来得及完成IT程序的调整。

从立法意图看，2008年通过的《个人数据法》的主要目的是保障个人数据在收集、存储、加工和使用过程中的安全。2014年的修正案则将个人数据安全上升为国家安全的一部分，要求个人数据的初次加工必须在俄联邦境内完成。它和“博客主法”等法律的调整共同反映了俄罗斯互联网治理的四大目标：本土化、国家利益至上、终结匿名、线上线下等同处罚。① 但是，如果法律调整的目标面临合理性和可行性的挑战，其效果必然大打折扣。俄罗斯电子传播协会会长谢尔盖回答本书作者提问时指出，个人数据保护至关重要，没有个人数据安全就没有互联网的进一步发展。同时，在处理个人隐私安全与国家安全问题时，治理者不得不平衡网络监控与言论自由的关系，而目前此类平衡尚未实现。他认为，当前政府部门花了相当大的力气与国内某些负面现象作斗争，却没有与现象背后的本质作斗争，比如花力气查处出版物中涉及毒品的内容，而没有努力去控制贩毒。他认为，此类行政措施的目标设置不合理，效率相当低。俄罗斯电子传播协会认为，俄罗斯互联网治理未来面临的最大困难

① Irina Pecherina, “Internet Regulation: Business in the Crosshairs,” (2014-08-01) [2016-03-01], http://pbn-hkstrategies. com/en/Insights/Internet-Regulation--Business-in-the-Crosshairs#. WNXwAq KOeqY.

和任务是选择一个系统方法来治理互联网。缺乏系统方法和系统思维，正是当前世界互联网治理面临的难题，俄罗斯同样需要做出更多探索。

2017 年后，一个值得重视的变化是，俄罗斯联邦执行权力机关意识到了行政执法能力面临的问题，正在努力借助技术手段加以改进。以俄罗斯联邦大众传播督察局为例，该局开始以风险为导向，启动违法信息监测与通知的自动化系统，有效地减少了人为检查的次数。2013 年，其实施的现场检查有 2700 次，而 2016 年已经降至 427 次，2017 年再降 9%，变成 391 次。根据联邦政府要求，该局在 2018 年前改革督察活动，把企业的行政负担减轻 20%，督察的行政质量指标提升 25%①，着力建设“数字之家”，联合企业、社会和国家的力量，共同保障个人数据安全，建立舒适安全的环境。目前，新版督察评估体系的考核，将不再以检查次数和处罚额度为指标，而是以预防损失为指标。

第三节　网络习惯挑战

“天下没有免费的午餐”这一定律一度被互联网“烧钱”的神话所打破。当报纸需要订阅、电视需要缴纳入网费时，互联网却开始免费提供一切信息。这反映了互联网“烧钱”免费吸引用户，然后多次消费用户数据的思维模式。因此，新闻媒体网络尝试设置“付费墙”后，大多撞得头破血流，不得不重开免费之门。免费成了互联网早期消费的主要行为模式。互联网出现之初，并非内容生产

① “Федеральное агентство по печати и массовым коммуникациям：Состояние, тенденции и перспективы развития Интернета в России,”（2017-07-19）［2017-12-04］, http：//www.fapmc.ru/rospechat/activities/reports/2017/teleradio.html.

主体，早期的门户网站事实上是“信息搬运工”。和许多国家与地区一样，网络盗版行为同样成为俄罗斯互联网的痼疾。因此，从维护著作权人利益的角度出发，加强网络版权治理势在必行。相对于版权保护的法律障碍，改变网络平台运营模式和网民的消费习惯更具挑战性。本节以俄著名的“网络反盗版法”的出台与实施为例，研究网络生产和消费习惯对于互联网内容治理的影响。

一、反盗版遭遇企业抗议

和俄罗斯许多法律的名称相似，“网络反盗版法”并非其本名，其真正的名称是《关于信息传播和网络知识产权保护问题对部分法律进行修订的联邦法》，俗称“反海盗法”。该法于2013年8月1日生效，最初只是保护电影作品，后通过不断修订，将软件、音乐、图书列入法律规制范围。其真正引起社会广泛关注的条款是，赋予权力执行机关在法院判决之前查封涉嫌发布非法内容的网络资源的权力。反对者认为，该法的根本不足在于，法律关于内容消费这一概念的定义与互联网产业界长期实践形成的内容消费概念存在差异，可能会导致执法机关不断延展执法空间、著作权权益人滥用保护权等不合理现象。而且，部分权益规定与互联网产业利益形成冲突。因此，该法的制定、审读与实施均颇费周折，反映了俄罗斯内容治理遭遇的平台端和用户端的双重挑战。

（一）两任总统直接推动网络版权保护

通过网络下载电影、音乐、图书早已司空见惯，尽管著作权人多有不满，但俄罗斯国家管理层对此始终比较谨慎，并未急于将其纳入既有的知识产权保护体系。

2011年4月29日，时任总统梅德韦杰夫与互联网产业代表会谈，商讨发展互联网俄罗斯分支、合法治理互联网应用空间、确定互联网信息发布责任、保护著作权和知识产权等问题，并达成两点共识[①]：（1）修订《民法典》，增强作者向不特定人群自由提交作品的能力；（2）召开传媒代表磋商会议，吸收互联网媒体、电视频道、其他出版权益人、作家组织以及俄罗斯和国际专家参加，讨论使用现代方法保护作品的问题，希望借鉴国际经验，寻找一种扩大并方便公民获取信息、科学研究和开展教学的合理路径。

2011 年 11 月 3 日，梅德韦杰夫提出了修改《伯尔尼公约》的建议。他在年终总结性新闻发布会上强调了解决该问题对于未来的重要性。他认为，对“著作权领域进行转折性调整的时机已经成熟。只是人们应该承认并勇于承认，必须修改国际公约，使之走向著作权人和用户的权益更加平衡的保护体系”[②]，而不应该仅保护著作权人或者用户。梅德韦杰夫透露，他已向 20 国集团提出，要建立一个新的结构，既保护著作权人，同时也使用户获得足够使用作品的权利。在他看来，新结构对于未来绝对重要。2012 年 6 月 23 日，俄罗斯通信与大众传播部部长伊戈尔·肖戈列夫参加庆祝俄罗斯通讯社成立 70 周年的“新媒体创新”国际论坛时称，网络著作权领域需要一定的激进主义，“激进主义主要指能够提出新模式，不要试图迫使互联网用户生活在 19 世纪出版界制定的规则中”[③]。此时，部长建议首先将国家治理的目光聚焦到被任何文化都视作“绝对丑

① “Авторское право в Рунете: хронология событий,”（2011-04-29）[2017-01-10], http: //rutakedown. ru/law/timeline/.

② “Авторское право в Рунете: хронология событий,”（2011-11-03）[2017-01-10], http: //rutakedown. ru/law/timeline/.

③ “Игорь Щёголев: пользователи Интернета не должны жить по правилам издательского мира XIX века,”（2011-06-23）[2020-03-30], https: //digital. gov. ru/ru/events/28111/.

恶”的东西上，比如儿童色情、制造毒品和爆炸物的信息。部长所指“绝对丑恶”的东西后来成为“黑名单”治理的主要对象。

2013 年 6 月 6 日，俄国家杜马三位议员联名提交了第 292521-6 号立法草案，它是“网络反盗版法”的前身。杜马通过之前，作为著作权人的代表，俄罗斯文化部部长专门向总统普京做了汇报，并根据总统要求介绍了采取技术手段保护著作权人利益的方法以及对不法内容实施诉前审查的过程。参加会议的通信与大众传播部部长尼古拉耶·尼基伏罗夫表示，此举可能会被“骗子”利用。对此，普京总统明确指出，所有这些都不能成为不采取措施与盗版作斗争的理由，并要求文化部与通信部协调解决。① 此次汇报后，针对网络反盗版的立法行为获得了从梅德韦杰夫到普京两任总统的明确支持。

（二）“网络反盗版法”遭遇强烈抵制

2013 年 6 月 21 日，国家杜马通过法案，允许联邦大众传播督察局根据 IP 地址查封一些非法发布影片和链接影片的网站，并从 8 月 1 日起开设接受权益人投诉的专门网站，莫斯科市法院被指定为此类案件的审判机关。但该法案明确指出，在进行实质性审查之前，网站或主机供应商有义务在三个工作日内撤换争议内容或者限制接入，引发了俄罗斯互联网产业界的强烈不满。

2013 年 6 月 26 日，俄罗斯互联网产业界发表公开信称，无法解释，也无法接受此法。他们认为，法律草案缺乏建设性和透明的讨论，缺乏对经济和社会后果的分析，不仅将给权益人本身造成损失，而且会给俄罗斯国家和社会造成损失。媒体冠之以“俄罗斯 SOPA”②

① “Владимир Путин о поддержке отечественного кино и борьбе с пиратством,” (2013-05-23) [2020-06-16], https://tass.ru/kultura/574371.

② SOPA 指美国《禁止网络盗版法》(Stop Online Piracy Act)。

"随意查封法""反互联网法"等称号。

2013年7月2日，总统普京正式签发"网络反盗版法"，明确自当年8月1日起生效。7月4日，"俄罗斯公众倡议"等网站发表致总统、国家杜马、政府的公开信，要求取消或修订此法，以"组织全面的社会讨论，制定并通过一个平衡的法律，考虑利益相关各方——国家、企业和市民社会的意见"①。7月28日，莫斯科、圣彼得堡等城市爆发了街头抗议活动，反对该法。8月1日该法生效当天，俄罗斯互联网上的抗议活动达到高潮，超过1500家俄语网站参与在线罢工，反对该法。一些网站通过中断服务或者标注黑标题等方式表示抗议，其中有俄罗斯最大的俄语音乐网站Zaycev. net。抗议活动组织者还呼吁人们参与"黑色八月"②活动，即一个月不买任何电影产品，不进任何影院。8月10日，关于取消"网络反盗版法"的倡议得到10万公民支持，被提交国家杜马专家委员会审查。按规定，后者需要在两个月内出具审查意见，确定是否提交给杜马议员审议。

（三）政府与业界达成协议

针对业界反应，2013年9月4日，总统普京称此事非常重要，准备深入了解情况并加以研究。他表示，知识产权应该保护，也不能过火，以免伤害互联网产业。随后普京在市民社会与人权委员会上就此发表的讲话内容被公布在总统官方网站上："他们还没来得及

---

① "Отменить принятие законопроекта № 292521-6,"（2013-07-03）［2020-03-30］, https：//forum. zoneofgames. ru/topic/28873-peticiya--otmenit-prinyatie-zakonoproekta-% E2% 84% 96-292521-6-/.

② "В Рунете проводится забастовка против ‘антипиратского’ закона,"（2013-08-01）［2016-07-10］, https：//monitoring. mhg. ru/v-runete-provoditsya-zabastovka-protiv-antipiratskogo-zakona.

拍完一部电影，这部电影已出现在互联网上并被免费下载。网站直接声称：可以免费下载。这是什么‘免费’，它意味着所有人都白干。”[1] 根据普京的指示，9 月 9 日总统办公厅组织了互联网顶尖企业高级领导座谈会，就“网络反盗版法”的实施进行对话，最后成立了由大型互联网企业共同参与的工作小组，协调执法机关和企业的关系。组织者称，国家旨在让市场步入正常的自我调节状态。业界代表建议在互联网相关立法倡议实施之前先进行讨论。[2] 最后，普京和“网络反盗版法”的反对者达成协议：“考虑通过技术来执法”。根据普京的批示，网络反盗版“不要搞得过火，不要把互联网整死”[3]。

互联网企业声势浩大的抗议，对于已经生效的“网络反盗版法”而言是一次严峻挑战，它直接影响到该法能否顺利执行。但是，它并没有阻挡俄罗斯保护网络知识产权的步伐。俄罗斯希望通过进一步完善保护知识产权机制，制定知识产权领域统一的国家政策。2016 年 7 月，俄罗斯第七届国家杜马复会后，着手对“网络反盗版法”进行修订，针对“镜像”和移动互联网上的违法内容进行治理[4]，拟将互联网知识产权保护从专业创作扩大到文化、科学和技术领域。在立法者看来，对知识产权的保护是促进民族文化产业发展的重要保障，如果不对网络随意下载的现象加以治理，俄罗斯将难

① “Владимир Путин о поддержке кино и борьбе с пиратством,” (2013-05-25) [2016-07-10], http://krasvremya.ru/vladimir-putin-o-podderzhke-kino-i-borbe-s-piratstvom/.

② “Kremlin Meets with Internet Industry leaders to Discuss Self-regulation,” (2013-09-10) [2016-07-10], http://www.ewdn.com/2013/09/10/kremlin-meets-with-internet-industry-leaders-to-discuss-self-regulation/.

③ “Владимир Путин о поддержке кино и борьбе с пиратством,” (2013-05-25) [2016-07-10], http://krasvremya.ru/vladimir-putin-o-podderzhke-kino-i-borbe-s-piratstvom/.

④ Татьяна Замахина, “Разбить ‘зеркала’,” (2016-07-06) [2016-07-10], https://rg.ru/gosduma-podgotovit-novye-mery-protiv-internet-piratov.html.

以形成真正的民族文化产品市场。但在此过程中，如何平衡不同权益人的利益，无论是对于立法者还是执法者而言，皆属严峻考验。

二、免费消费习惯难更改

与互联网企业抗议的短期影响相比，消费者习惯的影响却是长期的，难以更改的。通过对2011年、2013年和2015年俄罗斯网民对内容付费的态度及影响他们选择的因素进行对比分析发现，互联网平台的抗议并非最难战胜的挑战，对内容治理长期的挑战来自网络用户，强大的免费下载的习惯极大地削弱了法律的权威性。

（一）内容合法性难以判断

2013年6月22—23日，公众意见基金会与《数字互联网》杂志共同进行了第三次俄罗斯互联网用户合法内容使用调查，对43个联邦主体100个城乡居民点的1500名18岁以上的公民进行现场问卷调查，统计误差不超过3.6%。[①]

调查表明，只有25%的受访者表示能够区分合法与非法内容。他们区分的标准各不相同。如图8.2所示，受访者判断合法与非法的方法极为分散，相对集中的是根据“内容质量”和“必须收费”加以区分，各占9%和5%。其他9个选项各占1%，最后“难以回答或没有回答”占2%。这表明互联网用户缺乏统一的、清晰的内容合法性判断标准。在2011年10月的调查中，55%的受访者表示“难以区分”，30%的受访者表示“可以区分”；到2013年6月调查时，不能区分的受访者增加到62%，能够区分者降至25%。[②]

---

① “Легальный и нелегальный контент в интернете,”（2013-10-30）[2016-07-10]，http：//fom.ru/posts/11164.

② “62% пользователей Рунета не могут отличить легальный контент от нелегального,”（2013-07-19）[2016-07-10]，https：//rutracker.org/forum/viewtopic.php？t=4491408.

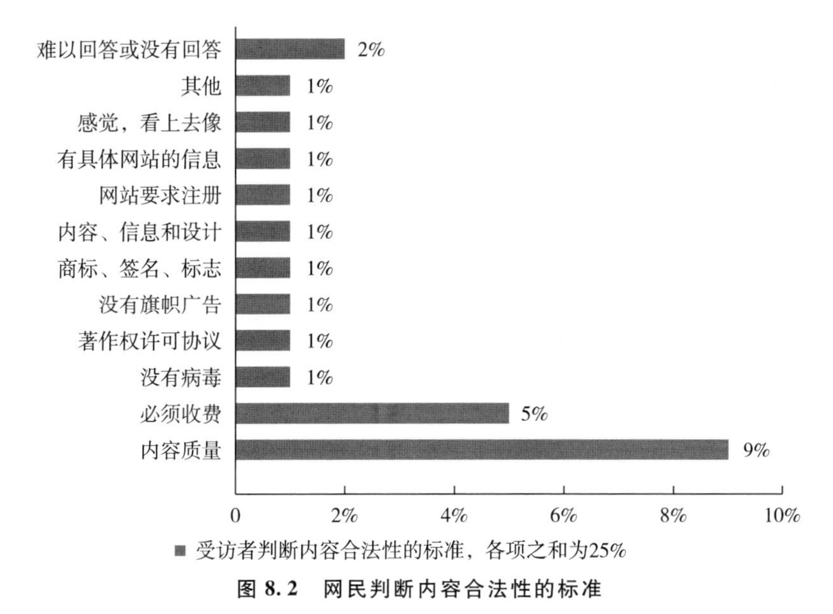

图 8.2　网民判断内容合法性的标准

＊图中数据由作者根据俄罗斯公众意见基金会与《数字互联网》杂志 2013 年调查结果整理。

（二）愿意付费者的比例远低于不愿意付费者

受访者中，只有 25% 的人愿意购买合法内容。他们这样选择的理由首先是合法内容“质量高”（9%）；其次是认为付费内容“更可靠”（4%），“有价值”（3%）；接下来分别是“合理付费”和“尊重法律”，各占 2%。另外一些人则表示应该“尊重著作权”或者“准备付费”。看来，质量既是多数人判断正版与盗版的标准，也是决定人们是否愿意付费的第一因素（见图 8.3）。其中，“准备付费”一项与其说是一种付费理由，不如说是一种付费意愿。

40% 的受访者明确表示不愿意付费（见图 8.4）。他们的理由集中于“太贵”“能免费获取，付费没意义”和“我不需要，也没想要”，分别占 14%、7% 和 3%。此外，还有人认为“我已经付费上网，这就足够了”，“我很满意现状”，“接收互联网信息就应该免费”，或者“我什么也没下载”（各 2%）所以不愿付费。当然，还

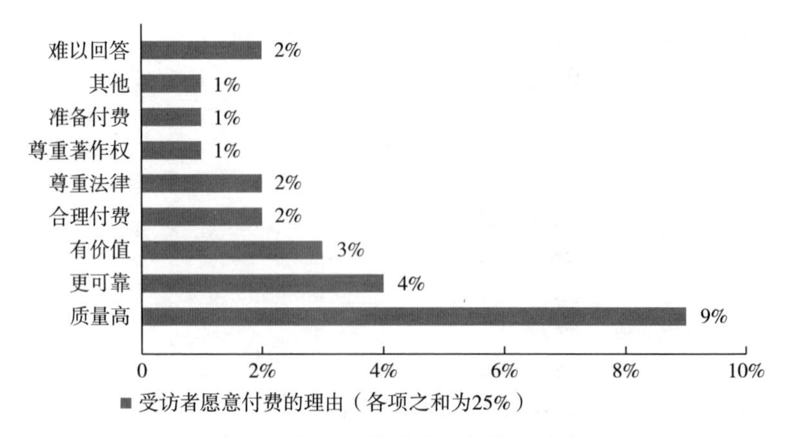

图 8.3　网民愿意为内容付费的理由

*图中数据由作者根据俄罗斯公众意见基金会与《数字互联网》杂志 2013 年调查结果整理。

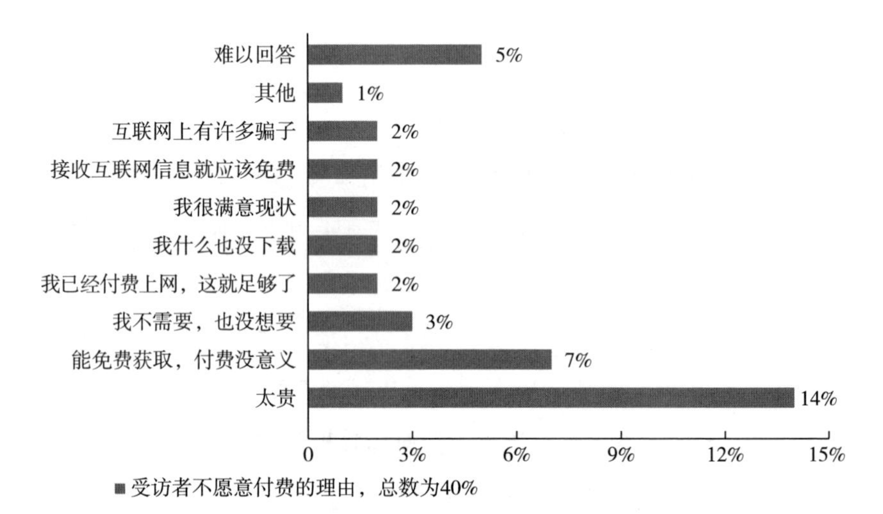

图 8.4　网民不愿意为内容付费的理由

*图中数据由作者根据俄罗斯公众意见基金会与《数字互联网》杂志 2013 年调查结果整理。

有 5%的受众“难以回答”。而在其他问题中，选择“难以回答”的比例均低于此。

另外，还有 12%的人认为不应该与非法内容作斗争，因为“这样做会限制人们接触信息”“没用”“合法内容太贵，没钱”“内容应该免费”（各2%）以及“其他”（2%）或“难以回答”（2%）。

（三）付费意愿在下降

针对大部分俄罗斯人不支持网络反盗版行动的情况，2013年9月25日，俄罗斯《生意人》报采访了相关人士。国家杜马信息政策委员会成员罗伯特·希列格尔（Роберт Шлегель）认为，最近10年来形成的网络文化使俄罗斯人认为，所有网络内容都应该是免费的。罗伯特指出，如果不与盗版作斗争，将来就不会有任何一部国产音乐、电影和文学作品存在。他认为，俄罗斯人会习惯付费的。不过，公众意见基金会的项目协调人卡捷琳娜·科热维纳（Катерина Кожевина）认为，问题不在于有钱或者没钱，而在于人们想知道，他们为网络内容付费后，钱给了谁，用途是什么。因此她认为，人们未必会习惯付费，因为这件事本身对于用户而言不够透明。[①]

两年后的民意调查似乎验证了科热维纳的判断。2015年，公众意见基金会的调查表明：22%的网民认可为内容付费；52%的网民持相反意见。令人意外的是，尽管国家已经通过法律手段强调互联网知识产权保护，但是愿意为内容付费的公众比例几乎没有上升，明确反对付费的比例则增加了12个百分点。换言之，一部分曾经犹豫、觉得“难以回答”的公众开始明确表示反对付费。与之相应的是，有61%的人坦承自己使用Tracker工具下载内容，51%的受访者认为俄罗斯大众传播督察局不应该封锁下载平台Torrent-tracker，后者被监管部门视作网络盗版的“帮凶”。

① “Опрос: большинство пользователей рунета не готовы платить за контент в сети,”（2013-09-25）[2016-07-10]，https://russian.rt.com/article/15899.

（四）非法下载行为与收入关系不显著

“费用高”“没钱”曾经是2011年和2013年受访者拒绝为内容付费的重要理由。这似乎表明，低收入者更多地反对付费，高收入者可能对此不敏感。图8.5表明，反对付费比例最高的是8001—12 000卢布/月①的网民群体，其中59%的受访者认为不应该收费。即使收入在30 000卢布/月以上的受访者中依然有46%的人持反对意见。可见，收入高并不代表认可对网络著作权付费，不赞同付费者始终是各收入阶层中比例最高的群体。俄罗斯网民内容消费的另一个显著特征是，无论哪一个收入阶层，愿意到非法网站上下载电影、音乐、图书等内容的比例都是最高的（见图8.6），最低为54%（中等偏下收入者），最高达到68%（低收入者）。

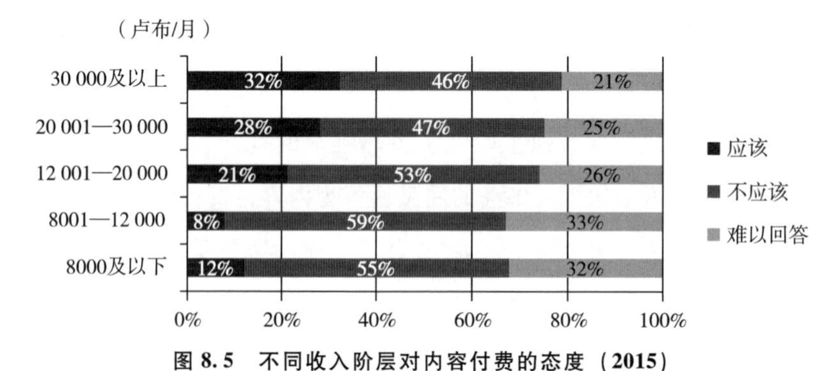

图8.5 不同收入阶层对内容付费的态度（2015）

* 图中数据由作者根据俄罗斯公众意见基金会2015年调查结果整理。

俄罗斯“网络反盗版法”出台前，人们本着法无禁止即自由的原则随意下载电影、音乐等网络内容，如今修订后的《著作权法》将互联网相关内容列入保护范畴，并明确要求对违法网站进行查封，

① 根据俄罗斯政府公布的数据，2015年居民最低月收入为5965卢布（根据2014年月平均收入测算的结果），2014年俄罗斯居民平均月工资为32 611卢布，但俄罗斯各地收入差距相当大。莫斯科市居民人均月收入相当于全国居民人均月收入的两倍。莫斯科州居民人均月收入较莫斯科市低很多。

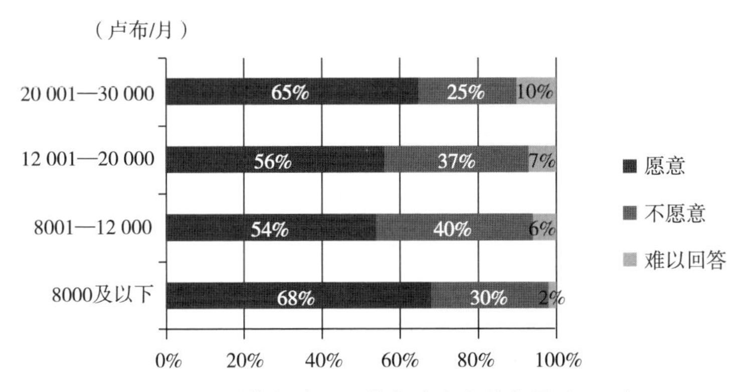

图 8.6　不同收入阶层下载非法内容的意愿（2015）

＊图中数据由作者根据俄罗斯公众意见基金会 2015 年调查结果整理。

公民的盗版行为理应有所约束。但要改变俄罗斯人免费使用互联网内容（有一部分人认为上网费已经包含内容使用费）的习惯并非易事。2016 年公开俄罗斯互联网公司（Глас Рунета）组织的线上调查再次证明，尽管大部分人都知道正版内容应该付费，但他们中只有 30%的人准备付费，28%的用户经常不付费下载本应付费下载的内容，58%的人有时如此。[①] 而不愿意付费的原因这几年来变化不大，网民们认为互联网就像图书馆一样，天生就该免费，或者将付费责任推给网络供应商。

2022 年 2 月 “AHKETоаora” 公司的调查表明，俄罗斯网民免费下载的习惯已经传导到社交媒体应用上。51%的互联网用户消极对待付费订阅的社交网站，37%的用户持中性态度，只有 12%的用户持肯定态度，而且持非常肯定态度的人只有 3%。43%的用户认为，如果博客主收费，他们将拒绝访问。与过去调查结果不同的是，社交媒体用户的内容付费意愿与收入关系明显，月收入在 10 万—12 万卢布和 12 万卢布以上两个高收入群体愿意付费购买内容的比例均

① Алла Баранова, “Только треть россиян готова платить за контент в интернете,” (2016-09-15) [2016-11-10], http: //nag. ru/news/28323.

为26%，而月收入在2万卢布以下者只有8%的网民准备为内容付费。①

互联网内容治理不仅涉及著作权人和平台的利益，而且是对大量分散的社会个体网络消费者的上网行为的直接调节，国家难以通过法律和行政手段对每个网民的内容消费行为进行严格限制。否则，因此付出的司法成本和行政代价过大，与其保护的权益严重不对称。因此，综合使用法律、行政和技术手段引导网络消费者合理使用内容将是一个相对漫长的过程。毕竟，改变网络企业的运营模式和网民的消费习惯皆非一朝一夕之事。

三、网络盗版税风波

俄罗斯网络反盗版立法与执法一方面面临着互联网企业和网络消费者的双重压力，他们希望阻止法律的生效与实施；另一方面面临着来自著作权人的压力。尽管互联网产业界和网民中持反对态度者居多，但著作权人始终没有轻易放弃自我保护的努力，继“网络反盗版法”出台后，俄罗斯著作权人协会（РСП）于2014年提出了“征收反盗版税”建议，其核心是由图书、音乐和电影著作权协会集体维护作者的权益，国家向所有通信运营商征税，随后分给作者和执行者。缴纳盗版税的运营商将获得全球著作权使用许可，允许其用户无障碍地下载互联网内容。纳税的多少根据内容需求量决定，平均每个用户一年的税费拟为1—3美元。该建议提出时，俄罗斯有2亿互联网用户账号（许多人同时接入不同运营商的网络平台），全

① “62% российских пользователей готовы отказаться от соцсетей из-за введения платных подписок,”（2022-02-4）[2022-02-04], https：//www. cossa. ru/news/300699/.

年的税收约在 2 亿—6 亿美元。[①] 此次著作权人提出面向平台而非网民个体收税，乃希望解决互联网用户过于分散的收费难题。

不过，该建议不仅遭到了网络公司和社会组织的强烈批评，也未得到政府机关的支持。2014 年 12 月 1 日，俄罗斯最大的几家互联网公司杨德克斯、邮件、联系和漫步者（Яндекс、Mail. ru、Вконтакте、Рамблер）和社会组织国家音乐产业联盟、互联网出版协会、俄罗斯电子传播协会、互联网视频协会等联名致信总统普京，表达反对意见。网络巨头们认为，要对互联网内容消费收税，就必须建立用户流量跟踪，而这与《宪法》和《税法典》相悖，因为它侵犯了公众的通信秘密和私生活不受侵犯的权利，并且有违俄罗斯参加世界贸易组织的承诺——从 2013 年 1 月 1 日起取消未经协商的权利控制等，也不利于保护著作权人的利益，可能导致他们无法通过更有利的方式获得更多的收益机会。果真如此，这将打击业已形成的内容销售平台的经营，使它们在该产业的投入变得毫无意义。专家们担心，此举将导致电影院收入下降至少 30%，超过 80%的电影院可能会在该税收实施后三个月内关闭。同样，这可能会对电视频道造成伤害，因为它们现在已经在销售自己的内容版权。

此前，俄罗斯几家大型通信运营商如 MTC、Мегафон、Вымпелком 等相继表示，该设想在技术上无法实现，并且会给俄罗斯互联网宽带市场、互联网电视产业、在线数字内容销售平台等带来严重的经济后果。运营商们认为，著作权人协会的构想基于错误的假设，即认为当前所有用户需要的互联网内容都是非法的。事实并非如此，俄罗斯数字内容的发行市场年增长 15%，内容货币化的新机制正在

---

① Анастасия Голицына, “Интернет-компании объяснили Путину вред от антипиратского сбора,” (2014-12-01)［2016-07-10］, https：//www. vedomosti. ru/business/articles/2014/12/01/internet-kompanii-i-pravoobladateli-vystupili-protiv-naloga.

形成，人们越来越多地开始为内容付费。俄罗斯经济发展部明确表示，暂时不会通过该构想，因为目前俄罗斯已经有一套保护电影和电视剧的机制，除了向法院起诉外，还有“网络反盗版法”。如果此类机制过多，彼此间缺乏内在联系，可能对执法产生负面影响。而且，如何协调在国外下载内容、避免双重支付、判断作者是否自愿分享内容等技术性问题皆难以解决。[①]

俄罗斯文化部始终是著作权保护的支持者，它支持向国家杜马提交征收反盗版税的立法草案。俄罗斯联邦会议社会院就此分别于2014年12月和2015年2月召开听证会，讨论该构想和法律草案内容。社会院成员、总统私权研究中心理事会负责人向《机关报》透露，社会院关于俄罗斯境内征收反盗版税的听证结果是不支持该设想。因为最近一段时间俄罗斯关于著作权保护的法律变化太多，市场参与者来不及适应，应该先看看法律执行的情况，而不是急于通过新的法律。[②] 尽管如此，此后多年，以文化部为主的著作权维护者始终没有放弃反盗版立法活动，而是不断变换形式，希望通过立法成倍地增加信息传播者的内容使用责任。

从“网络反盗版法”的艰难出台到征收盗版税风波，反映了俄罗斯互联网内容治理面临的重大挑战，网络行业长期形成的发展模式、网民经年养成的习惯、不同利益主体间的诉求差异等都构成内容治理的新挑战。2018年俄罗斯主要内容供应商和网络运营商之间通过签署备忘录的形式，建立起诉前处理侵犯著作权和邻接权事件

---

① Анастасия Голицына, “МЭР раскритиковало идею антипиратского сбора в рунете,” (2014-11-24) [2016-07-10], https://www.vedomosti.ru/technology/articles/2014/11/24/mer-raskritikovalo-ideyu-antipiratskogo-sbora-v-runete.

② С. Портер, “Общественная палата не поддержала идею об авторском сборе в Интернете,” (2015-03-17) [2016-08-01], http://www.vedomosti.ru/newspaper/articles/2015/03/17/obschestvennoe-neodobrenie?from=newsletter-editor-choice&utm_source=newsletter&utm_medium=content&utm_campaign=editor-choice&utm_term=news25.

的行业自治机制。此举受到俄罗斯知识产权保护各方的肯定，或许会成为国家治理的重要补充。

四、互联网治理亟待创新

从全球范围看，互联网国家治理并没有现实的方案，需要各国依据国情不断创新。俄罗斯互联网国家治理面临的许多挑战，也是全球互联网治理必须面对的现实。俄罗斯希望在“可控式民主”的治国理念下建设一个“可控式互联网”，既要保持互联网的创造力，又要避免其沦为危害社会的工具，真正的挑战在于如何“寻找平衡”，逐步摸索出一个治理的“系统方法”。

立法治理是一种趋势，也是治理的根本制度保障。俄罗斯在加快立法速度的同时，确实存在着立法质量参差不齐的挑战。这反映了社会各界由于利益和立场的差异，很难在互联网立法方面形成共识，每一部法律都是利益博弈和平衡的结果。即使是议会没有投出一张反对票的“黑名单”制度，在实践中也遇到了各种批评。不过，俄罗斯立法者对此持开放态度，通常会很快通过修订法律加以补救。即使是刚生效的法律或者即将生效的法律，也不回避立即修订的建议。经过多年实践，俄罗斯在立法程序上已经形成一定的纠正机制，为不同立法主体参与立法或修法提供条件，比如公民或社会组织可通过征集签名的方式参与。只要签名人数超过10万便有权向国家杜马提交立法或修法建议，国家杜马专门委员会应就此召开听证会，确定是否提交议会审议。此外，通过细化执法条例弥补法律条文不清晰或概念不明确的缺陷也是常用手段。因此，俄罗斯立法治理中存在的问题固然很多，但因为纠正机制的作用，互联网立法进程并未受阻。立法不易的现实也从另一方面证明，以修订旧法为主的立法实践是俄罗斯的一种实用选择。

立法治理面临的挑战主要源于治理主体自身的不足，内容治理则更多受制于治理客体的特殊属性。客体挑战的背后是多元主体即内容的生产者、传播者、消费者之间的利益诉求差异。其中，俄罗斯网民长期形成的免费使用网络内容的习惯成为影响互联网内容治理的难以改变的因素。它与收入高低没有必然的关联，不仅低收入者不愿意为内容付费，高收入者也不例外。即使在俄“网络反盗版法”通过多年后，不仅愿意为内容付费者未增长，而且明确反对付费者显著增加。传统互联网用户如此，社交媒体用户亦如此。如今，俄罗斯“网络反盗版法”已多次修订，如何寻找内容生产者与使用者的利益平衡点，依然是国家治理者面临的重大考验。

立法治理极其重要，它重点解决了治理的合法性问题。具体治理行为则是判断互联网国家治理的动机和效果的最直接依据。目前，针对俄罗斯互联网行政治理的质疑主要指向治理动机、治理水平和治理目标，比如治理主体的主观性、治理对象的扩大化等。它们本质上属于国家治理水平问题。涉及互联网内容的治理行为不可避免地关乎网络言论自由和社会意识形态管控，更容易成为舆论的焦点，对行为主体提出更高的要求。因此，如何减少治理中的人为因素，控制执法者的自由裁量权，需要执行权力机关不断创新治理手段。

目前，利用技术手段实施内容治理、减少人工现场检查对企业的干扰成为俄罗斯互联网国家治理的执行权力机关的新思路。未来，如何从普京所批评的最简单也是最有害的“抓与禁”的管理方式，向产业界所希望的“创新—刺激”模式转变，成为俄罗斯互联网国家治理面临的真正挑战。

第九章　俄罗斯互联网国家治理转向

当前，俄罗斯互联网国家治理与全球互联网治理趋势一致，呈现出治理重点向安全转移的倾向，但俄互联网治理的转向不仅要充分考虑安全变量，还要基于俄罗斯独特的地缘政治因素，高度重视互联网对俄罗斯国民经济的驱动意义。纵观俄互联网的发展与管理历程，国家治理作为互联网各种关系的调节机制，其治理思路、机制和路径皆随“发展—管理”关系的变化而调整。处于“危机型”关系阶段的俄互联网治理更直接受制于“网络安全”和“数字经济”两大变量的要求，“安全”与“发展”构成俄罗斯互联网国家治理的“两翼”，决定其互联网治理模式的偏向。

第一节　网络安全转向

2016年后，俄罗斯相继出台了新版《信息社会发展战略》《信息安全战略》和《信息安全学说》，通过了《关键信息基础设施安全法》“俄罗斯互联网主权法”等以安全为核心的战略文件和法律法规，表明俄罗斯互联网治理正在告别以互联网基础设施建设为龙头的追赶式发展阶段，开启了以国家安全为主导的新治理历程，维护国家利益成为互联网治理的核心价值取向。

一、信息社会战略的调整

构建信息社会是俄罗斯互联网发展的一根主线。从2000年普京就任总统至今，俄罗斯构建信息社会的目标始终未变，并不断通过制定战略和规划，接力式地予以推进。但在不同阶段，信息社会发展的重点、具体目标和任务不同，并因此出现不同的互联网治理的路径选择。

(一)《电子俄罗斯》规划聚焦基础设施

2002年俄罗斯通过《电子俄罗斯（2002—2010)》国家规划，从电子国家、电子社会和电子经济三方面推动俄罗斯信息社会的基础设施建设，为长期低位的俄罗斯互联网发展注入了国家动力。

国家战略的制定与实施有效促进了俄罗斯互联网基础设施的快速发展。从影响互联网发展的三大基础变量——家庭电脑、固定电话和移动电话三个指标来看，俄罗斯2002—2012年的发展速度均位居世界前列。据《中国信息化蓝皮书2012》统计，2002年到2012年十年间，俄罗斯至少拥有一台计算机的家庭比例由7%上升到60.6%；中国同期则由10.2%上升到40.9%；韩国始终保持优势，从78.6%上升到82.3%；2012年统计期末，家庭电脑占比最高的是瑞典，为92%（见表9.1)。21世纪第一个十年间，家庭电脑的多少决定了网络普及程度，影响着上网场所和方式。

表9.1 至少拥有一台计算机的家庭比例（2002—2012） 单位:%

国家	2002年	2007年	2008年	2010年	2011年	2012年
中国	10.2	39.1	31.8	35.4	38	40.9
巴西	14.2	20.8	31.2	34.9	45.4	49.9

单位:% （续表）

国家	2002 年	2007 年	2008 年	2010 年	2011 年	2012 年
印度	0.3	3.7	4.4	6.1	9.5	10.9
俄罗斯	7	16.2	40	50	57.1	60.6
瑞典	75	83	87.1	89.5	91.6	92
英国	57.9	75	78	82.6	84.6	87
美国	59	70.2	72.5	75.5	77.2	79.3
韩国	78.6	80	80.9	81.8	81.9	82.3

资料来源：工业和信息化电子科学技术情报研究所研究与促进中心根据国际电信联盟资料整理。

从电话的发展看，2002 年至 2012 年十年间，俄罗斯固定电话发展增幅较小，固定电话普及率从 24.4%一度增加到 31.8%后开始回落，到 2012 年只有30.1%。固定电话增幅放缓甚至出现负增长是本时段的全球趋势，美国从 2002 年的 65.3%降到 2012 年的 44%，英国则从 58.8%降至 52.6%。

与之形成对比的是移动电话的全球性增长。2002 年在中国、巴西、印度、俄罗斯、瑞典、英国、美国和韩国八国中，俄罗斯百户居民中移动电话占有率只有 12.1%，仅高于印度（1.2%），与瑞典（89%）、英国（83.3%）、韩国（68.4%）等国家难以相提并论，也低于中国（16%）和巴西（19.5%）等发展中国家。笔者 2002 年赴莫斯科报道中国申奥活动时，当地尚限制外国人购买手机，中国记者需借用当地人的护照方能购买手机，电话上网程序较为复杂。但到 2012 年统计期末，俄罗斯人的移动电话占有率已居八国之首，达 183.5%，同英国、巴西、瑞典、韩国等国共同迈入移动电话占有率超过百分之百的国家行列，美国的移动电话占有率十年间也增加了一倍，但仍然只有 98.2%（见表 9.2）。移动电话的快速普及，为俄罗斯后来居上、成为欧洲网民最多的国家创造了条件。

表 9.2 居民移动电话占有率（2002—2012） 单位:%

国家	2002 年	2007 年	2008 年	2010 年	2011 年	2012 年
中国	16	41.2	47.9	64	73.2	81.3
巴西	19.5	63.1	78.5	104.1	119.2	125.2
印度	1.2	20	29.4	61.4	72	68.7
俄罗斯	12.1	114.6	141.1	166.3	179.3	183.5
瑞典	89	113.7	108.4	113.5	121.3	122.6
英国	83.3	118.5	126.3	130.2	130.8	130.8
美国	48.9	83.5	86.8	89.9	95.3	98.2
韩国	68.4	90.2	94.7	105.4	108.5	110.4

资料来源：工业和信息化电子科学技术情报研究所研究与促进中心根据国际电信联盟资料整理。

2008 年后，俄罗斯长期坚持发展信息社会的努力取得了明显进展。2003—2011 年间，在联合国 193 个国家的电子政府发展排名（E-government Development Rank）中，俄罗斯曾长期处于 60 位左右，2012 年从第 59 名上升至第 27 位。排名上升的主要原因是影响俄罗斯排名的两大指标电子服务和 ICT 基础设施两项指标的排位大幅上升，前者从 2010 年的第 68 位提升到 2012 年的第 37 位，后者则从 2010 年第 63 位提升到第 30 位。① 2016 年俄罗斯电子政府排名一度跌至第 35 位，2018 年回升至第 32 位。② 目前，虽然俄罗斯不是信息社会建设成绩最好的国家，但却是发展速度最快的国家。考虑到

① Институт Развития Интернета, *Предложения по формированию долгосрочной программы развития российской части информационно-коммуникационной сети "Интернет" и связанных с ней отраслей экономики (ПРОЕКТ)* / (2015-11-13) [2017-03-29], http://oko-planet.su/politik/newsday/287304-institut-razvitiya-interneta-organizoval-sbor-predlozheniy-v-prezidentskuyu-programmu-razvitiya-runeta.html.

② "Позиция России в международных рейтингах," (2019-03-01) [2019-03-29], https://www.economy.gov.ru/material/file/9712f0f33d0d41f547a588b5ebddfcae/intratings_19.

其庞大的领土面积和众多的人口，俄罗斯互联网基础设施的发展对消除世界数字鸿沟的积极作用值得充分肯定。

（二）“信息社会发展战略”瞄准国际水平

普京第一个总统任期内，网络通信和互联网并非国家内政外交的重点。此时的俄罗斯需要集中精力克服“休克疗法”带来的人民生活贫困、官场腐败、社会秩序混乱等重大民生、政治和社会问题，无暇顾及互联网产业发展。2006 年 3 月 27 日，联合国大会宣布 5 月 17 日为国际信息社会日，信息社会的概念正式进入国际政治领域，成为世界各国信息通信技术发展的一个重要指标，也为俄罗斯通信基础设施的发展创造了良好的国际环境。

2008 年，在国际信息通信技术领域 159 个国家的排名中，最高得分者为 7.85 分，俄罗斯得分仅 4.54 分，排名第 48 位。面对信息技术与本国日益崛起的政治和军事地位不相匹配的落后水平，俄罗斯当年通过了第一个以“信息社会”命名的发展战略，随后相应制定并实施了《信息社会（2011—2020）》《2014—2020 年信息技术行业发展战略及 2025 年远景规划》和《2020 年俄罗斯创新发展战略》等规划。其中，基础设施建设、技术开发与普及、用户发展、电子政府建设等是政策优先考虑方向。根据 2008 年版《信息社会发展战略》，政府在国家预算框架内相继批准实施了大量鼓励性政策，不断调整、更新信息社会发展目标，以期与电子信息传播技术、政治、经济和社会发展水平相匹配。与此同时，国家协调联邦政府、联邦各主体政府和社会力量将资金投入信息社会建设。正是联邦政府与地方政府的共同努力，极大地促进了俄罗斯信息社会的构建。

据欧盟委员会 2018 年 10 月 26 日发布的《国际数字经济和社会指数报告》（I-DESI 指数）显示，俄罗斯数字经济发展及相关技术在社会中的应用程度在国际排名上领先中国（45.3 分）。I-DESI 指数是根据24项指标衡量经济数字化程度的综合指数。2018年发布的排名顺序是：丹麦以75.9分排名第一，韩国（75.2分）和芬兰（73.8分）位居其后。美国以66.7的得分排名第8。俄罗斯在17个非欧盟国家中排名第12，得分47.5分。[①] 2020年，中国和俄罗斯成为I-DESI得分低于欧盟成员国平均分但高于欧盟排名最后四国的两个非欧盟国家，分列非欧盟国家的第11位和第12位，排名较为稳定。[②]

（三）第二版发展战略强调国家利益

2016年通过的俄罗斯《信息社会发展战略（2017—2030）》，被称为第二版《信息社会发展战略》，它在生效的同时宣布第一版失效。值得注意的是，新版战略由联邦安全委员会起草，文件主体的变化意味着国家关注重点的调整。与2008年版本相比，新的战略规划中关于社会发展的条款并不是很多，更多条款属于数字主权范畴，相当于信息安全战略。新版战略不仅关注5G等新技术的发展，而且首次明确了构建数字经济的目的、任务和方法，强调保障国家利益，实施国家优先战略。

其中，保障国家利益包括以下内容：发展人的潜能；保障公民和国家安全；提升俄罗斯在国际人文和文化空间的影响力；促进公民、组织、国家政权机关和地方自治机关之间自由、稳定和安全的协作；提高国家管理效率，发展经济和社会事务；构建数字经济。文件同时明确了保障国家利益的路径：构建信息空间，满足公民和社会获取高质量和可靠信息的需求；发展俄联邦信息与传播基础设

---

① 《俄罗斯经济和社会数字化排名领先中国等国》，(2018-10-26) [2020-04-01]，http：//sputniknews.cn/economics/201810261026673634/.

② "I-DESI 2020：How digital is Europe compared to other major world economies?"，(2020-12-18) [2022-06-06]，https：//digital-strategy.ec.europa.eu/en/library/i-desi-how-digital-europe-compared-other-major-encomies.

施；建设和应用国家信息和传播技术，保障其国际竞争力；构建新型技术基础，发展经济和社会事务；保障数字领域国家利益。

此处“保障公民和国家安全”“自由、稳定和安全的协作”“高质量和可靠信息”“国家信息和传播技术”“国际竞争力”“数字领域国家利益”等表述，均透露出俄罗斯当局对整体国家安全的重视、对信息内容安全的要求、对自有技术开发与应用的期待以及对数字领域国家利益的关注。显然，与第一版战略关注俄罗斯信息社会发展的国家排名不同，第二版更加重视信息社会发展过程中的国家利益，要求俄罗斯在构建信息社会过程中，既要保持与世界信息传播技术，如5G、大数据、云计算、物联网等同步发展，也要考虑信息技术发展与应用如何优先保障俄罗斯国家整体利益，如对俄罗斯传统文化价值的传播与坚守、对关键基础设施功能稳定性的保障等。

多年来，俄罗斯互联网治理一直沿着信息社会构建的主线展开。新版战略的颁布实施，为未来十年俄罗斯信息社会的构建明确了方向和重点，也成为影响俄罗斯互联网治理路径选择的决定性因素。

二、《信息安全学说》更新

2016年12月，新版俄罗斯联邦《信息安全学说》由普京总统签署，明确了俄罗斯信息治理的原则是“合法与公平”“建设性协作”“平衡公民信息自由与国家安全保障”“手段与力度的足够性”等，表明国家在保障安全的前提下，有意寻求互联网国家治理中不同利益主体和治理目标之间的平衡，选择有力且适度的手段。

《信息安全学说》开宗明义，自我定位为“保障俄联邦信息领域国家安全的正式意见体系”，其所指信息领域涵盖信息、信息化客体、信息体系、互联网电子信息传播中的网站、通信网络、信息技术、与信息生产和加工以及上述技术开发与应用相关的活动主体、信息安全保障主体以及相关社会关系调整机制。本质上，该学说属于国家安全保障战略规划文件，是对2015年12月31日俄罗斯总统批准的《俄罗斯联邦国家安全战略》的细化。与已有学说的不同之处在于，该学说对俄罗斯面临的信息安全威胁与现状首次进行了详细描述，明确传递了俄罗斯在发展电子信息传播技术中的担忧与关注。

（一）俄罗斯信息空间面临的基本威胁

俄联邦《信息安全学说》认为，范围日益扩大的信息技术应用是发展经济、完善社会和国家体制功能的促进因素，但同时带来了新的信息威胁。文件第10—14条对俄罗斯信息空间面临的主要威胁进行了概述。

1. 国际犯罪威胁

它主要指国际信息流通的便利性越来越被用于地缘政治以及恐怖主义、极端主义、种族歧视和其他违法目的，侵害国际军事和政治权利，损害国际安全和战略稳定性。因此，缺乏安全保障的信息技术应用将导致信息威胁实质性增长。

2. 军事信息威胁

俄罗斯认为，影响信息安全的一个重要因素是，国外出于军事目的干预俄罗斯信息基础设施的能力不断提升。同时，国外针对俄罗斯国家机关、科研组织和国防工业体系的相关企业实施的技术侦察不断加强。

3. 社会稳定威胁

它主要指一些国家通过特殊机构，广泛应用信息技术对他国公民和社会实施信息心理干预，破坏世界各地的内政和社会稳定，破坏其他国家主权和领土完整。参与此类活动的有宗教、种族、维权和其他组织，以及个别公民群体。国际上针对俄罗斯公民的信息影响活动不断增强，俄罗斯的年轻人成为信息影响的首选对象，一些组织企图瓦解俄罗斯传统的精神和道德观。此外，俄罗斯大众传媒经常在国外遭遇公开歧视，俄罗斯记者履行职业活动遭遇许多障碍。

4. 民族关系威胁

俄罗斯作为一个多民族国家，令其感到担忧的还有民族关系。俄罗斯认为，当前各种恐怖主义和极端主义组织广泛应用信息干预机制影响俄罗斯个体、群体和社会意识，企图制造民族间和社会关系紧张，点燃种族和宗教间的仇恨或敌对，宣传极端主义思想，引诱新的支持者参与恐怖主义活动。不仅如此，此类违法组织还积极研制各种工具，对俄极端重要的基础设施客体实施干预。

5. 计算机犯罪

据俄罗斯计算机事故协调中心的计算机攻击侦测、预警和消除系统侦测，2018 年共计发现 40 亿次针对俄罗斯关键基础设施的攻击，其中，莫斯科足球世界杯期间，俄罗斯的信息基础设施受到 2500 万次干扰。[①] 这从一个方面证明俄罗斯对计算机犯罪的担忧并非空穴来风。俄联邦《信息安全学说》认为，当前计算机犯罪规模在扩大，首先是信用和金融领域犯罪活动增长较快，侵犯宪法赋予的自由与人权的犯罪数量在增加，其中主要涉及使用信息技术加工个人数据，侵犯私生活以及个人、家庭秘密。与过去相比，当前实施此类犯罪的方法、手段和工具越来越复杂。

（二）不同领域信息安全威胁现状

俄新版《信息安全学说》不仅列举了俄联邦面临的信息安全威

① Казарян К. Р., *Интернет в России в 2018 году: Состояние, тенденции и перспективы развития*, Москва: Федеральное агентство по печати и массовым коммуникациям, 2019, стр. 59.

胁，而且对重点领域的安全现状进行了评估，涉及国防、社会、经济、教育、科技和国际合作等方面。

首先是国防和社会安全领域的信息安全。它表现为某些国家大规模运用信息技术，实施违反国际法的军事和政治行动，企图颠覆俄联邦及其盟友的主权，破坏其政治、社会稳定和领土完整，给世界和平、全球和地区安全带来威胁。在国家和社会安全领域内，针对俄罗斯的外国情报活动不断加强，针对俄罗斯极端重要基础设施发动的计算机攻击活动的协调性增强、规模变大、复杂性提升。

其次是经济领域的信息安全威胁。当前俄罗斯的信息技术发展水平及其生产应用与服务水平不高。国家工业对国外信息技术的依赖度依然很高，涉及电子计算机元件、软件、计算设备和通信装备等，导致国家社会经济发展受制于外国的地缘政治利益。

再次是科学、技术和教育领域的信息安全。它主要表现为针对未来的信息技术构建而开展的科学研究的效率不高，国产设计的应用水平较低，信息安全领域人才保障不足，公民对个人数据安全保障问题的知晓度低。同时，为保障信息基础设施安全，包括信息基础设施完整性、可接入性及功能稳定性等所采取的措施中，缺乏关于如何使用国产技术和产品的应有的综合原则。

最后是战略稳定和平等战略伙伴领域的信息安全问题。其突出表现是，某些国家企图利用技术优势操控信息空间。现实问题是，保障国家间互联网安全与功能稳定的必要资源分散在不同国家，如域名解析系统、根服务器等，国际社会在互联网领域尚无法实现基于信任原则的公平的联合管理。缺乏调节信息空间内国家关系的国际规范和基于信息技术特性的国际规范应用机制与程序，增加了为实现战略稳定和建立平等战略伙伴关系而构建国家间信息安全体系的难度。

此外，2017年7月通过并于2018年1月1日生效的《关键信息基础设施安全法》是俄罗斯互联网治理的重要制度保障。它与新版《信息社会发展战略》和《信息安全学说》等相呼应，宣告俄罗斯互联网开启了新的历史进程。它表明，经过十余年的国家治理，俄罗斯已经形成了一个完整的互联网分支体系，国家治理的重点开始从基础设施建设向以国家安全为核心的管理变量转变。但由于外部因素的作用，俄罗斯互联网“发展—管理”关系仍然处于危机型阶段，需要通过国家治理的深度介入，才能恢复其自我调节机制。在此过程中，不仅要考虑安全，还要充分关注数字经济的发展需求。

第二节　数字经济转向

2016年本书作者访问莫斯科时，俄罗斯电子传播协会会长谢尔盖曾经谈道：“今天很难否定一个事实，即互联网已经渗透到所有行业和整个自动化进程中。再过五六年，在我们看来，互联网经济将与国民经济的整个组成部分相融合。数字经济与传统经济的对峙将消失，我们一直在《俄罗斯互联网经济》年度报告中使用的‘互联网相关市场’的概念将失去意义，因为大部分市场和经济都将成为‘互联网相关’部分。”事实证明，谢尔盖的判断是正确的。2018年以后的俄罗斯已经统一使用数字经济的概念涵盖“互联网经济”及“互联网相关经济”两个概念。数字经济正在上升为俄罗斯国民经济发展的核心驱动，与安全因素共同决定俄互联网治理方向。

一、互联网经济的形成

俄罗斯国家研究大学高级经济学院院长雅罗斯拉夫·库兹米诺夫（Ярослав Кузьминов）在《俄罗斯互联网经济调查（2012—

2013)》一书的前言中称，“所有专家，无论是俄罗斯的还是西方的都一致认为：俄罗斯互联网经济是欧洲发展最快的互联网经济，并且居世界快速发展前列”，“俄罗斯互联网今天不仅渗透到社会生活、企业和国家管理的各个方面，其本身也成为最近人们说得很多的‘创新经济’，理应成为俄罗斯新经济发展的驱动”[①]。由此可见互联网在俄罗斯经济中的地位变化。

（一）互联网经济概念的内涵不断丰富

《俄罗斯互联网年度报告》于2015年首次正式定义了互联网经济概念，并衍生出“互联网相关经济”这一新概念。前者指基于互联网自身发展直接形成的新型经济领域，主要指互联网内容、互联网服务和在线支付三大部分，后者指以互联网技术为依托的其他细分市场，但不包括网络供应商，网络供应商属于通信产业。2011年到2014年的报告中，互联网经济相关市场主要指网络贸易、广告、电子支付和网页设计市场。2014年报告中首次对2013年互联网市场的构成及其经济总量进行了分析，并预测了2014年互联网市场对国内生产总值的贡献率，突出了互联网在国民经济发展中的重要地位。报告称，2013年俄互联网市场总量占国内生产总值比例达1.6%，相关市场则达10%。[②] 2015年，互联网经济成为俄罗斯经济最大亮点，其中电子商务成为增长最快的细分市场。此前较少过问互联网的普京开始“全身心关注互联网”[③]，互联网经济的概念也越发明确和丰富，

① “Исследование ‘Экономика рунета 2012－2013’,”（2013-10-10）［2015-12-17］, http：//2013. russianinternetweek. ru/upload/files/riw13-research-economics-2012-2013. pdf.

② К. Р. Казаряна, *Интернет в России 2014*: *Состояние*, *тенденции и перспективы развития*, Москва: Федеральное агентство по печати и массовым коммуникациям, 2015, стр. 31.

③ “Путин вплотную занялся интернетом и обозначил свои поручения по регулированию IT-сферы,”（2016-02-01）［2016-03-01］, http：//rublacklist. net/14423/.

不仅包括传统的数字内容、市场营销和网络支付，而且将电子商务、IT投资、互联网经济新领域（云服务、互联网金融、大数据、区块链、物联网、人工智能）以及移动经济纳入其中。

2015年12月15日，俄罗斯总理梅德韦杰夫在中国出席世界互联网大会时宣布，俄互联网经济总量占国内生产总值的2.2%，互联网相关经济总量占俄国内生产总值的比例上升到16%[①]，其增长速度超过了俄经济平均增长率。此间，受西方国家制裁影响较大的是俄互联网广告业，广告市场整体增长速度放缓。据2015年发布的《俄罗斯互联网年度报告》称，2014年有一半以上广告主表示减少或者没有增加广告投放；17%的公司确认，2014年互动广告投放量减少；广告主开始将广告费用投向广告效果明显的媒体，对效果不确定的媒体，即使很吸引人，也暂不考虑。[②] 不过，广告已非俄罗斯互联网的唯一收入，网络服务、数字内容、电子商务、在线支付、电子政务等正在成为俄罗斯互联网收入的主要组成部分。其中，电子商务连续多年保持增长。对比不同年度《俄罗斯互联网年度报告》可以发现，2011年到2016年在线销售额（不含跨境贸易）从2350亿卢布增加到8050亿卢布，虽然网络购买人数增速变慢，但购买频次开始增加，平均单次消费额增加了5%。[③]。在2014—2019年间，俄罗斯在线购物的网民占比不断增加。以16—55岁的城市居民为例，"最近6个月有网购经历"的居民由2014年4月的17%，上升到

① "Медведев оценил объем интернет экономики России в 2, 2% ВВП," (2015-12-16) [2015-12-17], https://www.gazeta.ru/tech/news/2015/12/16/n_8016713.shtml.

② К. Р. Казарян, *Интернет в России в 2014 году: Состояние, тенденции и перспективы развития*, Москва: Федеральное агентство по печати и массовым коммуникациям, 2015, стр. 33-34.

③ К. Р. Казарян, *Интернет в России в 2016 году: Состояние, тенденции и перспективы развития*, Москва: Федеральное агентство по печати и массовым коммуникациям, 2017, стр. 60.

2019年4月的42%，莫斯科市居民的网购比例达60%，10万人以下城市和农村为34%。[①] 2020年的新冠肺炎疫情导致大量俄罗斯人居家隔离，俄电子商务出现新高潮，俄罗斯人消费模式完全改变。2021年网上购物上升趋势不变，在线贸易量增长32%，达4.2万亿卢布，一年完成了俄正常发展三到四年的历程。[②] 这表明，网络消费已经成为一种习惯，俄罗斯网络消费体验不断改善，网络用户黏性增加，消费行为重复性增强。

从2016年开始，互联网经济概念的内涵不断丰富，包括由音乐、图书、视频、游戏构成的数字内容，电子商务，市场营销与广告，IT投资等，互联网经济新领域则扩展到云服务、互联网金融、大数据、区块链、物联网、人工智能等领域，移动经济也开始作为单独指标统计。2019年后，电子支付收入开始纳入电子商务范畴，不再单独统计，对此后数据的比较有一定影响。

（二）互联网经济成为GDP重要组成

最能直观反映俄罗斯互联网经济重要性的指标是其占GDP的比重。波士顿咨询公司发布的《网络连接世界》报告指出，2010年互联网经济对英国GDP的贡献率最大，其互联网经济规模已达1210亿英镑，在英国GDP中所占比重达8.3%，中国以5.5%排名第三。报告说，如果将互联网看作一个产业，它将是英国的第五大产业。[③] 表9.3反映出互联网经济在俄罗斯国内生产总值中所占比重呈现增

---

① К. Р. Казарян, *Интернет в России в 2019 году: Состояние, тенденции и перспективы развития*, Москва: Федеральное агентство по печати и массовым коммуникациям, 2020, стр. 63.

② "Российский рынок e-commerce вырос на 34% в 2021 году,"（2022-01-20）[2022-02-14], https://www.retail.ru/rbc/pressreleases/rossiyskiy-rynok-e-commerce-vyros-na-34-v-2021-godu/.

③ 苏曼丽:《互联网占GDP比重中国位居第三》,（2012-03-21）[2020-04-01] https://business.sohu.com/20120321/n338366649.shtml。

长趋势。由于不同时期概念定义的差异，表9.3中同时使用了互联网经济和互联网相关经济两个概念，2016年后统一使用互联网经济，不再使用互联网相关经济，2018年则完全改用数字经济这一概念。所以，具有可比性的GDP占比统计到2017年。仅看表9.3“互联网经济”这一列便可发现，互联网经济在2010年前并未被单独统计入国民经济总量中，2011年首次统计占比1%，以后逐年发展，最高达2.8%。如果算上互联网相关经济，则互联网对俄罗斯经济的驱动作用不容忽视。由此便不难理解，为何2018年后俄制定了宏大的《俄罗斯联邦数字经济国家规划》，全力促进互联网产业升级换代，并加强了国家治理的力度。

表9.3　俄罗斯互联网经济占GDP的比重（2009—2017）

年度	互联网经济（%）	互联网相关经济（%）
2009	—	1.6%
2010	—	1.9%
2011	1%	4.62%
2012	1.3%	6.9%
2013	1.6%	10%
2014	2.2%	8.5%
2015	2.3%	16%
2016	2.8%	19%
2017	2.42%①	—

本表根据《俄罗斯互联网年度报告》和波士顿咨询公司报告制作。2017年以后的统计年份使用“数字经济”这一概念，故不再进行比较。

需要说明的是，2009年和2010年的数据源于波士顿咨询公司，其他数据出自《俄罗斯互联网经济》年度报告，两者略有差异，但都能反映互联网经济及相关经济在国民经济中的比重逐年上升的趋

① 2009年和2010年的数据来源于波士顿咨询公司报告，它将石油天然气领域的网络经济也计入其中，与其他年份的计算不完全一致，数值更高。

势。与2010年相比，2016年发达国家增长了1.2个百分点，达到5.5%；发展中国家从3.6%上升到4.9%。2014—2022年间，在金融危机和地区政治、军事冲突不断加剧的8年里，俄罗斯实质上进入经济停滞期，互联网成为俄罗斯最积极的持续发展的行业，并处于欧洲领先地位，表现出用户数量最多、广告最活跃、企业规模最庞大、充满创新活力等特征，为俄罗斯社会的整体发展注入了新鲜血液。

2014年11月，普京出席俄互联网论坛时，首次明确了互联网经济对于俄罗斯国民经济的重要性，"互联网经济"这一概念因此于2015年首次作为单独章节被纳入《俄罗斯互联网年度报告》。但总统所说的互联网经济是一个广义的概念，在年度报告中被称为"互联网相关经济"。狭义的"互联网经济"主要指互联网内容、互联网营销与广告以及网络支付等。毋庸置疑，俄罗斯互联网经济后来居上，已经成为影响俄罗斯国家发展的关键驱动。正如俄罗斯通信部副部长所说，"网络'掉线'将会导致现实经济的'虚脱'"①。这就对国家治理水平提出了更高的要求。

二、数字经济的开启

2016年俄罗斯产业界开始谈及数字经济，并认真评估基于互联网技术提供的服务和交易的增值性。2017年4月20日，俄通信与大众传播部部长尼古拉耶·尼基伏罗夫在俄罗斯互联网大会上宣布：以当年总统的国情咨文为历史分水岭，俄政治意义上的数字化未来即将开启。② 根据总统国情咨文的要求，国家将成为数字经济基础

---

① Алексей Волин, "Вопросы безопасности и надежности интернета сейчас ключевые," (2014-04-07) [2016-10-01], https://www.iemag.ru/news/detail.php? ID=30705.

② К. Р. Казарян, *Интернет в России в 2016 году: Состояние, тенденции и перспективы развития*, Москва: Федеральное агентство по печати и массовым коммуникациям, 2017, стр. 7.

设施增长的最大投资者，企业和政府将实现内部移动化，以保障数字经济可持续增长。普京指定两位总统助理协调通信部、经济发展部、工业贸易部等部委和社会组织、国际专家开始制定相应的国家规划，细化数字经济内涵。

2018年5月，普京签发了第204号总统令《关于2024年前俄罗斯联邦发展的国家目标和战略任务》，明确了发展数字经济的战略要求，并授权联邦权力机关正式制定《俄罗斯联邦数字经济国家规划》及具体国家项目。当年，根据时任总理梅德韦杰夫的建议，普京总统发布命令，将原通信与大众传播部更名为“数字发展、通信与大众传播部”，强调国家对数字化发展的重视。2019年6月，经总统战略发展与国家工程委员会主席团会议批准，首批《俄罗斯联邦数字经济》国家规划五大国家工程正式启动，它们是“规范治理数字环境国家工程”“数字经济人才国家工程”“信息基础设施国家工程”“数字技术国家工程”“数字国家管理国家工程”，后来又根据总统授权增加了“法制建设国家工程”。

根据国家规定，联邦政府每年应该在总统战略发展与国家工程委员会主席团会议上向总统汇报“数字经济国家规划”具体工程执行的情况。2019年12月，俄副总理马克西姆·阿基莫夫（Максим Акимов）代表联邦政府首次向普京总统汇报时列举了以下主要指标：（1）2019年数字经济对GDP的贡献提升了15%，超过了既定的2.2%的目标；（2）俄罗斯的移动通信渗透率已经超过90%，智能手机用户数居世界第五位，互联网网民升至9600万人，移动用户达到8500万人；（3）数字支付、在线贸易和共享汽车的国产市场进入世界增长最快的国家行列。① 研究报告的内容构成发现，2019年

① “Максим Акимов: вклад интернет-экономики в ВВП России вырос на 15%,”(2019-12-17)[2020-06-09], https://digital.ac.gov.ru/news/4125/.

后俄发展数字经济的主要方向与本书研究的互联网治理客体完全吻合。从指标选择和报告的五大组成（数字基础设施、人才、技术、国家管理和法制建设）看，未来一段时间内俄罗斯数字经济发展的变量与本书构建的互联网治理变量较为吻合。值得注意的是，在“数字经济”话语环境中，人才的重要性开始得到俄联邦政府前所未有的重视，该变量或许会对未来的俄罗斯互联网治理趋势产生不可低估的影响，需要在未来研究中特别关注。

最新的一项统计进一步证明了俄加大对高科技人才培养的必要性。据俄罗斯国家统计局报告，2018 年俄罗斯高科技产值首次未完成总统确定的长期经济发展目标，其占国民经济总产值的比例回到 2015 年的水平（21.3%）。[①] 这份统计数据还暗示，俄罗斯发展高科技产业面临的挑战相当严峻，这将不可避免地传导到互联网产业。

未来，国家对数字经济的高度重视和持续加大投入能否化解俄罗斯互联网“发展—管理”关系中的危机，尚难逆料。但国家以关键投资主体的身份进入基础设施市场，全方位促进数字经济发展，无疑会对俄互联网发展与管理的内外部环境产生影响，并与国家安全变量共同作用于治理模式的选择。

第三节 治理模式转向

在本书构建的互联网“发展—管理—治理”研究模型中，PEST 作为外部变量始终在发挥作用。当俄罗斯互联网“发展—管理”关系进入“危机型”阶段后，社会（S）和技术（T）成为一种常量，

① Владимир Бахур, “Экономика Рунета за год выросла на 20% до 4, 7 трлн рублей,”（2019-12-17）［2020-03-10］, https：//cnews. ru/news/top/2019-12-17_ekonomika_runeta_za_god_vyrosla.

而政治（P）和经济（E）则演变为突变量，并可能导致互联网治理模式转向。但究竟会如何转向，存在许多不确定性。其中，国家总统的治理原则、互联网行业参与治理的立场尤为重要。

一、普京的治理原则

郎劲松、邓文卿、侯月娟等多位中国学者在研究俄罗斯的传媒制度时，都曾强调“政治人物”在传媒制度变迁中的“主导作用”。本研究也发现，叶利钦、普京、梅德韦杰夫等不同个性的总统曾对俄互联网发展和管理产生显著影响。其中，普京是近20年来俄罗斯最具影响力的政治人物，曾经8次被评为美国《时代》周刊年度人物，对俄互联网治理的方向具有决定性影响。

2013年12月3日，普京在会见法律专业大学生时明确表示，他反对在互联网领域实施过分的限制，认为在限制互联网问题上奉行“抓和禁”的指导思想是不可取的，“这是最简单的也是最有害的方法”①。2014年10月1日，俄罗斯联邦安全会议讨论保护网络免遭外来威胁时，普京指出，“重要的是保证俄罗斯互联网的稳定与安全。我想强调，国家无意限制入网，无意将其置于完全控制下，无意实现互联网国家化”②。他表示，国家不打算限制信息领域内个人、社会组织及企业的合法利益和能力，但俄罗斯将和其他许多国家一样，采取措施保护本国公民免遭网络威胁。普京的上述讲话，代表着俄互联网国家治理的态度与立场，也成为俄互联网治理实践的遵循。

① “Путин против слишком больших ограничений в интернете,” (2013-12-03) [2013-12-10], http://tass.ru/obschestvo/807631.

② “Вступительное слово на заседании Совета Безопасности по вопросам противодействия угрозам национальной безопасности в информационной сфере,” (2014-10-01) [2014-10-01], http://kremlin.ru/news/46709.

普京所说的“稳定”与“安全”是互联网“发展—管理”关系的应然结果，但由于诸多外部因素的干扰，“不稳定”和“不安全”的意外事件持续发生，故需通过“国家治理”加以调节，努力使稳定和安全成为实然。从普京对互联网的态度看，国际社会热议的俄罗斯互联网“封锁”“独立”“断网”等似乎并非国家领导层的本意，也不符合当前俄罗斯国家发展战略。因此，可以肯定，俄罗斯不会轻易选择“隔离”路径，而会在限制、禁止与激励等方面寻找结合点。

二、产业立场的变化

研究表明，最近十年来，俄罗斯互联网的立法思路受外部因素影响比较明显。特别是从 2014—2015 立法年度开始，大量立法倡议着力消解外部压力，而非解决互联网发展与管理的内部问题。此时，复杂的地缘政治形势、美俄相互制裁、维护俄罗斯数字主权、减少信息技术领域对西方的依赖等外部因素不断投射到互联网立法治理进程中。对此，俄罗斯电子传播协会会长谢尔盖曾经提出，俄罗斯立法治理需要由“限制—禁止”模式向“保护—限制”模式转向。在他看来，2015 年 3 月根据总统普京授权，成立非营利组织互联网发展研究所，预示着国家加强与互联网行业协调的重要趋势。

2016 年后出现的立法新现象，正在影响产业界对立法的态度。首先，互联网立法数量持续增加。其次，通过多年的观察，产业界发现既有法律并未像最初通过时那样可怕，有时完全停留在纸面，因此他们开始理解立法者的意图，对立法倡议的态度趋向稳定，开始以建设性的心态面对立法。再次，立法层面和执法层面相继出台大量参考规范或者制订实施方案，以弥补既有法律技术和规则的不足，消除产业界对法律条文的担忧。在此过程中，立法者明确希望产业代表贡献经验，参与拟制下位法和相关操作指南。最后，2016

年后出现了一些具有强烈游说色彩的法律草案，引起了互联网产业专家的关注。此类法案并非立足于国家利益，而是基于某些市场主体的商业利益。该现象提醒产业界专家，需要更加主动地关注立法，争夺立法话语权。

2019 年，俄罗斯电子传播协会调查表明，互联网专业人士对相关法律的评价持“完全否定”态度的比例创历史最低，首次降为 13%，正面评价也达到最近三年新高（21%）。[①] 这表明，最近三年，俄罗斯互联网的立法思路正在悄悄转向，与产业界的对话取得了有益进展。产业界也准备与国家合作，从消极的立法倡议旁观者逐步转向该领域法制基础的共建者或完善者，成为国家强大的伙伴。他们已经开始建议立法“转向”，希望采用“创新—刺激”新范式来治理数字经济。

面对错综复杂的互联网“发展—管理”关系，俄立法机构、权力执行机关和互联网行业都在不断调整自己的角色定位，不断激活多元主体间协商、对话的机制，探索互联网综合治理和系统治理路径，朝着“善治”的方向努力。但究竟是从“限制—禁止”模式向“保护—限制”模式转向，还是直接转向“创新—刺激”模式，抑或有其他的创新模式，尚无定论。

三、发展的四种脚本

2012—2013 年俄罗斯《互联网经济》年度报告提出了 2020 年前俄罗斯互联网发展的四种脚本：保守脚本（消极）、创新脚本（积极）、稳定增长脚本（积极）和危机脚本（消极）。在不同脚本

---

① Владимир Бахур, “Экономика Рунета за год выросла на 20% до 4, 7 трлн рублей,” (2019-12-17) [2020-03-21], https://cnews.ru/news/top/2019-12-17_ekonomika_runeta_za_god_vyrosla.

中，互联网发展与管理的变量表现各异，国家角色和国家治理的目标与手段也有所区别。2012—2022年的实践表明，并没有某一种脚本完全符合俄罗斯互联网发展与管理之需，更多时候俄表现出多脚本综合作用的生态。

（一）保守脚本

在实施保守脚本的过程中，国家不会实施刺激实业的措施，即使刺激，也无法取得效果。在整体经济下滑的情况下，基础设施将逐步垄断化，内容和服务市场会出现电信公司独占现象。传统的营销手段仍然有效，但会出现客户流向外国公司和“境外店”管辖现象。国家作为治理者进入市场，其他市场主体作用最小化，将出现中长期国家政策和规划，国家更加支持大型企业。专家们预测，如执行“保守脚本”，2018年前互联网经济总量年均增长率为10%。

（二）创新脚本

如果实施创新脚本，随着实业环境的改善和经济形势向好，更多的公司和企业将成为互联网用户。国家将通过一系列举措，刺激非现金支付和国内市场发展，恢复不干预互联网治理的政策。国家将吸纳专家和互联网科学活动家、国际分析机构参与互联网发展规划，全面促进俄罗斯联邦和地区互联网竞争力和经济效益的提高。此时，一方面，国家积极参与市场活动，成为一个大型玩家；另一方面，通过软化治理，在通过政策和管理刺激服务增加和多样性的同时，鼓励以市场经济为基础上建设自有的互联网经济基础设施，提高经济基础设施使用的透明度。据此，互联网经济总量2018年前年均增长率为35%—40%。

（三）稳定增长脚本

如果实施稳定增长脚本，则与2012年相比，国际互联网治理的情况没有重大改变：市场主体聚合趋势会强化，司法系统对于创新发展和商业模式的影响会加强；在经济增速不高的背景下，电子商务和广告细分市场仍然可以有一定增长；“云市场”的发展放慢；最具吸引力的投资方向是发展中国家的互联网产业（主要是亚洲）。具体到俄罗斯，在此脚本中，国家治理互联网产业的政策与2012年相比没有改变，互联网领域的立法慢慢冻结；互联网渗透率基本指标变化维持现状；市场主体的整合趋势加强；国家成为市场上大型的采购商，但是使用国家采购的路径和机制仍然不透明，市场份额和经济效益都需要进一步提升。在此情况下，俄罗斯互联网经济总量年均增长率为15%—20%。

（四）危机脚本

专家们认为，只有在某些缓慢进程不断强化的条件下才会实施危机脚本，这些进程将会对互联网产业及其治理产生影响。实施危机脚本的标志包括：其一，出现与美国经济危机相关的挑战。一些大型的国家级互联网细分市场有意弱化美国和美国互联网公司对互联网的影响。其二，全球范围内控制国家域名的趋势加强，包括通过新的立法和国际组织两种路径。其三，电子通信与互联网公司（服务和内容公司）之间因为流量、OTA服务和网络中立性等发生的冲突加剧。在冲突中，国家站在电信公司一边，导致一些国家的基础设施的战略地位得到提升，出现国家市场垄断化。其四，移动接入服务和一般宽带增长速度下降，入网费用变贵。其五，国际社会迫于媒介集团压力通过一系列国际治理措施，加强互联网领域知识产权治理响应机制（在ACTA-TPP-TAFTA协议下）。其六，推行新的隐私和个人数据保护措施，投资吸引力、互联网新的广告模式和跨境云服务的效益都在急剧下降。其七，互联网公司被从支付和金融领域挤出。在此情况下，互联网经济增长只能在某些细分市场出现，创新水平大幅下降。一旦危机脚本真正上演，2018年前互联网经济总量年增长率为3%—6%。

从2020年前6年的实际看，由于强大的地缘政治因素的干扰，俄罗斯互联网发展呈现出保守和危机两种趋势，形成了国家加强对基础设施的控制、立法保护知识产权、国家直接参与互联网治理等特点。但上述特点并非俄罗斯互联网市场独有，在许多国家皆有所体现，某种程度上反映了世界互联网治理的趋势。同时，俄罗斯互联网市场中仍然存在一些积极因素。比如，2015年广告市场投放量和预算停止下降；互联网领域投资总量急剧减少，但初始阶段的创业投资在增加；电子商务恢复迹象明显；IT软件产业率先走出危机，达到危机前的水平；等等。正因为如此，俄罗斯互联网经济总量仍然保持着8%—10%的年增长率，高于预测的危机增长率，低于保守增长率。2014年后俄罗斯互联网的发展虽然不属于创新和稳定增长模式，但又表现出部分创新和稳定增长的特征，如国家通过制定《俄罗斯联邦数字经济国家规划》，加速进军互联网市场，成为重要的市场玩家等。出现上述情况的根本原因在于，当前影响俄罗斯互联网发展与管理的主要是外部因素，不确定性过多，难以按照正常的市场规律予以考察。

对于2011—2019年间俄罗斯互联网行业的发展，俄罗斯学者曾经有过更为详细的分段。他们将2011—2014年这段时间称为俄罗斯互联网发展创新阶段。在此阶段，市场完全形成，每年以50%的增长率在快速发展。2014—2015年属于负增长阶段。受整个经济危机影响，互联网市场增速急剧放缓。2016—2019年间，俄互联网市场开始恢复，并转向稳健型增长，平均年增长15%—20%。[①] 2020年

① К. Р. Казарян, *Интернет в России в 2019 году: Состояние, тенденции и перспективы развития*, Москва: Федеральное агентство по печати и массовым коммуникациям, 2020, стр. 113.

后则属于危机阶段，何时结束，俄罗斯学者也留下了一个问号。2022年开始的俄乌军事冲突使这个问号变得更大。

四、治理模式的选择

受地缘政治等外部因素影响，2014年后，俄罗斯互联网治理逐步偏离“保护—限制”治理模式，转向了“限制—禁止”模式。这意味着，原来被允许的行为此后开始受到限制，原来有条件允许的行为现在可能被完全禁止，互联网空间的自由度和创新创业受到影响。更多基于安全因素考虑的治理举措与俄罗斯正在倡导的“互联网+”经济发展思路并不吻合，无法适应数字经济发展之需，长此以往会导致治理失衡，远离“善治”的目标。

随着《俄罗斯联邦数字经济国家规划》的推进，俄罗斯开始在安全与发展之间寻求平衡，不断调整治理模式。国家治理主体已经注意到治理模式中存在的令人不安的倾向。早在2015年，普京总统在与互联网界对话后便已授权互联网发展研究所与当时的通信部、经济发展部等共同起草《俄罗斯互联网中长期发展规划》（后来为《俄罗斯联邦数字经济国家规划》），提出一系列刺激互联网经济发展的措施。此类措施是在广泛调查的基础上，通过行业内和跨领域的专家评估后形成的，去除了一些理论色彩较浓且在当时条件下未必能实施的建议，具有较强的可操作性。比如，扩大投资纳税赤字概念的外延；对处于种子投资阶段的投资人实施税收优惠/减免；对IT领域俄罗斯联邦非本地人通过远程合作方式参与的交易税率进行改革；将税收优惠制度扩大到所有形式的软件和服务销售领域；推动立法明确所有的知识产权利润适用5%的税率；推动建立软件和IT服务商税收返还体系；等等。此类政策的针对性明显加强，具有较强的“刺激”特征。2017年后，俄罗斯互联网产业界提出了适应数字经济治理的新范式——“创新—刺激”模式。对此，产业专家充满期盼，并准备与国家合作，改变对立法治理的消极观望态度，成为互联网产业立法的共同倡议者或优化者，做国家依法治理互联网的强大伙伴。从普京总统对互联网治理的态度，以及影响俄互联网发展趋势的国家安全与数字经济两大变量的属性看，经过多年的治理探索，俄应该更有条件也更有动力向鼓励创新的方向转型。

究竟如何在保护、限制、禁止、创新、刺激等选项中进行组合，形成适合俄罗斯未来互联网治理的模式，将由俄罗斯互联网“发展—管理”关系决定。但地缘政治危机是当前的主要自变量，它已影响到互联网发展的整个产业链。俄互联网产业专家普遍认为，危机对互联网发展的影响是渐进式增加的，约 30%的专家认为难以回答何时实现危机转向，40%的专家无法对何时能够恢复到危机前的经济发展速度给予回答，30%的专家认为，2017 年可能是复苏年。[①] 但 2017 年美国大选后，美俄之间因为所谓的“通俄门”事件关系更加紧张，2018 年美俄首脑成功举行闭门会谈的成果却在实施过程中被肢解得支离破碎。2022 年 2 月，俄罗斯总统普京签署文件，正式承认乌克兰东部的“顿涅茨克人民共和国”和“卢甘斯克人民共和国”独立，以及随后发动的特别军事行动，使得本已严峻的俄罗斯与西方国家的关系更加紧张，并已直接传导到俄罗斯互联网市场。许多国际通信公司、设备制造商、网络服务商等撤离俄罗斯市场，或中止对俄提供服务，对俄罗斯互联网基础设施的正常维护和更新构成威胁。而且，美国和西方国家的制裁既影响了西方 IT 人才在俄罗斯发展，也导致部分俄罗斯本国互联网人才外

① К. Р. Казарян, *Интернет в России в 2015 году: Состояние, тенденции и перспективы развития*, Москва: Федеральное агентство по печати и массовым коммуникациям, 2016, стр. 52.

流。俄罗斯互联网发展与管理面临的地缘政治环境更加复杂，其国家治理的内外部条件正发生重大变化。

从目前形势来看，俄已经做好了长期处于危机型互联网“发展—管理”关系阶段的准备。正是在与美国等西方国家的制裁与反制裁的反复较量中，俄越发清楚地意识到自身发展面临的挑战，包括其在互联网功能完整性、稳定性和安全性方面面对的威胁。因此，素来重视民意和个人形象的普京不顾舆论的强烈反对，于 2019 年执意签署了褒贬不一的“俄罗斯互联网主权法”，不惜代价，建立了一个备份互联网运营体系来保障遭遇外部“断网”危机时，俄罗斯国内互联网能够正常运营，避免陷入国内动荡。毕竟，互联网已经成为俄罗斯人生活中的一部分，俄罗斯人民和政府均无法承受失去互联网的后果。

第十章　借鉴与合作

互联网自1969年出现至今已逾半个世纪，其摘下军事通信工具的神秘面纱转向商用亦已30载，对人类生活的影响早已超越信息传播的单一层面，而是渗入社会各领域各阶层，并开始解构传统的国家、社会和家庭关系，挑战成熟的国家主权、文化和思想道德观，曾经行之有效的社会、经济和政治管理理论面临解释乏力之困，亟须向治理理论转型，并进行理论与实践创新。在此背景下，研究不同国家和地区的互联网治理实践具有重要的现实意义。

俄罗斯互联网并非其作为现代主权国家成立后的新生事物，而是拥有特殊的“史前史”，且早在俄罗斯联邦诞生之前便意外地与政治结缘，成为俄第一任总统叶利钦成功突破信息封锁走向世界政治舞台中心的重要推手。作为苏联政治、军事和经济的法定继承者，俄罗斯早在美苏冷战时期的军备竞赛中就对基于计算机的军事通信进行了研究和跟踪，并于1990年现代互联网商用之门洞开之际借道芬兰赫尔辛基大学接入了世界互联网，成为最早拥有顶级国家域名的国家之一，此举甚至曾被西方舆论指责为“克格勃”对互联网的入侵。其最初申请加入世界互联网的历史遭遇与中国颇为相似。当前，世界各国的互联网治理面对的相似问题和共同挑战，与俄罗斯独特的历史和复杂的地缘政治相结合，构成了一个“不一样的”互联网国家治理样本，其治理实践对其他国家和地区的互联网治理具有一定的借鉴意义。中俄两国间高度的政治互信，两国元首对于构建网络空间命运共同体的高度认同，为深化新时代两国间互联网治理合作奠定了坚实的基础。

第一节　俄罗斯互联网治理的借鉴性

2022 年 7 月 12 日，中国国家主席习近平向世界互联网大会国际组织成立致贺信时指出，网络空间关乎人类命运，网络空间未来应由世界各国共同开创。中国愿同国际社会一道，以此为重要契机，推动更加公平合理、更开放包容、安全稳定、富有生机活力的网络空间，让互联网更好造福世界各国人民。[①] 加强世界各国互联网治理理论与实践的研究和交流，增进各国互联网实业界和理论界之间的理解，是促进世界各国共同开创网络空间未来的有效路径。本书研究发现，俄罗斯网民强烈的好奇心、未成年网民的冒险精神等增强了该国互联网治理的特殊性，同时，俄罗斯互联网治理又面临全球的普遍性挑战，如网络攻击、黑客、网民免费使用习惯、对网络言论自由的敏感性、多元主体利益诉求冲突等，共同的治理问题和需求决定了国家间互联网治理的互鉴性。

一、构建对话机制，迎接治理挑战

俄罗斯的互联网治理实践逐步形成了立法、行政和技术三种治

① 《网络空间未来应由世界各国共同开创》，《北京青年报》2022 年 7 月 13 日，第 A3 版。

理路径。其中，法律制度构建事关全局，它主要解决治理的合法性问题。在俄罗斯不断加速互联网治理立法的进程中，存在立法质量参差不齐的问题。比立法质量更让人担忧的是立法获得社会认同难，不同利益主体间利益平衡难。即使是俄议会没有投出一张反对票的“黑名单”制度，在实践中也成为遭遇批评与质疑最多的法律；符合法律和道义的网络反盗版立法更是一波三折，尚未正式生效便经历了两次修订。因此，俄罗斯立法治理面临的最大挑战是提升立法水平和行业参与度。

但俄罗斯秉承开放务实的立法态度，通常能够很快通过修订法律弥补立法质量不足，弥合立法造成的社会裂隙，并在治理实践中逐步形成纠正机制和多主体对话机制，这些为俄罗斯互联网治理提供了不可或缺的救济措施。其中，除国家机构外，公民或社会组织可以通过征集签名的方式提交立法倡议，这一做法在多次立法和法律修订的实践中发挥了建设性作用。总统、立法机关、权力执行机关与互联网产业界和专家的对话机制也在不断完善，它们都有助于通过细化执法条例来弥补法律条文表述不清晰或概念不明确的缺陷，更好地平衡不同主体间的利益关系。因此，俄罗斯互联网治理尽管始终面临多种挑战，但由于存在纠正和对话机制，其立法治理进程并未放慢。

行政治理直接作用于互联网实业界，其治理动机、水平和目标最受舆论关注，俄社会的批评主要针对的是权力执行机关的治理能力不足和治理的主观性问题，这也是俄罗斯行政治理普遍存在的短板。对此，俄正尝试更多地采用技术手段予以弥补，以便减少主观性执法行为，提高执法的透明度等。以“黑名单”为例。经过不断磨合，不同利益主体间已经逐步形成较为畅通的信息传播机制。大众传播督察局一旦发现有害信息，将通知通信运营商，并经由运营商向下游传达。通常被治理对象能够知道“有害信息”的具体所指，涉事的任何一方都有机会自我判断如何处理。除总检察长做出查封反极端主义传播平台的决定外，一般而言，通信运营商、内容生产者和传播者如果不认同行政执法部门的意见，可以向法院提出异议。此外，违法的具体内容被删除后，网页能够自动恢复或经过申请后恢复正常运营。执法的相对透明和适度的对话空间有利于凝聚国家治理共识。

二、适应立法治理趋势，抢占话语先机

对于国家信息主权理论的理解差异，直接导致了关于互联网治理的合法性和路径选择的争论。实践中，美国、中国、俄罗斯和欧洲等世界互联网重量级主体之间存在着明显的治理分歧，涉及治理主体、客体、手段等多个层面。俄罗斯的治理实践证明，弥合不同主体关于治理路径的分歧，立法（包括修法、释法等）当属优先选择。

在相当长一段时间内，俄罗斯治理互联网主要依靠《通信法》《大众传媒法》和《信息、信息技术和信息保护法》三部基础性法律。它们在2012年前主要发挥着促进互联网普及、提高互联网应用水平、改善通信基础设施的制度功能。随着互联网发展与管理中新问题的不断出现，现有法律条文面临不适，俄罗斯立法机构加速立法，在短时间内出台了大量法规。相对而言，修订旧法更能适应互联网日新月异的发展，更能及时发挥法律效应，保障治理行为有法可依。由此，俄罗斯正从一个消极的立法跟随者，走上积极的互联网立法探索之路。

研究其立法构成发现，俄罗斯以欧洲法律倡议为范本，以法院判决为借鉴，同时坚持自我价值观。总统互联网发展顾问格尔

曼·克里门科曾强调，“我们所有的法律都是自己的”[①]。“俄罗斯互联网主权法”的出台已经证明，俄罗斯的立法路径，既非中国式，亦非完全是欧盟翻版，而是颇具俄罗斯风格。

正如有学者所指出的，互联网立法一出台便已过时。这说明互联网技术变化太快，立法者和治理者的自我调整速度无法与之匹配。因此，如果不能在立法上有所创新，仍然遵循传统的立法思路，谨慎而缓慢地推进，期待制定一部成熟的法律，那么可能会在世界互联网治理中落伍。俄罗斯一改过去的立法追随者立场，开启了更加激进的立法进程，客观上正在抢占国际互联网空间的立法话语权。毕竟，国际互联网空间存在大量的法律空白，先行国家的法律往往容易成为标准或参照系。因此，在全球互联网治理中，做立法的引领者还是跟随者，是一个值得思考的问题。

三、融合两个信息世界，实行“全流域”管理

西方有学者曾经指出，俄罗斯存在两个信息世界，一个由电视所构建，另一个由互联网打造。这反映了 2008 年前俄罗斯对待“未成年的”俄罗斯互联网的宽容与对传统媒体的严格。但在 2012 年普京第三个总统任期开启后，国家加强了信息一体化管理，所谓的“两个信息世界”开始融合。

实际上，普京早在第一个总统任期内，已通过修订《大众传媒法》将互联网纳入管制范围。但是否申请为大众传媒由互联网企业自行决定，仍然有大量的商业网站置身于《大众传媒法》适用范围之外。社交媒体的兴起是真正引发国家重视互联网信息空间管理的

---

① “Жесткого регулирования интернета по китайскому образцу в России пока не планируется,”(2016-02-03)[2016-05-14], http://mirror715. graniru. info/Internet/m. 248299. html.

因素。俄罗斯将互联网视作信息资源，与大众传媒、通信等实施一体化管理，有助于对信息生产和传播的上下游实行“全流域”管理，减少多头管理可能导致的无序化与低效重复，实现管理集约化。

俄罗斯信息一体化管理类似于“大部制”，是一个不断丰富与完善的概念。经过多次机构改革，俄罗斯最终组建了数字发展部，将数字经济、大众传媒、通信、信息技术、互联网等统一管理，统筹所有与电子通信和大众传播相关的内容生产与传播、技术开发与管理、国家信息化与数字化各项工作的协调，维护管理的一致性，提高综合治理效率。比如，网络“黑名单”管理涉及通信运营商、网络供应商、网络内容监控等多个环节，统一由大众传播督察局负责，实行部内协调解决问题的效率远高于部际协调。本质上，俄罗斯“信息一体化”管理与美国的“战略传播”理念相通，后者将政府、国防、议会等所有事关国家安全的信息资源进行整合和统一管理，两者都可被称为信息的“全流域”管理。

四、以共性问题凝聚治理共识

互联网国家治理千头万绪，究竟该从何入手？眉毛胡子一把抓，容易陷入混乱与平庸，并可能偏离国家治理的“问题导向”原则和“善治”目标。

俄罗斯选择从儿童保护和反恐两大主题入手治理互联网内容，正是为了最大限度地减少治理阻力，凝聚治理共识。在此基础上，国家逐步将治理目标具体化或进一步延伸至与儿童色情、自杀、毒品、恐怖主义、极端主义和分裂主义相关的信息传播行为。尽管西方国家对俄罗斯互联网治理的举措多有指责，但它们主要指责其执法的公平性和合理性，鲜有对其治理客体提出异议者。对执法水平的高低的评价本身是具有较大弹性，且见仁见智，它并不否定治理的必要性。面对复杂多样的治理客体，保持与世界趋势同步，从共性问题着手更易获得社会认同。

五、信息主权主张与“去美国化”探索

互联网本质上属于开放平台，网络中立的理想令人向往。但俄罗斯互联网的治理过程中充满明显的“去美国化”倾向。表面上，该倾向与经济全球化原则相悖。实际上，它反映了特定国家的信息主权需求。实现信息主权的前提是掌握信息控制权，技术则是实现信息控制权的关键保障。由于互联网的核心技术大多掌握在以美国为首的西方发达国家的少数企业手中，发展中国家尽管网民数量不断赶超发达国家，并成为网络应用大国，但不掌握核心技术的网络大国会时刻面临被控制的威胁。绝大部分发展中国家不掌握关键技术，只能将国际垄断公司的互联网技术简单地本土化，缺乏技术主动权。

俄罗斯在多年的制裁与反制裁的国际斗争中已经深切感受到互联网软件和硬件受制于人的痛苦。因此，俄不断加强“进口替代”政策；增加财政资金对数字经济人才培养的直接资助；国家作为重要的投资主体进入基础设施建设市场；制定严格的保护网络关键基础设施功能正常与完整性的“俄罗斯互联网主权法”，宣示国家主权。所谓“去美国化”，本质上是去除美国等发达国家对互联网技术的绝对控制地位，具体措施不仅包括实施“软件清单”和“进口替代”政策，而且包括加强国际合作，限制美国对互联网的绝对控制权，如推动 ICANN 管理权的转移等。但“去美国化”和“网络中立”同样属于听起来很美妙，但真正实施起来困难重重的设想。实现全球互联网空间的安全与稳定，需要国际社会共同努力，探寻有效的多边治理机制，这也是俄罗斯参加国际信息合作的重要目标。

第二节 中俄共建网络空间命运共同体

中国是世界互联网空间治理的重要成员，网民数量长期高居世界第一位，网络企业发展迅速，“互联网+”取得了辉煌的成绩，同时也面临严峻的治理挑战。中俄作为友好邻邦，两国的网络空间治理存在诸多相似性和共同点，彼此借鉴有利于共同构建网络空间命运共同体。

一、以俄为鉴坚定中国治理路径选择

除了前述五点对全球互联网治理的借鉴外，俄罗斯互联网国家治理实践从三个方面坚定了中国互联网治理的决心，为走中国特色的网络治理道路提供了借鉴。

（一）完善网络空间主权理论，立法保障网络自主与安全

中俄两国对网络安全、网络主权等重大问题的认识和判断高度接近，俄罗斯互联网面临的威胁值得中国警惕，其通过界定“国际互联网俄罗斯分支”（RUNET）的概念明确网络空间主权管辖范围的理论探索，及其通过立法和技术等手段行使网络空间国家主权的尝试，值得借鉴。

1. 加强主权理论研究，实现网络空间主权概念的可操作化

作为较早主张网络主权的大国，中国始终强调，正是主权国家对网络基础设施的大规模投入，才奠定了互联网发展的基础，但理论上，互联网主权与信息空间主权和网络主权等概念的外延与内涵有所区别，它们能否以及如何有机融入现代国家主权仍存争论。我们面临着如何界定网络空间主权管辖边界的挑战，亟须思考如何构建中国关于互联网主权的理论体系。

面对国际社会对国家主权在互联网空间的“边界”莫衷一是的现象，俄罗斯通过立法将互联网空间主权与领土空间有机映射，围绕俄罗斯联邦境内的互联网基础设施（通信线路、域名、跨境网络数据交换路由等）和网络内容资源，具体划定一个虚拟与现实相结合的数字边界，提高了网络空间主权概念的可操作性。我国互联网研究者应该在广泛借鉴包括俄罗斯在内的世界各国经验的同时，立足中国实际，寻求理论突破。

2. 基于构建网络空间命运共同体理念，加强立法的国际协调

立法治理互联网是全球互联网发展与管理的重要趋势，各国依据自己的国情制定相关法律，可以提升其国家治理的合法性和法治化，减少行政治理的主观性。我国《网络安全法》为网络治理提供了根本保障，立法机关正在抓紧制定更多的下位法或专门法，对《网络安全法》相关条款进行细化，如加速推进个人信息保护的立法工作、细化关键基础设施安全保障等。在立法过程中，我们既要充分考虑中国国情，也需要立足构建网络空间命运共同体的重大理念，加强与世界各国互联网立法者的对话，通过签订双边或多边国际条约或协议等方式，加强网络空间全球治理的可协调性，因为互联网空间的执法更需要国际合作。

3. 促进 IT 技术自主化，加速进口替代

“俄罗斯互联网主权法”的一个核心目标是减少对国外软硬件的依赖，探索互联网“去美国化”的路径。为此，俄罗斯采取了大量举措，加强对通信基础设施的控制权，加速 IT 软件和设备的进口替代进程。我们需要客观评价俄罗斯进口替代政策的得失，以邻为鉴，在统筹国内外两个市场的需求与变化时，通过完善国家采购办法，适当明确国家机关和国有企业使用国产网络技术与设备的义务，增加国家财政对国产技术研发的支持，加速关键技术的进口替代进程。

（二）坚持依法治网，加快立法步伐

俄罗斯立法治理互联网的实践再次让中国坚定了依法治网的战略选择。作为中国全面依法治国方略的重要客体，互联网领域需要转变以行政治理手段为主的思路，加快立法，开门立法，扩大立法主体范围，鼓励公众参与立法，以适应不断变化的网络空间的需要。

目前，以《网络安全法》为核心，中国互联网治理的立法力度不断加大，但总体数量不足，现行法律法规层级较低，大部分属于部门规章，有的甚至停留在“约法三章”和“君子协定”的自律层面。与俄罗斯频繁修订法律的做法不同，中国的互联网立法总体上比较谨慎。对此，中国的立法机构或许可适当借鉴俄罗斯的实践，既大胆立法，又勇于修法，以适应信息社会发展之需。

开门立法既可以增强法律的可行性，也能丰富法律内容，拓展法律草案的供给渠道，加速立法进程。创造条件让更多主体成为立法草案的倡议者，加快立法速度，借鉴俄罗斯边立边改的互联网立法思路，或将有助于中国在国际互联网治理中赢得话语先机。中国作为国际互联网用户最多的国家，完全有可能成为立法治理的先行先试者，先行先试者则有望成为新的标准制定者，避免跟随者的被动。

（三）坚持信息空间统筹管理，加速媒体融合发展

2014年以习近平总书记为组长的中央网络安全和信息化领导小组的成立，体现了中国共产党和中央政府保障网络安全、维护国家利益、推动信息化发展的决心，开启了中国统筹线上线下、传统媒体与新兴媒体共同发展的历程。此后，国家进一步调整了中共中央网络安全和信息化委员会办公室的职能，对通信和新闻出版管理机构进行了多次改革，希望能在确保信息安全的前提下，最大限度地发挥市场积极性，加快实现互联网强国梦。

目前，中国大众传媒、互联网、通信运营、信息技术生产多头管理、各自为政的行政管理格局有所改善，行政协调能力和行政管理效率获得提升，但宣传部门与行政部门的分工仍存在职责交叉或模糊不清的问题，行政部门之间条块分割的现状与信息空间综合发展的需求仍有距离，长期存在的“九龙治水”和政出多门等现象尚未得到根本改善。俄罗斯面临的互联网治理挑战已经证明习近平总书记关于“没有网络安全就没有国家安全，没有信息化就没有现代化”[①] 的重大判断的正确性。因此，中国应该坚定不移地加强网络信息安全管理，加速推进传统媒体与新型媒体之间的内容、管理、技术、平台、渠道的全方位融合，探索中国式的大众传播、信息化与信息安全的“全流域”管理路径。

（四）坚持信息公开透明，发挥多主体积极性

俄罗斯的互联网法律治理行为受到国内外质疑，既与其立法水平、立法质量相关，又关涉行政执法能力，值得中国互联网治理者深思。2019 年，中共十九届四中全会明确提出实现国家治理能力现代化“三步走”目标，互联网治理能力同样需要实现现代化。在此进程中，可以借鉴俄罗斯的经验教训，高度重视行政执法的信息公开透明，发挥多主体参与治理的积极性。网络空间治理需要依靠全体网民和互联网企业的共同努力方能实现“善治”的目标，为此应创造条件，明确告知社会禁止什么、为什么禁止、如何禁止等基本信息，尽量避免使用模糊或笼统的理由实施管理。同时，要建立对话机制和申诉机制，给予当事企业和个人以听证或通过法院起诉的机会，为不同利益主体提供充分表达意见的救济路径，进而通过治理实践和社会对话，促进互联网治理的社会共识形成，增强企业和

① 《中央网络安全和信息化领导小组第一次会议召开》，（2014-02-27）[2014-04-27]，http：//www.gov.cn/xinwen/2014-02/27/content_2625112.htm.

个人在互联网治理中的主动性。

无疑，中国的互联网治理有自己的成功之处和独特之处，无须也不可能简单复制俄罗斯模式，但借鉴俄罗斯治理的得失，可以坚定我们依法治理、统筹协调和全面管理的路径选择，警惕互联网治理实践中可能出现的偏差。

二、发挥政治优势深化中俄务实合作

中俄互联网治理合作是习近平构建网络空间命运共同体的重要实践，是两国发展新时代全面战略协作伙伴关系在网络空间的生动体现，对构建全球互联网治理体系具有重要的示范意义。它由两国元首共同推动实施，正处于向“深化务实合作”升级的重要战略机遇期。中俄两国的互联网组织和治理者，应充分发挥两国战略协作伙伴关系的政治优势，推动两国网络空间治理的合作更加深入，更加务实。

（一）中俄深化务实合作的提出

2018 年 11 月 7 日，习近平主席致信第五次世界互联网大会指出，“世界各国虽然国情不同、互联网发展阶段不同、面临的现实挑战不同，但推动数字经济发展的愿望相同、应对网络安全挑战的利益相同、加强网络空间治理的需求相同”。为此，习近平主席呼吁世界各国应该“深化务实合作，以共进为动力、以共赢为目标，走出一条互信共治之路，让网络空间命运共同体更具活力”①。中俄两国有条件率先探索一条以共进为动力，以共赢为目标的互信共治之路。

相同的愿望、共同的利益和相似的需求是世界各国携手构建网

① 《习近平向第五届世界互联网大会致贺信》，（2018-11-07）［2018-11-07］http：//www.cac.gov.cn/2018-11/07/c_1123677233.htm.

络空间命运共同体的内在动力，也是中俄合作的现实基础。在两国元首的直接推动下，中俄之间已经在互联网治理领域达成了诸多共识，并以政府公报或联合声明等形式予以制度化，形成了指导两国合作的政治准则和制度保障，两国政府间和部门间也已建立起正常的合作机制，轮流主办各类论坛、研讨会，人员交往密切，合作势头良好。当前需要结合实际，拓展思路，通过深化务实合作，为“网络空间命运共同体更具生机活力”做出更多贡献，努力将中俄合作打造成互联网全球治理的合作典范。

（二）中俄深化务实合作的三大优势

中国是当今世界网民最多的国家，正在实现由互联网大国向互联网强国的转型升级。俄罗斯是欧洲网民数量最多、网络市场空间最大的国家，也是世界上领土面积最大、互联网基础设施分布最广的国家，互联网及相关产业已经成为2014年后俄罗斯国民经济增长最主要的驱动，也是唯一始终保持增长的领域。两国的互联网空间治理既面临相同的问题，又各有侧重，具备合作的现实需求和基础。同时，两国间的治理合作既具有传统的地缘政治优势，又具有率先开展深化务实合作的独特优势。

1.“高度的政治互信”是深化务实合作的政治优势

互联网空间被称为继陆、海、空、天之后的“第五空间”，对于中俄两国而言皆属新的治理领域。它涉及国家主权、民族利益、公民权利、商业利润等多种价值和需求，需要统筹国际国内不同组织和机构的关系，开展多层次多领域的协同治理。如果缺乏政治互信，国家间的合作便是空中楼阁，难以开展，更无法持续。

而政治互信正是中俄当前深化务实合作的最大优势。2019年6月5日，在庆祝两国正式建交70周年的友好氛围中，习近平主席与普京总统签署了《关于发展新时代全面战略协作伙伴关系的联合声明》，将“高度的政治互信”列为当前中俄关系的主要特征之首。这意味着，历经70年风雨考验，两国关系已迈入历史上最为默契和友好的新时代，这为两国互联网治理的务实合作奠定了坚实的政治基础。

2.“网络空间命运共同体”是中俄深化互联网治理合作的理论优势

2019年适逢世界互联网诞生50周年，习近平主席致信第六届世界互联网大会，再次发出共同“构建网络空间命运共同体”的中国倡议。他强调“发展好、运用好、治理好互联网，让互联网更好造福人类，是国际社会的共同责任”，呼吁各国“顺应时代潮流，勇担发展责任，共迎风险挑战，共同推进网络空间全球治理，努力推动构建网络空间命运共同体”。[①] 这是2015年他首倡“网络空间命运共同体”后，连续五年向世界发出呼吁。

作为习近平人类命运共同体思想的重要组成部分，“网络空间命运共同体”理念得到了俄罗斯的高度认同。早在2015年，时任俄罗斯总理梅德韦杰夫出席在中国举行的世界互联网大会时，即明确支持中国提出的“共建多边、民主、透明的国际互联网治理体系，以应对互联网发展给国家主权带来的新挑战”的重要倡议。该倡议构成习近平“网络空间命运共同体”理念的核心。2015年和2016年，两国分别在莫斯科和北京签署了《关于在保障国际信息安全领域合作协定》和《关于协作推进信息网络空间发展的联合声明》。基于对网络空间命运共同体的认同，双方明确互联网治理的国际化是一项战略任务，必须保障所有国家参与互联网治理、公平分配互联网基础资源的平等权利，充分发挥联合国和各国政府、企业、国际组

---

① 《习近平向第六届世界互联网大会致贺信》，(2019-10-20)[2019-11-20]，http://www.xinhuanet.com/politics/leaders/2019-10/20/c_1125127764.htm.

织的重要作用，探索制定被普遍接受的负责任行为的国际准则。

"网络空间命运共同体"为中俄互联网治理合作提供了具体的理论指导。其中，尊重网络主权、维护和平安全、促进开放合作和构建良好秩序等四项原则，构成中俄互联网治理合作的基本原则。这表明两国是在相互尊重对方的网络主权的基础上开展合作，目的是共同维护和平安全，促进双方网络开放合作，最终共同构建良好的网络空间秩序。网络空间命运共同体理论的五点主张包括加快全球网络基础设施建设、打造网上文化交流共享平台、推动网络经济创新发展、保障网络安全、构建互联网治理体系，其中有两点直接明确了两国间互联网治理合作的使命，即保障网络安全和构建互联网治理体系，而治理合作的结果将会直接影响到其他几点主张的实现。因此，基于构建网络空间命运共同体的中俄互联网治理合作，具备迈向深化务实合作新时代的理论优势。

3."做负责任大国"是中俄深化务实合作的道德优势

所谓"大国责任"曾经是西方国家向中俄等国提出不公平、不合理要求时的一种说辞，而中俄之间的合作是在践行"做负责任大国"的承诺。

中俄互联网治理合作是"做负责任大国"在网络空间的体现，因为它是基于构建网络空间命运共同体这一崇高目标而展开的，表明中俄两国站在全人类和全世界的角度思考未来，体现了两国作为国际大国的全球担当。"做负责任大国"不是一种法定义务，而是两国在互联网治理合作中遵循的共同道德准则，即两国间开展互联网治理合作不是谋取一己私利，也不是针对任何第三方或假想敌，而是基于对人类命运共同体的责任感。

"做负责任大国"的道德坚守直接映射出中俄对当前互联网空间威胁的界定。两国共同将利用信息通信技术侵犯他国主权和安全，破坏信息基础设施，开展恐怖主义和违法犯罪活动，干涉他国内政，煽动民族、种族、教派间仇恨等列为国际信息安全领域的主要威胁。显然，上述威胁并非中俄特有，乃是世界各国都面对的现实问题。中俄愿意率先深化务实合作，向世界各国共同面临的威胁挑战，本身便是一种敢于担当、不谋私利的负责任大国的道德坚守。这一优势将促进两国合作的持续性。

三、中俄深化务实合作存在的短板

在两国元首的推动下，中俄已经具备了互联网治理合作的诸多优势。但在两国“深化务实合作”的进程中，仍然面临一些短板。

（一）参与中俄互联网治理对话的人才短缺

造成人才短缺的原因包括两方面。一是语言障碍。中国互联网界只有少数前辈会俄语，如中国互联网协会原副理事长高卢麟先生曾经留苏，中青年骨干人才都是以英语为主流外语，因此他们与俄罗斯同行的交流效果取决于双方的英语水平。二是参与对话的意识不强。世界互联网发源于美国，中国国内互联网精英的目光大多聚焦美国，偶尔观照欧洲，较少关注俄罗斯。他们和许多普通公众一样，对俄罗斯互联网发展的历史、现状和特点所知甚少，国内期刊对此类研究成果普遍兴趣较低，向社会提供的资讯有限。相比之下，俄罗斯互联网界对中国的关注更多。

（二）参与深度合作的主体有待丰富

政府、企业和社会（网民）共同构成了网络空间治理的主体。目前，国家是治理的主导，从立法、行政和技术等方面广泛介入互联网治理。这是国家治理处于顶层设计阶段的暂时现象。中俄网络空间合作目前也因此呈现出高层重视、媒体积极、务虚为主等特点。两国在联合国、国际电信联盟、上海合作组织、金砖国家、东盟地区论坛等框架下开展了广泛的合作，建立了多种合作交流平台，如世界互联网大会、一带一路媒体峰会、中俄网络媒体论坛等。但随着互联网治理顶层设计的完善，相应的法律、法规、政策、细则的落地需要企业和社会的广泛参与，并通过主体间的正常对话不断走向“善治”。迈向新时代的中俄互联网治理合作，迫切需要鼓励更多主体参与，特别是互联网设计、技术开发和安全保障领域的企业。

但目前企业间直接对话的平台有限，现有的对话平台亦需更多地向互联网企业开放，邀请两国参与互联网治理的企业主体参与对话。如俄罗斯卡巴斯基实验室近几年一直参与世界互联网大会，国家网信办指导、中国日报社主办的中俄网络媒体论坛则邀请如快手、喜马拉雅等企业参加。但总体上，除华东政法大学和西南政法大学曾经举办中俄互联网法治研讨会外，现有对话活动对互联网治理关注不多，企业和社会参与合作的积极性有待提升。

未来，在推进中俄互联网治理合作迈向新时代的重要机遇期内，我们既要看到两国间开展合作的独特优势，也不能忽视现存的短板。而解决问题的路径也在于合作，即进一步落实两国网络空间合作确定的任务之一——“人才培养与科研”合作。在数字经济发展的大潮中，该领域将成为两国进一步合作的重要方向。

第三节　研究模型的检验与展望

行文至此，需要对本书构建的研究模型做一个小结和展望。本书通过界定互联网发展、管理和国家治理等基本概念，借鉴信息社会、网络社会、社会控制、国家主权、信息主权、对话、互动战略等理论，构建了一个“发展—管理—治理”的研究模型。据此发现，互联网国家治理是一种由国家主体主导，企业和社会主体协同，以互联网内容、基础设施和技术为主要客体，借助命令、对话、自律三种机制，经由法律、行政和技术三条路径实施的综合管理过程。它以互联网“发展—管理”关系中存在的挑战与问题为导向、以“善治”为目标，追求公共利益最大化。

本书以俄罗斯互联网国家治理的历史与现状为例，基本检验了该研究模型的可行性。研究表明，互联网国家治理实践与互联网技术和应用的“发展—管理”关系相关。俄互联网“发展—管理”存在三种关系模型，即单极型、均衡型和危机型。在单极型阶段，国家无暇顾及互联网发展，治理特征不显著；在均衡型关系阶段，国家治理以创造条件、促进和鼓励互联网发展为主；在危机型阶段则显示出浓重的国家干预色彩。此外，通过理论推演，发现可能存在“冲突型”关系，但未能从俄罗斯的实践中获得证实，有待进一步研究检验。

俄罗斯的实践证明，国家治理进入互联网领域是有条件的。国家治理并未在互联网产生伊始就出现，而是在互联网发展与管理进入特定阶段后才出现的一种国家管理行为，主要解决互联网发展与管理面临的重大问题，并通过治理行为和结果影响互联网发展方式和管理思路，最终作用于互联网“发展—管理”关系，影响互联网市场的走向。

当前，俄互联网“发展—管理”关系呈现“危机型”特征，许多问题依靠互联网发展与管理两大变量自身的力量难以克服，处于市场“暂时失灵”阶段，需要政府“看得见的手”加以干预。“危机型”关系中的国家治理与其他各阶段明显不同，其面临的问题最严重，国家参与程度最高，措施最严厉，引起的各种反应也最激烈。这些赋予“俄罗斯样本”特殊的研究价值。但是，2016 年以来俄罗斯实施的新版的《信息安全学说》《信息社会发展战略》《关键信息基础设施安全法》“俄罗斯互联网主权法”等凸显了“安全”在互联网国家治理中的首要地位。强大的安全治理力度引起国际国内对俄罗斯互联网发展与管理的未来的担忧，“断网”“封锁”“新闻审查”“限制言论自由”等质疑、指责与批评持续不断。这些担忧的实质是，随着国家治理力度的加强，可能出现国家治理代替互联网日常管理的倾向，从而影响互联网自身的运行机制。

因此，本研究强调，并非互联网“发展—管理”关系中的所有问题均需要国家参与治理。互联网发展与管理中的常规问题，不必借助外部治理（包括国家治理）的力量，社会、企业等主体可以通过协商对话、内部奖惩、自律自治等多种手段进行协调。国家治理坚持“问题导向”原则，而真正构成国家治理对象的“问题”往往事关全局，或者特别突出，它们属于治理客体中的关键对象。但是，国家治理完成基本使命后能否及时让位于其他主体，让“有形之手”还权于“无形之手”，继续有效发挥市场机制的作用，需持续予以观察，此亦今后研究之方向。

展望未来，本书所构建的研究模型在不断完善的基础上，或可用于俄罗斯之外的其他国家的网络空间治理的国别研究，亦可用以对特定地区和企业的网络治理进行中观和微观的研究，呈现多姿多彩的网络空间命运共同体。

附录　俄罗斯互联网发展与管理拾遗

“俄罗斯互联网”作为一个专有名词，是指国际互联网俄罗斯分支，英语使用一个合成词“Runet”表示，俄语中也相应诞生了一个新词“Рунет”。俄罗斯官方确定的本国互联网诞生日是 ru 域名注册日，即 1994 年 4 月 7 日，至 2022 年本书出版时已满 28 载。但俄罗斯人实际使用互联网的时间当追溯至苏联时代，其代表性的历史符号即 1990 年 9 月 19 日注册的 su 域名。因此，广义的俄罗斯互联网已经走过而立之年。无论是以哪一个时间为界，俄罗斯互联网发展史上的风云人物均难以尽数，重大事件亦不胜枚举。本书重点研究俄罗斯互联网国家治理，而国家真正作为治理主体进入俄罗斯互联网空间晚至 2012 年，即普京第三次当选总统之后。受研究框架之限，诸多重要事件和人物在正文中未能体现，故拾遗于此，以资补充。

俄罗斯互联网独特的发展史和本书的研究框架决定了本附录的取舍。纵观俄罗斯互联网近三十年的历史，俄罗斯国内研究者一致认同，20 世纪 90 年代是俄罗斯互联网发展与管理的黄金时代。本研究发现：1992 年到 2003 年是俄罗斯互联网发展速度最快的时期；

2004年到2014年是“俄罗斯互联网”的全面成熟期，虽然遭遇全球金融危机，但适逢俄罗斯经济和政治振兴之际，俄罗斯互联网基础设施快速改善，互联网开发、应用迅速与世界接轨，逐渐成熟；2014年之后的俄罗斯互联网深受乌克兰危机等重大地缘政治的影响，美西方与俄罗斯之间的制裁与反制裁直接投射到互联网发展与管理的各个层面，形成了本书所定义的“危机型”互联网发展与管理关系，俄罗斯互联网进入全面治理阶段。2022年俄罗斯在乌克兰实施特别军事行动，进一步加剧了俄罗斯互联网治理的复杂性。在此，谨以“拾遗”的方式，与读者一起“穿越”俄罗斯互联网时空，扫描其与中国既相似又有别的发展历程，有意研究国际互联网的朋友或许可以在穿越中获得一些灵感，喜欢碎片化阅读的朋友也许可以在不经意间收获几许意外。

一、苏联互联网探索时期（1982—1991）

1982年

1982—1983年间，苏联库尔恰托夫原子能研究所的专家开始研究Unix系统，以便将其本地化。为满足苏联时代苛刻的硬件要求，俄罗斯互联网的多项“第一”就此诞生。与此同时，其他的一些科研机构也在构建自己的网络，全苏应用自动化系统研究所是当时少数能够提供国际电话会议技术服务的单位。一个偶然的机会，该研究所少有人问津的计算机网络为苏联学者与国外同行首次进行网络对话创造了条件。

1982年，联合国工业发展组织致函苏联，邀请苏联专家参加由美国、苏联、英国、加拿大和瑞典五国代表参与的首届生物技术全球计算机会议。苏联化学博士克列索夫教授被推荐为苏方召集人。当时，只有全苏应用自动化系统研究所有能力为召开国际计算机研讨会提供技术保障。为了不损害国家威望，克列索夫专门出差到该研究所，借用该所的互联网会议系统。那时，苏联学者使用网络参加国际会议时全部采取单向发送信息模式，没有双向沟通，缺乏相互问候和问答环节。然而当克列索夫坐在电脑前敲上网址进入会议后，屏幕上突然弹出一句“斯德哥尔摩欢迎您”，这样他无意间成为苏联与国外学者在线对话的第一人。尽管当时信息反馈需要几秒甚至几分钟的等待，但不同国家的学者还是通过屏幕确定了会议使用的语言，并相互提问。本次会议后，克列索夫被西方社会看作互联网上的苏联看门人，有一群外国人主动与他聊天，希望通过他与苏联建立商业和科技联系。这一度使克列索夫陷入困境，因为当时苏联规定，未经批准与外国人交往属于违法行为。

1983 年

当年，苏联科学家阿·拉林成功创建了苏联第一个计算机分时系统。两台主机接通了 24 台显示器，允许 24 个用户无限制地同时工作，总储存量为 256KB，每个终端的存储量是 5MB。系统所用计算机操作系统是苏联的 Unix 系统，被命名为“我们的”，以区别于西方的系统。

1984 年

1984 年秋天，来自苏联各地的通信专业人员聚集在库尔恰托夫原子能研究所，参加苏联 Unix 管理员组织的系统演示会。那些仍然按老路子操作电脑的外地专业人员高度评价新的操作系统，希望能够复制“我们的”操作系统并将其带回各自的单位。会后，“我们的”Unix 开始在苏联国内悄然扩散。

1984 年底，在莫斯科普罗特维诺学者之家的壁炉厅，俄罗斯的 Unix 爱好者举行了一次具有历史意义的聚会。与会者讨论了现有不同操作系统的设计方案，进行了专业分工，开始酝酿苏联时代第一个统一移动对话操作系统“德莫思”。与德莫思同时问世的还有俄罗斯电控机床研究所设计的互动式移动操作系统“因莫思”等。最终，以德莫思系统为核心技术组建的德莫思公司成为苏联与国际社会对话的主体，德莫思系统及其升级产品引领了早期苏联计算机网络的发展。

1985 年

库尔恰托夫原子能研究所的工作人员偶然获得一个 2. 9BSD 分布器，发现其功能超乎想象，负责设计苏联操作系统的软件设计师瓦列里·巴尔金据此提议，将正在开展此项研究的库尔恰托夫原子能研究所和汽车工业部的技能提升研究所的两支技术团队合并，共同设计一个实用的高质量的操作系统“德莫思 2. x”。合并后的研究团队向苏联国家委员会提交了厚达 33 卷的设计方案和配套文件，并获得批准通过。这套文件后来成为所有苏联计算机系统安装的标准。

苏联《科学》杂志在 1985 年第 6 期上发表了克列索夫的文章《电话会议成为时尚》。该文章是关于苏联互联网的第一篇文章，后来被翻译成英文、德文和西班牙文。克列索夫此文的目的既是向苏联社会普及电子传播前沿应用，又是为自己在线与国外联系寻求合法化解释。

1986 年

1986—1988 年间，互联网再次作为中介绕过“冷战”，铺就了一条苏美合作的小路。受卡内基基金会的资助，苏联科学院心理研究所和美国加利福尼亚大学圣迭戈分校比较研究实验室合作，开展了一项关于教育界借助计算机交流的研究。这项研究成为美苏学者首次通过网络开展的实质性的科研合作。

1989 年

7 月，苏联人开始早期的网络传播尝试。当时 TCP/IP 通信协议尚未问世，苏联选择的通信协议是最简单的UUCP，网络由位于莫斯科的3个服务器组成，分别属于“英特尔界面”公司、“对话”公司和库尔恰托夫原子能研究所。服务器支持的最大速率为2400字节/秒。

早期德莫思公司为有意接入互联网者免费提供技术服务。这些人主要是计算机发烧友，热衷于追踪通信技术发展前沿。后来开始出现城市间的账号，接入互联网的需求不断增加，接入服务开始遵循商业原则。当年，普通用户接入互联网的费用为20卢布。为了阅读到新闻组中的信息素材，不少组织愿意支付相当高的通信费用。到1990年，除了莫斯科外，列宁格勒（圣彼得堡）和新西伯利亚两地也分别设立了网络接入服务点。

1990年

8月1日，苏联首次基于UUCP协议实现了俄语电子信函网络交换功能。同日，第一个全苏规模的计算机网络“雷尔康姆网”组建。库尔恰托夫原子能研究所的程序员瓦列里·巴尔金和他的同事为雷尔康姆网的开通收集了必要的装备，并且为其编写了第一个软件。最初，该网络借助电话线路连接了莫斯科、列宁格勒（圣彼得堡）、新西伯利亚和基辅的科研院所。当年底，已有近30个用户接入该网络，到第二年底用户增加至3000家。该网络的名称由德莫思程序员瓦吉姆·安东诺夫编写的程序生成器自动生成。它首先根据英文Reliable Communications两个词合成“Relcom”，然后相应改写成俄语单词“Релком”。

8月27日，通过国际电话连线，雷尔康姆网与芬兰进行了首次通信，并开始设想与国外进行联网。由于当时苏联对外通信仍然受到西方国家的封锁，而且几乎所有国际电话都需要经过接线员转接，只有芬兰实现了电话自动交换，因此，芬兰成为苏联研究人员与西方国家进行网络联系的最优选项。所幸，德莫思项目组有一位名叫德米特列·瓦洛金的程序员认识居住在苏联爱沙尼亚加盟共和国的芬兰人列奥·汤姆贝尔格，后者又恰好认识能够熟练进入芬兰大学计算机网的19岁大学生彼得·奥伊阿，而他愿意为研究人员提供上网支持。

8月28日，为了实现仅支付电话费便可以进行互联网邮件常规传输的功能，苏联库尔恰托夫原子能研究所第一次通过调制解调器与外国平台芬兰赫尔辛基大学进行了邮件交换。当天，列奥·汤姆贝尔格、德米特列·瓦洛金、彼得·奥伊阿和德莫思另一位研究人员瓦吉姆·安东诺夫在芬兰商定，以德莫思公司的名义在赫尔辛基大学开设一个账号，接入网络和新闻组 Usenet。结果，一切进展顺利。德莫思当天在芬兰获得了登录国际互联网的账号。当时使用 SmartLink 2400 调制解调器发一封信需要一小时，相对于传统邮政而言，其速度之快令在场的人惊叹。1990年8月28日因此被早期互联网开发者视为俄罗斯互联网诞生之日，它为苏联和后来的俄罗斯打开了第一扇面向欧洲的网络之窗。此事被美国媒体渲染为，苏联情报机关“克格勃”进军互联网，却不知道它是高度保密的苏联库尔恰托夫原子能研究所的年轻人“激情冲动”的结果。支持年轻人上网的库尔恰托夫原子能研究所负责人阿列克谢·索尔达多夫曾因此遭到“克格勃”的讯问。

9月19日，德莫思的研究人员瓦吉姆·安东诺夫以苏联 Unix 用户协会 SUUG 的名义，在芬兰朋友的帮助下，通过当时负责域名注册的 InterNIC 公司登记了域名 su。该域名由彼得·奥伊阿提议，取自英文“苏联”（Soviet Union）的首字母。当时还准备了另一个名字，即苏维埃社会主义共和国联盟的英语缩写 ussr。成功注册域名 su 这一天被称作苏联互联网问世之日。当天，通过本国域名连接苏联与世界的第一台电脑是德莫思公司最先进的486IBM 个人电脑。

1991 年

2 月，苏联第一次通过 TCP/IP 交换协议实施城市间通信。当天，莫斯科市和巴尔瑙尔市之间通过 TCP/IP 交换协议和调制解调器以 9600 字节/秒的速率对话。

5 月 1 日，苏联互联网国内流量首次超过其与西方国家间的数据交换量，这意味着对于国内用户而言，苏联网络内容的价值首次超过国外内容，真正赋予国际互联网以俄罗斯特征。

8 月 19 日，在苏联国家紧急状态期间，库尔恰托夫原子能研究所所长、雷尔康姆公司总经理阿列克谢·索尔达多夫通过电子邮箱向所有用户发送鲍利斯·叶利钦的公开信。

10 月 17 日，“公开网”（Glasnet）成为俄罗斯第一家交互式网络接入运营商。1990 年 1 月，该网络由位于旧金山的美国进步传播协会资助成立，其名称由“公开”（Glasnost）和“网络”（Network）两个英文单词合成，然后翻译为俄语公开网（ГласНет），与当时苏联社会倡导的“公开性”相呼应，成为苏联最早的民间非商业网络。1993 年该网站转型为一家商业性的网络供应商。1999 年 9 月 2 日，它与萨瓦姆通信港公司和莫斯科电话通信公司合并，组成俄罗斯电信股份有限责任公司。

12 月 27 日，俄罗斯联邦《大众传媒法》经俄罗斯最高苏维埃通过，由俄罗斯联邦总统叶利钦签署。此前两天，苏联第一任也是最后一任总统戈尔巴乔夫宣布《别洛韦日森林协议》生效，苏联解体。该协议是 1991 年 12 月 8 日苏联三大加盟共和国——俄罗斯、乌克兰和白俄罗斯的领导人叶利钦、克拉夫丘克和舒什科维奇在白俄罗斯靠近别洛韦日森林的一个名叫维斯库利的小村庄签订的一份具有划时代意义的协议。它宣告苏联作为国际法主体停止存在，成立拥有各自主权的独立国家联合体（简称“独联体”）。该协议生效后，苏联不复存在，主权意义上的俄罗斯互联网历史也由此开启。《大众传媒法》最初并未涉及互联网，但俄罗斯互联网发展与管理的历史始终与《大众传媒法》的频繁修订紧紧相连。

当年，雷尔康姆公司更换调制解调器线路，启用莫斯科—塔林—赫尔辛基专线，开始试验在线 IP 协议，实时接入网络，并且开发除电子邮件之外更多的增值服务应用。

二、俄罗斯互联网快速成长期（1992—2003）

1992 年

7 月，雷尔康姆公司启动在线 IP 应用，并在欧洲最大的商业网站 EUnet 正式登记，接受其提供的互联网接入服务。1992 年，雷尔康姆公司所有者之一瑞纳科公司试图合并两家最早的网络供应商雷尔康姆和德莫思，一度引起人们对网络供应服务垄断和提价的担心，但两家公司的合并未能成功。

7 月，作为雷尔康姆网的分支，非商业科学网列拉恩（RELARN）开始建设。

11 月，雷尔康姆公司试验在线分发《消息报》电子版，俄罗斯国内多家期刊参与试验。

当年，俄罗斯通过荷兰阿姆斯特丹开启连接西方的新线路，网络通信能力提高了四倍。

当年，第一份关于计算机技术的报纸《电脑报》问世，“网络供应商”成为新流行词。

当年，互联网空间出现了第一批俄罗斯主义者，他们开始设计俄语版 Web 网页，推动互联网俄语阅读，开启了俄罗斯网络的历史新篇章。当时知名的网站有三家：一是谢尔盖·纳乌莫夫创立的“上帝的孙子”网，介绍俄罗斯的历史。传说中，所有俄罗斯人都被称为“上帝的孙子”。二是图书档案网“尤吉尼斯电子图书馆”，它后来成为俄罗斯大型网站“公共文件网”。三是市场信息网站。商业工程研究所开始开发名为“信息市场”的项目，准备用最新的互联网技术支持俄罗斯有价证券市场。

1993 年

2 月，乔治·索罗斯资助俄罗斯建立了第一条互联网卫星线路。

12 月 4 日，俄罗斯 20 余家大型网络供应商签署了《关于域名 RU 的管理条例》，决定将 ru 域名的行政管理和技术维护工作交由俄罗斯公共网络发展科学研究所。参加条例签署的组织相应成立了一个 ru 域名协调小组，负责制定域名管理规则。

当年，德莫思启用了两条新线路，一条是地面线路，另一条是卫星线路。新线路的启用大幅提高了网络通行能力。德莫思还注册成立了“德莫思在线”公司，从 1994 年开始开发第一批用户，并逐渐发展成为俄罗斯最早也是最大的互联网供应商。

1994 年

4 月 7 日，InterNIC 正式接受域名 ru 注册，ru 域名取代 su 域名成为俄罗斯互联网的象征。雷尔康姆网成为该域名下第一个 WWW 网站，俄罗斯互联网时代正式开启。

当年，首家俄语图书馆网站“莫什科夫图书网”诞生。它由科学院系统研究所的研究员马克西姆·莫什科夫创立。莫什科夫不仅擅长编写程序，而且是一位读书爱好者，喜欢将自己的图书转换成电子格式保存在电脑里。1994 年开始，他将收藏的电子图书放到俄罗斯互联网上与大家分享。渐渐地，有网民开始向莫什科夫发送数字化作品，共同建设俄罗斯最早的互联网图书网站。莫什科夫的网络图书馆资源完全免费，是很多人心目中理想的网络资源，而且打开这些书的电子版不像打开图片那样会增加网络负担，对网络通信能力的要求并不高。进入2000年后，莫什科夫遇到版权问题，那些被他发布上网的图书的作者提出了版权要求，由此引发了俄罗斯互联网第一代用户对于版权的讨论。为表彰马克西姆·莫什科夫参与构建和开发俄罗斯互联网的贡献，2020年他被授予俄罗斯互联网年度奖之“祖国贡献”二等奖章。

当年，俄罗斯开始实施国家规划“俄罗斯大学”项目，准备连接不同地区的大学网。该项目后来形成了俄罗斯大学网。俄罗斯大学网1995年开始运行，分别在莫斯科和圣彼得堡设立管理中心，通过卫星通信线路首批接入6个联邦区的大学，到1996年扩展到15个联邦区的大学。

当年，俄罗斯第一家DNS服务器落户苏联时代内部专用网“火花网”。服务器设在莫斯科国际电话局MMTC-10通信枢纽中心，它包括一台缓存为8Mb的33 MHz英特尔386电脑、两张200Mb的Maxtor磁盘和一套Unix BSDI操作系统。

1995年

1月，俄罗斯首家互联网数据交换点MSK-IX建立。该项目是1994年根据莫斯科大学的倡议，在雷尔康姆公司、德莫思公司和其他几家大型互联网供应商的支持下建成的。它设在莫斯科国际电话局ATCM9枢纽中心，当时该局的M9-IX是欧洲最大的通信枢纽之一。数据交换点建成后，不同的俄罗斯互联网供应商可以直接通过共有设备进行数据交换，减少了数据中转时间和传输成本。

1月29日，阿尔季米·列别捷夫建立了俄罗斯第一家网页设计平台。

4月，传统大众传媒《教师报》建立了俄罗斯第一个传媒网站“教师报网”。《教师报》是俄罗斯一份百年老报，其网站也一直运行良好，曾获得2021年度俄罗斯互联网新闻大赛“金锣奖”提名。

4 月 7 日，“网上俄罗斯”成为 ru 域名下第一家网络服务网站。它由俄罗斯国内最早的网络供应商德莫思公司发起成立，专门提供俄语和英语网页分类索引服务。

5 月，首家面向互联网实业的网站“俄罗斯商业咨询网”问世。此后两年，它从一个互联网资讯网站逐渐演变成一家成熟的互联网大众传媒，并在 1998 年的金融危机中迅速成长为俄罗斯互联网分支中访问量最高的网站，跻身俄罗斯国内重要新闻网站之列。

11 月 8 日，俄罗斯第一家娱乐网“笑话网”问世。该网站的创办历史本身就很传奇。它由俄罗斯天体物理学家德米特列·维尔纳创办。互联网在西方发端之际，这位天体物理学家按照合同约定先后在德国和荷兰工作。那时，科学家们虽然相隔数千公里，却能够借助互联网共同撰写科学论文，互联网对科学家生活的影响程度令维尔纳感到震惊。1994 年，维尔纳转到美国肯塔基大学工作，虽然他当时已经是一个深度英语使用者，但仍然想念祖国和俄语，便将自己的计算机俄化，以便进入俄罗斯互联网。但他发现，俄罗斯国内互联网上没有什么资源。于是他便自编程序，开设了一个俄罗斯笑话网站。出乎维尔纳的意料，“来自俄罗斯的笑话”受到网民的喜爱，该网站所在的肯塔基大学的网络访问量因此居所在城市网络访问量之首，有人通过电子邮件给维尔纳发去笑话，有人发现他很长时间没有更新网页就会感到不开心。一段时间后，在俄罗斯互联网供应商“城市线路”的支持下，笑话网迁入俄罗斯域名 ru 下，曾经在相当长时间内居搜索系统漫步者访问量 TOP100 排行榜之首，1997 年成为俄语网站访问量之最，1998 年首次作为一种网络类型进入全球互联网排名前 1000 位。此后，笑话网先后被城市线路公司、桥媒体公司和俄罗斯商业咨询网等多家企业短暂拥有，最终回到了创始人维尔纳手中。维尔纳获得了 51%的股份，俄罗斯第一家网页设计平台的创办者阿尔季米·列别捷夫获得34%的股份，其他股份归私人投资者。与维尔纳的笑话网几乎同时出现的还有一家娱乐门户网站“荒芜之地”。该门户网站发布互联网新闻和笑话，设有专栏《相识》和《聊天》，供大家交友与交流，但没有取得笑话网那样的传奇效果。

11月21日，第一家俄罗斯门户网站“艺术信息”开通，但不久便关闭。

12月，俄罗斯首次在网上公布国家杜马议员大选的阶段性结果。该项目由有效政治基金会和大众传媒调查中心实施。

当年，俄罗斯出现了在线商店，主要交易光盘及其他旧货。网民们对此很感兴趣，但是迟迟不能解决付款问题。结果，早期在线商店存活几个月后陆续关张。

当年，第一个俄语互联网公告栏出现，与之相应的是第一个俄语文字游戏“幽默诗”登上公告栏。

1996年

1月18日，在圣彼得堡正式开张第一家互联网咖啡馆，取名为“俄罗斯方块”，随后出现一批计算机俱乐部。此前一年，早期网络爱好者叶夫盖尼·格尔捷耶夫曾经在自己家中开设网络咖啡厅。来访者基本上都是年轻人，他们有时上网数小时却交不起钱。结果，网络咖啡厅亏本运营一段时间后，格尔捷耶夫将其关闭。

3月，美国索罗斯基金会支持的开放社会研究所参与了“大学中心互联网”项目（该项目实施时间预期5年）。该项目是与俄罗斯联邦政府合作开展的。其中，索罗斯基金会为该项目提供1亿美元的设备和资金支持，俄罗斯政府资助价值3000万美元的卫星通信或地面通信线路支持，保障接入国际电信网络的数字通信能力为256千字节/秒。与之形成对照的是，当时普通网络用户只能买卡上网，通过电话线和调制解调器上网的速率为 56 千字节/秒。最终，俄罗斯 33 个地区的高校网络中心接入该项目。

3 月，俄罗斯开通第一家政党网站“亚博卢”。

6 月，第一家免费邮件分发订阅服务网站“汤姆猫”开通，它后来成长为俄罗斯期刊订阅服务领域最成功、访问量最高的网站。

6 月 15 日，第一家行业门户网站“俄罗斯汽车网”开通。

6 月 29 日，俄罗斯网站首次发布有偿广告，广告额为 200 美元。

8 月，“伙伴网”成为俄罗斯第一家旗帜广告置换网。

8 月 23 日，俄罗斯首次召开了地面与轨道空间站“和平号”上的宇航员协同的互联网会议。

9 月 26 日，俄罗斯第一个搜索系统“漫步者”问世，设计者是德米特列·克留科夫。它以来自莫斯科郊区普希诺市的互联网供应商“马鞭”公司的网络平台为基础。漫步者系统因其出色的索引化文档和服务指标，很快超过其他曾经流行的搜索服务，一度成为该行业的领跑者。2009 年创始人克留科夫去世，公司持续发展。后来，该公司由亚历山大·马穆特控制，转型为大众传媒网站。

10 月 20 日，莫斯科电台“银雨”首次通过互联网在欧洲 24 小时实时播出新闻。此前，传统电台“101”已经率先开通信息网站，通过互联网直播节目，但银雨电台相对而言走得更远。一时间，互联网电台受到俄罗斯社会追捧，到 1998 年 4 月 28 日，电台 101 被称为第一家潜在受众无限制的俄罗斯电台（曾经有 6 万人同时收听）。1998 年 5 月 7 日，俄罗斯第一家仅在互联网上播报的电台“广播网”启动。此后，该网站成为促进俄罗斯互联网发展的重要力量，到 2000 年 3 月，它已经开设 20 档节目，其中有 5 档节目是“俄罗斯互联网之声”的循环播放，专门报道对著名网络活动人士的采访内容。

11月21日，根据ru域名协调小组的决定，该域名开始收取注册费。收费标准是不含税100美元，后来降至20美元。

11月23日，俄罗斯首次实现音乐会互联网转播。

12月，俄罗斯第一个互联网聊天平台“小床”问世，随即持续多年成为俄罗斯人交友和交流最流行的平台。小床问世的故事类似于脸书，也是由大学生、宿舍、互联网接入和沟通的欲望等元素构成，只不过它发生在俄罗斯。1996年莫斯科大学的两名大学生阿尔杰姆·波兹特列雷希内和谢尔盖·基里琴科联手在大学教研室的局域网内设立了俄罗斯第一个人际交流平台，很快受到欢迎，在两年内迅速发展成为当时最大的聊天空间，日访问量近7万人。2003年该网站成为万维网聊天类别中最大的一家，有音乐、艺术、计算机专业人士、相识、30岁以上者等25个聊天室。网民可以根据兴趣选择聊天室，聊天室里的人彼此以昵称相称，不一定知道真名，但这反而增加了网络的吸引力。一些俄罗斯人整夜挂在小床上，甚至忘了上午还要去工作。小床活跃了24年，此后，其他的社交媒体、即时通信工具、交友平台等新平台抢夺了它的用户。虽然该聊天工具未发展成为一家大型媒体企业，但俄罗斯互联网界对它评价甚高，称其创建者在解决资源性能、服务扩展、流量跳跃等问题上做出了先驱性探索，而这些问题在此后二十年内仍然困扰着大多数互联网企业。

当年，俄罗斯互联网基础建设领域的一个重大新闻是启动“构建国家计算机电子通信网络促进科学和高等教育发展”的跨部门项目。该项目被称为俄罗斯高教网项目，动员了科技部、教育部、俄罗斯科学院、俄罗斯基础研究基金会和俄罗斯联邦国家通信委员会等科教领域主要部门的资源。

1997年

2月17日，俄罗斯第一个互联网虚拟人物卡佳·焦特金娜问世。

后来，因为该虚拟人物报道的独家新闻被指具有侮辱性，可能面临刑事诉讼，卡佳被其设计者宣布死于交通事故。该事件引发了广泛的社会反响，首次让俄罗斯人开始关注虚拟空间的道德问题。

3月3日，俄罗斯互联网首次实施分类排名，推出了“漫步者”前100名排行榜。它以网络访问量为标准，对俄罗斯互联网资源进行排名。访问量由此成为互联网排名的重要指标。

3月16日，首届俄罗斯互联网论坛开幕。论坛的主要议题是“企业网络中的互联网”，为期三天，约200家俄罗斯和西方国家公司的代表以及100余名专家、记者参与研讨。

7月10日，俄罗斯联邦政府要求，所有国家机关都应该建立网站。

8月13日，俄罗斯“广告网”开始运营。

9月15日，第一家免费邮箱服务网站“邮局网”开通。但由于软件不成熟，很快关闭。

9月23日，俄罗斯第二家搜索引擎服务公司“杨德克斯”网站开通。该系统首次基于形态学分析提供搜索服务，不受查询单词的大小写和变格变位的影响，并能够对搜索结果进行排名。它优于漫步者和谷歌搜索之处即在于使用自然语言搜索，可以自动识别俄语的变格变位。后来，该网站转型为一家大型科技公司，在美国纳斯达克上市，开发了大量应用广泛的服务程序，如出租车、食品配送、商业智能分析、移动设备语音管理等。如今，该公司在俄罗斯家喻户晓，并跻身世界十大搜索引擎服务公司之列，在俄罗斯联邦境内和独联体国家所占市场份额超过谷歌。

1998年

1月5日，俄罗斯第一家互联网广告公司“吉米推广”问世，其创始人为《互联网广告百科》的作者吉莫费·波卡雷夫。后来该公司被重新包装成“推广网”。

1月10日，广告网2.0版问世。借助较为完善的技术和对目标受众的控制能力，它很快取代了第一家旗帜广告公司“伙伴网”。

2月18日，俄罗斯开通第一家独立政治门户网站“政治网”。

2月24日，第一个俄罗斯黑客被判刑。俄罗斯人弗拉基米尔·列维1995年在企图从本人账户中提取盗窃款时在纽约被捕。他被控通过技术手段盗窃美国花旗银行370万美元，最终被判三年有期徒刑并处罚金240 015美元。

4月9日，首家俄罗斯互联网商店“臭氧”开业。该项目的创意源自美国互联网企业亚马逊。尽管是对亚马逊的复制，但该项目至今不仅存活下来，而且成长为俄罗斯电子商务领军企业。2019年“福布斯”评估该公司的价值为7亿美元。

4月12日，俄罗斯联邦总统鲍利斯·叶利钦首次召开互联网会议。总统问候受众的第一句话是：“你好，互联网公民。”这次活动由美国新型媒体集团微软全国广播公司负责。

6月24日，俄罗斯联邦安全局要求每个网络供应商和通信服务商通过专用数据线路与联邦安全局连接，并且根据联邦安全局的要求保障其能够阅读相关电子邮箱，跟踪网络行为。

8月17日，国际金融危机导致关于经济信息的网络资源的访问量大幅增长，俄罗斯商业咨询网站的访问量跃居国内网站首位。

9月30日，俄罗斯首次对互联网用户数量进行统计，国内用户突破100万人。从此，俄罗斯在每年9月30日庆祝互联网国际日。

10月1日，俄罗斯最早的电子邮箱服务网站“邮件网”开始提供免费电子邮箱服务，几个月后成为用户数量最多的俄罗斯电子邮箱服务商，并一直保持领先地位。“邮件”公司后来成为俄罗斯第二家资本化的国际互联网企业。到2011年，电子邮箱成为最主要的互联网服务需求，俄罗斯互联网市场 POP3、IMAP、SMTP 等不同文件交换协议并存，付费和免费的邮箱服务不断涌现，国产电子邮件服务商和国际服务商的竞争开始加剧。

11 月 27 日，俄罗斯互联网首次出现政治小品文。

1999 年

3 月 1 日，俄罗斯第一份互联网日报“报纸网”问世。它是俄罗斯最早的只有电子版没有纸质版的报纸，其创始人为安东·诺西克和阿尔季米·列别捷夫。该网站很快占据网络访问量排行榜前列，并于当年 9 月被尤科斯集团公司收购。安东·诺西克后来被称为“俄罗斯互联网之父”。此前，诺西克在耶路撒冷做记者，负责为《消息报》的俄语和以色列语双语专栏撰写互联网报道。1990 年，刚满 24 岁的诺西克被万维网深深吸引，满怀激情地投入“惠多网”的社会政治论坛，持续向《消息报》的读者介绍如何使用 HTTP 建立网站。1997 年诺西克回到俄罗斯，供职于网络供应商“城市线路”公司。诺西克成功帮助城市线路公司由网络供应商转型为一个博客平台。他每天在信息公告栏更新晚间新闻，为那些下班后想知道世界发生了什么事的人提供资源，因此被称为“晚间互联网”。不过，很多人事实上是一大早上班后，冲上咖啡，接通电脑，才上网看“晚间互联网”的。城市线路网的访问量因此迅速攀升，每天都有数千名用户登录，诺西克很快成为俄罗斯互联网名人。其间，他还炫耀性地破坏了漫步者网站的访问量计数器。

3 月 5 日，互联网首次被用于传播虚假信息。当天深夜，在政治网论坛中出现圣彼得堡州长弗拉基米尔·雅科夫列夫自杀的消息。几小时后，报纸网和莫斯科论坛也重复了这一消息。但很快，这被查明是一则虚假消息。3 月 12 日的《新消息报》和 19 日的《共青团真理报》刊登文章称，互联网可能会成为匿名政治挑衅的阵地。

当年春天，俄罗斯首家 24 小时新闻服务网站“磁带网”开通。它是有效政治基金会与报纸网项目团队的合作成果，安东·诺西克任总编辑。磁带网迅速成为俄罗斯互联网空间的大型新闻资源。2000 年 3 月，该网站被大型投资财团、互联网股份公司“俄罗斯基金—猎户座资本顾问”收购，后者此前已经控股互联网门户网站漫步者。

5 月 14 日，阿尔季米·列别捷夫工作室创立的 RB2 广告网开业，专门提供规格为 100×100 像素的网络横幅广告服务。不到一个月，RB2 每天的横幅展示量达到 100 万次，旗帜广告由此开始在俄罗斯流行。

7 月 21 日，安德烈·切尔诺夫在网络上发布了弗拉基米尔·索罗金的长篇小说《蓝猪油》，后被出版商以侵犯独家版权为由提起诉讼。出版商要求切尔诺夫消除网上阅读该小说的一切可能，包括链接和下载，但法院审理后拒绝了出版商的诉求。2000 年 1 月 18 日，法院宣判切尔诺夫胜诉。此时人们的讨论已经从上传小说是否需要获得作者同意升级到网络著作权的保护问题。此判决生效后多年，俄罗斯互联网空间没有受到著作权法律的调整。

9 月 21 日，俄罗斯互联网首次被用于黑色政治公关，网站上出现了关于莫斯科市市长卢日科夫的负面信息。

9 月 29 日，互联网运营商联盟成立，准备加强组织间协作，共同参与国际互联网俄罗斯分支的发展。

11 月 29 日，专业的互联网数据收集和统计分析系统 SpyLog 启用。2000 年后，该系统成为俄罗斯应用最普遍的互联网统计服务。

11 月 29 日，弗拉基米尔·古辛斯基的集团公司桥媒体收购了主要互联网资源广告网、笑话网、《互联网》杂志以及其他网站，组建了俄罗斯最大的互联网媒体帝国。

12 月 1 日，英特尔公司依托自己牵头成立的俄罗斯互联网学院设立“英特尔国家互联网奖”。同一天，未加入英特尔互联网学院的其他网络社群创建了“全俄互联网学院”。

12 月 28 日，总理普京与互联网界人士举行了历史性的会晤。通信部部长里昂尼德·雷曼参加了会见，并在会上介绍了一份互联网管理条例草案，拟将俄罗斯互联网交由国家管理。参加会见的互联网界代表当着普京的面对该草案予以尖锐批评，草案未获通过。此次会晤是俄罗斯互联网界代表首次与国家领导人最高级别的交流，双方达成了所谓的“共同约定”，为俄罗斯互联网此后的自由发展奠定了基础。

当年，《直播杂志》开启了俄语网络原生态日记史，被称为俄罗斯社交媒体的前身。该网站最初只有英文版，被俄罗斯投资者收购后推出俄语版，在俄罗斯互联网上通常用“ЖЖ”指代。

2000 年

1 月 12 日，俄罗斯联邦新闻出版部提出关于国家调节互联网的建议，但未被采纳。据说该建议的核心要义在于，要求所有传播新闻的网站首先注册为大众传媒，网络供应商有权利关闭没有获得大众传媒注册许可的在线平台，但普京并未签署该文件。

1 月 18 日，俄罗斯第一家互联网文学社区诗歌网开通。

2 月 7 日，俄罗斯举办首届互联网年度人物评选。网络记者安东·诺西克获“年度人物奖”提名，安德烈·基尔沙诺夫获“年度网页设计奖”提名。

2 月 11 日，车臣分裂主义者破坏了俄罗斯当年最大的新闻网站俄罗斯商业咨询网。在网站遭受破坏期间，曾有数分钟网站上显示的内容是对普京的死亡威胁信以及在车臣举行圣战的呼吁。

2 月 14 日，美国最大的科技公司交易所纳斯达克证券交易所出现危机。交易所的股票指数从持续数月的稳定增长突然大跌，一天之内从5048点跌至3321点，导致大量IT公司交易前景不明，甚至关闭。

2月21日，日本柯达公司向法院起诉俄罗斯域名注册公司非法批准他人使用柯达商标注册域名。抢注者使用与柯达公司同名的域名“kodak. ru”推销自己的产品。但法院最初并未支持原告诉求，而是做出有利于抢注者的判决。两年后，借助大量法律救济，柯达公司成功扭转局面，收回域名。

2月25日，普京开通第一个个人竞选网站“普京2000网”。普京竞选总统成功后，该网站被关闭。

6月13日，俄罗斯最大的互联网平台“记忆网”的所有人弗拉基米尔·古辛斯基被捕。随着古辛斯基移民海外，他所持有的部分网络资源被关闭，部分被转让，还有部分更名后在海外重生，如俄罗斯新闻网和俄罗斯独立电视网均变更为通用域名而在国外继续运营。

7月13日，俄罗斯法院采取强制措施，首次成功执行关于域名所有权的生效判决，将域名“quelle. ru”从抢注者手中收回，归还商标所有者，法院同时要求被告在指定的权威报刊上公开刊登判决书。此前，被告曾提出以6万美元兑价转让该域名，但被原告拒绝。此判决为俄罗斯处理商标与域名法律纠纷提供了判例。

9月9日，俄罗斯联邦总统普京发布总统令，正式颁布实施俄罗斯联邦首部《信息安全学说》，奠定了俄罗斯联邦信息安全政策基础。该学说首次将“信息安全”定义为，在信息领域内平衡个人、社会和国家利益后，形成的国家整体利益的可捍卫状态。

9月28日，内容门户网站“国家网”开通。根据该网站创始者有效政治基金会的设想，国家网应该成为国家高层领导、立法机关、行政机关和司法机关官方信息的扩音器。

11 月 14 日，在俄罗斯新闻出版部的支持下，信息查询网站“俄语网”正式开通。

12 月 10 日，俄罗斯法院宣判了第一起剽窃互联网作品案。当天召开的莫斯科仲裁法院会议认定，被告“知识书店+”剽窃罪名成立，应该向受害方俄罗斯“推广网”和网站经营者赔偿 5400 卢布。

12 月 13 日，青年杂志《水手》的总编辑费多罗·安德列耶维奇顺利完成一场为期三周的互联网生活试验。他被安排在一间装有计算机和互联网的空房子里，测试其不离开房间能否通过网络获取各种日常用品。也就是说，安德列耶维奇所需的包括食物在内的一切生活用品，只能通过互联网商店购买。试验表明，当年通过互联网无法获得大部分物品和食物。

当年，新词“俄罗斯互联网”（Рунет）被正式收入俄罗斯科学院的罗帕廷主编的词典。

2001 年

1 月 1 日，俄罗斯域名注册分配系统开始运行，俄罗斯公共网络发展科学研究所将 ru 二级域名注册功能移交给专业的域名注册公司。

1 月 1 日，俄新社成为第一家在互联网上免费开放全部新闻资源的通讯社。

1 月 11 日，俄罗斯公共网络发展科学研究所的子公司 Ru-center 成为第一家承担域名注册业务的专业公司。

1 月 23 日，互联网国家域名协调中心成立，原来的域名协调小组的功能转至该中心。从此，俄罗斯丌始按照全球惯例分配域名资源。

3 月 1 日，普京总统在国家网平台上主持了一场互联网座谈会，用一个小时回答了三家网络出版用户提出的部分问题。

4 月 13 日，总统普京在克里姆林宫与最具影响力的 IT 公司领导会晤，听取大家的意见并进行记录。

12 月 13 日，国家杜马通过《电子签名法》。该法于 2002 年 1 月 10 日生效后，电子文件上的数字签名与本人在纸质载体上的手写签名具有同等效力。

当年，俄语版维基百科问世，仅晚于英语版 4 个月。

2002 年

1 月 28 日，俄罗斯政府批准《电子俄罗斯（2002—2010）》国家规划，拟投入 761.5 亿卢布，发展包括国家管理领域在内的国内信息技术。

1 月，彼得堡通信运营商天空公司开通俄罗斯首家 3G 移动互联网接入服务。

7 月 3 日，隶属有效政治基金会的大型新闻互联网传媒国家网、消息网、传媒网及其子项目和广告网被转让给全俄国家广播电视公司网。

9 月 1 日，国立莫斯科罗蒙诺索夫大学新闻系开设了互联网新闻学专业。

9 月 8 日，由圣彼得堡网页设计师奥列格·库瓦耶夫创作的动画电影《玛霞尼雅》的女主角登上电视屏幕，并且成为独立电视台主持人里昂尼德·巴尔费罗夫主持的周播节目《不久前》的虚拟人物。此后多年，该虚拟人物在电视节目中一直扮演各类丑闻和版权纠纷中当事人的角色。

11 月 5 日，俄罗斯最大的互联网搜索引擎杨德克斯宣布进入收支平衡的运营状态。

11 月 21 日，互联网控股公司漫步者组建自己的电视频道——漫步者电视网。

11 月 18 日，通信部部长里昂尼德·雷曼下令成立一个工作组，按照《电子俄罗斯（2002—2010）》国家规划的框架要求，界定“信息时代的俄罗斯”国家战略概念的内涵和外延，提出借助传统邮政网络设立“网络邮政”集体上网点，为普通公民提供就近上网服务，同时提出要用五年时间制定“信息法典”。

12 月 3 日，一系列大型互联网供应商实施“点对点拆分”，停止与其他供应商进行直接的点对点数据交换，导致一些网站数据不得不通过国外渠道传输，增加了小型网络运营商的成本，限制了中小网络企业自由竞争的能力。

12 月 26 日，国家杜马修订《教育法》，赋予面授和远程教育同等权利，允许教育机构在教学过程中使用远程技术。

2003 年

6 月 6 日，俄罗斯域名注册公司 RU-center 开通域名 ru 统计服务，通过该公司的网站每天报告域名的注册量、服务保障状态、大型运营商间的域名分配进展以及国家域名系统的“健康分析”结果。

6 月 27 日，自苏联解体后，域名 su 的公开注册首次重启。

7 月 7 日，俄罗斯联邦《通信法》经总统普京签署后正式发布。该法是俄罗斯互联网基础设施开发与维护方面的基本法。

10 月 8 日，俄罗斯公共网络发展科学研究所在科学网络“俄罗斯骨干网”上启用 IPv6 协议。由于事先与位于斯德哥尔摩的 GEANT 网、Abilene 网即 Internet 2 和 ASNET 网签署了一系列点对点协议，俄罗斯骨干网得以与使用 IPv6 协议的国际科学网络协作，并提供足够多的 IP 地址，以弥补 IPv4 名址资源数量不足的缺陷。

11 月 13 日，负责管理 com 和 net 两大域名清单的运营商威瑞信公司、俄罗斯国家顶级域名管理者俄罗斯公共网络发展科学研究所，以及俄罗斯域名注册中心 RU-center 公司在莫斯科举行了一场主题为“互联网空间的俄语域名”的研讨会。威瑞信公司宣布，俄语将成为继中文、韩文和日文之后的第四种非英语语言，畅行于 com 和 net 域名下的所有互联网页面。

11 月 20 日，互联网软件联盟与莫斯科的互联网交换公司共同在莫斯科设立新的根服务器 F 根镜像服务器。

11 月 24 日，根据位于美国加利福尼亚州的谷歌技术公司的起诉，俄罗斯法院判决被告域名抢注者不得使用包含谷歌字样的域名“google. ru”。谷歌公司为夺回此域名的所有权，发动了持续多年的诉讼，最终获得成功，为商标拥有者与抢注者之间的权利争夺提供了新判例。随后，根据俄罗斯公共网络发展科学研究所的规则，该域名很快被重新分配给商标所有者谷歌公司。

三、俄罗斯互联网全面成熟期（2004—2013）

2004 年

4 月 7 日，俄罗斯政府、互联网企业等在国际贸易中心举行庆祝会议，纪念 ru 域名诞生十周年暨官方认定的俄罗斯互联网诞生十周年。“俄罗斯互联网奖”首次设立，奖励为国际互联网俄罗斯分支的发展做出贡献的组织和个人。

4 月 13 日，联邦委员会信息政策分会组建工作组，为互联网法治做准备。

4 月 28 日，第八届俄罗斯互联网论坛举行。

2005 年

5 月 14 日，俄罗斯国家杜马通过《著作权与邻接权法》修正案。

9 月，俄罗斯顶级国家域名 ru 发展加快，注册者超过 40 万，到年底接近 50 万，全年新增 14 万，增速达 46%。其中，该域名的外国注册者占总注册者的比例由 2004 年的 3%增加到当年的 4%，外国注册者以德国人为主，美国人和乌克兰人分居第二位和第三位。

11 月 10 日，库尔恰托夫原子能研究所在莫斯科举办了一场名为“互联网与科学：十五年之路”的科学实践纪念研讨会，纪念代表苏联互联网时代的国家顶级域名 su 注册 15 周年。由此，俄罗斯人对 su 域名的价值的认识越来越客观。尽管当年注册 su 域名成本较高，但苏联域名的唯一性仍然吸引了不少注册者。

11 月 25 日，在莫斯科举行了第二届“俄罗斯互联网奖”颁奖典礼。从这一届开始，“俄罗斯互联网奖”正式成为国家级奖项。联邦政府成为该奖项的发起人，获奖者名单由总理签署。评奖程序亦有所调整，在自我申请和专家评审的基础上，增加了公众投票的环节。奖项分“国家与社会”“文化与大众传播”“科学与教育”“商业与经济”“健康与休闲”“技术与创新”和“特别提名奖”七大类。2005 年“俄罗斯互联网奖”的特别提名奖荣誉被授予 su 域名的开发者。原苏联库尔恰托夫原子能研究所所长、后来的雷尔康姆公司总裁阿列克谢·索尔达多夫被授予“俄罗斯互联网国宝”荣誉。多年来，很多在俄罗斯互联网历史进程中叱咤风云的企业和个人相继获颁“俄罗斯互联网奖”，比如杨德克斯网、莫斯科电信公司、邮件网、俄罗斯储蓄银行、俄罗斯维基百科、俄新社、社交网站同学网、搜索引擎公司漫步者、信息网站磁带网等。接受本书采访的俄罗斯电子传播协会会长谢尔盖·普鲁戈塔年科于 2016 年获此殊荣。

12 月 28 日，俄罗斯通信部部长里昂尼德·雷曼宣布，93%的国家机关已经建立自己的网站，俄罗斯国内已经有 1700 万台计算机和 2200 万互联网用户，俄罗斯互联网普及程度达到 16.6%。当年，信息自由发展研究所将部分联邦机关告到法院，要求它们保障公民信息获取权。因为根据2003年2月12日第98号政府决议，联邦机关不仅要建立自己的网站，还要经常更新内容。法院支持了原告的诉求。此举被视为公民对国家民主治理的参与，推动了国家机关完善网站建设。

当年，俄罗斯蜂窝电话市场由诺基亚和摩托罗拉两大品牌控制，屏幕分辨率是320×240或320×480，没有触摸屏。人们可以使用手机看邮件和WAP版网站。

当年，俄罗斯网民在家上网时，95%的家庭使用电话线连接调制解调器拨号登录，家庭宽带上网者很少。

当年，Web 2.0开始繁荣，互联网出现个性化转向。除了传统的用于发布个人日记和评论的博客外，互联网还发展出了照片、录像的保存与展示功能，而且出现了基于不同知识的大规模集体创作的“维基模式”。该现象被认为象征着真理是被写在书中的持续了百年的控制式、规范化认知世界模式的时代结束了。

2006年

1月，美国谷歌公司在莫斯科开设办公室。

3月22日，杨德克斯开启网络日志博客搜索服务。

4月，俄罗斯召开第一届互联网与企业研讨会。

6月30日，普京总统面向网络受众举行新闻发布会。杨德克斯和英国广播公司承担发布会组织工作。从杨德克斯收集的问题看，有关男孩尼基塔、怪神克苏鲁、熊和人形机器人的问题最受欢迎，公众的问题与总统的回答相比，其趣味性毫不逊色。从此，互联网俚语明显走出网络空间，进入线下，变成街头用语，被写入报刊，而且广告文案中充斥着各种各样的网络语言。

7月27日，俄罗斯联邦《信息、信息技术和信息保护法》生效。它明确了公民和法人搜索、获取、传输、生产和传播信息的权利，明确了信息技术开发、应用及其保护的主体、义务和责任，奠定了俄罗斯互联网内容生产、技术开发、安全保障和权利维护的法制基础。

7月27日，俄罗斯联邦《个人数据法》出台。该法首次对个人数据、数据运营、数据收集、数据加工、数据保存、数据转移、数据销毁、数据封存等基本概念予以定义，确定了个人数据的范畴、采集和使用原则，明确了违法责任。该法通过后，根据互联网业界和专家学者的意见，曾多次进行修改。考虑到该法实施存在的客观困难，不同条款分批生效，主体部分自颁布之日起80日内生效，部分条款分别延长到2008年1月1日和2010年1月1日生效。

8月，俄语版维基百科文章超过10万篇。

11月，与软件著作权相关的“波诺索夫案”引起俄罗斯国内外广泛关注。亚历山大·波诺索夫是俄罗斯边远的彼尔姆边疆区的一所乡村中学的校长。检察官发现，该校计算机课堂上使用的微软公司软件并非正版，要求学校承担赔偿责任。但校长认为，学校使用的软件是电脑设备自带软件，并非学校有意购买的盗版软件，学校同意卸除该软件，但拒绝承认故意侵犯版权。检察官向法院起诉称，由于该软件已经在教学中实际使用，权益受害者微软公司认定学校的行为给公司实际造成损失266 600卢布，因此建议剥夺校长的人身自由5年。一审法院认定此事无关紧要，此后检察官提起上诉，二审法官判校长赔偿5000卢布。校长继续申诉，最终于2008年获得检察官的道歉和国家赔偿。该案引起强烈社会反响，学校师生曾到一审法院门前抗议，媒体给予大量报道，俄罗斯总统普京在年终新闻发布会上谈及此事，苏联最后一任总统戈尔巴乔夫为此专门向微软公司总裁比尔·盖茨致公开信，要求其充分考虑该案中学校实际使用软件的特殊性，放弃索赔诉求。俄罗斯主管部门称，如果追究软件使用者的刑事责任，全国可能有一半的人要被关进监狱，包括一些执法人员。历时多年的调查、审理、上诉和申诉，让一个名不见经传的乡村中学校长成为俄罗斯知识产权保护历史上的重要角色。该案一方面引起了社会对正版软件的重视，另一方面促使许多在俄软件公司主动为学校提供免费的软件包，服务于教学。该案发生的背景是俄罗斯申请加入世界贸易组织，打击盗版成为“入世”的前提。因此，从 2006 年起，执法机关依照《刑法典》追究盗版侵权责任的案例大幅增加。2005 年全俄此类案件只有 2924 起，2006 年飙升至 7243 起，2007 年持续上升至 7874 起，2008 年略有下降，有 6885 起，2009 年又一次升至 7211 起。2010—2012 年间，此类案件数量从 6118 起降至 3301 起。

当年，阿尔伯特·波普科夫开发的俄罗斯社交网络同学网启用，并很快流行。同年，帕维尔·杜罗夫开发的社交网络联系网上线，同样很快流行，只不过它在外观上更容易让人联想起英语社交平台“脸书”。

2007 年

3 月 27 日，互联网国家域名协调中心通过正式交换信函的方式确定了俄罗斯国家域名注册者与 ICANN 的关系。

4 月，专门为居民提供无线网络服务的俄罗斯股份公司黄金电信在莫斯科承建的无线上网工程“金无线”成为当时全球最大的无线网络工程。

5 月 23 日，新西伯利亚法院对新西伯利亚学术网进行审查，禁止用户获取该网站上某些极端主义资源。

9 月 4 日，俄语维基百科收录 20 万篇文章。与之形成对比的是，《苏联大百科全书》30 卷总计收录近 10 万篇文章。

9 月 17 日，俄罗斯公共网络发展科学研究所宣布，ru 域名注册用户达 100 万。

10 月，时任俄罗斯第一副总理梅德韦杰夫宣布，俄罗斯 5.9 万所中小学全部接入互联网的国家工程已经完成，正在启动将俄罗斯全部医院接入互联网的计划。

12 月，俄罗斯苏普公司从美国技术平台六度公司全资收购博客平台《直播杂志》。2006 年苏普公司已经获得《直播杂志》特许，在俄罗斯使用该杂志品牌，为基里尔字母用户提供服务。

2008 年

1 月 1 日，俄罗斯联邦《民法典》第四部分生效，它对包括信息技术在内的全部知识产权领域的关系予以调整，对俄罗斯人使用互联网做出一系列规范。

2 月 7 日，俄罗斯联邦总统签署命令，批准《信息社会发展战略》，明确建设信息社会的优先目标，决定分 2011—2014 年和 2015—2020 年两个阶段实施《信息社会发展战略》规划。

2 月 13 日，俄罗斯通信部颁布“通信家家通”规划，提出要在公民提出接入宽带互联网申请半年内按照国家定价批准其申请。

3 月 17 日，俄罗斯联邦第 351 号总统令《关于应用信息电子传播网络进行国际信息交换的信息安全保障的措施》正式生效，它明确了在利用包括互联网在内的电子信息传播系统进行跨境信息传递过程中保障俄罗斯信息安全的基本原则。

4 月 3 日，俄罗斯第 12 届互联网论坛举办，新当选总统梅德韦杰夫在开幕式上致辞。

5—6 月间，发生了著名的“特伦季耶夫案”。赛克特夫卡尔市的一名博客主萨瓦·特伦季耶夫在当地一名记者的博客中留言，对当地警察扣押涉嫌假冒软件一事予以批评，称警察做了一件不讨好的事，应该像在奥斯维辛集中营一样，将“异教徒警察”烧死在广场上。结果，特伦季耶夫被法院判处犯有煽动仇恨罪，缓刑一年。这是俄罗斯第一个因网络日志评论被追究刑事责任的案例。被告辩称，从来没有听说可以把网络日志视同大众传媒，自己只是表达对警察行为的不满，这是一种夸张的说法。他甚至引用普京总统指责收贿者时所说的“要砍掉他们的爪子”为自己辩护。缓刑结束后，被告举家前往爱沙尼亚寻求政治避难，并向欧洲人权法院提起诉讼。直到2018年，欧洲人权法院才表示对其支持，称俄罗斯的处罚侵犯了公民言论自由，但法院拒绝支持特伦季耶夫要求俄政府赔偿损失的请求。

6月24日，俄罗斯域名ru注册量达150万。

7月，俄罗斯总统梅德韦杰夫同意建设俄语域名ру、нет和орг。为此，俄罗斯首先成立了一批相关域名的网站，并组织人员编写软件，以便正确传输URL编码。

2009年

当年初，杨德克斯的调查发现，俄罗斯互联网传媒的发展速度与俄罗斯互联网的发展速度相当，但两者的结构不完全相同。俄语媒体环境中有三类大众传媒：一是职业互联网传媒。它与人们习惯的线下报纸和杂志类似，拥有大众传媒注册证明，比如磁带网和报纸网。此类网络传媒由网站编辑人员撰写新闻并常态发布，有严格的专题栏目结构。第二类是线下大众传媒的网络版。最初，大众传媒的内容生产并非为互联网服务，只是借助互联网转播。比如“莫斯科回声”广播电台或者《信息报》开设的网站。后来，大部分媒体不再将互联网视作一种补充传播手段，而是视作单独的、自主运行的媒介。第三类是社会化媒体。此类媒体内容由网站的注册用户自己撰写，或者从其他地方复制过来，用户可以对网站发布的信息进行投票，用户的支持或反对，影响其在页面上的位置。据统计，俄罗斯互联网大众传媒每天报道的新闻是 36 000 条，如果印成一份常规报纸，不包含图片就有一万页，如果一个人每分钟阅读 1000 个字符，需要阅读整整一个月。幸好，因为网站上有 20%的内容是拷贝粘贴的，可以节约近一周的时间。相对而言，互联网大众传媒在俄罗斯的受欢迎程度高于其他国家。62%的俄罗斯人每月至少登录一次新闻网站，而每月登录一次俄罗斯国内互联网的人口比例只有 58%。56%的新闻读者寻找关于最新事件的信息时目标明确：直奔独立新闻网站，发起新闻搜索请求，使用新闻聚合平台或者在分类系统中寻找互联网出版物。29%的读者通过网络上的旗帜广告登录大众传媒页面。

2 月 18 日，互联网国家域名协调中心和通信与大众传播部签署合作协议。

2 月 12 日，总统梅德韦杰夫严厉批评俄罗斯政府那几年采取的信息化措施，称“至今为止的‘电子政府’仍然是一个‘嵌合体’”。推动电子政府建设，提升俄罗斯信息社会发展水平，成为梅德韦杰夫总统任期内的重要议程。

3 月 22 日，莫斯科时间 16:29，俄罗斯国家域名 ru 注册量突破 200 万。自 1994 年 4 月 7 日域名申请成功到注册量突破 100 万耗时 13 年，而突破第二个 100 万仅用时 1.5 年。

4 月，总统梅德韦杰夫在《直播杂志》开设个人博客，参与讨论者达 12 000 人。

4 月 22—24 日，俄罗斯“互联网论坛”与“互联网和商业研讨会”合并，组成“联合研讨会”。总统梅德韦杰夫向与会者发表了视频讲话。

5 月 15 日，总统梅德韦杰夫亲自回复网民投诉，批示“研究情况，惩处责任人，三日报告结果”。该句式一度作为俄罗斯互联网上的流行句式被模仿。

6月16日，俄语维基百科上的文章超过40万篇。

8月7日，联邦安全局颁布《关于批准互联网信息电子传播网络分支用于联邦国家政权机关和联邦各主体国家政权机关的条例》，将用于联邦国家政权机关和各联邦主体国家政权机关的互联网分支称为俄罗斯国家网络，成立联邦安全局通信与信息专业局，负责发布俄罗斯联邦总统、联邦委员会、国家杜马、政府、宪法法院、最高法院、高等仲裁法院、总检察署、联邦检察长调查委员会、联邦国家政权机关以及各联邦主体国家政权机关的信息，同时为上述机关的官员提供上网服务。

9月10日，梅德韦杰夫总统在报纸网站发表题为《俄罗斯，向前冲》的公开信，向全体同胞阐述其对俄罗斯面临的战略任务的设想、对国家现状的分析和对未来的思考，邀请大家一起参与讨论，为即将发表的一年一度的国情咨文报告做准备。全文采用第一人称，个性鲜明，坦陈其对俄罗斯的原材料出口依赖、官员腐败、家长式管理、彼得大帝式和苏联式的国家现代化路径等现状和问题的看法，提出要建立新型的、自由的、繁荣的、强大的俄罗斯。

11月，互联网域名和IP地址分配管理公司ICANN在开罗召开第33次年会，通过了俄罗斯提出的基里尔字母域名 рф 的申请。2010年5月12日，该域名开始运行。

当年，国家服务统一门户网站启动，人们可以上网了解国家服务的内容。此后，该网站作为俄罗斯电子政务的国家项目，不断升级。2010年，首批20项网上服务上线；2012年，国家服务移动应用被开发出来；2013—2014年，网站重新设计，在线服务增加到240种，用户可以直接在线向政府机关提交行政申请；2015—2017

年，国家服务网站基本定型，服务于企业的内容更加丰富，支付与对话功能为机关和法人创造了更多的应用机会。

当年，互联网登录和使用变得更便捷和便宜，无线通信运营商 Yota 在俄罗斯联邦发展新的通信标准 LTE。但有 79%的俄罗斯用户仍然在使用传统的有线通信。

当年，杨德克斯首次推出地图服务，包括路线、路口、网页照相和街景等，其应用与谷歌地图和谷歌街景相似。但地方政府对此保持警惕，该服务在顿河罗斯托夫市遭禁用。

当年，俄罗斯视频平台俄图比的网络视频广告年增长率首次高达 100%，广告额从 2008 年的 1.5 亿卢布增长到 2009 年的 3 亿卢布。但广告绝对值仍然很低，仅占俄罗斯互联网广告的 1.6%。专家认为，虽然视频广告进入俄罗斯市场已经三年，但俄罗斯的企业和消费者尚不习惯于此。

当年，投资社交媒体的前景被看好。尽管世界上最大的社交媒体脸书在俄罗斯仍被禁用，但俄罗斯投资公司“数字天空技术”为了占领市场，一年内 4 次增持脸书的股份，每笔交易 1 亿美元，最终将股比从年初的 2%提升至 5%。据公司负责人透露，当其拥有脸书 2%的股份时，甚至未能获得脸书董事会的一个席位，仅获得一个顾问席位，不断增加股比的过程就是一个争取话语权的过程。对于脸书创始人扎克伯格而言，他感兴趣的是数字天空技术公司拥有俄罗斯社交媒体“同学”和“联系”的股份。当时俄罗斯国内最大的社交媒体是同学，有 4500 万用户；其次是联系，有 4000 万用户。脸书尽管未获得合法进入俄罗斯的身份，但已经拥有 74 万俄罗斯用户。

2010 年

2 月底，已经拥有俄罗斯搜索引擎市场 20%份额的美国互联网巨头谷歌，在俄启动购物信息服务，希望通过网页搜索提供商品价格和照片，为用户提供最高价和最低价的筛选服务，吸引俄罗斯用户使用该公司购物搜索。此举意味着，谷歌与俄罗斯搜索引擎服务商的竞争开始加剧。当年底，谷歌公司着手在俄罗斯的莫斯科、圣彼得堡、叶卡捷琳娜和新西伯利亚等地设立办事处，推广谷歌搜索引擎，拉近公司与当地居民的距离。

3月，据杨德克斯调查，俄罗斯博客用户活跃度明显下降。截至2009年底，俄罗斯互联网有1200万博客，但每月至少更新一次的月活用户只有10%，而2008年月活用户比例为20%，2007年则为50%。

6月15日，根据俄罗斯联邦最高法院全体会议决定，互联网大众传媒将不再为读者评论承担责任，也不应该在此类评论发布前实施新闻检查。如果评论出现问题，大众传播督察局可以要求大众传媒取消或重新编辑某条评论。在此情况下，如果评论未被修改而且大众传媒没有证明举报缺乏根据，则该媒体应该承担责任。最高法院解释称，依据《大众传媒法》注册为互联网大众传媒的网站适用该规定，而未注册为互联网大众传媒的网站不适用此规定。据此，具有大众传媒身份的网站上的读者评论被投诉后，需要由大众传播督察局提出修改或纠正要求，然后根据大众传媒的响应情况确定其是否需要被追责，其他网站则可能在出现留言问题后马上被追责。

11月11日12:00起，结束内部注册和试运行后，俄罗斯另一个国家顶级域名 рф 开始公开注册。任何一个俄罗斯公民或在俄罗斯注册的法人均可用基里尔字母注册该域名。出乎域名管理者的意料，开放注册 рф 域名一个小时后就收到36 607份申请，24小时内收到258 431份申请。短短八天内，рф 域名注册量突破50万。此后，该域名快速发展，跃居欧洲顶级国家域名的第16位。

当年底，根据蒙格斯坦利的调查结果，俄罗斯跻身世界互联网市场五强，成为欧洲网络用户最多的国家。截至 2010 年 12 月，俄罗斯互联网用户达到 6000 万，占居民总数的 42%，较 2009 年增长了 31%。其中，移动互联网（3G）年增长 81%，占互联网用户数量的 5%。

2011 年

4 月 29 日，俄罗斯总统梅德韦杰夫与互联网产业代表会谈，商讨发展互联网俄罗斯分支、合法治理互联网空间、厘清互联网信息发布的责任、保护著作权和知识产权等问题。梅德韦杰夫称，总统的任务在于或多或少地采取正确的措施，调节包括互联网领域在内的一切社会关系。

6 月 27 日，俄罗斯联邦通过第 161 号联邦法律《国家支付系统法》，将电子货币视为非现金支付手段予以调节，允许在互联网商店使用，也可以用于支付工资。电子支付和移动支付变得更加普及。据世界最大的支付系统美国 PayPal 公司统计，2011 年全球电子支付总量达 40 亿美元，而 2010 年和 2009 年仅为 7.5 亿美元和 1.41 亿美元。俄罗斯电子货币普及与世界同步，据该国电子货币协会发布的报告，俄罗斯境内同时运营着包括 PayPal 在内的国内外不同的多个电子支付系统，如 WebMoney、VisaInternational、i-Free、MasterCard、КиберПлат、QIWI、Яндекс. Деньги、Золотаякорона、Деньги@ Mail. ru 和 Элекснет 等，同台竞争。电子支付呈现快速发展趋势，2010 年该协会全体会员单位的电子货币流转额为 400 亿—700 亿卢布，活跃用户量为 3000 万，而 2011 年仅其中一家会员单位 QIWI 的年流转额即达到 673 亿卢布（超过去年的 2.5 倍）；消费者平均消费额翻番，达到 610 卢布；电子货币用户数量超过 800 万（同比增长 1/3）。2011 年俄罗斯互联网市场电子支付的主要构成是：还贷和银行信用卡还款、网络商店购物、移动通信和转账。

11月3日，俄罗斯总统梅德韦杰夫提出修改《伯尔尼公约》的计划。

2012年

4月18日，俄罗斯总统梅德韦杰夫向俄罗斯互联网论坛暨互联网与企业研讨会的参与者发表视频致辞，称一年一度的论坛和研讨会已经成为俄罗斯互联网生活中的重大事项，希望与会者高度重视论坛所讨论问题的重要性。他认为，离开互联网技术，现代国家不可能有效工作，俄罗斯将创造条件，让公民与国家政权机关通过互联网走得更近。同时，他承诺，将继续维护自己的博客，继续留在社交媒体。本次活动持续三天，俄罗斯170个城市的互联网用户共8000人现场参与，9个平行会场共举办报告100余次，有8万人在线观看。法国、英国、美国、捷克、比利时、德国、丹麦和其他邻国专业人士参加。论坛和研讨会的主要结论是：到2011年底，俄罗斯互联网用户年增长率15%，总数达5780万人，网民数量居世界第六位和欧洲第一位；76%的网民每日上网；34%的人使用移动数据上网；互联网市场年增长率达56%，成为欧洲最活跃的市场。

4月，ComScore调查公司的数据表明，俄罗斯人用于社交媒体的时间居世界前列，平均每月有12.8小时用于社交媒体，99.7%的网民全天候使用社交媒体。其中，两大本土社交媒体服务平台联系网和同学网的俄罗斯用户超过国际平台脸书的俄罗斯用户；俄罗斯互联网社交媒体对用户的吸引力主要来源于大量的音乐、视频和游戏内容。但已经出现少数互联网用户向脸书和推特迁徙的现象。脸书近两年在俄用户占该平台用户总量的比例由5%增加到18%，推特则由2%增加到9%。

10月10日，俄罗斯电子传播协会与俄罗斯高级经济学院联合发布俄罗斯第一份互联网经济研究报告《2011—2012 俄罗斯互联网经济》。在当年 4 月举行的俄罗斯互联网论坛期间，与会者认为，此时俄罗斯互联网的影响不再停留在社会层面，而是已经深入经济层面，但对俄罗斯互联网经济还缺乏系统的研究，不同的学者对其在国民经济中的比重做出的判断介于 0.5% 和 2% 之间，差距悬殊。因此，俄罗斯电子传播协会与俄罗斯高级经济学院合作，从 11 个互联网细分市场着手，对 200 名行业专家进行了访谈，对不同类型的互联网企业进行了田野调查和问卷调查，历时 6 个月，完成了第一份比较完整的、系统的俄罗斯互联网经济研究报告。此后多年，以《俄罗斯互联网经济》为名的年度研究报告成为研究俄罗斯互联网发展的重要文献。

10 月 26 日，俄罗斯大众传播督察局宣布，从 11 月 1 日起专设违禁信息查询网，正式发布包含违法信息的网站名单，为互联网平台和组织自查自纠提供指导，也为公民举报网络违法信息提供路径。任何人均可以通过该网站投诉涉及儿童色情、毒品宣传等内容，一些大型俄罗斯知名网站均曾因为公民投诉而被查处。此前，俄罗斯联邦国家杜马对《通信法》进行修订，允许在特定情形下，未经法院判决即查封互联网违法内容。因此，俄罗斯互联网界公认：国家不关注互联网的时代结束了。

当年，美国的优图比完胜俄罗斯的俄图比，两者的用户数分别是 670 万和 100 万。如果扣除购买的流量，俄图比的访问量则更低。5 年前优图比和俄图比在俄罗斯市场上旗鼓相当，但 2012 年，优图比在俄罗斯互联网市场的普及率已经位居第六位，其垄断优势主要体现在内容上。该平台发布的视频更多地引起其他博客和大众传媒的广泛关注，在很多情形下，优图比的视频成为独立信息源。但优图比管理层有时会采取一些极具争议的措施，对内容进行干预，导致其中立性被质疑。

2013 年

4 月 17—19 日，在俄罗斯互联网论坛暨互联网与企业研讨会举办期间，首次出现“俄罗斯网络与国家关系”的议题，国家如何治理互联网成为此后多年该论坛的讨论重点。当年，一个值得注意的倾向是，专家对俄罗斯互联网立法内容的负面评价增多。

4 月 25 日，俄罗斯互联网用户协会开始运行。协会的共同发起人包括法律维权组织阿古拉协会、维基百科俄语版执行经理、俄罗斯“海盗党”副总裁、互联网出版人协会代表、社会创意基金会代表、莫斯科大学新媒体系副主任和“莫斯科回声”电台的记者等。协会主要研究数据保护、知识汲取、文化价值、儿童使用、远程教育、远程就业、互联网管理参与等问题。协会宣言称：“我们是互联网用户，我们的大部分生活在网络中度过。互联网对于我们不仅是工具或者娱乐，而且是我们生活的一部分。我们无法想象，失去它自己将会怎样。它是我们的空气、水和太阳。”

6 月 21 日，国家杜马通过《就保护电子传播网络中的知识产权问题对特定法律进行修订的法案》，被业界称为俄罗斯的“网络反盗版法”。该法从草案公布到最后签署生效，一直饱受诟病，反对者称之为“反互联网法”。2013 年 8 月 1 日“网络反盗版法”生效当日，俄罗斯互联网界举行罢工，当月被称为俄罗斯互联网历史上的“黑色八月”。12 月 3 日，俄通社-塔斯社消息称，总统普京反对过度限制互联网领域。随后，总统委托专人与互联网界对话，强调既要保护知识产权，又不能毁掉互联网。与此同时，网络上发起的“取消‘网络反盗版法’”的倡议获得 10 万人签名支持，被送交国家杜马讨论。围绕网络版权保护，俄罗斯各利益方进行了长期而曲折的博弈。

6 月 29 日，俄罗斯通过联邦法律《保护儿童健康成长免遭信息伤害法》，俄罗斯互联网治理“黑名单”制度由此开启。

12月28日，国家杜马通过《互联网反极端主义法》。12月30日，俄罗斯总统普京签署该法令，宣布自2014年12月1日起生效。它扩大了未经法院判决即可查封互联网资源的适用情形。2014年7月，国家杜马对该法律进行修订，加重违法责任追究。据此，如果在电视、报纸或者互联网上煽动极端主义行为，将被剥夺公职、限定职业选择，处罚金10万—30万卢布，甚至面临三年内强制劳动不超过300小时，或者限制自由4—6个月的法律风险，特别严重者可能面临最高5年有期徒刑。

四、俄罗斯互联网全面治理期（2014—2022）

2014年

1月22日，俄罗斯大幅降低对大众传媒的国家资助。2014年资助名单中包括52家广播电视台和8家网站，受资助机构较去年减少一半。全俄国家广播电视公司一如既往获得最多资助，其名下共有8家电视台和11家广播电台受资助。国家资助的节目类型包括新闻类、儿童类、音乐类、公共科学类等。

2月1日，联邦总检察长和副总检察长受权直接对发布包含鼓动群众破坏社会秩序和实施极端行为的信息的网站进行查封。当天，俄罗斯大众传播督察局根据联邦副总检察长的要求，查封了四家网站的网页或相关内容，其中包括俄罗斯应用广泛的直播杂志app的一条违法信息。此举开了俄罗斯互联网管理中未经法院审判即查封网站的先河，引起俄互联网界的高度关注。法律同时规定，一年中两次被大众传播督察局警告的大众传媒，可能被取消大众传媒注册证明，相关网站则面临被关闭的风险。

2月3日，俄罗斯联邦总统普京签署法令，要求全国250—500

人的居民点必须接通互联网，而且上网速率不低于10MB/S，以尽快消除城乡间的“数字鸿沟”。

3月，俄罗斯第一个专门为儿童服务的俄语字母域名“儿童”（ДЕТИ）启用，它是目前全球唯一以儿童为服务对象的专有域名。儿童域名由俄罗斯理智互联网基金会资助，旨在建设一个连接俄语儿童网站的平台，儿童和少年是其主要服务对象。注册该域名必须符合两个原则：一是包含关于孩子和服务孩子的俄语资源，二是符合基金会的使命，即促进儿童互联网发展，支持人文项目，推动生产面向孩子的优质安全的教育内容。除了青少年用户外，该域名也为家长提供指导，其中成年用户已经占2%。为了丰富儿童域名的产品构成，理智互联网基金会自2009年起，持续参与组织“全俄互联网积极内容大赛”，促进俄罗斯儿童网络内容生产。

5月5日，普京签署总统令，颁布所谓的“博客主法”或曰“知名博客主法”。该法真正的名称是《关于对联邦法律〈信息、信息技术和信息保护法〉和其他规范使用电子信息传播网络交换信息的法规予以修订的法》，是伏尔加格勒恐怖事件发生后俄罗斯国家杜马制定的一揽子反恐怖主义法律的一部分。它首次对博客主行为予以规范，要求博客所有者主动发布自己的身份信息和有效电子联系方式，或者在接到大众传播督察局通知后予以公布。凡是收到大众传播督察局通知后十日内未做出反馈的博客主或者博客所有者，可能被行政处罚，罚款额度分别为自然人5000—10 000卢布、法人1万—5万卢布，对于恶意违法者将罚款50万卢布或者停止博客运行30天。但它并非针对全体博客主，而是根据需要有选择地进行管理，其中一个重要指标是博客用户日访问量达3000人，所以它又被称为“知名博客主法”。类似规定此前只适用于大众传媒，现在扩大至博客账户，意味着俄罗斯将部分博客视同大众传媒，要求博客主承担相应的义务。比如“发布法院判决书”“不允许将网站用于刑事犯罪”“不允许隐匿或虚构重要的公共信息”“不能干涉公民私生活”以及要求博客主阻止不文明的表述和关于色情、暴力及残忍内容的宣传。其中，最重要的是要保存博客记录60天，并根据联邦安全部门的需要提供相关信息。该法于8月1日正式生效。8月15日，“莫斯科回声”网站成为第一个被要求提供博客主信息的平台。俄罗斯大众传播督察局要求其提供作家维克多·申捷诺维奇在该平台开设博客的具体信息。

7月8日，根据伊尔库茨克州安加尔市法院的判决，“电话本”网站因为非法传播俄罗斯公民的个人数据，被俄罗斯大众传播督察局列入俄罗斯互联网违禁信息“黑名单”，成为俄《个人数据法》实施后第一个被完全查封的网站。被查封前的电话本网站提供的电话号码查询服务涉及用户地址、电话号码、用户姓名和父称、出生年月等数据，查询者可以根据其中任一选项进行查询。此前，亦曾有网站被指违反《个人数据法》，但在收到法院清除相关数据的要求后均能积极配合，未出现因拒绝执行法院判决被查封的情形。电话本网站成为第一家因拒绝执行数据保护判决而被完全查封的网站。

7月21日，国家杜马通过《限制个人数据境外保存法》。由于该法涉及平台数据迁移和数据中心建设，需要较长的前期准备，因此其生效日定于两年后的2016年9月1日。该法规定，互联网平台上关于俄罗斯联邦公民的个人数据均应保存在俄罗斯境内。它后来成为俄罗斯与国际互联网供应商博弈的重要法律手段。

10月1日，俄罗斯联邦安全会议讨论如何保护俄罗斯网络免遭外来威胁。在此次会议中，俄罗斯联邦总统普京阐述了其互联网安全观：首先，无意限制上网，不会将其置于完全控制之下，不会实行互联网国家化；其次，国家不打算限制信息领域内个人、社会组织及企业的合法利益和能力；最后，对于俄罗斯政府而言，最重要的是保障俄罗斯互联网的稳定与安全。他特别指出，一些国家的互联网企业借助其对信息空间的控制不仅实现其经济目标，而且实现其军事和政治目标。会议期间，通信与大众传播部部长尼古拉耶·尼基伏罗夫汇报了7月份进行的旨在测试从外部切断俄罗斯网络可能性的演习结果。由此，外界开始关注俄罗斯互联网治理的重要思路“断网保护”。

10月14日，俄罗斯联邦总统普京签署命令颁布第305-Φ3号联邦法律，对俄罗斯联邦《大众传媒法》进行修订，加强俄罗斯信息空间安全构建，限制涉外人员和资本对俄罗斯大众传媒的控制权，规定外国法人、外国自然人以及外资超过50%的俄罗斯组织不能成为大众传媒的发起人。此次修订后的《大众传媒法》禁止以下几类人注册大众传媒，成立编辑部，或者拥有、管理或控制超过大众传媒发起者或编辑部的注册资本的20%的股份：外国、国际组织、拥有其他国籍的俄罗斯人、无国籍者、外国法人和自然人以及外资占比超过20%的组织。如果违反这一要求，上述主体所在的传媒企业的投票权、管理权和获取组织活动信息权等将受到限制。国际条约有约在先者，遵从国际条约。

2015年

3月8日，国家杜马通过第23-Φ3号联邦法律，对《大众传媒法》和《行政诉讼法》进行修订，规范了宣告大众传媒注册证明无效、终止或中止大众传媒活动的法律依据和行政诉讼程序。

6月9日，联邦政府通过第567号决议，对联邦通信与大众传播部的职能进行调整，扩大了该部制定规范性条例的权利范围，通过了保障视力残疾人士接触政府机关官方网站的相关条例。

6月29日，国家杜马通过第188-Φ3号联邦法，对《信息、信息技术和信息保护法》及2013年4月5日通过的《国家和公用事业单位商品、业务和服务采购合同体系法》第14条进行修订，明确在计算机和数据库中应用国产软件的特殊要求，决定成立统一的俄罗斯计算机和数据库软件清单，以便扩大国产软件应用范围，向国产软件权益人提供国家资助。修订后的相关法律明确了进入国产软件名录的相应参数。凡是被纳入名录者皆被认定为俄罗斯联邦国产软件。根据修订后的国家采购规定，采购人有义务在统一的信息系统中发布采购需求，优先采购名录中的软件产品和服务，如果在实施采购时无法禁止或限制外国商品、业务和服务，则需单独说明理由。如果软件申请被拒绝纳入名录，其权益人可以在三个月内向法院提起诉讼。

7月14日，国家杜马通过“遗忘权法”，同时对《信息、信息技术和信息保护法》和《民事诉讼法典》进行修订。“遗忘权法”强调互联网搜索运营商有义务根据申请者的要求，中止提供与申请者数据信息相关的网页搜索服务。此类信息包括某些事件或个人行为导致的已经失去意义的不当信息、不可靠信息、违法传播的信息等，但不包括刑事犯罪信息。

9月1日，修订后的《个人数据法》生效。修订后的法律进一步强化了对俄罗斯公民的网络数据的保护，对在俄罗斯联邦境内运营的外国网络平台提出更高的要求。随后，谷歌搜索、eBay、PayPal和Booking等国际互联网企业相继宣布拟将数据转移到俄罗斯的服务器上，但也有相当一部分公司仍在观望。数据保存、加工和传输问题日益成为国际互联网资源竞争的重要构成，这在俄罗斯表现得尤为突出。

10月16日，联邦政府通过第1107号决议，落实《大众传媒法》相关修订条款，批准关于注册大众传媒的一系列文件，明确了限制注册电视频道、广播频道、音视频节目制作组织和新闻报道组织的条款，从行政管理和执法程序上规范了外资参与俄罗斯大众传媒的行为。

2016 年

1 月 1 日，“遗忘权法”正式生效。当年底，俄罗斯最大的搜索引擎杨德克斯发布的统计数据表明，2016 年网民的全部“遗忘”申请中，只有 27%被网络服务平台接受，73%的申请被拒绝（其中 9%是部分接受）。大量申请被拒绝的原因是，网络服务平台无法核实申请的真假，或者无法判断传播相关信息具体侵犯了哪些权利或者违反了哪些法律，这表明“遗忘权法”的实施面临诸多挑战。

1 月 1 日，俄罗斯联邦关于禁止国家公用事业单位在采购中使用外国软件的法律和相关政府决议正式实施，俄罗斯联邦通信与大众传播部成立专家委员会，负责评估俄罗斯国产软件，建立俄罗斯国产软件国家采购清单，推进国家机关软件的进口替代进程。当年，该清单中收录了 3310 份国产软件。

11 月，俄罗斯第一家非商业性区块链技术开发促进组织——区块链基金会开始运行。当年，俄罗斯中央银行、外贸银行、储蓄银行、阿尔法银行等数家大型银行和金融公司开始布局区块链技术应用，联邦税务局开始运用区块链技术简化报税程序。

12 月 1 日，俄罗斯联邦总统普京发表国情咨文，提出优先发展数字经济的战略。此后，“数字经济”概念在官方统计和研究报告中正式替代“互联网经济”概念。根据普京总统建议，在总统经济委员会、通信与大众传播部分别成立数字经济发展工作组和法制保障委员会，正式启动数字经济国家规划起草工作。

12 月 5 日，俄罗斯联邦总统普京发布命令，正式批准实施新版《信息安全学说》，系统阐述俄罗斯信息空间国家安全的官方立场和观点，同时宣布2000年版《信息安全学说》失效。新版学说充分关注IT技术开发应用和互联网普及对世界与俄罗斯信息空间构成的威胁，重新奠定了俄罗斯互联网治理的政策基础。

12月6日，俄罗斯联邦政府向国家杜马提交《关键信息基础设施安全法》草案及为实施该草案对《刑法典》《刑事诉讼法典》等法律进行修订的建议，推动对俄罗斯信息基础设施实施系统性立法保护。

当年，俄罗斯大众传播督察局开始转变互联网管理思路，从普遍督察转向风险控制，从过程考核转向结果和效率考核。督察局根据不同风险级别，决定督察方法、频次和力度，减少对互联网企业正常运营的干扰。该局的管理思路和工作方式的调整，传递了国家对互联网的态度和立场的调整。

2017年

1月1日，俄罗斯联邦政府关于国家机关优先采购国产商品和服务的政府决议正式生效。据此，在同等条件下，采购方要做出有利于俄罗斯竞标者的选择。

1月1日，俗称“谷歌税法”的俄罗斯联邦《互联网数字内容与服务交易增值税法》生效。据此，国外企业在俄罗斯联邦境内从事互联网内容和服务交易时，需要在俄罗斯税务部门登记专用账户，与俄罗斯同类企业履行同等纳税义务。该税种分为14类，涉及搜索引擎服务、域名注册、电子图书、教育、音乐等领域。但并非所有与互联网有关的交易均需纳税，如果仅属网上订购线下送货或者通过电子邮件等进行咨询服务等情形，则无须缴税。该法还规定，如果俄罗斯互联网企业的交易地不在俄罗斯境内，则与国际企业一样免缴增值税。

2月22日，国家杜马对《个人数据法》和《关于实施国家督察

（检查）和公共事业监督的法人和个体企业的权益保护法》进行修订，明确个人数据保护的督察机关及其履职程序。相关修正案于当年3月1日起生效。

4月，俄罗斯电信公司和爱立信公司合作，成功实现5G移动通信的试验，俄罗斯移动数据传输速率第一次达到25GB/秒。此前麦格风通信公司在固定通信设备间测试5G，速率达35GB/秒。

4月20日，俄罗斯通信与大众传播部部长尼古拉耶·尼基伏罗夫在俄罗斯互联网论坛暨互联网与商业联合研讨会上以《俄罗斯数字经济》为题致开幕辞，首次提出国家要成为互联网市场最大的基础设施投资者。

5月10日，俄罗斯联邦总统普京签署命令，批准俄罗斯联邦《信息社会发展战略（2017—2030）》，代替2008年版《信息社会发展战略》。新版战略强化了国家机关、企业和公民对信息传播技术的应用，明确了构建数字经济的目的、任务和方法，强调保障国家利益，实施国家优先战略。

6月，俄罗斯无线电频率委员会临时分配给麦格风通信公司一个专用波段，供其在举办2018年世界杯足球赛的11个城市试验5G通信。

7月1日，俄罗斯联邦《音视频调节法》生效。在俄罗斯联邦境内运行的付费平台或以观看广告为条件的日受众10万以上或一月内日受众1万以上的平台均需受此法管理。法律特别要求平台安装内容跟踪设备，防御违法内容传播，同时要根据受众年龄段分类设置内容。另外，法律要求国外视频服务商在俄进行法人登记，或者由俄罗斯公民拥有所有权；视频服务平台的国外资本不能高于20%。相关条款引起业界高度关注，特别是关于外国企业的认定、资本的比例、用户数量的统计等概念和指标曾多次调整。最终，用户生产视频的平台被排除在外，俄罗斯人使用最广泛的美国视频平台优图比不受此法调节。

7月1日，俄罗斯联邦《关于对〈国家保护法〉和其他联邦法律进行修订》的法案正式生效。该法案对与《国家保护法》适用对象相关的个人数据及其家庭成员的个人数据的安全予以规范，特别对各类交通运输机构、场站、航天机构、军事机构等单位的个人数据保护规则予以细化。

7月28日，俄罗斯联邦政府批准实施《俄罗斯联邦数字经济国家规划》，明确数字经济发展的主要方向。

7月29日，俄罗斯国家杜马通过第223-Φ3号法案，分别对《行政侵权责任法典》《民事诉讼法典》《仲裁诉讼法典》进行修订，明确法律文书在互联网上全文发布的原则，对其中涉及个人数据保护的内容予以规范。

8月1日，为消除城乡数据鸿沟，俄罗斯电信公司取消乡村居民点Wi-Fi收费规定，以刺激乡村网络服务需求。当年，全俄250—500人的乡村居民点的Wi-Fi覆盖率达到40%。

8月5日，俄罗斯联邦技术调节与测量局（联邦标准局）成立相关技术委员会，专门研究区块链相关标准。

11月28日，国家杜马成立数字经济与区块链专家委员会，为相关立法提供专业支持。

当年，俄罗斯卡巴斯基实验室统计数据表明，俄罗斯共遭遇4270万次移动病毒软件攻击，受攻击次数超过世界上230个国家和地区，相当于2016年的2倍和2015年的17倍。其中，俄罗斯用户受到银行特洛伊木马软件攻击的次数居世界第一位；针对俄罗斯国家机关的网络攻击占所有网络攻击行为的13%；1/3的攻击国家机关的行为属于窃取数据即间谍行为。

2018 年

1 月 1 日，俄罗斯联邦《关键信息基础设施安全法》和《电子即时通信调节法》生效。

2 月 17 日，俄罗斯联邦政府通过 2018 年第 169 号政府决议，明确大众传播督察局与音视频服务商之间协调音视频传播权利与义务关系的程序。

2 月，作为《俄罗斯联邦数字经济国家规划》的重要部分，《人才与教育行动规划》试图破解俄罗斯 IT 人才长期不足的难题。它提出未来 7 年俄罗斯高校信息传播技术人才的培养目标是：2019—2020 年不少于 6 万，2020—2021 年不少于 8 万，2021—2022 年不少于 9 万，2022—2023 年不少于 10 万，2023—2024 年不少于 11 万，2024—2025 不少于 12 万；国家全额资助学费的 IT 人才数量逐年增加。除了高层次人才培养外，国家鼓励互联网企业和社会组织开展信息传播技术培训，提升全民的 IT 技术素养。该规划既体现了俄罗斯对 IT 人才的高度重视，又反映了俄罗斯国内 IT 人才高度紧缺的状况。

4 月，俄罗斯风险投资公司提出第一份物联网标准并提交国际标准组织（ISO/IEC）。5 月，位于柏林的国际标准组织决定，2019 年在俄罗斯召开该组织的国际委员会会议，邀请俄罗斯风险投资公司和俄罗斯电信公司作为俄方代表参与会议组织工作，俄罗斯被批准成为国际物联网标准制定参与者。

5 月 7 日，俄罗斯发布总统令，颁布《2024 年前俄罗斯联邦发展的国家目标和战略任务》，将共享经济列入实现国家战略目标的重要路径。

7 月 7 日，被称为俄罗斯近十年来最具争议的立法建议“雅罗沃伊法案”经过议会三读通过后由总统普京正式颁布实施。“雅罗沃伊法案”对《反恐怖主义法》《刑法典》和《刑事诉讼法典》等一系列法律进行修订，它主要涉及三方面：一是加强对极端主义和恐怖主义的惩罚，将社交媒体上的恐怖主义言论视同通过大众传媒发布恐怖主义言论予以追责，将涉及极端主义和恐怖主义犯罪的刑事责任的最低年龄降至14周岁。二是对通信运营商和网络服务供应商提出新要求。它规定，从2018年起，移动通信运营商和互联网公司有义务将所有本平台用户流量记录保留6个月，用户流量包括即时通信工具、社交媒体和电子邮件上的通信记录以及电话录音。元数据则被要求保存3年。所谓元数据是指用户何时给谁打过电话或者发过文件的信息。三是法案赋予执法者索要网络用户信息的权力。如果涉及信息加密，则平台所有者有义务帮助联邦安全局解密相关信息。2018年，由于拒绝提供密钥，即时通信工具“电报”一度被封，直到2020年6月才被取消限制接入。

8月5日，根据俄罗斯提议，联合国大会首次将信息安全问题纳入议程。俄罗斯起草的《国际信息安全决议》得到了绝大多数国家和地区的支持，有60个国家和地区作为共同提议方在草案上签字。该决议提出，信息技术应绝对用于安全目的、遵守网络空间的国家主权原则、共同反对利用通信技术实施犯罪、预防IT产品有害功能的扩散等，体现了俄罗斯对信息技术安全的关注。

10月27日，俄罗斯联邦政府通过第1279号政府决议，规定即时通信工具使用须对应手机号码。通信运营商有义务协助核查电话号码，经确认一致后用户才能使用即时通信工具。

11月1日，俄罗斯著作权人代表与大型网络运营商签署备忘录，以行业自治的方式与网络盗版作斗争。该备忘录内容类似于美国的《数字千年版权法案》，但备忘录不具有法律效力。

当年，俄罗斯互联网基础设施同比增长17.3%，增幅与上年相同。显著特点是，云服务和云技术成为主要增长驱动，企业对云服务的信任度在增加，大型通信运营商积极布局云市场。

当年，俄罗斯在线广告市场的广告额首次超过电视。俄罗斯传播公司协会调查数据表明，在线广告市场总额达到2030亿卢布，同期电视广告市场总额为1870亿卢布。到2018年底，互联网广告在数量和增幅两方面持续占据广告市场的主导地位。

当年，俄罗斯互联网市场增幅明显下降。与2013—2017年间年均30%的增长速度相比，2018年较2017年的增长率仅为17.3%，市场总额为19 534亿卢布。增速减缓表现为网络零售量增幅变小，其真正原因则是居民购买力的下降。

2019年

2月26日，俄罗斯唯一服务于儿童和家长的专有域名“ДЕТИ”运行满5周年。当年底，俄罗斯互联网发展研究所开展的全俄“2018年儿童互联网专题调查”发现，从2015年到2018年，专门设置“安全（儿童）搜索”的家庭从5%提高到23%，“儿童互联网”作为俄罗斯互联网的细分市场，在家长中的普及率从4%提高到12%，当年已经拥有2450万儿童和家长用户。调查发现，俄罗斯儿童一般4—5岁开始上网，而且1/3的孩子是独立上网；45%的孩子每天上网（每周上网6—7天），其中8—11岁的孩子每天上网的比例达54%。虽然96%的家长认为，有必要对孩子的上网行为予以监督，但是，除了安装防病毒软件外，真正采取其他措施增强孩子上网安全性的家长只有1/4。18%的家长相信，专门为孩子提供服务的互联网不存在危险因素，而那些多元化的门户平台存在不安全因素。越年轻的家长越认同“家长应首先承担孩子上网安全的责任”这一观点。

7月16—19日，第十届亚太地区互联网管理论坛首次在俄罗斯远东联邦大学举行，来自世界50多个国家和地区的300余名代表参加，会议期间有100余人报告成果。本次会议对于俄罗斯互联网界而言意义非同一般，它同时庆祝亚太地区互联网管理论坛成立10周年、俄罗斯国家域名ru注册25周年和俄罗斯互联网管理论坛成立10周年。俄罗斯互联网界希望借此表明俄罗斯互联网既是国际互联网不可分割的一部分，同时也独具特色。本届论坛期间首次举办以大学生为主要对象的青年分论坛。

10月10日，俄罗斯联邦总统普京发布《关于在俄罗斯联邦境内开发人工智能的命令》，阐明俄罗斯开发人工智能的立场、任务、目标和路径。

11月1日，饱受争议的“俄罗斯互联网主权法”正式生效。它从立法者的视角列出一份措施清单，以保障国际互联网俄罗斯分支一旦被从外部切断与全球网络的联系，仍然能够自主运行，因此也被称为“俄罗斯互联网自主法”，反对者则称之为“俄罗斯互联网隔离法”。它的官方名称是《关于对俄罗斯联邦部分法律进行修订的法（俄罗斯联邦境内互联网功能安全与稳定保障部分）》，旨在加强俄罗斯互联网安全性、稳定性和完整性。其中，通信运营商需要依法安装特殊工具，侦测威胁，过滤流量，封锁违禁资源；国家则需要在紧急情况下实施通信网络集中管理。

8月，通信运营商“电信2”公司启动第一个5G商用试验区。该试验区设在莫斯科市特维尔斯卡亚大街，设备供应商是爱立信公司。

2020年

6月25日—7月1日，受新型冠状病毒肺炎疫情传播的影响，俄罗斯首次通过互联网对宪法修正案进行全民公决。此间，公民可以足不出户，通过国家统一服务门户网直接投票。

7月31日，俄罗斯联邦总统普京签署命令，颁布《关于俄罗斯联邦数字创新领域的实验性法律制度的法》，决定“修改、中止或取消”部分法律法规对企业创新的限制。据此，凡获联邦政府认定的IT企业均可适用实验性法律制度，以消除现行法律制度可能导致的创新壁垒。但总统令明确，企业创新要坚持三个“风险最小化”，即对人的生命和健康的损害风险最小化、对个人和法人的财产的损害风险最小化、对国防和国家安全的损害风险最小化。

7月31日，俄罗斯联邦总统普京签署命令，颁布《俄罗斯联邦税法典第二部分修正案》，决定对IT行业实行税收优惠，确定从事信息技术、电子元件基础产品和电子产品的设计与开发活动的组织，缴纳联邦财政的利税率由原来的20%降为3%，缴纳国家预算外费率由14%降低为7.6%，不再向地方财政缴纳利税。与此同时，IT企业的养老基金和社会保险的缴费率也大幅降低。该政策被俄罗斯电子传播协会称为“国家对互联网行业史无前例的支持”，俄罗斯IT企业的税负甚至低于以低税率闻名的印度和爱尔兰，它释放了数百亿卢布资金用于企业自我发展，帮助许多公司渡过了疫情防控期。

12月21日，俄罗斯电子传播协会在塔斯社新闻中心举办“俄罗斯互联网2020：年度总结”研讨会，发布题为《俄罗斯互联网经济2020暨俄罗斯数字经济生态系统》的报告。发布会披露，2020年俄罗斯数字内容产值增长44%，达1234亿卢布，流视频服务收入首次超过影剧院，游戏产业成为最有利可图的产业。当年，俄罗斯社交媒体活跃用户增加30%，达到6400万人，但发送各类消息的数量下降8%；抖音成为俄罗斯安装最多的移动应用，WhatsApp则是月活用户最多的应用。

12月，俄罗斯视频社交平台俄图比被天然气工业媒介集团公司收购。

据国际数据中心发布的数据，俄罗斯2020年进口智能手机3030万台，比上年减少了7.6%，成为2017年以来进口数量最少的一年；前五名进口品牌是三星、荣耀、小米、苹果和华为。

当年，新冠肺炎疫情对俄罗斯互联网的影响明显。与2019年相比，俄罗斯电子传播市场收益下降，出现2015年以来首次负增长（-0.7%），总收入减少110亿卢布。其中的原因有两方面：一是移动通信、宽带和付费电视收入增速下降，二是市场增长部分无法弥补固定电话、跨运营商服务（漫游）和其他服务数量下降造成的收入减少。2020年，俄罗斯付费电视业务中只有IPTV的用户数增加了7.7%，有线电视和卫星电视用户数均呈负增长。

当年，俄罗斯网络安全威胁增多。全俄记录在案的犯罪事件中，25%的犯罪行为属于借助电子传播技术实施的犯罪。网络犯罪数量与2019年相比增加了73.4%，在2015年到2020年的五年内增加了11倍。在全球网络安全指数排名中，俄罗斯居第五位。

当年，俄罗斯开发的国家搜索引擎“卫星”最终“离轨”。该项目从2014年起由俄罗斯电信公司投资开发，但未能找准市场定位，一直未获得受众认可。2017年以来，该搜索引擎服务仅占俄罗斯搜索市场1%的份额，月增长率接近零。

当年，受新冠肺炎疫情影响，俄罗斯创业投资市场低迷。投资总额仅7.029亿美元，较上年下降19%；创业资金主投方向是教育和健康两大领域，分别交易36笔和19笔，交易额为1.191亿美元和4490万美元。

当年，受疫情防控期间人们居家隔离的生活方式影响，俄罗斯电子商务需求快速增长。主要表现为：食品需求增长最快；在线零售增长214%；形成了“迅速、弹性、无接触投递”的新型送货原则；区域物流获得发展；互联网公司和行业在线公司的协作增加。

在线旅游和活动门票销售成为2020年最大的“牺牲品”，其中在线旅游服务收入下降54%。

2021年

年初，俄图比平台重启，增加了作者内容变现的功能。平台新东家试图将其打造成与美国优图比水平相当的国产替代平台。

2月1日，俄罗斯大众传播督察局出台管理制度，要求社交网络和视频公司即日起自行查找并主动取消以下违法内容：污言秽语以及明显不尊重社会、国家和宪法的信息，煽动群众破坏秩序、参与极端主义和不和谐活动的信息。平台每年必须提交违法内容清理报告，积极对网络自治的规范做出反应。凡拒绝主动清除违法信息者将被罚款400万卢布。2021年底，谷歌公司因违反上述规定成为在俄第一家被罚款过亿的IT公司，紧随其后的是元公司，两者分别被罚72.7亿卢布和2.05亿卢布。

2月2日，俄罗斯联邦总统普京在会见全俄“教师年”竞赛获奖者时阐述了其对社交平台的基本认知。他说，人们不应该忘记，互联网社交平台首先是企业，赢利是其首要目标。遗憾的是，它们经常不惜代价去赢利。普京认为，现代信息平台开始越来越多地控制人们的认知，对此国家既应该考虑如何应对，又不应做出限制人身自由、言论自由和选择自由的决定。普京对社交平台的基本态度影响着俄罗斯对互联网平台治理的路径选择。

3月，由于推特拒绝删除平台上的违禁信息，俄罗斯大众传播督察局降低了推特在俄罗斯境内的网络流速，导致该平台传输照片和视频的速度明显下降。两个月后，推特按照该局要求删除全部违禁内容，数据传输恢复正常。降低数据流速是俄罗斯2020年推出的互联网治理措施，其初衷是反击国外互联网平台针对俄罗斯大众传媒的新闻审查。

5月20日，俄罗斯互联网论坛召开。论坛发布的数据表明：2020年俄罗斯互联网对国民经济的贡献量为67 000亿卢布，较2019年增加22%；网民数量为9740万，占12岁以上居民人口的79.5%。

6月，国家杜马审议通过《俄罗斯互联网统一测量法》。据此，测量网络受众需要以联邦大众传播督察局批准的方法论为基础，测量者要与服务商签订测量协议，明确数据范围、构成、传输方法和规律。该法一经公布便遭到媒体和传媒市场的批评。

6月15日—7月15日，以维护俄罗斯互联网主权为目标，俄罗斯举行了题为“保障互联网功能稳定性、安全性和完整性”的演习。通信运营商麦格风公司、比拉耶公司、莫斯科电信公司、电信2公司、俄罗斯电信公司、跨区电信公司和埃尔电信集团公司等参与演习。演习取得成功，没有出现信息传输中断现象。根据俄罗斯信息社会发展规划，2022—2024年间，俄罗斯将提供310亿卢布财政拨款用于维护互联网主权。

7月，俄罗斯总统普京签署了一个所谓的IT巨头“落地法”，要求在俄罗斯拥有50万以上日活用户的互联网公司自2022年1月1日起在俄开设地区办事处或者成立法人组织。违反“落地法”的公司将被禁止传播广告，禁止成为俄罗斯广告主的广告平台，禁止转账。俄罗斯联邦大众传播督察局列出13家受该法调节的企业名单，谷歌公司（包括谷歌娱乐、优图比和谷歌邮箱）、苹果公司（包括苹果云、苹果应用商店和苹果音乐）、元平台（包括脸书、照片墙、WhatsApp）、推特、抖音、电报等知名互联网公司及其他一些受年轻人喜爱的视频软件、即时通信平台、流媒体音乐平台、短视频公司、游戏直播平台等均榜上有名，这些主体需要根据“落地法”调整自己的运营模式。

12月1日，《关于免费接入具有社会意义的互联网资源的法》

生效。该法规定的免费接入网站包括国家机关网站、地方自治机关网站、俄罗斯预算外基金网站和国家服务统一门户网站。法律规定，即使网络用户余额为负数，通信运营商也要为其提供接入免费网站的服务。数字发展部负责制定允许免费接入的网站清单。2020 年开始试运行的免费网站清单中，包括直接或间接属于国家管理的俄罗斯商业组织和非商业组织成立的网站，以及外国参与者不占多数的非商业组织。2021 年有 371 家网站参与免费进入互联网实验。

12 月 29 日，俄罗斯副总理切尔内申科宣布，截至 2021 年 12 月底，俄罗斯互联网月活用户 1 亿，超过俄居民总量的 80%。近 90% 的互联网用户每天上网，在 12—24 岁的年轻人群体中，每天上网的人接近 95%。移动数据流量占总流量的 83%。总统授权实施的互联网宽带接入任务全面完成，所有具有社会意义的组织和机构，如卫生所、医院、学校警务室、应急部门等，全部实现宽带上网，未来的任务是保障居民人口少于 200 人的生活点的宽带接入。

当年，俄罗斯新闻媒体遭遇国外互联网新闻审查现象激增，作为应对措施，俄罗斯加大了对国外互联网的处罚力度，单一处罚的上限可达 300 万卢布。俄罗斯大众传播督察局统计表明，2020 年到 2021 年间共发生 51 起针对俄罗斯的新闻审查案，其中优图比有 24 起，脸书有 13 起，照片墙有 8 起，推特有 4 起，谷歌和抖音各 1 起。被国外社交网络和视频平台查封最多的是俄罗斯的国际传播账号，如卫星频道、今日俄罗斯电视频道、安娜新闻频道等对外传播主体频频被查。

当年，国家杜马修订《广告法》，规定互联网公益广告的份额应占媒体整个广告面积或时长的 5% 以上。此前，该规定仅适用于电视、广播和平面媒体，现扩大至互联网，同时由政府指定的非商业组织互联网发展研究所作为公益广告运营者。

2022 年

1 月 1 日，《关于在进口设备中强制预安装俄罗斯软件的法》正式生效。俄罗斯制定了强制安装的国产软件清单，包括 16 种智能手机和平板电脑插件、12 种智能电视服务和 1 个 Windows 电脑软件。从 2023 年 1 月 1 日开始，进口智能手机还必须预装电子书和音频书。违反该法将面临 3 万—20 万卢布不等的罚款。

1 月，莫斯科电信公司获得俄罗斯第一个 5G 商用牌照，首批在莫斯科、圣彼得堡两市接入 1 万余件设备试用 5G 通信。俄罗斯经济发展部发布的“白皮书”称，俄罗斯在 5G 商用方面落后于世界领先水平 3—5 年。

2 月 26 日，俄罗斯历史上首次一天中侦测到 50 起以上针对本国的最强等级的 DDoS 攻击，有针对性的黑客攻击变得更加频繁。

3 月，俄罗斯国家顶级域名 ru 用户超过 500 万，рф 用户超过 67 万，俄罗斯国内应用平台用户数量不断攀升，意在成为优图比在俄罗斯替代品的俄图比的访问量增加了 64%。

3 月，两大国际互联网干线服务商 Cogent 和 Lumen 表示，拒绝与俄罗斯公司继续合作。此举将导致俄罗斯互联网用户登录美国和欧洲的网站速度变得缓慢，甚至可能出现网络中断现象。俄罗斯专家同时指出，切断俄罗斯的流量对于上述公司而言无利可图，因为俄罗斯电信公司拥有连接东西方的快速通信线路。

3 月，诺基亚、爱立信等国际公司撤出俄罗斯市场，加剧了俄罗斯互联网设备更新的困难，对俄罗斯移动互联网的稳定运行构成威胁。

3 月 28 日，数字发展部部长提出支持国产 IT 发展的计划。一是，2022 年政府拨款 200 亿卢布直接支持 IT 企业和人才培养；二是，在既有优惠政策基础上，继续加大税收支持力度，将 2025 年前

IT 产业的利税率一律调整为 0%。

3 月 28 日，俄罗斯司法部宣布“德国之声”为外国媒体代理人。此举被认为是对德国限制俄罗斯媒体在德运行的反击。

3 月，曾任俄罗斯联邦总统和总理的俄罗斯联邦安全会议副主席梅德韦杰夫在电报平台上注册个人账户，直接发布与国家局势、西方对俄制裁和在乌克兰特别军事行动相关的信息，对一些政治家的言论做出回应。当月订阅用户超过 35 万。

4 月 3 日，互联网新闻通讯社彭博社决定限制俄罗斯用户使用该平台。

4 月 6 日，谷歌禁止用户通过谷歌搜索登录俄罗斯联邦国家机关网站，但没有将俄罗斯网站从搜索系统中清除。

4 月 6 日，英特尔公司宣布中止在俄业务。早在 3 月初，该公司即已通知将中止为俄罗斯和白俄罗斯的客户供货。

4 月 15 日，俄罗斯排名第三的天然气工业银行内部禁止使用外国公司开发的网络应用，包括聊天软件、视频会议软件、图片分享软件等。同时禁止银行员工使用非俄罗斯的大众云服务和其他会议系统或即时通信工具讨论、发布和传输保密信息。

4 月 14 日，俄罗斯内务部通报称，自俄罗斯在乌克兰开展特别军事行动以来，关于俄罗斯面临爆炸威胁的谣言增加了 2 倍。2022 年 1 月 1 日到 2 月 24 日期间，俄罗斯内务部调查了 1200 起涉嫌制造俄罗斯面临爆炸威胁的虚假信息的案件，2 月 24 日到 3 月 25 日期间，此类虚假信息案件高达 2172 起，网络空间真正演变成另一个战场。

4 月 15 日，根据俄罗斯总检察长的要求，俄罗斯大众传播督察局禁止网民登录法国广播电台 RFI 的网站，因为该网站呼吁对俄罗斯人实施暴力。

4 月 19 日，根据俄罗斯总检察长办公室的起诉，莫斯科特维尔斯基法院以煽动极端主义活动为由，禁止照片墙和脸书在俄活动。

5 月 4 日，俄罗斯法院根据独立电视台的诉讼请求，查封了谷歌公司 5 亿卢布资产。该电视台的诉讼请求是：要求谷歌取消对其在谷歌和优图比平台上的账户的访问限制，赔偿因限制访问造成的损失。

5 月 8 日，谷歌查封被西方制裁的俄罗斯国家杜马议员的个人账号。谷歌的查封理由是“事关限制出口和实施制裁的规定”。此处所谓“制裁”是指，3 月底美国对俄罗斯国家杜马投票支持乌克兰顿涅茨克和卢甘斯克两个共和国独立的 328 名议员实施制裁，欧盟、英国和日本也实施了类似制裁。

5 月 17 日，俄罗斯总统新闻发言人佩斯科夫在全俄“教育马拉松”活动上致辞称，当前以美国为主的西方世界对俄罗斯展开的信息战，本质上属于不讲规则的信息战。他称，信息战条件下，每个人都有责任区别哪些是真实的、哪些是虚假的信息。

5 月 18 日，谷歌俄罗斯子公司宣布，由于单位账户被封，正式进入破产程序。

5 月 19 日，法院根据俄罗斯对外传播的主要平台“今日俄罗斯”电视频道的请求，查封了谷歌俄罗斯子公司价值 5 亿卢布的资产。“今日俄罗斯”的诉讼理由是其在谷歌平台上的账号被限制登录对其造成重大损失。

5 月 20 日，莫斯科仲裁法院根据俄“360”电视频道的申请，查封了谷歌在俄子公司的价值 5 亿卢布的资产。“360”电视频道要求谷歌解封其在优图比上的账号。谷歌总部和谷歌爱尔兰分公司被列为共同被告，承担赔偿责任。

5 月 22 日，谷歌通知俄罗斯网络供应商，将中止“谷歌全球缓存服务”协议。其理由是“部分法制实务”发生变化，公司将停运部分设备，从而无法继续提供服务。实际上，相关企业向媒体反映，该服务早在5月19日已经停止。中止该服务将影响俄罗斯互联网用户获取谷歌平台信息的效率，受到影响的主要是谷歌搜索、谷歌娱乐和优图比。

5月30日，流媒体平台奈飞正式确定切断在俄境内的服务，撤离俄罗斯市场。早在3月底，俄罗斯用户通过谷歌娱乐和苹果应用商店已无法接入奈飞的电影服务器，在上述两个平台的搜索框内键入内容时，也不再显现该平台。此外，瑞典的音乐流媒体服务商Spotify也宣布临时离开俄罗斯，关闭在俄办公室，中止对俄客户的服务。

7月7日，互联网设备和软件供应商IBM公司向俄新社确认，完全中止在俄业务。作为替代方案，俄罗斯已有四个行政区域开始与俄罗斯IT公司“我的办公”系统合作。该产品同时兼容流行的俄罗斯国产操作系统Linux和美国的操作系统Windows。

参考文献

1. 中文文献

陈春彦:《俄罗斯互联网主权立法创新与启示》,《中国广播电视学刊》2021年第11期。

陈春彦:《试析〈俄罗斯互联网主权法〉的背景与影响》,《传媒》2020年第24期。

陈春彦:《俄罗斯互联网“黑名单”制度探析》,《青年记者》2018年第16期。

陈强:《俄罗斯新媒体发展研究》,《全球科技经济瞭望》2015年第2期。

陈效卫:《步入云端的俄罗斯传媒》,《新闻战线》2015年第5期。

陈媛媛、王萍:《俄罗斯的互联网管理与利用》,《群众》2013年第11期。

崔翀编译:《俄罗斯要求将全球网络管理权利移交国际组织》,《保密科学技术》2015年第2期。

崔文波:《〈塔林手册〉对我国网络安全利益的影响》,《江南社会学院学报》2013年第3期。

〔英〕戴维·伯姆:《论对话》,王松涛译,教育科学出版社2004年版。

方亮:《俄罗斯如何管制互联网》,《南风窗》2014年第15期。

方兴东、胡怀亮、肖亮:《中美网络治理主张的分歧及其对策研究》,《新疆师范大学学报(哲学社会科学版)》2015年第5期。

〔美〕菲欧娜·希尔、克利福德·加迪:《普京传——不可替代的俄罗斯硬汉》,余莉译,红旗出版社 2015 年版。

宫小雄:《俄罗斯出台〈国家信息安全构想〉》,《现代军事》2000 年第 9 期。

郝晓伟、陈侠、杨彦超:《俄罗斯互联网治理工作评析》,《当代世界》2014 年第 6 期。

洪鼎芝:《信息时代:正在变革的世界》,世界知识出版社 2015 年版。

〔荷〕简·梵·迪克:《网络社会——新媒体的社会层面(第二版)》,蔡静译,清华大学出版社 2014 年版。

蒋莉:《普京近期强化政权安全的主要举措》,《国际研究参考》2013 年第 4 期。

郎劲松、邓文卿、侯月娟:《社会变迁与传媒体制重构——亚洲部分国家和地区传媒制度研究》,中国传媒大学出版社 2010 年版。

李海英:《法律法规:不断立法创新以适应互联网发展》,《世界电信》2014 年第 3 期。

李妍:《俄罗斯媒体运营模式探析》,《俄罗斯中亚东欧市场》2008 年第 7 期。

李彦:《俄罗斯传媒法变迁与社会转型的互动》,《中国出版》2014 年第 6 期。

林文昕:《漫谈俄罗斯的知识产权保护——从海盗党说起》,《改革与开放》2013 年第 13 期。

刘连泰:《信息技术与主权概念》,《中外法学》2015 年第 2 期。

〔美〕罗斯科·庞德:《通过法律的社会控制》,沈宗灵译,商务印书馆 2013 年版。

马海群、范莉萍:《俄罗斯联邦信息安全立法体系及对我国的启示》,《俄罗斯中亚东欧研究》2011 年第 3 期。

马建光:《俄罗斯亮剑维护网络安全》,《世界知识》2014 年第 17 期。

穆琳、李维杰:《俄罗斯应对国家断网威胁的启示》,《中国信息安全》2017 年第 11 期。

倪光南:《信息安全需要自主可控的核心技术》,《中国信息安全》2012 年第 11 期。

沈昌祥:《俄罗斯信息安全概况及启示》,《计算机安全》2003 年第 12 期。

孙飞燕:《俄罗斯网络发展历程》,《俄罗斯研究》2004 年第 1 期。

檀有志:《网络空间立法:外国实践与中国路径》,《中国信息安全》2014年第9期。
田甲方:《俄罗斯对国家安全威胁认知的转变》,《国际关系学院学报》2010年第6期。
王磊:《俄罗斯信息安全政策及法律框架之解读》,《信息网络安全》2009年第8期。
王路:《世界主要国家网络空间治理情况》,《中国信息安全》2013年第10期。
王绍光:《国家治理》,中国人民大学出版社2014年版。
吴非、胡逢瑛:《俄罗斯传媒体制创新》,南方日报出版社2006年版。
肖秋会:《近五年来俄罗斯信息政策和信息立法进展》,《图书情报知识》2010年第4期。
谢飞:《俄罗斯网络数字化产业发展现状》,《青年记者》2015年第4期。
杨成:《"普京主义"的社会基础与2012年总统选举之后的俄罗斯政治生态发展趋势》,《俄罗斯研究》2012年第2期。
杨国辉:《2014年俄罗斯网络信息安全建设观察》,《中国信息安全》2014年第10期。
杨国辉:《俄罗斯发布2011年度信息安全漏洞报告》,《中国信息安全》2012年第5期。
杨政:《俄罗斯:建立"信息过滤"的防火墙》,《理论导报》2013年第1期。
由鲜举:《俄罗斯联邦信息安全学说》,《信息网络安全》2005年第5期。
俞可平:《论国家治理现代化》,社会科学文献出版社2014年版。
岳明:《面对政变,叶利钦通过互联网报信》,《领导文萃》2013年第10期。
张尼、张哲:《俄罗斯为净化网络空间立新法》,《求知》2014年第10期。
张树华:《俄罗斯为何打响"历史保卫战"》,《红旗文稿》2013年第14期。
张晓君:《网络空间国际治理的困境与出路——基于全球混合场域治理机制之构建》,《法学评论》2015年第4期。
张笑容:《第五空间战略:大国间的网络博弈》,机械工业出版社2014年版。
〔新加坡〕郑永年:《技术赋权——中国的互联网、国家与社会》,邱道隆译,东方出版社2014年版。

朱峰、王丽、谭立新：《俄罗斯的自主可控网络空间安全体系》，《信息安全与通信保密》2014 年第 9 期。

2. 英语文献

A. Galushkin, "Internet in Modern Russia: History of Development, Place and Role," *Asian Social Science*, Vol. 11, No. 18, 2015.

C. Cottiero, K. Kucharski, E. Olimpieva, et al., "War of Words: The Impact of Russian State Television on the Russian Internet," *Nationalities Papers*, Vol. 43, No. 4, 2015.

J. Darczewska, "The Anatomy of Russian Information Warfare: The Crimean Operation, A Case Study," *OSW Point of View*, Vol. 42, No. 5, 2014.

Popkova, M. KuzlaevaI, T. L. Bezrukova, "Clustering of Internet Companies as a New Course of Development of Russiain Modern Conditions," *Mediterranean Journal of Social Sciences*, Vol. 6, No. 4, 2015.

J. A. Dunn, "Lottizzione Russian Style: Russia's Two-Tier Media System," *Europe-Asia Studies*, Vol. 66, No. 9, 2014.

J. Nocetti, "Contest and Conquest: Russia and Global Internet Governance," *International Affairs*, Vol. 91, No. 1, 2015.

J. Nocetti, "'Digital Kremlin': Power and the Internet in Russia," *Russie. Nei. Visions*, No. 59, 2011.

J. Rogoza, "The Internet in Russia: The Cradle of Civil Society," *OSW Commentary*, No. 21, 2012.

S. A. Vladimirivich, "Political Engagement on the Internet and Technologies of Its Implementation in Modern Russia," *Mediterranean Journal of Social Sciences*, Nol. 6, No. 2, 2015.

L. Aron, "Nyetizdat: How the Internet Is Building Civil Society in Russia," *AEI*, spring, 2011.

V. D. Nechaev, E. V. Brodovskaya, O. V. Dmitrieva, "Russia in the World Internet

Project 2012: The Main Results of Research," *Middle-East Journal of Scientific Research*, *Vol.* 15, No. 11, 2013.

Y. Vinokurova, "Russia Develops New Law for Internet Regulation," *Gazeta*, 2013-02-18.

N. Duffy, "Internet Freedom in Vladimir Putin's Russia: The Noose Tightens," *American Enterprise Institute*, No. 1, 2015.

R. Rose, "Internet Diffusion Not Divide: Aproximity Model of Internet Take off in Russia," *Research Report*, No. 10, 2006.

3. 俄语文献

А. Медушенвский, "Право и новые технологии: параметры регулирования Интернета (Рунета)," *Сравнительное конституционное обозрение*, No. 1, 2006.

А. Таранин, "Кто побеждает в соцсетях," (2014-02-13) [2014-05-01], http://www.vedomosti.ru/newspaper/articles/2014/02/13/kto-pobezhdaet-v-socsetyah.

Алексей Грамматчиков, "Рунет: двадцать лет спустя," (2014-05-19) [2016-11-20], http://expert.ru/expert/2014/21/runet-dvadtsat-let-spustya/.

Алексей Волин, "Вопросы безопасности и надежности интернета сейчас ключевые," (2014-04-07) [2016-09-01], http://minsvyaz.ru/ru/events/30084/.

Алексей Короткин, "На РИФ+КИБ 2015 подвели главные итоги последних двух лет регулирования рунета," (2015-04-22) [2017-01-01], https://www.gazeta.ru/tech/2015/04/22/6651121/rif_kib_net_gov.shtml.

Андрей Фадин, "Дума обязала интернет-компании хранить данные россиян только в России," (2014-07-05) [2016-09-01], http://ria.ru/politics/20140704/1014714310.html.

Анна Балашова, "Импортозамещение программ отстало от программы," (2021-12-28) [2022-02-14], https://www.rbc.ru/newspaper/2021/12/28/

61c21e289a79479e8562641b.

Антон Серго, *Доменные имена в свете нового законодательства*, Москва: Российский государственный институт интеллектуальной собственности, 2010.

Борис Ельцин, *Президенский марафон*, Москва: издательство АСТ, 2000.

"В России настали цифровые времена," (2019-04-29) [2020-03-20], https://www.kommersant.ru/doc/3960049.

Василий Пучков, "Очередной вариант регулирования Рунета от Минкомсвязи для правительства," (2015-04-01) [2017-01-01], http://schoolseo.ru/2015/04/01/ocherednoj-variant-regulirovaniya-runeta-minkomsvyazi-dlya-pravitelstva/.

Владимир Бахур, "Экономика Рунета за год выросла на 20% до 4, 7трлн рублей," (2019-12-17) [2020-03-21], https://cnews.ru/news/top/2019-12-17_ekonomika_runeta_za_god_vyrosla.

Владимир Зыков, "Налог на интернет приведет закрытию 80% кино театров," (2015-05-09) [2017-04-15], http://izvestia.ru/news/586339#ixzz3ZukRayXq.

Владимир Митин, "'Цифровые кафедры' запустят в сентябре 2022-го," (2021-12-20) [2022-02-14], https://www.itweek.ru/gover/article/detail.php?ID=221675.

"В. Путин: за 20 лет из средства общения интернет превратился в прибыльный бизнес," (2014-06-11) [2017-04-20], http://allmedia.ru/.

Д. М. Чистова, К. Р. Казарьян, *Интернет в России 2010: Состояние, тенденции и перспективы развития*, Москва: Федеральное агентство по печати и массовым коммуникациям, 2011.

Дмитрий Шестоперов, Евгений Хвостик, "Электрофильтрация всей страны," (2019-04-26) [2020-03-15], https://www.kommersant.ru/doc/3955385? from=doc_vrez.

Денис Воейков, "Регулирование Рунета в фокусе внимания законодателейи ИТ-отрасли," (2013-03-05) [2017-04-20], http://www.pcweek.ru/gover/article/detail.php? ID=147763.

Дмитрий Бевза, Алексей Короткин, “Чем грозят российскому сегменту интернета взятие под контроль рунета и импортозамещение,” (2014-04-22) [2017-04-20], http: //www. gazeta. ru/tech/2015/04/22/6649349/great-russian-firewall. shtml.

Екатерина Брызгалова, Юнна Коцар, “Медиа холдинг Афиша-Рамблер-SUP по объему выручки находится на пятом месте в рейтинге Forbes,” (2014-03-03) [2017-04-20], http: //www. gazeta. ru/business/2014/03/01/5931865. shtml.

Елизавета Масленкова, “Mail. ru: к 2014 году интернет-аудитория в России составит 80 млн. человек,” (2012-10-27) [2017-04-20], http: //www. business-gazeta. ru/article/69006/.

Катерина Трифонова, “В Минкомсвязи предлагают закрывать пиратские сайты навсегда,” (2014-05-26) [2017-04-20], http: //polytika. ru/info/10024. htm.

К. Р. Казарян, *Интернет в России 2014: Состояние, тенденции и перспективы развития*, Москва: Федеральное агентство по печати и массовым коммуник-ациям.

К. Р. Казарян, *Интернет в России в 2015 году: Состояние, тенденции и перспективы развития*, Москва: Федеральное агентство по печати и массовым коммуникациям, 2016.

К. Р. Казарян, *Интернет в России в 2016 г.: Состояние, тенденции и перспективы развития*, Москва: Федеральное агентство по печати и массовым коммуникациям, 2017.

К. Р. Казарян, *Интернет в России в 2017 году: Состояние, тенденции и перспективы развития*, Москва: Федеральное агентство по печати и массовым коммуникациям, 2018.

К. Р. Казарян, *Интернет в России в 2018 году: Состояние, тенденции и перспективы развития*, Москва: Федеральное агентство по печати и массовым коммуникациям, 2019.

К. Р. Казарян, *Интернет в России в 2019 году: Состояние, тенденции и перспективы развития*, Москва: Федеральное агентство по печати и массовым коммуникациям, 2020.

“Количество печатных СМИ в России все еще преобладает над числом интернет-изданий,” (2012-02-06) [2017-04-20], http://www.press-line.ru/novosti/2012/02/kolichestvo-pechatnyh-smi-v-rossii-vse-eshhe-preobladaet-nad-chislom-internet-izdaniy.html.

“Кто в интернетах живет?” (2009-04-16) [2017-04-20], http://www.commcenter.ru/mmedia/articles/2009_04_16_02.html。

Максим Плакса, “Законодательное регулирование Рунета неизбежно,” (2011-03-18) [2017-04-20], http://ibusiness.ru/blogs/11351.

“Медведев оценил объем интернет экономики Россиив 2, 2% ВВП,” (2015-12-16) [2017-04-20], http://www.gazeta.ru/news/.

Михаил Мишустин, “В интеграционный контур ЕЭК должна войти цифровая экономика,” (2020-03-06) [2020-03-17], https://digital.ac.gov.ru/news/4414/.

Н. М. Гущина, Отчет о выполнении научно-исследовательской работы: *Интернет в России: Состояние, тенденции и перспективы развития* (*заключительный*), Москва: Открытое акционерное общество Научно-исследовательский центр управления, экономики иинформатики, 2011.

Н. М. Гущина, *Интернет в России 2012: Состояние, тенденции и перспективы развития*, Москва: Федеральное агентство по печати и массовым коммуникациям, 2013.

Н. М. Гущина, Е. А. Ватолина, Г. В. Зельманович, *Интернет в России 2013: Состояние, тенденции и перспективы развития*, Москва: Федеральное агентство по печати и массовым коммуникациям, 2014.

“СМИ: В документах к закону о суверенном интернете нашли невыполнимые требования,” (2019-07-23) [2020-03-17], http://www.rosbalt.ru/russia/2019/07/23/1793628.html.

“Путин подписал указ о структуре нового правительства,” (2018-05-15) [2018-07-01], https://russian.rt.com/russia/news/513349-putin-ukaz-novoe-pravitelstvo? utm_source = Newsletter&utm_medium = Email&utm_campaign = Email.

“Федеральный закон от 1 мая 2019г. №90-ФЗО внесении изменений в Федеральный закон ‘О связи’ и Федеральный закон ‘Об информации, информационных технологиях и о защите информации,” (2019-05-06) [2020-03-01], https://www.garant.ru/products/ipo/prime/doc/72135254/.

“Что означает автономный Рунет и чем грозит реализация закона,” (2019-03-13) [2020-03-17], https://zen.yandex.ru/media/hyperu/chto-oznachaet-avtonomnyi-runet-i-chem-grozit-realizaciia-zakona-5c87789635b95200b2c3ff0d.

“‘Яндекс’ одобряет идею регулирования рунета,” (2012-08-11) [2017-04-20], http://texnomaniya.ru/internet-news/-quot-jandeks-quot-odobrjaet-ideju-regulirovanija-runeta.html.

“62% российских пользователей готовы отказаться от соцсетей из-за введения платных подписок,” (2022-02-4) [2022-02-04], https://www.cossa.ru/news/300699/.

后　记

窗外春色渐浓，街上依然人少车稀。因为新冠肺炎疫情肆虐，整个世界变得安静，一切外出均被严格控制，坐在电脑前写作成为2020年春节后近半年内本人的标准动作。似乎有很多东西要写，也似乎写了一些，但又什么都没写出来，特别是关于这本书。因为，有两个问题始终萦绕，挥之不去：

有多少人会看这本书？（没人看，还要不要写？）

有多少人能看到后记？（怎么才能让人愿意看下去？）

如今，这两个问题困扰我已经两年，终于到了请读者来评分的时刻，闲叙几句，以为“后记”。

本书以我在北京大学新媒体研究院攻读传播学博士学位时的毕业论文为基础，并在参加导师谢新洲教授主持的国家社会科学基金重大项目后，根据近四年的新情况、新成果和新问题，认真检视并完善研究模型、观点和论据后完成，始终遵循北大学术研究的基本规范。无论本书性质为何，我总是希望它能拥有更多的读者，不想拒人千里之外。反复思考后，最终下定决心，对本书的结构和内容做了“大手术”，努力在坚持学术严谨性的同时，补充史料，细化场景，增强可读性，力图营造一种轻松阅读和交流的氛围，但愿这并非一厢情愿。即使读者未必领会，于我亦是一种心安。

2013年下决心考博的情景至今历历在目，撰写论文的日日夜夜也常浮现脑海。实现五十岁前读完博士的理想，付出的不仅是时间和金钱，更多的是对家人的陪伴。记得毕业论文接近尾声之际，刚上小学一年级的儿子通过观察电脑上页码和字数的变化得出一个结论——“爸爸，您的论文像一本书”。获得确认后，他提出了一个令人意外的问题——“您要出版吗?”我说，那最好。他很认真地表示：“我要买一本。”后来，他还表达了办一个“飞向未来”出版社的愿望。这个常常抱怨爸爸“总写论文”的小家伙令我开怀——一定要让儿子有机会买一本，所以，最好能让他看得懂。当然，这本书还要送给内人，她全身心投入对儿子的教育与培养，承担了全部的家务，为家里的两个“书生”营造了良好的学习环境，其辛苦可想而知。

回顾半百人生，常感叹人之社会角色众多，无论个人如何努力，倘若离开外部支持，恐任何角色皆难胜任。本人每次角色转换，无不得到亲人、师长、同学、同事和朋友们的帮助，每念及此，感激满怀!

值此拙作出版之际，谨向所有为本书做出贡献者致谢。特别感谢我的博士生导师、北京大学新媒体研究院院长谢新洲教授如师似兄般的关怀与帮助。谢教授治学之严谨、攻关之顽强、品德之高尚以及为人之热情常为师生称道，他常激励学生们更好地规划人生，服务社会，对我等影响深远。同时，感谢俄罗斯电子传播协会的谢尔盖·普鲁戈塔年科、叶卡婕琳娜·沃诺比约娃（Екатерина Воробьева）、克赛尼娅·罗热金娜（Ксения Ложкина）和原国家旅游局驻俄代表处主任刘建明先生为本人赴莫斯科深度访谈提供帮助。感谢对我的毕业论文给予指导的北京大学杨伯溆教授、刘德寰教授、李玮教授、徐金灿副教授以及校外匿名评审专家提出的宝贵意见；感谢田丽、安静、王玮、杜智涛、柏小林等同门给予的关心与帮助；感谢 2013 级北大博士班的陈思、许多多、杨莉明等同学对“老同学”的照顾；感谢福建技术师范学院的领导和同事的支持。最后特别感谢北京大学出版社的工作人员为本书的出版付出的辛勤劳动，他们反复修改书稿，不厌其烦地更新数据，专业负责地“替人做嫁衣”，令我由衷地敬佩！

囿于学识，毋庸讳言，书中定有诸多不足，如蒙赐教，不胜感激！

陈春彦
电子邮箱：44623953@qq.com
2022 年夏于北京